KB066825

한국사회, 어디로?

김우창·송복·송호근·장덕진

박태준미래전략연구총서 6

한국사회, 어디로?

김우창·송복·송호근·장덕진

아시아

차례

송호근(서울대학교 사회학과 교수)

시민민주주의의 미시적 기초
—시민성, 공민(共民), 그리고 복지

Ⅰ 복지는 왜 중요한가?

Ⅱ 초라한 우리들의 초상(肖像)

Ⅲ 시민과 시민사회의 이론구조

Ⅳ 동원의 정치와 운동론적 시민사회

Ⅴ 시민민주주의의 제도적 조건: 사회민주화와 복지

Ⅵ 시민민주주의의 미시적 기초

Ⅶ 시민교육 입법화: 독일의 정치교육

Ⅷ 결론: 시민성 배양과 시민교육

I 복지는 왜 중요한가?

지난 세기 경제성장의 모범국가로 세계의 관심을 끌었던 한국, 2차 대전 이후 선진국 클럽의 문을 두드린 유일한 후진 국가였던 한국이 21세기 들어 정체상태를 겪고 있다. 정체의 원인과 처방을 둘러싼 논란은 많지만, 이렇다 할 돌파구를 찾지 못했다. 국제적 우려도 만만치 않다. 중진국 내지 후진국은 한국이 성취한 산업발전에 여전히 부러운 시선을 보내고는 있지만, 선진국들은 한국의 강한 산업경쟁력마저 사회개혁의 지연 때문에 곧 쇠락할 것이라는 비관적 견해가 지배적이다. 일본은 1980년대 이후 경제기적의 시대를 마감하고 심각한 정체상태를 통과했다. '잃어버린 20년'으로 불리는 위기상황을 겪은 일본마저도 한국이 이미 장기침체의 터널로 진입했다고 진단할 정도인데, 양국의 위기 상황에는 공통점과 차이점이 고루 발견된다. 경제적·정치적 리더십의 부재, 산업구조조정의 타이밍 유실, 사회적 활력을 재생산하는 제도적 기제의 미비 등이 양국의 침체를 불러온 공통적 요인이라면, 한국은 양극화로 인한 '격차사회'의 심화, 사회집단 간 이해갈등의 조정 실패, 공사영역에 팽배한 불신과 불만, 공익에 대한 긴장감 와해, 그리고 극대화된 사익추구 성향이 일본과 차이점이다. 일본 역시 해결해야할 사회적 쟁점이 누증된 상태이기는 하지만, 한국처럼 각 영역 간 괴리가 현저한 것은 아니다.

21세기 자본주의의 구조는 경제부문의 개혁만으로 성장이 가능했던 과거의 법칙과 빠르게 결별했다. 제조업 시대, 일관공정에 의한 대량생산이 산업경쟁력을 좌우한 시대에는 건강한 노동력의 투입과 직무헌신이 경제성장의 핵심 요소였다. 경제성장은 자본, 노동력, 제도의 함수였다. 기업리더십, 노동력 재생산과 관리, 경제활동을 위한 근대적 인프라가 '제도'의 주요관심사인 시대에 구축했던 '성공패러다임'은 21세기 들어 '위기패러다임'으로 바뀌었다. 경제성장을 이끌었던 제도의 묶음을 '근대화'로 명명한다면, 근대화 지대를 훨씬 지난 오늘날 한국은 그 제도적 다발을 해체하고 새로운 제도를 창안해야할 상황에 처해 있다. 아니, 그런 시기를 놓쳤다고 평가하는 게 적절하다. 근대화·산업화 시대에는 경제가 사회의 전반적 발전을 이끌었다면, 이제는 '사회가 경제를 이끄는 시대'가 되었음을 인식하는 것이 중요하다. '사회가 경제동력을 창출한다.' 이 명제는 선진국의 역사적 경험이 입증한다. 1인당 국민소득 1만 달러 지대는 풍랑이 몰아치는 해협과도 같다. 성장의 결실을 어떻게 분배할지의 문제를 위시해서 산업구조 조정, 고급노동력 생산을 위한 교육개혁, 노후 생계안정과 청년실업, 각 인구집단별 복지수요의 폭증 등 공적 현안이 한꺼번에 폭발한다.

'조정의 정치'가 그래서 작동한다. '조정의 정치'를 훌륭하게 수행한 정치지도자를 적시에 배출했고 그 결과 새로운 패러다임을 성공적으로 구축했다는 사실이 선진국의 공통점이다. '제국의 몰락' 담론이 팽배했던 1980년대 미국의 레이건 대통령, 노조가 쌓은 정치적 장벽을 뚫고 신자유주의 개혁에 성공한 영국의 대처 수상, 일본의 경제기적을 이끈 나카소네 수상, 협치와 통일의 기반을 구축한 독일의 쉬미트 수상과 콜 수상이 그런 유형의 지도자다. 한 국가의 발전사에서 정치와 정치인의 중요성은 아무리 강조해도 지나치지 않은데, 그것을 조명하려는 것이 이 글의 목적은 아니다. 대신 조정의 정치가 수행했던 구조조정의 핵심부에는 '복지정치'(welfare politics)가 놓여 있다는 사실을 부각하고 싶다. 복지정치는 공적 혜택을 늘리고 나눠주는 '시혜의 정치'(politics of benevolence)가 아니다. '유권자의 표를 얼마에, 어떻게 살 것인지'가 복지정치의 본질이라는 정치학적 비판도 없지 않지만, 경제성장이 사회근대화의 견인차였던 시간을 지나 사회제도가 역으로 경제적 동력을 창출하는 시간대로 진입하는 과정에서 겪는 필수적 통과이례이자 전제조건이 곧 복지정치라는 점을 강조하고 싶은 것이다.

우리가 오늘날 '복지국가'(welfare state)라고 부르는 실체는 2차 대전 직후에 이념적, 제도적 기반이 조성되어 1960년대와 70년대 황금기를 구가했다. 수요를 창출해서 공급을 늘리는 것, 노동력 공급과 생계유지에 필요한 공적 혜택을 골고루 제공하면서 모든 사회성원에 인간다운 삶을 보장하는 것, 그리고 품격 있는 삶을 구상하고 영위할 수 있도록 포괄적 사회권(social right)을 부여하는 것이 복지국가의 기본 원리였다. 1950년대 전쟁의 폐허 위에서 인간의 존엄성을 회복하려는 복지정치의 구상은 세기말 독일에서 먼저 도입하고 다른 유럽 국가들로 확산된 사회보험(social insurance)이 기초가 되었음은 주지하는 바다. 의료, 연금, 산재, 실업보험으로 구성된 사회보험의 본래 의도는 노동계급의 혁명성을 순치하고 임금 및 생활보장을 통하여 산업경쟁력을 높이려는 데에 있었다. 2차 대전 직후에는 여기에 더하여 불평등 완화와 포괄적 사회권의 보장이 부가되었다. 사회권은 노동할 권리(경제권)를 넘어서 건강한 사회생활을 영위하는 데에 필요한 각종 공적 서비스, 예를 들면 교육, 육아, 질병 치유, 노후보장, 소득이전, 취업 및 적응훈련 등을 포함하는 광범위한 혜택을 수혜할 권리를 의미한다. 그것은 자본주의의 가장 중대한 취약점인 불평등을 완화하고(불평등 개선), 노동력을 팔아 생계를 이어가도록 강요하는 시장의 냉혹성을 규제하며(노동력의 탈상품화), 궁극적으로는 새로운 계층체계를 만들어내는 데에 목적이 있었다(신계층체계). 간략히 말하면, 자본주의의 순치였다.

포괄적 사회권을 보장하는 이른바 '케인스적 복지국가'(Keynesian welfare state)는 1960년대와 70년대에 황금기를 구가하며 유럽 각국에서 새로운 계층체계를 만들어 내는 데에 성공했다. 이 기간 동안 대부분의 유럽국가에서 불평등 수준은 물론, 실업률, 노동파업, 계층 간 불화, 사회갈등이 현저하게 하락한 반면, 경제성장률, 산업경쟁력, 사회연대감과 정치안정성은 역으로 향상됐다. 물론, 북구, 중부유럽, 남부유럽 간 정도의 차이는 있지만, 주택시장에 이르기까지 국가의 공적 규제를 적용했던 케인스적 복지국가는 사회제도의 재설계(redesign)를 통해 경제동력을 창출한 20세기의 대표적 발명품이라는 데에 대체로 동의한다.

복지국가의 내부 동학(動學)에 대해 자세히 말할 자리는 아니다.[1] 이 글의 주제인 시민성, 공민(共民)[2], 시민민주주의와 관련하여 복지정치가 어떤 함의를 갖고 있는지를 조명하는 것이 중요하다. 즉, 유럽의 복지정치가 무엇을 중심축으로 작동하고 있는지, 어떤 사회적 심성(social sentiment)과 시민성을 배경으로 하는지를 알아야 오늘날 한국이 당면한 문제를 푸는 실마리를 발견할 수 있다.

유럽 복지정치는 '고용'을 제일 원리로 삼고, 무엇보다 '완전고용'(full employment)을 가장 중요한 목표로 설정한다. 복지국가의 전형인 스웨덴의 경우 사민당이 집권한 1924년부터 지금까지 한 번도 '완전고용'을 정

1 복지국가의 내부 동학에 대해서는 다음을 참조하면 좋다. 스웨덴에 대해서는 졸저, 『시장과 복지정치: 스웨덴 사민주의의 연구』(나남, 1997), 독일에 대해서는 박근갑, 『복지국가 만들기』(문학과 지성사, 2010), 유럽 복지국가의 일반적 추세와 동학에 대해서는, 안재흥, 『복지자본주의 정치경제의 형성과 재편』(후마니타스, 2013)을 참조.

2 후술하겠지만, 독일어 Mitbürger를 공민(共民)으로 번역했다. '더불어 사는 시민' '공동체 의식을 내면화한 시민'이란 뜻이다.

강 제1조에서 내린 적이 없다. 자본주의에서 완전고용은 이론상 불가능하지만 정치적으로는 가능하게 만들겠다는 의지를 포기한 적이 없고 국민들도 그렇게 믿는다. 임금정책과 노동시장정책이 스웨덴 복지국가의 중핵이다. 이렇게 말하면, 당장 한국적 담론과는 어긋난다고 반박할 것이다. 한국에서는 복지가 고용을 해치는 비용으로 인식되기 때문이다. 복지는 세금이고, 기업과 국민의 세금부담이 늘어나면 고용능력과 소비수준이 하락한다. 따라서 복지는 고용을 해친다는 것이 한국적 담론의 논리이다. 그러므로 복지정치가 거론될 때마다 기업, 고용주, 상층계급의 반대가 거셌다. '복지는 세금이고, 세금은 경기하락을 가져 온다'는 한국적 등식은 틀렸을 뿐 아니라 국가의 시장개입에 저항하는 자유시장적 이념의 소산이다. 노동계급 역시 임금인상과 동시에 복지증진을 외치는 것도 논리적으로 옳지 않다. 복지는 '완전고용'과 결합된 종합 처방이다. 후술하겠지만, 시민성, 공민개념의 역사적 형성과정이 생략된 채 산업화에 성공한 한국적 상황이 이런 뒤틀린 복지등식을 고착시켰다.

케인스적 복지국가의 요체는 '더불어 사는 시민'(共民)개념으로부터 나온다. 그렇지 않으면 어떻게 소득이전(income transfer)이 가능한가? 부유층의 소득을 하층민에게 이전하는 제도는 시장 규제적이고, 계층격차 줄이기다. 부유층이 그렇게 동의했고, 하층민은 즐겁게 받는다. 다만, 양 계층의 합의가 필요하다. 부유층은 세금을 더 냄으로써 사회적 화합이 이뤄지기를 원하고, 하층민은 더욱 열심히 사회에 헌신할 것을 서약한다. 세금은 중요한 사회적 계약이다. 자신의 재산권을 일부 양보하는 것, 자신의 소득을 양보하는 도덕적, 윤리적 심성은 하루아침에 이뤄진 것은 아니다. 역사적 형성배경을 갖고 있다. 19세기 자유주의사회를 건설하는 과정에서 한편으로는 귀족계급의 특권과 투쟁하면서, 다른 한편으로는 노동계급의 도전을 수용하면서 배양된 시민계급의 덕성(virtue)이 복지국가의 이념으로 승화된 것이다. 복지제도는 노동계급 정당이 지배정당으로 등극할 때에 가장 빛을 발하지만, 중산층 혹은 중간계급의 동의가 없이는 실현되지 않는다. 그런 의미에서 복지국가는 중산층의 합의정치라는 에스핑 엔더슨의 명제는 여전히 유효하다.[3]

역사적으로 시민은 항상 도덕적인 존재는 아니다. 이기심과 경쟁심으로 무장하고 재산권을 지키기 위해 온갖 투쟁을 마다하지 않은 존재가 시민이었다. 그러나 지난 200여 년 간 지속된 계급투쟁과 국가 간 전쟁, 산업경쟁의 소용돌이 속에서 '양보와 헌신'이 사회적 결속과 연대감을 증대한다는 지혜를 습득했다. 복지국가는 '양보와 헌신'이라는 시민성의 핵심덕목으로 작동하는 평등기제다.

그렇지 않으면 '복지정치의 방정식'을 설명할 길이 없다. 복지와 고용을 길항관계로 파악하는 한국적 담론과는 달리, 유럽에서 복지제도의 전제조건은 임금양보다. 임금양보가 없으면 고용증대가 불가능하기 때문이다. 고소득층의 임금양보! 복지정치는 이로부터 시작한다. 고소득 임금생활자의 임금양보는 기업의 지불능력을 키워주고 이는 곧 고용증대로 나타난다. 고용증대는 세수자원을 확장해서 국가 세수를 늘린다. 늘어난 세수는 사회적 임금(social wage)으로 불리는 복지혜택으로 변해 임금양보를 수락한 계층을 포함하여 모든 사회구성원들에게 공적 혜택으로 돌아간다. 즉, 임금양보=고용증대=복지(사회적 임금)라는 등식이 성립되고 이 세 요소는 서로 원을 그리는 선순환관계를 맺는다. 따라서 복지는 고용이며, 계층 간 격차를 줄여 새로운 계층체계를 만들어낸다. 적대감을 낳는 계급연대가 아니라 계급 간 화합을 이루는 사회연대감(social solidarity)이 증대하는 이치이다. 한국이 당면한 불평등과 차별, 양극화, 고실업율, 청년문제와 저

3 Gösta Esping—Andersen, 『Three Worlds of Welfare Capitalism』, Princeton: Princeton University Press, 1991.

출산 등의 중증 질환을 유럽 국가들은 임금양보를 전제로 완전고용을 추구하는 복지정치를 통해 해결하고 있으며, 그것을 운용하는 사회적 심성이 오랫동안 역사적으로 형성해온 시민성(civicness) 내지 시민 덕성(civic virtue)이라고 할 것이다. 복지정치가 만능키는 아니지만 적어도 산업화와 민주화를 거친 이 시점에서 한국사회를 옥죄는 당면 현안을 풀어내는 데에 사회적 재설계가 필수적이라면, 이를 구상할 때 반드시 짚어야할 전제이자 이 글을 시작하는 출발점이다.

Ⅱ 초라한 우리들의 초상(肖像)

민주주의의 종주국인 미국은 '월가 자본주의'(Wall—Street Capitalism)로 불리는 신자유주의의 부정적 효과를 축소하기 위해 많은 개혁조치를 단행해 왔다. 신자유주의는 시장을 활성화하는 장점이 있기는 하지만, 노동자와 임금생활자를 자본의 지배 영역 내부로 묶는 강한 구속력을 발휘한다. 국가와 시민사회에 대한 자본의 지배력이 증대한다는 비판에도 불구하고 시장의 자유를 확산시켰던 이면에는 세계경제를 침체국면에서 탈출시켜 성장혜택을 지구촌 곳곳이 누리게 한다는 이념이 깔려 있다. 신자유주의가 한창 성장가도를 달리던 1990년대, 미국 학계에서는 '미국정신의 실종'을 경고하는 비판적 연구들이 쏟아졌으며, 공동체 정신의 부활과 시민윤리의 회복을 정책대안으로 내놓았다.[4] 결국 신자유주의의 단점이 드러났다. 2008년 미국 금융계를 강타한 금융위기는 월가 자본주의의 도덕적 해이가 낳은 예견된 재앙이었다. 수학자와 금융공학자들이 고안한 수십 가지의 파생상품과 헤지 펀드, 그리고 그것의 위험(risk)을 재상품화한 3차, 4차 파생상품의 범람은 역사상 유례없는 금융버블을 만들어냈는데, 일반 서민에게까지 확산된 부동산투자가 급작스런 집값 하락에 의해 제동

4 대표적인 저서는 Paul Krugman, 『Conscious of A Liberal』, New York: W.W. Norton & Company, 2009.

이 걸리자 파생상품의 거품이 만천하에 드러났다. 이른바 서브프라임 모기지(Subprime Mortgage) 사태가 그것이다. 수많은 주택구입자는 집을 잃고 거리로 나왔으며, 투자자가 거액의 투자금을 날렸다. 그러자 리먼 부라더스(Lehman Brothers) 같은 월가의 지배적 금융기업들이 파산에 직면했다. 그 여파는 금융업에 진출했던 글로벌 자동차기업 GM(General Motors)의 파산을 몰고 왔으며, 포드(Ford) 역시 산업경쟁력을 잃었다. 일종의 도미노현상이었다.

글로벌 금융기업들이 창안한 파생상품은 공동체정신과는 거리가 먼 지극히 파괴적인 탐욕의 산물이다. 다른 투자자들의 손해를 헤지(hedge)해 이득을 얻는 부도덕한 상품들의 리스트를 일별한다면, 프로테스탄트 정신에서 자본주의 윤리의 발생기원을 찾아낸 막스 베버(Max Weber)는 아마 할 말을 잃을 것이다. 2015년 미국 대선에서 민주당 후보로 나선 고령의 버니 샌더스(Bernie Sanders)가 열풍을 일으킨 것도 이와 무관하지 않다. 일반 서민들이 겪는 냉혹한 현실을 적시한 그의 연설은 미국이 과거의 풍요하고 평등지향적인 이미지로부터 멀리 이탈했음을 일깨웠다. 통계적 사실에 근거한 그의 주장은 충격적이다. 우선, 지난 40년 동안 미국의 중산층은 빠르게 몰락해서 하층과 빈곤층에 합류했다. 중위소득은 1999년에 비해 5천 달러가 하락했으며, 중산층 가정의 평균 소득도 2005년 13만 달러에서 8만 달러로 거의 36% 감소했다. 이에 반해 최고 부자 15명의 자산은 하위 40% 자산을 합친 것보다 더 커졌으며, 톱 0.1% 초부유층이 총자산의 22%를 장악했다. 하위 90%, 그러니까 대다수의 미국인은 자산 점유 비율이 36%에서 22%로 떨어졌다. 한마디로 말하면, 미국은 정의로운 사회가 아니다.[5] 청년실업률이 급증한 것, 취업자들의 생활이 훨씬 더 곤궁해진 것, 빈곤층이 비싼 의료보험에 접근할 수 없는 이유도 모두 이

5 버니 샌더스가 2015년 가을 아메리카대학에서 행한 연설 내용.

런 자본주의의 부도덕성, 공동체 정신의 상실 때문이라는 지적에 미국 대학생과 젊은 층은 동의의 박수를 보냈다. 버니 샌더스의 해법은 간단했다. 더 많은 세금을 거둬 사회간접자본, 무상교육, 사회보장, 의료보험에 할애하는 것, 사회보장(social security)의 강화가 정의로부터 멀어진 미국사회를 구제하는 대안이었다.

그런데 사회주의자로 분류된 샌더스가 온건하게 설파한 미국 현실이 한국과 그리 먼 곳에 있지 않다는 사실은 놀랍다. 샌더스는 청년실업률을 말했다. 한국은 그 이상이다. 그는 소득불평등을 말했다. 한국은 미국 다음으로 불평등한 국가다. 상위 10%가 45%의 소득을 독식한다. 미국은 48%다. 한국이 건강보험 모범국이라 하지만 중병에 걸리면 파산 위험이 급증한다. OECD 국가 중 노인빈곤율, 자영업 파산율, 자살률이 최고다. 거기에 대기업과 중소기업 양극화, 도농격차, 재벌기업 집중률을 더하면 샌더스조차 의아해 할 일이다. 이런 사회가 유지되는 건 기적이라고 말이다. 한국의 현실을 깊숙이 파헤치면 과연 기적이라고 말해야 한다. 정치권에서, 학계에서, 경제계에서, 언론과 일반 시민사회에서 개혁방안을 논의해왔지만 이렇다 할 해법은 아직 묘연한 상태다. 그러는 가운데 이기적 경쟁에 몰입한 우리들의 초라한 초상이 속속 드러나고 있다.

예를 들어 조선업 사태를 보자. 조선업은 세계 최고의 경쟁력을 갖춘 한국의 주력산업이었다. 그런데 수주절벽과 유가하락으로 인하여 지난 몇 년간 적자상태를 면치 못했고, 급기야 파산직전에 내몰리자 대규모 구조조정의 필요성이 제기되었다. 정부는 조선 3사가 자구책을 구상하고 실행하는 조건으로 12조원에 달하는 막대한 공적 자금의 투입을 결정했다. 구조조정은 경쟁력을 상실한 부문의 매각과 정규직·비정규직의 대량 해고를 명시했다. 그러자 조선 3사 노조의 거센 반발과 저항이 잇달았다. 정규직 해고는 절대 수용할 수 없다는 것이 노조의 요구안이었다. 몇 년 전부터 전국금융노련과 3사 조선노련이 조선업의 경쟁력 회복과 지속가능성을 위한 구조조정안을 경영진과 정부에 거듭 촉구했지만 번번이 외면당한 이력이 있기에 정부권고안에 대한 노조의 거센 저항은 일리가 있기는 했다.[6] 그런데 절체절명의 위기상황을 만들어낸 공동책임자로서 노조가 울산과 거제를 고용위기지역으로 지정하라고 요청하는 행위와 정규직 해고 절대 불가를 외치는 행위가 과연 도덕적인지는 따져봐야 한다. 파산의 책임은 우선 경영진에게 있다. 경영진에 대한 냉혹한 책임추궁을 전제로 한다면, 노조 역시 파산의 책임을 면할 수는 없다.

'고용위기지역' 지정 요구는 실직위험에 처한 10만 명에 달하는 협력업체와 하청 인력의 구제를 염두에 둔 일종의 배려였다. 그러나 공적 지원을 요청하기 전에 자성(自醒)이 먼저여야 했다. 조선업 호황이 지속된 지난 20년 간 정규직 노조는 느닷없이 닥쳐올 비상사태에 어떤 대비를 해왔는가? 비정규직과 하청 인력을 실직 위험으로부터 보호하기 위해 어떤 실효성 있는 정책대안을 마련했는가? 대우조선해양에서 보듯, 경영진과 정부의 임기응변적, 이기적 정경유착은 사회적 비난을 받아 마땅하지만, 노조 역시 그런 도덕적 비판으로부터 자유로울 수 없다. 왜냐하면 정규직 노조는 하청 인력 위에 군림했기 때문이다. 임금은 물론, 물량 분배, 작업장에서의 노동 분업, 각종 복지혜택, 그리고 고용안정에 이르기까지 정규직은 비정규직의 노동을 활용했다는 비판을 결코 면할 수 없다. 더욱이 조선업 정규직은 연봉 1억 원에 가까운 고소득자들이다. 고임금과 고용안정을 한꺼번에 보장받았던 이들이 위기사태라고 해서 공적 자금이라는 국민혈세에 호소한다는 것은 부도덕과 부정의의 전형적 사례다. 그러나 한국에서는 이런 일이 다반사로 일어나고 또 당연한 지원책으로 인정된다는 것이 문제다.

6 금속노련과 조선노연의 구조조정안 참조.

필자가 조선업 사태의 원인 규명을 위해 울산과 거제를 현장 조사한 결과 내린 결론은 그러했고, 이런 사실을 칼럼으로 썼다.[7]

작업현장의 '도덕적 해이'는 극에 달한다. 수백 개로 쪼개진 분절구조에서 정규직은 하청근로자를 부리는 감독이고, 쉽고 안전한 작업을 골라 맡는다. 직영정규직과 하청근로자간 기술격차는 없지만, 직영은 각 부서의 군주, 급여도 연 3~4천만 원 더 받는다. 협력업체 사장은 직영감독의 눈치를 봐야 계약을 연장할 수 있다. '직영사원의 제국(empire)'이 따로 없다. 예전에 직영으로 가는 딱지가 3천만 원 선에서 거래됐다. 직영이 누리는 복지혜택은 상상을 초월한다. 자녀학자금은 물론, 부모 의료비, 명절과 휴가상품권, 백화점 할인은 상식이다. 하청근로자는 꼽사리 인생이다. (중략)

올해, 울산 노조는 임금복지 인상안을 협상의제로 올렸고, 거제지역 노조는 고용위기지역 지정을 공식 요청했다. 잘 나갈 땐 뭐하고, 이제 와 볼멘소리인가? 독일 금속노조처럼 조업단축, 노동시간계좌제, 자체 실업기금 등을 미리 준비했다면, 돌아서는 하청근로자를 구제할 수도 있는데 왜 서민에게 손을 내미는가? 채권을 사줄 한국은행 돈은 혈세다. 목포 대불산단과 남해안 지역 협력업체 근로자들은 월 300만원으로 살았다. 이제 가동이 멈췄다. 돈 잔치했던 원청 3사 직영들에게 일감독식과 고소득을 보장해주는 빚잔치는 정의로운가? 부잣집에서 쏘아 올린 SOS, 붕괴현장의 착잡한 현실이 이렇다.

조선 3사는 정부의 구조조정 권고안에 명시된 '정리해고'를 강력 반발

7 「부자도시에서 쏘아 올린 SOS」, 송호근칼럼, 중앙일보 2016년 5월 2일자.

해 파업찬반 투표를 실시했고 결국 파업에 돌입했다.[8] 이미 하청 인력 2만여 명이 실직한 상태에서 대량해고의 충격파가 자신에게 밀려오는 것을 견디지 못했다. 실직은 일종의 '사회적 죽음'(social death)이다. 부당한 해고조치에 맞서지 않을 임금생활자가 어디 있겠냐만, 약자인 하청 인력을 위해 강자인 정규직 노조가 무엇을 해왔는지, 그리고 정규직 사원들이 호황 20년 동안 어떤 자체 대비책을 강구하고 실행했는지를 먼저 묻고 싶은 것이다. 동류의식, 동반의식, 그리고 공존의식이 결핍된 한국의 초라한 자화상인데, 다른 영역도 이와 다를 바 없다는 자각이 우리를 슬프게 한다.

전 국민의 가슴을 울린 슬픈 사건은 일상적으로 일어난다. 2016년 5월 28일, 서울 구의역에서 지하철 승강장 스크린도어를 홀로 수리하던 외주업체 노동자가 진입하는 전동차에 치여 숨졌다. 당시 19세 청년인 그는 서울 지하철공사의 계약직 알바생으로 열악한 작업환경과 부실 감독의 희생자가 됐다. 부실 감독이라기보다 위험하고 단순한 작업을 저임금 협력업체 노동자에게 외주해온 한국적 악습이 빚어낸 사건이었다. 정작 메트로 출신 재취업자들은 궂은 육체노동을 비정규직에게 떠넘기면서도 400만 원 상당의 고임금을 받은 반면, 1시간마다 작업현장을 옮겨 다녀야 하는 냉혹한 계약을 감수한 19세 청년은 144만 원을 지급받은 사실이 드러났다. 숨진 청년의 가방에서 컵라면이 발견돼 세간의 동정을 샀다. 며칠 뒤인 6월 1일, 남양주 지하철 공사장에서 폭발사건이 발생해 인부 4명이 숨지고 10여 명이 부상을 입었다. 사고의 원인은 안전수칙 무시였는데, 사상자들은 대부분 한국철도공사 발주, 대기업 시공, 하청업체 '매일 ENC'가 공사를 담당한 하청 사슬의 비정규직이었다. 이 역시 감독 소홀과 작업자 과실이 겹쳐진 사건이나 정작 피해자는 비정규직 노동자였다는

8 현대중공업 파업 결의에 이웃동네에 위치한 현대차 노조도 동반파업을 결행했다. 현중은 정리해고 결사반대, 현대차는 임금인상을 파업 명분으로 내걸었다.

사실에는 변함이 없다. 한국사회에서 비정규직은 신분차별보다 더 강력한 경계선이자 삶의 기회와 질을 양극화하는 성벽과 같아서 불평등사회와 격차사회의 냉혹한 징표다. 이런 인위적 구획선을 그대로 방치하면서 공동체적 삶을 회복해야 한다고 외치고, 청년에게 일자리를 줘야 한다고 힘줘 강조하는 모습은 모순이자 기만이 아닐 수 없다.

한국사회의 초미 관심사가 된 청년 일자리만 해도 그렇다. 한국사회가 내린 특명은 '대한민국 청춘을 구출하라'다.[9] 그런 명분하에 2015년 100여 차례의 회의, 물밑 접촉, 기싸움, 결렬을 거듭한 끝에 노사정대표들이 합의문에 도장을 찍었다. 오랜만에 보는 타협정치였다. 멱살잡이에 공중부양, 욕설로 기억되는 여의도정치에 비하면 늠름하고 성숙한 풍경이었다. 숨통을 트지 않으면 한국사회가 질식한다는 위기감을 공유했고, 자식세대에게도 인간적 존엄성을 유지할 환경을 만들어줘야 한다는 절박한 공감대가 없었으면 불가능한 일이었다. 1998년 외환위기 이후 시민사회가 빚은 사회적 대타협이었다.

그런데, 청춘은 구출되었는가? 버려진 청춘들을 거뒀는가? 필자가 내린 답은 불행히도 '아니다'. 노동은 챙겼고, 사(使)는 비용부담을 떠안았다. 핵심뇌관은 여의도정치로 이관되었다. 청년고용에 가장 중대한 '일반해고'와 '임금피크제 포함 취업규칙 변경' 건을 협의한다고 합의했다. 타협에 무능한 여의도 와류(渦流)에 던져 넣자고 합의한 것이다. 대타협의 정신을 지키라는 국민들의 눈초리가 매섭기는 하지만 국회 환노위에 포진한 야당 강경파의 거부권과 민노총의 협박이 드세다. 왜 '청춘 구하기'에 실패했냐고? 경제학자라면 이렇게 답할 것이다. 신규 채용에는 기업의 지불능력이 가장 중요한데, 국회로 이관된 사안을 합의한다 해도 그리 변화는 없다고 말이다. 노동시간을 200시간이나 양보했는데 무슨 소리냐고 할 것

9 필자의 칼럼, 「버려지는 대한민국 청춘」, 《중앙일보》, 2015년 1월 21일자에서 부분 발췌.

이다. 실제로는 연장근로할증료를 50%에서 100%로 올려 비용삭감 효과는 별로이고, 여기에 통상임금 범위를 확대하고 실업급여를 10% 올렸다. 임금피크제가 도입되지 않으면 '60세 고용연장'은 폭탄이다. 비록 노동계가 시간을 양보해도 소득보전의 참호에 버티면 '청춘 버리기' 전선엔 아무 이상이 없다. 또한, 재계의 요구인 일반해고가 입법화되면 비용절감엔 약이지만 고용안정에는 독이다. 노(勞)의 처우개선과 사(使)의 일반해고가 맞바꿔진 양상인데 이게 '청춘 구하기'에 얼마나 도움이 될지는 따져봐야 한다. 이래저래 딜레마다.

사회학적 관점에서 '청춘 구하기' 방정식은 노동/자본의 협상프레임만으로는 풀리지 않는다. 한시적이나마 '상위소득자의 임금 동결', '정규직의 특권 양보', '노동의 헌신을 신규채용으로 보답하는 사(使)의 노력', 이 삼박자를 결합하는 범사회적 결단이 필요하다. 공장과 기업에게 이 난제를 풀라고 압박하는 사회는 이기적이고 비정상적이다. 조직부문 상위 20%, 약 2백만 명의 임금양보, 공기업과 정부 공무원들의 임금피크제 동참, 교사와 교수들도 조기퇴직이나 임금피크제를 수용해야 시든 청춘에 생기를 불어넣는다. 대한민국의 모든 철밥통이 나서야 풀린다. 양보한 자에게 선별적으로 제공하는 정부의 복지정책도 주효할 것이다. 기성세대의 양보와 자제 없이 궁핍한 후속세대를 구하지 못한다. 영국 오페라 스타 폴 포츠가 자비로 한국에 날아와 피곤한 청춘들을 위문 공연했다. 정작 우리 사회는 뭘 내놓았는가?

이기적 경쟁심과 독점의식에 의해 발생하는 일그러진 자화상은 도처에서 발현한다. 부자 동네로 알려진 강남에서 아파트 경비원이 자살한 사건이 발생했다. 경비 비용을 아끼려고 경비원을 상대로 재계약을 강요했는데 그런 조치에 불응하는 경비원들에게 주민자치회가 일괄해고통지를 보낸 것이 화근이었다. 속사정을 들어보면 양측 모두 할 말이 많을 것이다.

경비원이 근무태만이거나 주민이 하대했을 가능성이 있다. 민주노총의 재빠른 개입이 주민의 경계심을 촉발했을지도 모른다. 실제로 고용연장과 최저임금 보장이라는 민주노총의 강수(强手)에 주민은 계약파기로 맞섰다. 경비원은 최저임금 이하의 월급에 혼신의 힘을 쏟지 않고, 주민은 월 2만 원 추가부담을 아끼려 해고를 불사했다. 강남 부자동네에서 공존의식은 증발했고 '더불어 사는 시민' 개념은 흔적이 없다. 오히려 국민 개념이 난무한다. 부자 동네에서 일어난 저 치졸한 장면은 모두 개별화된 '국민'으로만 살아온 탓이다. 국가 명분에 수직적으로 동원된 원자화된 개체인 국민은 수평적 관계에는 한없이 미숙한 존재다. 동시대를 사는 사람끼리 주고받는 자제와 양보의 미덕, 공존의 지혜를 배양하지 못한 증거이기도 하다.

더 이상 떠올리고 싶지 않은 저 세월호 사건은 공존의 미덕, 자발적 시민성(civicness)의 결핍이 어떤 무서운 결과를 초래하는지를 보여주는 서글픈 자화상이다. 당시 68세의 선장 이준석이 300여 명의 어린 학생들을 두고 승무원들과 함께 난파선을 먼저 탈출했는지를 모든 사람들은 의아해했고 안타까워했다. 선장에 대한 분노를 주체할 수 없었을 터이지만 어느 순간 자신도 이준석과 같을지 모른다는 생각에 섬뜩함을 느꼈을 것이다. 일리 있는 추론이다. 필자도 아픈 가슴을 부여잡고 그 파렴치한 행동을 이해하느라고 애를 먹었다. 필자의 잠정적 결론은 이 글의 취지와 직결된다. 선장 이준석은 평생 수평적 관계를 맺지 못하고 살았다. 다만, 자신과 가족, 가족과 회사, 회사와 국가라는 수직적 관계에서 의식을 형성했고 행동수칙을 익혔다. 비상 시 선장의 의무는 여객선 항로와 상태를 관리하는 정부기관, 해경관측소, 여객선 관리소에 연락을 취하고 지시에 따르는 일로 충분했다. 사건 당일에도 그런 마음 상태를 유지했을 터인데, 갑판에 나와 보니 해경 소속 헬리콥터와 구조선이 눈에 띄었다. '국가가 왔다!' 국가가 있는 한 자신의 할 일은 소멸됐다. 어린 학생들의 생명은 국가가 책임질 터이니 자신은 자신의 생명만 보존하면 된다는 생각 외에 다른 의식은 없었을 거다. 그래서 탈출했다. 해경 구조선을 타고 말이다. '의식 없음!'(thoughtlessness)은 나치 치하 유대인의 대량학살을 감행한 나치 대원이나 사령관급 책임자에게 공통적으로 발견되는 사고방식이다. 또는 난징학살에 황도황종(皇道皇宗)의 명분을 갖다대는 일본 제국군대 사령관의 사고방식에서도 그런 유형이 스며 있다. '의식 없음'은 책임전가 내지 무책임의 전통에서 발원하고, 그것은 모든 행동과 규범을 상위명제인 국가와 결부시킬 때에 정당화된다.[10] 이준석은 수직적 관계에 매몰된 '국민'이었다. 그럴 경우 이웃, 공동체, 더불어 사는 사람들에 대한 배려가 완전히 결핍된 이기적 인간이 된다. 국가에 대한 애국심은 있을지 모르나, 수평적 관계에 대한 권리와 의무, 즉 시민성에 대해서는 무지한 인간이다.

우리의 초라한 자화상을 애써 환기한 이유는 시민성, 공존의 지혜를 갖춘 '시민'이 중요하다는 사실을 자각하기 위함이다. 이기적 심성, 경쟁과 독점, 불평등과 격차—이런 부정적 독소가 무성하게 번식한 한국사회에서 더 이상 경제성장은 불가능하고, 어렵게 성장 동력을 찾아내더라도 사회를 옥죄는 누증된 모순을 혁파하지 않고는 투쟁사회가 지속된다. 이것이 왜 이 시점에서 '시민'인가, '시민성'인가를 자문해야 하는 이유다. 우리가 매진해 왔던 '국민'으로 충분하지 않은가? 아니다. 마치 피륙이 씨줄과 날줄로 짜지듯, 사회 역시 '공동체적 연대'(시민)와 '국가에 대한 헌신'(국민)으로 엮어진다. 하나가 빠지면 허술하다. 미국 대통령이 '친애하는 시민', 프랑스 대통령이 '친애하는 동지'로 호칭하듯, 미국인과 유럽인들은 국민보다 시민에 더 익숙하다. 국민이 되기 전 먼저 시민으로 성숙했

10 마루야마 마사오(丸山眞男)는 천황이데올로기를 최고의 가치로 설정한 일본 제국주의의 정신 상태를 '무책임의 전통', '무구조의 전통'으로 개념화했다. 마루야마 마사오(김석근 역), 「일본에서의 내셔날리즘」, 『현대정치의 사상과 행동』(한길사, 1997)와 마루야마 마사오 (김석근 역), 『일본정치사상사연구』(통나무, 1995) 참조.

기 때문이다. 한국사회가 당면한 제반 모순과 폐단을, 우리의 일그러진 자화상을 '시민성'으로 교정할 수 있다고 주장하는 것은 아니다. 다만, 사회적 재설계가 절실한 현 단계에서 우선 고민해야할 시대적 과제가 바로 시민성 배양이다.

시민성은 '공존의 지혜'이자 '더불어 사는 시민'(공민)으로 진전하는 통로다. 제도는 만들어낼 수 있다. 그러나 제도의 작동은 '규칙'만으로 되지 않는다. 규칙을 지키고자 하는 사회성원이 의무감으로 충만해야 한다. 개인의 업무(사익)에 충실할 때 공익은 저절로 창출된다는 아담 스미스(A. Smith)의 '보이지 않는 손'(invisible hand) 개념은 도덕적 개인을 전제하지 않고는 성립되지 않는다. 모든 개인은 자기애(自己愛)를 갖는다. 사익과 욕망에 충실한 존재다. 그러나 공감능력(sympathy)을 발휘해 자기절제, 관용을 내면화하지 못하면 보이지 않는 손은 허구일 뿐이다. 아담 스미스는 이기적 개인을 이타적 존재로 승화하는 지적 덕성(intellectual virtue)으로 공감능력을 중시했다.[11] 이것이 시민성의 덕목인데 한국인과 인연이 없는, 멀리 떨어진 가치가 아니다. 유럽의 사회이론가들이 예외 없이 고민했던 시민사회의 가장 본질적인 덕목이 시민성, 시민윤리라고 하는 가치관이다. 시민성은 무엇인가? 본격적으로 고찰할 차례가 되었다.

11 아담 스미스 (박세일, 민경국 공역), 『도덕감정론』, 비봉출판사, 1996.

III 시민과 시민사회의 이론구조

한국의 대통령이 '시민'이란 단어를 쓰는 경우는 오직 특정 도시주민을 지칭했을 때에 한정된다. '전주시민' 혹은 '대구시민'이다. 정부의 공식 언어도 마찬가지다. 경남지역 신공항 분쟁을 김해공항 신축으로 종결지었을 때에도 '부산시민이나 대구시민께서 이해해 달라'는 것이 대변인의 공식 언명이었다. 이 표현에는 시민성은 없고 대신 지역성이 있을 뿐이다. 한국에서는 도시 주거민이 시민이고, 농촌 거주자는 농민이다. 이런 어법은 사실상 일제 식민지시대로부터 한 발짝도 나아가지 못한다. 20세기 초반에 등장한 보편적 시민개념은 일제 통치와 함께 즉시 거주지 개념으로 한정되었다. 일제시대 발행된 신문에는 '시민대회', '시민운동회'와 같은 근대적 개념이 자주 등장하는데 대부분 특정 도시에서 일어난 사건 보도였다. 예를 들어 동아일보 기사에 이런 표현이 나온다.[12]

> 義州邑內 二百餘市民들은 義州商務主催로 來十三日에 開崔할 시민大會運動會는 一般市民을無視하고 發起人 三四名의 獨斷的으로하고 市民에게는何等의有益을不及한다하여 不平과非難이藉藉하다는데 探聞한 바에 의하면 今般에 開催할 運動會는그名稱이 市民임을 伴하야 此에對한 經

12 제목은 「市民運動에 不平」, 《동아일보》, 1926년 6월 12일 기사. 띄어쓰기는 필자.

費 三百圓도 全部市民들의 義捐金으로써 開催케되엇을 뿐아니라 運動競技者들도 可及的 市民을 參加케함이 當然한事이어늘 …

의주에서 시민대회 운동회를 하는데 발기인의 독단운영으로 시민참여가 배제되었다는 고발기사이다. 시민은 의주시민이었다. 앞에서 예를 든 전주시민, 대구시민과 다를 바 없다. 그런데 보편적 시민 개념이 투영된 용법도 가끔 사용하기는 했다. 예를 들면,[13]

다음 沙里院市民에게 告하노니 沙里院의 敎育施設의 不完全한 것은 當局의 責任이나 市民 또한 一部의 義務를 負하지 아니치 못할 것이다 子女가 市民의 子女요 將來의 國民이 市民의 國民이어늘 私學을 增設한다던지 普校, 中等校增設運動을 한다던지하야 一日이라도 入學難을 緩和해야 할 것이 아닌가 …

'사리원시민'이란 용법은 마찬가지인데, "자녀가 시민의 자녀요 장래의 국민이 시민의 국민이어늘"에서는 시민은 국민의 질료이고 시민됨이 국민됨의 요소라는 보편적 인식을 담고 있다. 그러나 일제 식민통치가 양자의 긴밀한 관계를 배양하는 기반을 파괴했기에 시민개념은 보편적 함의를 얻지 못했다.[14] 바로 이 문제가 우리가 찬찬히 따져 봐야할 역사적 연구과제인데, 이에 대해서는 다음 장에서 고찰하기로 하고 이 장에서는 서양에서 시민의 형성과 시민사회론의 핵심 논리를 간략히 살펴보기로 한다.

1831년, 인류역사상 최초의 근대적 정치혁명으로 불리는 프랑스혁명이 발발한 40여 년 후 프랑스의 한 지식청년이 미국을 여행했다. 알렉시

13 《동아일보》, 1932년 4월 7일 기사.

14 그런 상황은 천황제 신정국가를 일찍이 구축한 일본인 역시 마찬가지였다. 졸고, 「일본 제국주의의 정신구조」, 한림대 한림과학원, 《개념과 소통》, 2015년 겨울호.

토크빌(Alexis de Tocqueville, 1805~1859)이란 26세 청년이었는데, 미국의 연방감옥제도를 연구하려는 것이 목적이었다. 10개월의 여행에서 그는 놀라운 사실을 발견했다. 국가도 국가권력도 취약하기 짝이 없는 미국에서 사회질서는 잘 유지되고 주민들도 법과 규범을 잘 지키고 있었다. 역사적 전통이 길고 무거운 프랑스와는 달리 타운십(Township)이란 자치제도가 작동하는 모습은 그에게는 사뭇 감동적이었다. 타운십은 주민자치제도로서 중앙집권적 국가권력을 대신해 사회문제와 쟁점은 물론 자연재해 극복에도 탁월한 효율성을 보여 주었다. 사회적 갈등이 발생하거나 분쟁이 발생하면 곧장 정부로 달려가 하소연하는 프랑스나 영국과는 달랐다. 미국인은 국가에 의존하지 않았다. 촌락의 문제는 토론을 통해 스스로 해결했고 향후 문제를 해결할 행동강령을 만들어 실행했다. 그런 '마음의 습관'(habits of the heart)이 미국인의 심성에 장착되어 있었다는 사실에 토크빌은 놀라움을 금치 못했다. 국가는 자치제가 십시일반 모여 만든 권력체에 불과했다. 지방자치에서 유능한 사람을 선출해 국가에 빌려주는 개념이다. 토크빌은 그들을 유럽처럼 관료(bureaucrats)가 아니라 의견을 조정하고 실행하는 기능인(functionaries)으로 불렀다. 지방자치라는 토대 위에 연방제 국가가 서 있었던 것이다. 미국에서의 이런 경험은 토크빌로 하여금 국가권력에 대한 부정적 평가로 이끌었다. 그는 1835년 저술한 대작 『미국의 민주주의』에서 이렇게 썼다.[15]

> 전능한 권력은 본래 사악하고 위험한 것이다. 인간은 그런 권력을 분별력 있게 행사할 수 없다. …… 절대적 지배를 행사할 수 있는 권리와 수단이 국민이나 군주, 귀족정치나 민주정치, 군주정이나 공화정이건 어

15 Alexis Tocqueville, 『Democracy in America』, J.P. Mayer (ed.), New York: Harper & Row, 1969. 252쪽.

느 권력에 부여되든 거기에는 폭정의 씨앗이 있다.

인간은 전능한 권력을 분별력 있게 사용할 수 없는데, 미국의 자치제도는 합의된 권력을 만들고 스스로 복종한다는 점에서 시민권력의 윤리적 본질을 함축한다. 그러므로 '제도'로서의 민주주의보다는 주민과 시민들이 내면화한 가치관과 행동규범, 즉 '마음의 습관'이 더 중요하다는 사실을 체득했다. 그런 마음의 습관은 인종과 직업을 뛰어넘어 '제 조건의 평등'(equality of all conditions)을 확산하는 제도를 창안하고 정착시킨다. 그 결과가 민주주의다. 평등 속에는 귀족계급과 다른 대중적 하향평준화라는 냉소적 의미가 들어 있기는 하다. 토크빌은 신분과 계급의 차이를 무너뜨리고 자유롭고 평등한 인간관을 확대하는 마음의 습관 혹은 습속(folklore)이 무엇보다 중요하다고 보았다. 자발적 결사체(voluntary association)는 이런 습속을 제조하고 보강하는 사회적 기제인데, 18세기 말과 19세기 초에 걸쳐 유럽에서 활발히 제기된 시민사회론의 이론적 실체를 미국에서 발견한 셈이다.[16] 주민이 만들고 지키는 합의권력은 '보편적 시민'으로 가는 통로이고, 그 보편적 시민이 '제 조건의 평등'을 확산시켜 미국의 민주주의를 구축하는 자유로운 개인들이었다.

18세기 중후반에 출현한 시민사회론이 고심했던 논리가 그것이었다. 절대왕정에서 갓 벗어난 사회, 상공업의 발달이 신분체계를 와해시키고 농노를 임금노동자로 변모시키던 당시 질서의 원리가 무엇인지를 찾아내야 했고, 자유를 어느 정도 획득한 개인이 주체성을 자각하고 노동권과 재산권을 확립해 가던 당시의 질서를 어떻게 투쟁 상태로부터 건져내야 하는지를 고민했다. 마르쿠제(H. Marcuse)가 그의 저서 『이성과 혁명』에서

16 토크빌에 대한 적절한 논의로는, 신문수, 「토크빌: 자유와 평등의 변증법」, 송호근. 서병훈 편, 『시원으로의 회귀: 고전과의 대화』(나남, 1999)를 참조하면 좋다.

설파했듯, 이성을 갖춘 개인의 탄생은 봉건적 질서를 해체하고 합리적 지평을 열고자 했다. 시민혁명을 경과한 영국에서는 일찍이 17세기 후반, 프랑스에서는 18세기 후반, 독일에서는 19세기 초중반에 확장일로에 있던 시민층과 시민사회의 위상을 확립하려는 시도가 이뤄졌고 그것이 시민사회론으로 수렴되었다. 홉스의 공동선(commonwealth), 로크의 정부론(Treaties on government), 루소의 일반의지(general will), 헤겔의 시민사회(civil society) 같은 개념들이 국가권력에 대하여 시민사회의 위상을 확인하고자 했던 시도들이다.

서양의 근대, 특히 자유주의 초기에 개인과 사회는 국가에 대항하여, 또는 협력적 관계 속에서 그 실체와 윤곽을 형성했고 국가에 반하거나 일치하는 이해관심을 표출해 주권영역을 확정하고자 했다.[17] 그러나 시대를 막론하고 서양의 경우에 국가는 언제나 강력하다는 점이 문제였지만, 적어도 1870년대 제국주의시대가 개화되기까지 각 사회계급들은 자신의 이해영역을 보다 단단하게 구축하기 위해 간섭과 규제장치를 발동하는 국가와 대립 혹은 제휴관계를 유지했다. 국가와 계급의 이런 관계를 합리화한 이론이 바로 시민사회론(theory of civil society)이다. 그러므로 시민사회론은 국가에 대해 개인의 권리를 확정하는 것으로부터 시작해야 했다. 천부인권론은 그런 필요성을 정당화하기 위해 창안된 절대론적 가정이다. 개인 권리는 태어날 때부터 천부적으로 부여받은 권리이고 어떤 인위적 권력에 의해서도 부정될 수 없다! 마치 절대왕권이 신에 의해 정당화되듯이, 개인의 권리 역시 천부라는 신적 영역에 복속시켰다. 불어로 시민(公民, citoyen), 독일어의 성민(bürger), 미국과 영국의 시민(citizens)은 약간의 의미 차이에도 불구하고 국가권력에 저항적이라는 공통점을 갖고 있다.

17 이하 서술은 졸저, 『시민의 탄생: 조선의 근대와 공론장의 지각변동』(민음사, 2013), 363~364쪽에서 부분 발췌하고 수정했다.

'국가의 권력은 시민으로부터 위임받은 것이다'. 시민사회론의 이 명제는 '개인'을 권력의 궁극적 발원체로 격상시켰다. 국가권력은 천부인권, 자연권을 부여받은 개인의 신성한 권리를 침해하지 못한다. 개인은 자기보존(self—preservation)이라는 생물학적, 인류사적 목적을 수행하는 이기적 존재인데 그것을 보호받지 못하면 인류의 존속 자체가 위협받는다. 사익은 그래서 중요하다. 자기보존에 가장 중요한 것을 로크는 재산권(property right)이라 했고, 루소는 생물체로서 유기체적 욕구충족, 자기 보존이라 했으며, 홉스는 욕망(desire)이라 했다. 그게 무엇이든, 개별 인간은 사익을 추구하는 존재다. 사익추구를 보장하는 것이 자유(freedom)다. 그런데 개인의 자유가 가족에서는 협동과 우애로 발현되므로 아무 문제가 없는데 개인들의 집합, 가족의 집합인 사회가 형성되면 문제가 발생한다. 사익을 추구하는 개인 간, 집단 간 서로 자유를 침해한다. 욕망의 충돌은 영원한 투쟁 상태를 낳는다. 투쟁과 갈등상태로는 사회가 유지되지 못한다. 자유의 조화로운 공존을 유지하게 해주는 어떤 특단의 논리가 요청되었다. 그래서 홉스는 서약(covenant), 로크는 협약(compact), 루소는 계약(contract) 개념을 고안해 개인—시민사회—국가로 나아가는 000 만들고자 했다. 개인들의 자유 계약을 거쳐 그것을 관리하고 감시할 국가권력이 탄생한다. 국가권력을 홉스는 공동선(commonwealth), 루소는 일반의지(general will), 로크는 정부(government)로 명명했다. 그런데 이론가들에게는 국가의 전횡을 막는 견제장치보다 개인들이 탐욕과 욕망, 사익추구 경향을 자제하는 것이 더 현실적이고 실현가능한 방안으로 간주되었다. 시민 구성원의 도덕(morality), 공공성(publicness) 논의가 더 중요하게 다뤄지는 것은 이런 이유에서이다.

그러나 현실은 이론적 구상대로 되지는 않았다. 상공업 발전과 시민계층의 확대가 신분체계를 와해했다 해도 여전히 차별의식과 사회적 장벽은 높았다. 시민층의 아들인 독일의 문호 괴테가 쓴 『젊은 베르테르의 슬픔』(Die Leiden des Yungen Werther, 1774)은 시민계층인 베르테르가 귀족계급인 샤를 로테를 사랑하는 얘기다. 당시로서는 시민층과 귀족층의 사랑은 이뤄질 수 없었다. 상승일로에 있던 시민계층이 지배층인 귀족계급과 인생을 공유하고자 할 때 부딪힐 수밖에 없었던 문화자원의 빈약함, 즉 윤리적 전통과 품격 있는 관습의 결핍, 예술적 감각과 정서의 빈곤, 빈궁하고 옹색한 생활양식과 신분질서의 단단한 장벽 등이 자본과 상공업 질서를 앞세운 그들의 행진을 가로막았던 것이다. 시민층은 돈은 있지만 천박한 부류의 대명사였다. 18세기 말 시민계층의 아들인 대문호 볼프강 괴테(W. Göthe, 1749~1832) 역시 그 화려한 언어, 학식, 감성으로도 군주제하의 신분질서를 뛰어넘지 못했다. 젊은 베르테르의 사랑은 신분적 장벽 앞에서 무너져야 했다. 베르테르의 '슬픔'은 개인적 비극이자 사회적 '고뇌'(Leiden)였다. 귀족층의 장벽을 무너뜨리고 그 사회적 고뇌를 현실적 기쁨으로 바꾸려면 귀족층에 대항하는 시민계층 특유의 윤리와 정서, 가치관과 세계관을 배양해야 했다. 종교적 신념과 생활윤리의 접합이 그렇게 일어났다. 일상생활에서의 검약과 청렴, 세속적 경건함으로 무장한 직업군이 태동했다. 교양시민(Bildungsbürger)이 그들이다. 교사, 교수, 목사, 예술가, 군인, 하급공무원, 회계사와 전문관리인, 건축사, 기술자들이 전문지식과 학식, 윤리적 감각과 규율을 내세워 낭만적 취향과 타락한 풍요에 빠진 귀족층을 대신하여 현실 질서를 주도하려 했다. 상공업에 포진한 경제시민이 교양시민과 짝을 이뤄 자유주의를 전파하는 쌍두마차로 등장했다. 자유주의와 자본주의는 귀족층과 대적할 역량을 키워나가는 시민계층의 인큐베이터였다. 교양소설은 시민층이 주도계층으로 부상하던 19세기 역사적 도전과정에서 표출된 시민층의 '마음의 행로'와 '정신적 자원의 축적양상'을 집약한 문학을 총체적으로 일컫는다. 그것은 곧 시민됨의 기록이었고, 시민적 언어였고, 시민계층의 집합적 성찰이었다.

귀족적 질서에 대항하여 자유주의의 기반을 구축한 쌍두마차인 교양시민과 경제시민의 정신적 무기가 합리성이었음은 두말할 나위가 없다. 마르쿠제의 저서 『이성과 혁명』의 취지가 그랬다. 이성의 합리적 활용이 가져온 혁명적 변화가 시민계층의 확장이고 궁극적으로는 지배권력의 공유였다. 이로부터 공공성 개념이 도출된다. 하버마스(J. Habermas)는 국가와 귀족권력에 저항하여 영리추구를 향한 계급적 이익을 극대화하는 각종 매체와 토론회, 정치적 조직들로 연결된 부르주아공론장이 작동하는 기제를 각국 사례를 통해 보여주었다. '이성의 합리적 사용'이 바로 공공성에 도달하는 경로이며, 부르주아 공론장이 정보와 상품의 교환, 봉건권력에 대항하는 비판적 논리와 매체, 사교클럽과 커피하우스 등을 활용하여 영향력을 획득해가는 과정의 모습이다.[18] 상공업을 통하여 부를 축적하려는 부르주아들은 시장과 교역을 저해하는 귀족계급의 간섭을 정보유통과 합리적 규범의 확대로 자신의 세력을 키웠다. 이 과정에서 귀족계급에 대응하는 자신들의 독자적인 취향과 생활방식을 창안했으며, 귀족계급에 버금가는 예술적 감성과 문화적 자산을 축적해 나갔다. 예술비평, 음악회, 연주회, 미술평론은 물론 신문과 인쇄물을 간행하여 그들의 계급이익을 토론하고 확장하는 공론장을 만들어 나간 것이다. 이른바 공중(公衆, a public)이 출현했다. 공적 문제를 거론하고 해결방안을 제시하는 부르주아 공론장은 국가권력에서 비교적 자유로운 자율적 공간이었으며, 사적 영역의 문제를 지극히 자제하고 대중적 동의를 만들어 내는 정치적 힘을 발휘했다.[19] 사적 영역과 공적 영역은 서로 긴밀히 연결되어 있었지만, 부르주

18 유르겐 하버마스(Jürgen Habermas, 한승완 역), 『공론장의 구조변동』, 나남, 2001.

19 한국사회에서 공공성의 문제를 거론한 논의로는, 조대엽, 『갈등사회의 도전과 미시민주주의의 시대』(나남, 2014)와, 인촌기념회 주최 제 1 심포지움, 『선진사회의 기반, 공공성을 확립하자』(2015년 1월)에서 발표된 임혁백의 논문, 「한국의 정치와 사회의 공공성」을 참조하면 좋다.

아 공론장의 공중은 사익보다는 공인(public interest), 공개성(openness), 자유와 평등의 원칙을 기본원리로 설정했다. 공론장에 나선 공중이 시민개념에 부합한다면, 공론장의 기본 가치인 공공성이 시민성(civicness)의 요체다.

하버마스의 공론장 이론은 시민을 어떻게 공익지향적 인간으로 만들 것인지에 대한 독일적 해답이었다. 프랑스의 사회학자 에밀 뒤르케임은 일찍이 이 문제에 집중했다. 19세기 중반, 혁명과 반혁명이 반복된 프랑스에서는 공화정이 뒤늦게 탄생했다. 1871년 제3공화국의 탄생을 목도하면서 뒤르케임의 고민은 천주교의 윤리적 영향력이 쇠퇴한 당시 사회에서 그것을 대신할 정신적 자원을 찾아야 했다. 천주교가 공동체적 정신을 강조했고 사회성원 간 우애(fraternity)를 길러내는 정신적 자양분이었다면, 그것이 퇴조한 당시 사회에서 무엇을 배양해야 하는가? 뒤르케임의 인간관은 시민사회론자들의 그것과 닮아 있다. 그는 인간을 사적 욕망과 공적 관심을 동시에 보유한 이중적 인간(Homo duplex)으로 보았는데, 사적 욕망을 자제하지 않으면 사회는 불가능하다고 생각했다. 다시 말해, 가족이라는 사적 영역에 속한 개인에게 공적 긴장을 갖게 하는 기제가 필요했던 것인데, 뒤르케임은 루소의 전통을 따라 도덕성 내지 시민윤리(civic ethics)에서 찾았고, 시민윤리를 배양하는 시민교육을 강조하기에 이르렀다. '사회는 항상 개인보다 우선한다'는 명제, '자유는 규제의 산물이다'는 명제 하에 한 사회의 역사적 형성과정에서 배양된 '집단양심'(collective conscience)에 주목한 이유도 공익적 긴장감을 불러일으키는 실체를 찾고자 한 그의 학문적 관심 때문이다. 그는 이렇게까지 단언한다. "인간이 타인인 자기 동료에게 지고 있는 의무를 결정하는 규칙들은 윤리의 최고점이다. 이것은 절정이며 다른 모든 것의 승화다."[20]

20 에밀 뒤르케임 (권기돈 역), 『직업윤리와 시민도덕』 (새물결, 1998) 53쪽.

다행히 집단양심을 코드화한 실체가 존재하고 있었다. 중세의 동업조합이나 길드처럼, 당시에는 다양한 직업들의 결사체인 직업집단(occupational groups)이 형성되어 있었고, 이런 직업집단을 활성화하면 개인적 이익추구 성향을 억제할 수 있는 직업윤리를 배양할 수 있다고 본 것이다. 시민은 직업집단적 정신에 충실하고 그 사회에 상식 혹은 양심으로 통하는 집단정신에 비춰 자신의 행위를 판별하는 기본양식을 갖추면 유기체적 질서가 형성될 수 있다고 생각했다. 그것도 부족하면 시민교육(civil education)으로 보완할 수 있다. 뒤르케임은 소르본느대학 교수직을 하면서 시민교육을 하러 전국을 다녔다. 헤겔은 시민사회를 중시하면서도 이해대립을 해소하는 궁극적 권력체로 국가를 절대시했다. 국가는 절대신이자 역사적 이성의 구현체다. 국가의 장대한 진화에 시민사회가 화답한다면 개인의 자유와 평등은 보장될 것으로 생각했다. 그러나 뒤르케임은 거꾸로 시민윤리의 함양을 통해 국가권력을 순화시킬 수 있다고 믿었다. 심지어는 직업집단이 정치적 역할을 맡는다면 국가조차도 소멸될 수 있다는 시민자치사상으로까지 나아갔다. 직업윤리를 갖춘 시민이 공공성을 발휘한다는 전제하에서 말이다.

협소한 의미의 시민은 도시 거주민이나 특정 성향을 보이는 집단이겠지만, 보편적 의미의 시민은 푸코의 개념을 빌리면 '타인에의 배려'를 내면화한 존재, 공익에의 긴장감을 실행하는 존재를 지칭한다. 그것이 공공성이자 시민성이다. 루소가 말하는 도덕, 뒤르케임의 시민윤리, 하버마스의 공공성은 거의 동일한 개념이다. 공공성은 시민사회의 구성원들이 서로의 이해를 조정하고 자제하면서 만들어가는 개념이다. 전통적 지배층인 귀족계급과 대립하면서 사회운영의 지배이념을 모색하고 형성하는 과정에서 시민계급의 고유한 심성과 가치관이 형성된다. 근대국가는 시민사회가 협약하고 위임한 그 지배적 가치관과 권력을 행사하는 실체다. 시민사회는 자율(autonomy)의 공간에서 가치관을 만들고, 국가는 그것을 위임받아 시민사회를 통제(control)한다. 현대 정치체제의 아킬레스건이 바로 '자율'과 '통제'다. 자율은 시민사회, 통제는 국가의 몫이다. 자율과 통제가 선순환관계에 놓인 상태가 근대사회이다. 시민은 그런 선순환관계를 감시하고 따르는 구성원이다. 권리와 책임의 균형적 감각을 갖고, 그 균형을 감시하는 권력체의 통제를 따르는 존재, 그것이 시민이다. 만약, 국가가 이런 선순환관계를 깨뜨리면 국가에 저항할 수 있는 권한이 허용된다. 이것이 시민권(civic right)이며, 시민사회는 이를 토대로 번성한다.

Ⅳ 동원의 정치와 운동론적 시민사회

시민을 건너뛴 국민[21]

노르웨이 작가 크나우스고르(Karl Ove Knausgard, 1968~)의 문제작인 『나의 투쟁』(Min Kamp)은 주인공 자신의 성장과정을 깨알같이 묘사하고 있다. 일상적 소묘 가운데 언뜻 필자의 관심을 끈 것은 고등학생인 저자가 참가했던 정치집회다. 주인공은 어느 날 저녁 노동당청년위원회(AUF) 신입단원 입회식에 참가한다. 성대한 의례를 기대했던 주인공은 겨우 열두 명이 둘러앉은 일종의 간이 워크숍에서 세 차례의 지루한 연설을 들어야 했다. "무언가를 하려는 의지로 가득 찬 젊은 남녀들, 50년대를 대표하는 마법의 단어인 '사회주의'가 지배하는 열정적인 분위기와는 거리가 멀었다. 그것은 평범한 옷을 입고 미련하고 둔감한 청소년들이 지루하고 따분하며 공허한 이야기를 나누는 모임에 지나지 않았다."[22]

고등학생인 주인공 칼 오베는 첫사랑인 한네와 함께 일찍 자리를 뜬다. 귀갓길, 그들은 나이에 걸맞지 않은 담소를 나눈다. 한네는 오베에게 묻는다. "너는 왜 무정부주의자니?" 그러자 오베가 맞받아친다. "나는 그거 몰라, 그러는 너는 왜 크리스트교도니?" 고등학생들에겐 버거운 대화이니만

21 이 장의 서술은 학술단체협의회, 《지식의 지평》(2016년 20호)에 실린 필자의 글 「한국의 시민과 시민사회의 형성」에서 부분 발췌하고 대폭 수정했다.

22 칼 크나우스고르 (손화수 옮김), 『나의 투쟁』(한길사, 2015), 245쪽.

큼 답은 유보되었다. 그러나 한 가지 확실한 것은 노동당청년위원회 같은 정치조직이 각 마을마다 활동하고 있다는 사실, 그리고 무정부주의나 크리스천의 정치적·사회적 의미를 어린 나이에 자문하고 있다는 사실이다. 사회적 의미망이 어린 고등학생들의 일상 속에 뻗어 있다는 점이 한국 현실과는 너무 다르고, 또 우리의 주제인 시민, 시민사회의 토대와 저변 형성의 질적 메커니즘을 드러낸다는 사실에 주목해야 한다.

우리에겐 이런 조직이 없다. 있다면 어른들이 자식 망칠까 질색을 했거나, 보수단체의 '종북 좌빨' 같은 무시무시한 공세에 금시 해체되었을 거다. 한국의 고등학생에겐 '무정부주의자'가 한없이 낯설고 뭔지 불온한 존재로 느껴진다. 정치교육을 받을 기회가 없을 뿐 아니라 미성년자인 그들에게 '정치'란 적절한 학습 주제가 아니다. 그런데 왜 노르웨이 학생들은 정치를 대화주제로 삼을까? 그것은 바람직한가? 한마디로 말하면 그래야 한다. 바람직하다, 아니다를 떠나 일찍부터 정치교육을 받고 정치를 대화주제로 삼아야 정치발전이 이뤄진다. 한국에서는 정치와 정치인을 탓하고 욕하는 것이 일상화됐다. 그럴 충분한 이유가 있지만, 어떻게 정치인을 길러낼 것인가에 대해서는 아무런 대안을 제시하지 않는다. 경제, 사회, 교육, 문화계와 비교해서 정치계가 가장 후진적이고 낙후된 이유는 정치를 직업으로 삼을 인재들을 골라내고 길러내는 사회적 기제가 결여되었기 때문이다. 한국인은 정치에 대해 너무 관심이 많지만 어떻게 정치인을 만들 것인지에 대해서는 무관심하다. 성인들은 정치활동이나 사회활동을 하지 않는다. 후술하겠지만 한국의 성인들은 시민단체나 정치단체에 가입해서 정기적으로 활동하는 비율이 10%가 채 되지 않는다. 민주정치가 시민사회 저변에서 이뤄지는 활발한 토론과 합의에 기초하고 있다면, 정치권에 대한 한국인의 높은 관심과는 달리 정작 정치활동이나 시민활동은 거의 제로 상태다. 지지 정당에 당비를 내는 진성당원이 주변에 자주 발견되는가? 시민단체에 회비를 내는 일반 시민이 주변에 어느 정도 발견되는가? 거의 없다. '시민성 결핍'을 입증하는 가장 확실한 증거다.

1960년대에도 그랬다. 당당한 시민이 되고 싶은데 되지 못하는 소심하고 어눌한 심정은 문학에 반영됐다. 예를 들어, 시민적 가치에 누구보다도 긴장을 느낀 시인 김수영은 주체성의 실눈을 뜨고 작아진 자신에게 분노한다. 책망감과 좌절감은 여러 시(詩)에 스며 있다. 출구 없는 이 땅을 뜨고 싶은 시인은 가뿐히 이륙하는 헬리콥터에 감동하고(「헬리콥터」), 군부의 서슬 시퍼런 국가주의에 눌려 신음하는 초라한 시민의식을 그렇게라도 구제하고자 했다. 신동엽은 분단이 고착되고 체제경쟁이 본격화되는 1960년대 말 아예 신화의 세계로 망명했다. 버거운 자유보다 비굴한 풍요를 강요하던 독재정권에 동원되던 당시 교양시민의 문학적 저항이었다. 한국에서는 개인의 자유, 주체성의 탐색보다 집단적 민족주의와 성장위주의 국가주의가 시민계층으로 발돋움하던 개별 시민의 텅 빈 마음을 장악했다. 그도 그럴 것이, 동족상잔의 비극을 겪은 한국은 이데올로기적 제약의 울타리에 스스로 갇혔고, 그 울타리는 한반도를 두고 벌어지는 4대 강국의 냉전 게임에 의해 훨씬 협소해졌으므로 국가는 '시민'의 자율성과 자치적 본질을 용납하지 못했다. 시민계층이 성숙하기 전 개별 시민은 '국민'이라는 특정 정치스펙트럼에 갇힌 집합적 실체의 구성원이 되어야 했다. '국민의 과잉'은 민족의 운명을 스스로 개척할 자율권을 포박당한 채 빈곤탈출을 향한 근대화·산업화과제를 동시에 추진해야 했던 한국의 국가적 상황과 국제정치적 위상에서 기인한다.

팔자타령이 아니라 그게 현실이었다. 해방과 함께 '황국신민'으로 살아온 한국인들이 자율적 시민사회를 구축하기란 벅찼다. 식민 통치 기간에 태어난 사회단체와 시민단체는 해체 압력을 받아 웅크리고 있거나 조선총독부의 강압과 회유에 의해 대부분 친일단체로 변절하지 않을 수 없었다.

마치 '인민'이 사회주의자들에 의해 계급적 성격을 부여받은 것처럼 자율성을 지향하는 '시민'은 불온한 단어였다. 농민이 인구의 90%에 달했던 해방 당시 시민계층도 형성되지 않은 상태였다. 전쟁은 형성 초기에 있는 '시민'을 무대 뒤에 묶어둔 채 '국민'과 '인민'의 대결로 치달았다. 국가정체성 회복과 탈환에 생명을 아끼지 않는 남한의 '국민군'과 계급해방을 외치는 북한의 '인민군'이 맞붙은 일대 비극이었다. 인민군이 퇴각하자 '국민'은 민족과 국가정체성을 동시에 함축하는 신성한 개념이 되었다. 그걸 토대로 군부정치가 들어섰다. 전쟁은 국민개념을 협소한 이념스펙트럼에 가두었다면, 군부정권은 국민개념에 급진적 민족주의 색채를 부가했다. 반공과 민족주의로 무장한 국민이 태어난 배경이다. 그런 시대적 상황 속에서 시민적 토양은 얼어붙었다. 국가주의가 상승하던 시대에 발육부진의 시민은 '국민'으로 호명됐다. 1960년대 미성숙한 시민 군상이 있었으나 국민으로 편입된 무기력한 '소시민'일 뿐이다.

1970년대는 '동원의 정치' 시대였다. 모든 것은 국민으로 통했고 국민으로 모아졌다. 시민의식의 발화는 지지부진했다. 국민교육헌장이 낭독되고 국기에 대한 경례가 일상화됐다. 개발 독재정권은 국가를 반석 위에 올려놓았다. 국부(國富)는 역사상 최고로 올라섰고, 경제기적을 알리는 건배사가 메아리쳤다. 경제개발과 더불어 북한과의 체제경쟁과 민족주의 이념의 심화과정에서 시민개념은 흔히 '재야'(在野)로 불리는 저항운동 진영과 접속해야 했다. 접속이라기보다는 독재정권이 내건 국민개념에 밀려 저항운동이나 반체제운동 진영으로 밀려들어갔다는 표현이 적합하다. 시민은 무정형 집단이거나, '민족중흥' 따위에는 관심을 두지 않는 불온한 집단으로 규정되었다. 시민개념은 여전히 특정 도시에 거주하는 도시민에 한하여 사용되었을 뿐, 자율성과 견제역할을 갖는 주체적 시민개념과는 거리가 멀었다. 1970년대와 80년대에 걸쳐 시민개념이 불온성, 반체제성, 저항성 같은 부정적 의미와 결부된 까닭이다.

경제개발은 시민계층을 급속도로 만들어냈다. 시민층의 확장이 일어났고 중간계급이 형성됐다. 그러나 그들은 시민계층의 고유한 양식을 만들 의지보다는 비어 있는 지배층으로 상승하려는 의지가 더 강했다. 자율성을 박탈당한 시민계층에게 열려진 것은 부의 축적과 신분상승 기회였기에 사회를 이끌 행동양식과 정신적 자원을 만들어내지 못했다. 아니, 사회를 주도할 고유의 정신자원을 만들어야 한다는 생각을 하지 못했다. 그러기에 민주화와 함께 농민과 노동계급이 도전했을 때 그들을 밀어내기 바빴지 사회의 중앙무대로 초청할 생각은 전혀 없었다. 20세기 초반, 독일에서는 교양시민과 노동계급의 연대가 만들어졌다. 자본주의의 최대 모순인 분배와 평등 간 충돌을 최소화하려는 사회민주주의는 그런 계급적 합의가 없이는 불가능하다.[23] 그런데 한국의 지배집단에게 계급적 세계관은 여전히 불온했고, 빈곤층, 노동계급, 저항집단의 절규는 성장저해적 독소로 규정되었다. 그런 바탕에서 출세 지향의 교양시민이 형성되었다. 그런 성향은 경제시민 역시 마찬가지였다.

이것이 한국의 시민계층이 사회를 주도할 핵심 가치를 만드는 데에는 실패한 배경이다. 시도하지도 못했다는 표현이 더 적절하다. 서양에서 거의 100여 년이 걸렸던 시민사회 형성의 경험지층을 빼먹은 것이다. 아니 건너뛴 것이다. 송복 교수는 최근의 저서 『특혜와 책임』에서 뉴하이(new high)와 뉴리치(new rich)의 형성과정에 주목한다. 뉴하이란 당대에 고위직에 오른 권력집단과 위세집단을 가리키고, 뉴리치는 당대에 돈을 번 최상위 자본가집단을 지칭한다. 당대에 최고 지위에 오르는 데에는 성공했

23 1901년 독일에서 결성된 '사회개혁협회'는 대학교수와 교양시민이 주축이 된 시민단체였는데, 노동의 평등권과 분배의 정당성을 요구하는 노동계급의 도전을 수용해야 한다고 역설하고 실천했던 진보단체였다. "교양인들이야말로 권력소유에 민감한 계급과 솟아오르려고 애쓰는 계급 사이에서 중재자 역할을 해야 한다고 믿었다"는 것이다. "교양과 노동의 연대"가 그렇게 이뤄졌다. 박근갑, 「유럽시민과 시민사회: 하나의 환상 또는 우리의 거울?」, 《지식의 지평》, 2016년 20호 참조.

지만, 권력과 자본을 어떻게 사회공익을 위해 행사하고 쓸 것인가에 대해서는 고뇌의 기회를 갖지 못했다는 것이다. 말하자면, 권력 윤리와 돈의 철학이 궁핍하다. 국가주도의 시대는 지났다. 이제는 뉴하이와 뉴리치가 사회개혁을 주도해야 함을 역설하는 송복 교수는 이들에게 노블레스 오블리주(noblesse oblige), 즉 특혜에 따른 응분의 책임을 요구한다. '위급할 때에 생명을 내놓는 지혜'를 논어를 인용해 견위수명(見危授命)이라 풀었다. 견위수명—교양시민과 경제시민이 갖춰야할 가장 절실한 덕목이다. 솔선하는 시민사회 만들기(垂範精神)가 그 덕목의 으뜸이다.[24] 시민, 시민사회는 자율성을 토대로 성장한다. 자율성을 상실하면 정권의 동원 대상이 되거나 국가 목표를 향해 일사분란하게 작동하는 국민으로 남는다. 산업화에 매진한 독재정권 하에서 사람들은 그것을 받아들일 수밖에 다른 도리가 없었다. 시민 없는 국민국가의 시대가 너무 길었다. 1987년 민주화 이후 이 결핍증을 아프게 인식해야 했다. 시민사회 만들기, 그리고 진정한 '시민되기'가 민주화의 최대 과제라야 했다.

운동론적 시민사회

1987년 민주화 이행은 가히 시민사회의 폭발이었다. 산업화 기간 국가권력 밑에서 웅크리고 있었던 시민사회는 드디어 얼굴을 드러냈다. 민주화는 권위주의 통치의 성공이 가져다준 예상된 선물이었다. 산업화와 경제성장은 고학력 전문가 집단을 양산한다. 권위주의 정권에서 가장 혜택을 많이 누린 중산층이 권위주의체제를 무너뜨린 일등 공신이었다. 경제적 토대가 어느 정도 만들어지자 그들은 '자유'를 원했던 것이다. 6,000여 개 노동조합이 신설되었고, 수천 개 전국적·지역적 시민단체가 결성됐다.

24 송복, 『특혜와 책임』, 가디언, 2016.

1990년대는 노동운동과 시민운동이 시민사회를 각각 분할·점령했다. 노동운동은 업종별·산업별·직종별로 분화되어 작업현장의 민주화를 포함해 정치민주화의 수준과 단계를 높일 것을 요구했고, 시민운동은 이슈별로 이합집산을 반복하는 단체들을 결성해 각종 시민적 요구를 정치권에 쏟아부었고 반향이 없으면 즉시 거리로 나갔다. 민주화 중반기까지 한국의 정치는 '시민적 요구(demand)'가 제도화(institutionalization) 수준을 초월하는 정치적 혼란 상태를 치러야 했다. 정치 1번지 여의도 광장에는 각종 슬로건으로 무장한 시위대들이 충돌했고 '주장의 전시장'을 이뤘다. '시위 공화국'이란 냉소적인 말도 등장했다. 민주주의는 도래했으나 지배구조(governance)는 지극히 불안정했다.

30년의 민주화를 집약하는 가장 중요한 특징은 '높은 시민적 요구'와 '낮은 제도화 수준' 간 격차와 그것으로 인한 지배구조의 불안정이라 할 것이다. 권위주의 체제에서 탈출한 시민들은 그들의 권리를 주창하는 데에 주저함이 없었는데 정치권은 거기에 빠르게 대응하지 못했다. 주지하다시피, 정치권은 이념투쟁 외에도 지역, 계파, 직업집단, 세대적 이해대립에 의한 다중적 균열 상태를 면치 못했기 때문이다. 시민사회의 폭발이 사회적 합의에 의해 어떤 유의미한 결과로 수렴된 것도 아니다. 시민사회도 정치권과 마찬가지로 여러 균열 요인에 의해 극단적 대결 상태를 종종 연출했으며, 이념집단 간, 이해집단 간 격렬한 거리투쟁을 촉발했다. 시민권의 두 측면을 권리와 의무라고 한다면, 시민운동은 권리 찾기와 권리 확보에 치우쳐 있었다. 이해 대립의 건너편에 위치한 상대는 적으로 간주되었다. 적의 척결, 권위주의체제에 도전했던 운동권의 행동양식이 그대로 답습되었다는 뜻에서, 민주화의 양식을 '운동론적 민주화'라고 불러도 무

방할 것이다.[25]

시민사회의 운동에너지가 민주주의의 거시적 제도발전에 기여한 바는 분명하지만, '더 나은 민주주의'로 진전하는 데에 걸림돌로 작용한 것도 사실이다. 몇 가지 점에서 그렇다. 우선, '국가권력은 시민으로부터 위임받은 것'이라는 시민사회론의 가장 중요한 명제를 앞세워 국가권력을 직접 선출하고 창출하는 데에는 적극적이었지만, 그것을 어떻게 유지·관리할 것인가에는 그다지 관심을 쏟지 않았다. 개인의 자유가 중시되었지, 자유가 서로 충돌할 때 해결할 수 있는 지혜와 덕목에는 그리 관심이 없었다.

둘째, 운동에너지가 정당정치와 연결되지 못하고 폭발하거나 거리에서 소멸하기를 반복했다. 시민운동이 어떤 중대한 결실을 맺으려면 정당정치에 의해 수렴된 갈등 조정의 기제가 만들어져야 한다. 그래야 동일한 유형의 사회갈등이 발생하지 않는다. 발생하더라도 정치과정에 의해 곧 해소될 수 있다. 그러나 시민운동은 통치 권력과 정면충돌해 덧없이 와해되는 장면을 수없이 반복했으며, 그 결과 시민운동 단체들도 리더십에 손상을 입고 조직 역량의 급격한 침체를 감당해야 했다. 시민운동과 정당정치는 서로 경쟁·보완하는 관계가 아니라 접점을 찾을 수 없는 팽팽한 대치 상태를 만들어왔다.

셋째, 그래서인지, 시민운동은 자신들이 직접 선출한 정치리더십을 전면 부정하고 거부하는 행동양식을 일종의 정당한 관행으로 정착시켜왔다는 점이다. 정치리더십은 진보든 보수든 가릴 것 없이 운동단체가 요구하는 바와 상치될 때 주저 없이 저항세력으로 돌변하는 급선회의 정치행태

25 최장집 교수는 이런 관점에서 민주화시기를 '운동론적 민주주의'로 부른다. 그리고 운동에너지가 정치발전의 견인차가 되기보다는 대통령을 선출하는 국민투표만으로 집중 수렴되는 양상을 냉소적으로 표현하여 '국민투표적 민주주의'란 개념을 썼다. 최장집 교수가 2008년 11월 5일 울산대학교에서 행한 강연 요지. 강연 제목은 「울산과 한국민주주의 관찰자로서의 한 시각」.

를 보였다. 통치 권력을 견제하기 위한 민주적 장치를 거부권(veto power)이라고 한다면, 시민운동은 자신들이 직접 선출한 권력을 끌어내리고 부정하는 수단으로 이를 애용했다. 결과는 항시적 대치 상태였다. 대치 상태를 풀기 위해 정치권은 언론, 검찰, 법원과 같은 공공기관을 끌어들였다. 대화 혹은 사회적 타협은 변절이었다.[26]

넷째, 진보든 보수든, 운동론적 민주화가 내세운 수사와 담론은 자신의 행위와 노선 선택을 정당화하는 언술이었지 현실개혁과 접목되지 않았다. 담론은 쟁점에 따라 수시로 바뀌었으며, 때로는 이념적 위치를 선점하려는 정략적 목적에 의해 채색되기도 했다. 담론과 현실 간에는 언제나 격차가 존재했으며, 이념적 칼날을 벼리기 위한 거대담론은 관념의 영역에서 생성과 소멸을 반복하기 일쑤였다.[27]

그리하여 운동론적 민주화가 상실한 것은 바로 '시민성'의 본질에 대한 성찰이다. 시민성은 책무와 권리의식을 동시에 갖춘 균형 감각이며, 사익보다는 공익을 중시하는 윤리성이다. 공익에는 동시대인과의 공존이라는 목표의식이 포함된다. 사익으로 충만한 개별 시민이 모여 형성하는 시민사회에서 공공성을 거론해야 하는 논리적 필연이다.[28] 자제와 양보를 통해 동시대인과의 공존 환경을 풍요롭게 하는 것이 시민성의 요체라면, 그것이 더불어 사는 시민, 즉 공민(共民, Mitbürger)의 기본 소양이다.[29] 한국에는 이 개념이 없다. 시민인데 동시대를 더불어 살아가는 사람 즉 공민 개념이 부재한다. 그렇다면, 민주화 시기 권리 찾기와 권리 행사에 집착했던 한국의 시민은 시민성의 반쪽만을 탐한 미완의, 불균형적 존재다. 민주

26 최장집교수는 이런 현상을 '다른 수단에 의한 정치'(politics by other means)로 개념화했다. 민주주의의 제도적 취약점이다.

27 최장집, 앞의 강연.

28 시민사회와 공공성 논의로는 신정환, 「사회공공성 강화를 위한 담론전략」과, 신진욱, 「공공성과 한국사회」(《시민과 세계》, 2007년 11호)를 참조.

29 공민(公民)은 일제 강점기에 강조했던 개념이다. 그래서 이 개념을 피하고 '더불어 사는, 공동체의식을 담지한 시민'이란 뜻을 살려 공민(共民)으로 번역했다. 공산주의 인민과는 질적으로 전혀 다른 뜻이다.

화 시기 운동론적 민주화는 거시적 차원의 제도생산에는 어느 정도 기여했으나, 그것을 작동하는 미시적 기초, 토크빌이 '마음의 습관'(Habits of the heart)이라 불렀던 '시민성'을 만들어내는 데에까지 미치지는 못했다. 그것이 우리의 당면 과제이고, 국민소득 2만 7천 달러에 도달한 이 시대에야 비로소 시민사회의 저변을 형성하는 습속과 윤리적 기초를 얘기해야 하는 한국 특유의 사정이다.

V 시민민주주의의 제도적 조건: 사회민주화와 복지

시민성과 공민을 말하는 데에 왜 갑자기 사회민주화와 복지정치인가? 시민성(공민)은 사회민주화(복지정치)의 전제이고, 사회민주화는 시민성을 강화하는 토양이기 때문이다. 두 가지는 서로 상보적이며 인과관계에 있다. 사회민주화(social democratization)는 정치민주화와 함께 진행되기도 하고 후속 단계에 나타나기도 한다. 정치민주화가 권위주의 내지 독재정권의 잔재를 청산하고 민주적 정치제도를 도입하는 일련의 과정을 뜻한다면, 사회민주화의 초점은 불평등해소와 격차줄이기다. 타고 날 때에 부여받은 생득적 지위(ascribed status)로 인한 불평등을 기회균등과 소득이전 같은 복지제도를 통해 줄이는 대신 노력과 재능에 의해 얻은 성취적 지위(achieved status)에 대한 사회적 존경심을 높이는 조치들을 포괄한다. 사회민주화의 정점에 사회민주주의(social democracy)가 있다. 사회민주주의는 20세기에 태어난 모든 정치체제 중에서 자유와 평등 간 모순을 가장 효율적으로 완화하고 양자의 균형을 가장 잘 맞춘 체제이다. 정치학자 셰보르스키(Przeworski)는 사민주의를 20세기 문명의 최대 발명품으로까지 극찬했다.

사민주의가 비중을 두는 중요한 목표는 소득불평등 완화와 격차 해소이다. 부유층의 소득을 중하층에게 재분배하는 것이 소득불평등 완화인데 모든 계층에게 골고루 제공되는 보편적 서비스와 일정 소득 이하의 중하층민을 대상으로 하는 선택적 서비스가 소득불평등 해소 기능을 담당한다. 격차해소는 성, 학력, 기능, 직업, 기업과 같은 노동시장의 구조요인이 야기하는 임금격차와 고용기회의 격차를 줄이는 일련의 조치들로 이뤄진다. 사민주의 국가에서는 장애인이라고 정상인보다 더 적은 임금을 주는 것이 법으로 금지된다. 각 요인별 임금격차는 존재하지만 한국처럼 격차가 크게 벌어지는 것은 아니다. 인권과 평등을 중시하기 때문이다. 사민주의국가에서 다른 체제보다 소득불평등이 낮은 것은 격차해소를 위한 일련의 공공정책 내지 복지정책이 작동하고 있다는 증거다. 그런데 그 복지정책은 경제활동 참여자가 납부하는 세금으로 운영되는 것이 상식이다. 고소득층이 더 많이 내고 저소득층은 덜 내도록 하는 누진세율이 적용되는데 보통 스웨덴과 독일은 개인소득자가 총소득의 40%선, 법인세는 50%~60%선까지 납부한다. 고소득자는 양보정신을 발휘하고, 혜택을 받는 저소득자는 기업과 사회에 헌신하는 것으로 보답한다. '임금양보'가 '헌신'을 전제로 이뤄진다. 또는 임금양보와 헌신을 맞바꾸는 '교환 계약'이 이뤄지는 셈이다. 바로 이 교환 계약이 시민성을 제조하는 사회적 기제이다. 예를 들어 스웨덴에서 1960년~70년대에 시행된 연대임금정책(solidarity wage)은 고임금자의 양보로 만든 기금을 전체 노동자들이 사용할 수 있도록 함으로써 노동자연대를 배양했고, 노동자들은 생산성동맹(productivity coalition)을 만들어 경제성장에 기여했다. 노동자연대를 시민영역으로 확장하면 시민성이다.

양보와 헌신 간의 교환계약은 '사익자제와 공익우선'이라는 공동체적 정신과 직결된다. 이른바 공공선(commonwealth)을 만드는 기제가 곧 세금과 사회적 이전을 주축으로 한 복지정치다. 복지정치가 겨냥하는 시장경쟁의 제도적 구조화는 일반 임금생활자로 하여금 '삶의 여유'를 갖게 할 뿐 아니라 자신의 작업과 노동이 공익과 연결되어 있다는 긴장감을 유지하도록 만든다. 자신이 공동체의 성원이고, 자신의 노동이 공동체의 공익에 기여한다는 연대감을 가질 때에 비로소 시민성이 생겨나는 것이다. 사회민주화가 양보와 헌신의 교환계약을 낳고, 이것이 노동의 탈상품화를 추구하는 복지정치로 유입되고, 복지정치는 다시 시민성을 촉진하게 되는 선순환적 환류가 사민주의의 핵심논리라면, 시민성은 그것을 구성하는 중대한 전제이자 동인(動因)이다. 시민성 배양에 사회민주화와 복지정치가 중요해지는 이유이다.

한국에서 시민성이 지극히 낮은 역사적 원인을 앞에서 간략히 살펴보았는데, 1987년 이후 민주화 기간에 사회민주화를 아예 생략했거나 아니면 선별적, 소극적으로 추진한 데에도 중대한 이유가 있다. 한국에서는 독재 청산이 너무 힘겨웠거나, 권위주의적 제도를 민주적 제도로 교체하는 과정에 국가역량을 너무 소진한 탓에 사회민주화의 시기를 놓쳤다고 할 수 있다. 물론, 정치민주화와 사회민주화가 중첩되는 영역이 분명 존재하지만, 정치민주화를 토대로 해야 사회민주화가 제대로 이뤄진다. 사회민주화는 계층, 직업, 직종, 기업 간 폭넓은 사회적 합의가 형성되어야 가능하기 때문이다. 정치민주화를 추진했던 김영삼 정권 이후 김대중 정권과 노무현 정권이 사회민주화를 추진해야할 시기였는데, 급작스런 외환위기 사태가 사회민주화의 설계를 가로막았고, 외환위기 극복과정에서 강제된 신자유주의적 공세가 노무현 정권의 사회개혁을 방해했다. 자본의 부활과 공세를 재조직할 내부 정치력이 취약했다. 특히 노무현 정권은 양극화해소를 정치적 목표로 설정하고 과감한 정책을 잇달아 내놓았는데 사회적 합의 부재와 정치력 미숙에 의해 좌초되는 쓰라림을 맛보아야 했다.

경제민주화는 사회민주화가 무르익은 다음 단계에 추진되는 일련의 조치로서 가장 높은 수준의 개혁이다. 경제민주주의(economic democracy)와 경제민주화(democratization of economy)는 다른 개념이다. 경제민주주의는 사민주의가 가장 성숙한 단계에서 추진하는 '이윤공유'인데, 1978년 스웨덴에서 임금생활자기금(wage earner's fund)이라는 명칭으로 선을 보인 바 있다. 그러나 실패했다. 한국에서 2012년 대선에서 주창된 경제민주화는 경제의 민주적 규제라고 보면 적절하다. 사회민주화가 지극히 취약한 상태에서 대선캠페인의 주요 슬로건으로 등장한 점은 논리적으로 조금 어긋난 감이 적지 않지만, 아무튼 사회민주화와 경제민주화는 서로를 필요로 한다는 사실은 분명하다. 그렇다고 동시에 이뤄지는 것은 아니고, 유럽의 경험으로 보면 사회민주화→경제민주화 순으로 나아간다. 사회민주화를 정착시키는 데에 필요한 경제민주화 항목을 선별적으로 요청하는 것이다. 그런데, 대자본과 관련된 경제민주화는 사회민주화보다 더 어려운 난제여서 스웨덴조차도 실패한 경험을 갖고 있다. 다시 말하건대, 사회민주화의 핵심은 '기회균등'과 '소득평등'이고, 경제민주화는 '거대자본의 과잉권력 통제'가 핵심이다.[30]

2012년 대선과 2016년 총선에서 주창된 경제민주화는 '재벌개혁' 내지는 '재벌해체'로 집약되는 것은 아닌가 하는 일반적 우려를 자아냈다. 대선 당시 통합진보당은 "30개 재벌을 3000개 기업으로 쪼개자"는 구호까지 내놨고, 민주당도 이렇게 급진적은 아니지만 '강력한 재벌규제'를 경제민주화의 목표로 설정했다. '거대자본의 과잉권력 통제'라는 취지에는 일견 맞는 듯 보이지만, 경기침체 혹은 기업경쟁력 약화라는 '뜻밖의 결과'를 초래한다면 문제는 달라진다. 복지전선에 이상이 발생하는 것이다. 복지의 핵심인 '일자리 지키기'에 비상이 걸리는 것이다. 그래서인지, 김

30 졸고, 「경제성장과 사회발전: 경제민주화와 복지의 상생구조 모색」, 조흥식 외, 『한국의 지속가능한 발전전략과 정책대안』(서울대학교 출판문화원, 2014)에서 부분 발췌.

종인 민주당 대표가 내놓은 2016년 경제민주화 구상은 재벌기업에 대한 적정 통제, 총수일가의 임의적 지배력 규제, 협력업체에 대한 대기업 횡포 방지에 역점을 둔 비교적 온건한 안이었다. 아무튼, 여기서 "복지=기업경쟁력 강화=일자리 지키기"라는 복지 등식을 환기할 필요가 있다. 스웨덴과 핀란드에서 대기업의 독점력은 한국보다 큰 데도 복지선진국이다. 이 딜레마를 어떻게 풀 것인지가 고민이다.

스웨덴과 핀란드에서 보듯, 복지와 경제민주화는 상호모순적, 상호충돌적 관계가 아니다. 복지등식을 가만 생각해보면 한국의 담론에서 빠진 것이 있다. 양자를 연결하는 고리인데, 바로 그 고리가 "일자리정치"다. 복지와 경제민주화는 "일자리정치"(politics of jobs)에 의해 상호보완적 관계로 변한다. 소득불평등과 격차는 고용, 즉 일자리정치를 통해 완화된다. 사회민주화가 진행되는 가운데 경제민주화로 나아갈 해결의 실마리가 찾아진다. 그런데 한국의 '일자리정치'는 실종 상태다. 고용창출의 책임이 무조건 대기업에 전가되고 있는데, 이는 고용창출의 기본원리를 무시한 처사다. 평생고용협약을 맺은 대기업 정규직 노조만이 강력한 조직력을 동원한 이기적 일자리 정치를 실행했을 뿐, 비정규직과 중소기업 노동자들을 보호하는 실효성 있는 공적 조치는 고안되지 않았다. 양극화가 임금과 고용 두 측면에서 점차 심화된 까닭이다.[31] 2016년 현재 임금생활자 1천만 명 중에서 고용보장을 받는 정규직은 약 4백만 명 수준이고 나머지 6백만 명은 실직 위험에 노출된 상태다. 그리고 월 2백만 원 이하인 저임금 노동자가 절반 가량인데, 특정 대기업 노조원들은 연봉 1억 원, 월 급여로는 8백만 원에 근접한다. 여기에 자영업 부문에 종사하는 7백만 명이

31 1987년 이후 한국의 소득, 고용, 자산양극화에 대한 추세 분석으로는, 장하성, 『한국 자본주의』(헤이북스, 2014)에 잘 요약되어 있다. 예를 들면, 상용근로자 소득분포를 보면, 최상위 10%가 최하위 10%의 4.8배로 OECD국가 중 세 번째, 저임금노동자가 전체의 25.2%로 미국과 함께 가장 높다. 노동소득분배율은 1998년 80.4%에서 2012년 68.1%로 하락했다. 역으로 자본소득은 그만큼 늘어났다.

있는데, 이들 중 다수는 4대 보험료를 내지 못하는 저소득층에 속한다. 4대 보험은 사회적 권리이자 시민권의 조건이다. 말하자면 한국에는 비(非)시민이 절반을 넘는다는 뜻이다. 양극화가 이 정도로 심한 상황에서 '시민성'을 말하는 것이나 기대하는 것은 어불성설이다. 실직자는 물론, 임시직, 파트타이머, 경기변동에 취약한 저임금 노동자에게 사회적 연대와 시민성을 논의할 수 있는가? 불가능하고 정의롭지도 않다. 사회적 연대와 시민성은 고용안정과 평균 이상의 임금을 받는 중상층 노동자들, 중상층 임금생활자들이 먼저 실마리를 만들어내야 한다. 그것이 고소득자의 책무다. 앞에서 말했듯, 임금양보가 먼저 있어야 기업의 지불능력이 커지고, 이것이 다시 고용확대로 연결되면 '좋은 일자리'(good job)가 늘어난다. 좋은 일자리의 확장은 중소기업에게도 활력을 불어넣는다.

그런데 2015년 가을, 10개월을 끌다가 겨우 결론에 도달한 노사정위원회의 합의사항은 실망스러웠다. 앞에서 언급했듯이 노사정위원회의 본래 목적은 '청년구하기'였고, 기업의 지불능력 향상을 통해 일자리 창출을 독려하는 것이었다. 그러나 대기업노조는 약간의 임금양보와 노동시간 나누기에 동참한 대신 쟁점 사안인 임금피크제와 저성과자 해고 문제는 합의하지 않고 국회로 떠넘겼다. 절반의 합의였을 뿐 아니라, 임금피크제는 물론 해고조항에 극렬 반대했다. 야당도 저성과자 해고조항을 '쉬운 해고'로 몰아세워 종합적 구도보다는 힘센 노동조합에 구애하는 야합적 정치행보를 취했다. 결과는 유실. 그나마 노사정위원회가 어렵게 도달한 모든 합의안은 이후 정치권의 협의과정에서 휴지조각이 됐다. 이 일련의 과정에는 노동자 연대도 없었고, 시민성도 찾아보기 어려웠다. 양보와 헌신의 교환계약은 한국에서는 거의 불가능하다는 사실이 입증되었을 뿐이다. 비시민이 다수인 상황에서 어떤 연대적 혁신도 양보를 통한 시민성의 발휘도 어렵다. 이것이 한국의 현실이다. 일자리정치가 없는 나라, 양극화로 분절된 나라, 사회보험도 수혜하지 못하는 비시민이 많은 나라에서 시민성은 발화하지 않는다.

일자리정치가 시민성 발화의 전제조건이다. 한국사회에서 일자리정치에 관한 인식전환, 발상전환이 절실한 이유다. 이를 위해서는 큰 틀의 디자인이 절실한 상황인데, 무엇보다 강조하고 싶은 것은 고용안정센터의 신설과 기능강화다. 고용안정센터 혹은 고용사무소로 불리는 이 기관은 각 지역에 설치되어 실직자, 구직자 관리는 물론 직업훈련과 적응훈련을 제공하고 취업을 알선하는 노동시장기구다. 독일은 뉘른베르크에 연방고용청을 설치하고 전국을 10만 명 단위로 나눠 약 700여 개의 고용사무소를 운영한다. 이 기관은 실직자에게 실업보험을 주고, 구직활동을 도와주며, 재취업자를 위한 적응훈련과 기능교육을 실시한다. 스웨덴의 노동시장국 역시 노동시장에 관한 총체적 업무를 맡는 국가기관이다. 두 기관은 적극적 노동시장정책(active labor market policy)의 산물로서 국가 재정의 1%, 실업보험과 훈련비용을 포함하면 4~5%에 달하는 예산으로 운영된다. 일자리정치의 전진기지다. 한국에는 고용사무소가 전국에 약 70여 개 존재하고 그 기능도 취업알선과 정보제공 정도에 그친다. 노동시장 정책에 매우 소극적 관심만 보이는 정치적 현실의 당연한 귀결로 보이는데, 시민성을 배양하려면 적어도 인구 20만 명당 1개, 전국에 약 250개의 고용안정센터를 구축하는 것이 필요하다. 그래야 실직자와 구직자를 포함해서 일자리와 인력 간 연결과정(matching process)을 원활히 할 수 있고, 생계안정과 인생설계의 계기를 부여해 공익에의 긴장과 사회적 연대에 대한 관심을 회복할 수 있다. 고용안정센터가 시민성 배양의 전진기지가 되는 이유가 여기에 있다.

직업이 시민윤리를 생산하는 공장이라는 사실은 앞에서 살펴보았듯 프랑스의 사회학자 뒤르케임이 설파했다. 개인의 사익추구 성향을 억제하는 도덕적 제재(moral saction)가 없는 사회는 존재할 수 없다고 믿는 뒤르케임은 도덕적 코드를 만드는 실체로서 직업과 직업진단에 주목했다. 직업은 개인을 어떤 유익한 행위로 이끄는 특정한 조건들을 발달시켰으며 서로를 특정 관계로 묶는 구속력을 갖는다. 직업이 공익적이라면 그 구속력은 충분히 도덕적이라고 뒤르케임은 생각했다. 개인과 국가 사이에 있는 직업집단은 도덕적 코드와 윤리적 관념의 발원지이다. 그는 이렇게 말한다. "개인을 넘어서 있는 어떤 것에 대한, 개인이 속한 집단의 이익에 대한 충실함은 모든 도덕적 활동의 원천이다. 이 전체의식이 강화되고 적용될 때, 이것은 다른 것보다 더 잘 정의된 어떤 공식으로 변화된다. 바로 이 지점에서 우리는 이미 확립된 과정에 있는 도덕적 규칙의 집합을 갖게 되는 것이다."[32] 뒤르케임은 이런 발상을 중세 길드조직과 동업조합에서 가져 왔지만, 개인을 규제하고 국가를 견제하는 도덕적 수원지를 직업집단에서 발견했다는 것은 시민성과 고용정책의 관련성을 논의하는 이 연구에 이론적 근거를 제공한다. 경제활동을 사회화시키는 것이 직업이고 직업집단이라면, 그것은 개인적 행위와 판단의 도덕적 환경 그 자체다. 그러므로 사민주의적 복지정치의 핵심인 일자리정치는 한국에서도 시민성을 배태하는 가장 중요한 정책영역으로 자리매김해야 한다. 유교문화가 쇠퇴하고, 가정이 도덕적 기능을 상실한 오늘날 한국에는 개인과 국가를 동시에 규제하는 도덕적 규칙(moral rules)을 만드는 실체가 무엇인지를 다시 물어야 하며, 그 도덕적 규칙을 풍요로운 시민성으로 승화시키는 제도적 기제들에 대해 고민해야 할 시점이다. 다음 장에서 논의할 시민교육과 사회적 경제(social economy)가 그런 제도적 발상이다.

32 에밀 뒤르케임 (권기돈 역), 『직업윤리와 시민도덕』, 77쪽.

Ⅵ 시민민주주의의 미시적 기초

1960년대 세계 정치학의 과제는 신생독립 국가가 어떻게 민주주의를 지속할 것인지의 문제였다. 2차 대전 이후 50여 개국에 달하는 식민국가가 해방되고 민주주의를 채택했다. 그러나 대부분은 권위주의로 복귀하거나 군부 쿠데타에 의해 민주주의가 붕괴했다. 헌팅턴이 『민주화 제3의 물결』에서 설파한 대로 신생 독립국가는 민주주의를 제대로 유지하지 못하고 권위주의로의 회귀 대열에 끼었던 것이다. 그리하여 1960년대 사회과학적 연구의 주류 시각인 근대화 패러다임(modernization paradigm)이 정치학자들을 사로잡았다. 민주주의를 유지하려면 근대성(modernity)을 배양하는 것이 최대의 해결책으로 제시되었다. 시민성(civicness)은 근대성을 상징하는 종합적 지표이자 사회성원의 의식수준을 가늠하는 중요한 척도로 각광받았다. 시민성의 결핍은 민주주의의 불안정을 초래하고 권위주의로의 회귀를 재촉한다는 가정이었다. 시민성에 입각한 민주주의가 시민민주주의(civic democracy)로 정의되었는데 정치학자들은 그것의 원형을 토크빌적 민주주의에서 찾았다.

토크빌적 민주주의, 즉 시민의 자율적 참여에 의해 권력이 발생하고 그 합의된 권력으로 공동체를 운영하는 주민자치 내지 지방자치 형태가 토크빌적 민주주의이고 그것의 현대적 발현체가 시민민주주의다. 시민민주주의는 민주주의의 어떤 특정 유형을 지칭한다기보다 '시민적 가치'를 존중하고 시민적 동의와 참여에 의해 국가권력이 견제되고 관리되는 그런 정치체제를 말한다. 토크빌이 1831년 미국여행에서 관찰하였듯이 '주민자치'가 미국과 유럽의 정치체제를 구분해주는 가장 중요한 요소인데, 그것은 미국인의 오랜 관습인 자발적 참여와 토론에 바탕을 두고 있다. 마을 공동체에 어떤 문제가 발생하면 주정부나 연방정부에 해결을 호소하기보다 우선 모여서 해결책을 논의하는 미국인의 행동양식과 규범을 토크빌은 '습속'(folklore)으로 개념화했다. 그런 습속은 오랫동안 절대국가를 경험한 유럽인에게는 매우 낯선 것이었다. 자발적 참여에 의한 결사체적 행동(associational activity)은 개별 성원으로 하여금 사익보다 공익에 먼저 눈뜨게 만드는 미국적 동인이었는데, 이 결사체적 행동에서 도덕적 담론(moral discourse)이 발생하는 것을 토크빌은 경이로운 눈으로 바라봤던 것이다. "도덕적 담론이야말로 미국인의 최초의 언어다."[33] 일찍이 루소가 사회질서의 전제조건으로 규정했던 '도덕'(morality)이 사회적 관습과 행동으로부터 생산되고 유포되는 현장을 목격했을 때 토크빌이 느낀 감회는 남달랐을 것이다.

시민민주주의의 핵심도 바로 이 도덕성을 생산하는 요소가 사회 내부에 정착되어 있는지의 여부다. 영국과 미국에서는 시민(citizen), 독일은 성민(bürger), 프랑스는 공민(citoyen)으로 각각 달리 불렸어도 시민됨(civility)의 요체는 결국 사익을 자제하고 공익을 우선시하는 도덕적 규범을 말한다. 이것이 없으면 민주주의는 취약하거나 붕괴된다. 그러니 식민지에서 막 놓여난 신생독립국이 미국에서 이백여 년, 유럽에서 백여 년 걸린 시민성이란 자양분을 축적했을 리 없고, 그런 상태에서 거시 제도를 만들었다 해서 민주주의가 제대로 운영될 리 만무했다. 토크빌적 민주주의는 사회 성

33 A. Tocqueville, 『Democracy in America』.

원의 일상적 행동양식과 규범, 믿음과 가치관이라는 미시적 기초가 성숙해야 작동한다.

이런 사실은 일찍이 식민시대 한국의 지식인들도 인지해서 시민성의 조건을 다각적으로 논의하기는 했다. 식민시대 신문과 잡지에 그런 내용의 기사가 상당히 많이 발견되는 것은 향후 피식민 상태를 극복하고 독립국가를 건설하는 과정에서 시민성이 중요해질 것임을 간파한 증거다. 예를 들면, 『개벽』에[34],

> 예컨대 지난 數세기간 2천만의 朝鮮민족의 정치적, 문화적 생활을 지도한 주인은 그 千分之 一이나 될락말락한 소수의 양반계급이엇스며 고대 希臘의 諸종족을 통솔하고 지도하야 여러가지로 文武의 大사업을 성취한 것은 실로 스팔타, 아덴, 테베 등의 소수 「市民」이외다.
> 현대제국의 중추계급을 조성한 者는 一言으로 말하면 식자계급, 유산계급이니 日도 然하고 英도 然하고 美도 然한 것이외다. 이 비교적 소수의 식자계급과 유산계급이(其實 넓은 의미로 보면 此 二者는 일치하거나 重疊할 것이지마는) 비교적 다수의 무식계급, 무산계급을 率하고 導하야써 日을 作하고 英을 作하고 美를 作한 것이외다.
> 그런데 현재의 朝鮮은 어떠한 상태에 存한가. 양반계급의 몰락이후로 아즉 此를 代할만한 계급이 출현되지 못 하엿습니다. 그래서 2천만이 거의 각각이 스스로 중심인물을 作하야 바람에 날리는 모래알과 갓다고 볼 수 잇습니다. 이른바 社會共同性(Social solidarit)이 업습니다.

라고 '시민'의 중요성을 강조했다. 글쓴이는 과거 지배계급을 대체하는 집단을 식자계급과 유산계급으로 규정했는데, 이는 19세기 중반 독

34 필자는 盧啞, 《개벽》, 13호, 1921년 7월 1일,

일의 자유주의를 이끌었던 '교양시민'(Buildungsbürgertum)과 '경제시민'(Wirtschaftbürgertum)에 각각 해당한다.[35] 기사의 제목은 「中樞階級과 社會」로서 근대사회가 질서를 유지하려면 중추계급이 필요하고 그것을 지식인과 경제인을 주축으로 하는 시민층으로 보았던 것이다. 교양시민은 전문지식과 종교적 신념을 생활 규범과 접합함으로써 자유주의의 정신적 기초를 닦았고, 경제시민은 시장윤리와 자본의 진취적 논리를 확산함으로써 자유주의의 경제적 기초를 닦았다. 글쓴이는 이런 정신적, 물질적 기초가 서로 단단히 맞물려 '사회공동성'을 만들어낸다고 했다. 현대용어로 사회적 연대(social solidarity)로서, 공동체적 관심이 없는 사회는 취약하다는 신념을 표현한 것이다. 이런 유형의 사회적 자질을 길러내는 것이 공민교육이다. 공민교육은 공익을 우선시하는 도덕교육의 다른 말이었다. 예를 들어, 『동광』에[36]

> 최근에 와서 獨逸 教育界에 대하여 일대 勢力을 有한 것은 켈슈엔스타이넬의 國民生活本位主義 又는 國家公民教育主義다. 그 目的은 國家 有用의 人材를 작성하려 함에 귀착되고 普通教育과 職業教育과의 조화를 기도하여 장래 職業의 준비를 顧慮하며 協同의 정신을 尊崇하고 勤勞를 중요시하여 작업에 의하여 獨立의 판단과 추리를 할 수 있는 知力과 鞏固한 意志를 鍛鍊하려 한 것이다.

「교육이념의 사적 변천」이란 제하의 이 기사는 교육의 목표가 국가 인재 양성, 인문과 전문지식의 조화, 협동의 정신, 독립의지를 기르는 데에 있다고 설파한 뒤, 그것을 묶어 '국가공민교육주의'로 통칭하고 있다. 공

35 J. Kocka, 『Civil Society and Dictatorship in Modern German History』, Hanover and London, University Press of New England, 2010.

36 필자는 조동식. 1927년 7월 5일, 15호.

민, 즉 공익에 기여하는 시민이란 뜻이다. 사적 존재로서 탄생했던 '시민'이 사회공동체적 질서와 목표에 기여하는 공적 역할과 위상을 부여받아 '공민'으로 승격한다. 일제 치하 1930년대에 자주 쓰였던 '공민'은 천황주의에 봉사하고 일제 통치에 충실한 식민지민이란 뜻이 강요되었고, 이런 내용의 논지를 펼 때 총독부의 압박이 반영되었을 터이지만, 식민지 식자들은 독립 이후 국가건설에 필요한 '공익적 존재'를 어쨌든 염두에 두었던 것으로 보인다.[37] 현대 용어로 '시민성'이다.

그런데 그 존재가 시민이든 공민이든 해방 이후 본격적인 형성과정과 성숙과정을 거치지 못하고 곧 바로 강력한 국가주의로 편입되었음은 앞에서 살폈다. 유럽과 미국에서 시민계급은 상공업층의 출현과 성장, 전문가들의 확대, 농민의 도전, 노동계급과의 계급투쟁, 그리고 제국주의적 팽창 등을 겪으면서 지배계급과 경쟁하는 오늘날의 시민사회를 건설했다. 이 과정에서 반드시 정의롭고 평등 지향적이고 인권존중적인 모습만 연출된 것은 아니다. 시민계층은 원래 사익추구 성향이 강하고 지배계급과의 권력공유 의지가 두드러지지만 오늘날의 사회를 구축할 수 있었던 것은 합리성, 경건성, 전문성, 절약과 근검, 양보의 미덕을 발휘할 수 있었던 내부적 성찰의 힘 덕분이다. 하버마스가 고찰하였듯이, 공론장의 창출과 확대 과정은 바로 시민정신과 시민적 가치의 확산과정과 일치한다.[38] 백여 년에 걸친 시민정신의 생성 및 진화 과정이 대부분의 신생독립국에서는 거의 생략된 채 국가존립과 경제성장을 앞세운 권위주의체제에 의해 "시민성 없는 국민"(nation without civicness)으로 출발해야 했다.

"시민성 없는 국민"에게는 민주주의의 거시적 제도를 운영할 수 있는 미시적 기초가 결여되어 있음은 물론이다. 즉, 토크빌적 습속인 결사체적

37 이런 관점에서 당시 지식인들이 사용했던 용어의 의도와 숨겨진 코드를 해석할 면밀히 필요가 있다.

38 J. Habermas, 앞의 책.

행위를 해본 경험이 없고, 그것을 향한 어떤 시도도 권위주의정권에 의해 무산되거나 탄압된다. 로버트 달(R. Dahl) 식으로 말하면, 민주주의의 두 축인 참여(participation)와 경쟁(contestation)이 소수 권력집단에 의해 조작되고 왜곡되는 과정에서 자발적 참여라는 민주주의의 미시적 기초는 파괴된다. 자발적 결사체를 대신하여 정권에 의해 만들어진 어용집단이 득세해서 참여민주주의가 아니라 동원에 의한 정치질서가 고착되는 것이다. 이 글의 서두에서 소개한 노르웨이 고등학교 청년노동당집회 같은 것은 반공주의에 입각한 한국에서는 생각할 수도 없다. 한국의 1960년~70년대에 청소년과 청년을 동원했던 학도호국단을 생각하면 족하다. 학도호국단은 민족주의와 국가주의를 씨줄과 날줄로 엮어 만든 동원조직으로서 국가목표에 충실한 국민을 배양하는 이데올로기 기구였다. 남북분단 상황에서 불가피한 통치양식이지만, 이런 경우 토크빌이 중시한 도덕적 담론(moral discourse)이 설 자리는 없다.

1987년 민주화 이행 이후 30년간 민주주의의 발전양식에 국가 동원주의의 악영향이 강하게 배어 있는 것은 그런 때문이다. '민주화 이후의 민주주의'는 남북분단, 민족주의, 국가주의, 그리고 경제성장주의에 의해 시민성이라는 결핍요소를 채워야 할 정상궤도를 걷지 못하고 냉전적 보수주의가 규정하는 이념적 한계 내에서 맴돌았고, 그에 대항하는 세력도 저항일변도의 운동론적 시각에서 벗어나지 못한 채 미래지향적, 진취적 대안 마련에 실패했다.[39] 이른바 민중민주주의를 지향하는 운동세력이 시민사회의 저변에서 생성되는 시민사회적 담론에 충실하지 못하고 대부분 권력교체와 권력 창출에 치우쳤던 것은 시민성배양의 역사를 통과하지 못한 한국인 전반의 본질적 한계였다.

이렇게 보면, 민주화 30년이 지난 이 시점에서 반드시 성찰해야 할 문

39 최장집, 『민주화 이후의 민주주의』, 후마니타스, 2002.

제는 거시적 제도보다 민주적 습속을 낳는 미시적 기초가 어떠한가를 짚는 일이다. 미시적 기초란 바로 시민성을 생성하는 자발적 결사체와 결사체적 행위, 그리고 그런 활동이 의식, 무의식적으로 배태하는 도덕적 담론의 수준에 관한 것이다. 절대왕정의 역사가 오랜 프랑스의 정치적 유산을 고려하여 루소는 『사회계약론』에서 공익(public interest)을 중시하는 일반적 신념과 사고방식을 길러내는 교육이 필요함을 역설했고 그것을 '도덕교육'(moral education)으로 명명했다. 없다면 길러내야 한다는 것이다.

한국의 경우, 다음과 같은 질문이 제기된다. "시민성 없는 국민"을 너무 오래 경험했다면, 어떻게 부족한 시민성을 배양할 수 있는가? 프랑스와 독일처럼, 시민교육 내지 정치교육을 실행할 수는 없는가? 입시위주의 중고등학교 교육에서 시민성을 몸에 익힐 교육개혁은 가능한가? 대학은, 성인은? 이런 질문들 말이다. 시민교육(civic education)! 시민민주주의의 거대담론보다 시민성을 배양할 미시적 기초를 다지는 일이 절실하다. 이런 관점에서 현재 한국에서 시민교육을 담당할 주체는 무엇이며, 시민교육의 상황은 어떠한가를 고찰해야 한다. 다음 절에서는 (i) 시민단체와 시민활동 현황, (ii) 사회적 경제와 협동조합, (iii) 시민교육의 주요 기구와 기업교육, (iv) 그리고 정치교육의 필요성에 대해 차례로 살펴보고자 한다.[40]

시민단체와 시민활동

시민단체는 토크빌이 중시하는 자발적 결사체의 현대 조직이다. 시민단체는 여러 갈래로 분절된 시민사회의 중지(衆志)를 모으고 그것을 국가와 정치사회에 발송하는 역할을 담당한다. 토론을 통해 만들어진 합의를 공

40 이 각 쟁점에 대한 서술은 필자의 논문, 「시민교육, 더 이상 늦출 수 없다」(《동아일보》, 2015)의 결론 부분을 토대로 최근 데이터와 자료를 활용하여 재작성했다. 원본은 동아닷컴(domnga.com)의 인촌기념회 사이트에 PDF 파일로 볼 수 있다.

론장에 올리는 시민단체는 그런 의미에서 공론장의 주요 행위자다. 개별 시민들은 계급, 직업, 학력이 다른 사람들과의 토론과정을 통해 개인적, 사적 의견을 공익적 방향으로 변형하거나 공공성 영역으로 나아간다. 시민단체는 시민교육이 이뤄지는 가장 중요한 현장이다.

1987년 이후 시민단체는 급성장했다. [그림 1]은 2000년 이후 중앙 행정부처 및 각 행정단위에 등록된 비영리민간단체의 성장을 보여준다. 2000년~2015년간 비영리민간단체의 숫자는 거의 6배 정도 급증했다. 2015년 중앙정부와 지방정부에 등록된 비영리민간단체의 숫자가 13,000여 개에 이른다고 한다면, 한국인은 결사체 활동에 매우 활발하고 적극적인 듯 보인다.

〈그림 1〉 비영리민간단체의 수 (2000~2015)

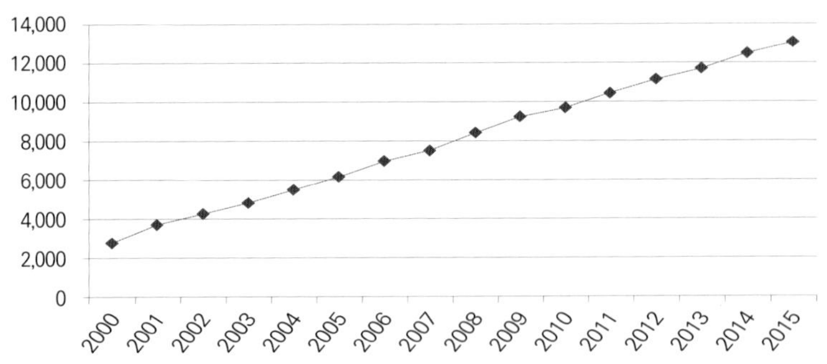

자료: 안전행정부, 출처: e나라지표 (index.go.kr)

그러나 이러한 비영리민간단체의 증가가 곧바로 시민 참여의 증대로 이어지지 않는다는 데에 문제가 있다. 비영리단체 중 공론장의 활성화에 기여하는 시민단체 참여율은 지극히 저조하기 때문이다. [그림 2]가 그것을 입증한다. 한국인들의 사회단체 참여가 주로 친목과 사교단체 중심으로 이뤄지고 있고, 취미와 스포츠 단체, 종교단체 등이 뒤를 잇는 반면, 우리가 이 글에서 중시하는 시민교육의 주요 행위자로서 시민사회운동(CSMs, civil social movements) 참여는 고작 9.4%에 그치고 있다. 넓게 잡아 시민운동 영역에 속하는 정치운동과 지역사회 활동을 합하면 그나마 약 20%까지 올라가는 것은 다행스럽다고 하겠다.[41] 지연과 학연 등 사적 연고 네트워크 중심의 사회 활동이 지배적인 상황에서, 공적인 것에 대한 관심과 논쟁, 시민성의 함양을 기대하기는 어렵다. 이는 한국의 시민사회가 그 양적인 성장에도 불구하고 공공의식을 배양하는 데는 여전히 취약한 상황에 놓여 있음을 시사한다. 즉, 1990년대 이후 한국의 시민사회 운동은 그 역동적인 발전에도 불구하고 지역사회의 저변에 생활밀착형 조직으로 뿌리내리는 데에는 그다지 성공하지 못했으며, 따라서 시민교육의 주체로서 위상도 제대로 갖추지 못했다.

〈그림 2〉 유형별 사회단체 참여 현황 (2015년)

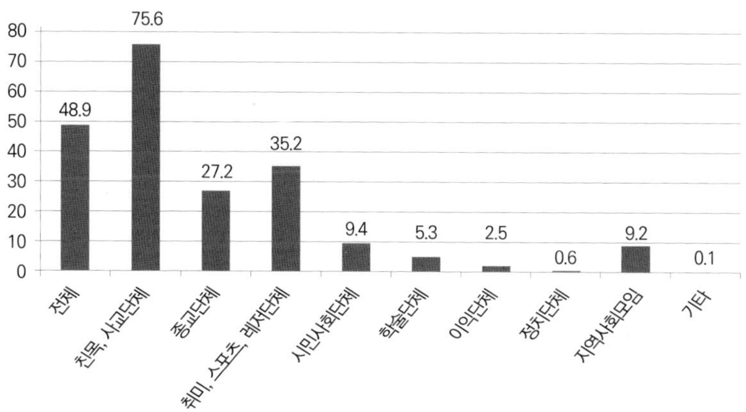

자료: 통계청 「사회조사」, 출처: e나라지표 (index.go.kr), 주: 13세 이상 인구 대상/ 중복응답

41 학술단체와 이익단체를 합하면 27%가 된다. 영국 성인이 시민단체에 참여하는 비율 80%와 비교하면 현격히 낮은 참여율이다. Peter Hall, 「Great Britain: Government and the Distribution of Social Capital」, Robert Putnam (ed.), 『Democracies in Flux: The Evolution of Social Capital in Contemporary Society』, London: Oxford University Press, 2002.

1990년대 이후 '시민운동의 폭증시대'를 구사했음에도 시민단체 참여율이 낮은 것은 어떤 이유인가? 두 가지를 들 수 있겠다. 하나는 시민운동이 명망가, 전문가 중심으로 이뤄져 일반시민의 참여 없이도 집단의 동원이 가능했다는 점이고, 다른 하나는 명망가 중심의 시민단체는 순수한 의미의 시민단체이기보다는 전문적 의견이나 특정 이념을 대변하는 주창단체(advocacy groups)의 성격을 강하게 띠었다는 점이다.[42] 일반 시민들이 시민단체의 회원이 되는 일은 지극히 적었으며, 회원권(membership)을 가졌더라도 가입 단체가 공론장에 특정 의견을 제시하는 과정에서 개별 회원의 의사수렴은 생략되거나 전면 배제되었다. 개별 회원의 의사수렴이 곧 시민교육 과정이라고 한다면, 시민단체는 시민교육의 역할을 방기했다고 말할 수 있겠다.

그렇게 된 이유는 재정 문제에 숨어 있다. 회원권을 가졌더라도 이들이 일정 금액의 회비를 내는 사례는 드물다. 예를 들면, 민주화 기간에 공론장을 주도한 시민단체 중 하나인 '참여연대' 회원은 고작 1만여 명에 이르는데, 이들이 미친 영향력과 회원 규모 간에는 커다란 격차가 존재한다. 시민단체의 재정이 열악한 상황에서 정부 주도 재정 지원정책은 시민단체의 활동 방향에 중대한 영향을 미치게 마련이다. 정부에 대한 재정의존성은 시민단체가 시민교육보다는 정부가 권장하는 각종 사업(project)에 더 주력하도록 하는 일종의 아편과도 같다. 정부가 원하는 프로그램의 실행자 역할에 그치기 때문이다.

[그림 3]은 2005~2012년의 기간 '비영리민간단체지원법'에 의해 중앙정부의 재정지원을 받은 민간단체들의 활동을 유형별, 시기별로 재구성한 것이다. 2008~2009년을 기점으로 중앙정부의 재정지원이 시민단체

42 미국 역시 이런 추세가 급증해서 민주주의의 기반이 취약해졌다. 미국의 역사적 경험을 바탕으로 회원권(membership)에 기반을 둔 시민단체가 '주창단체'로 변화한 양상 및 함의를 다룬 저작으로는 테다 스카치폴 (강성훈 역), 『민주주의의 쇠퇴: 미국시민생활의 변모』, 한울아카데미, 2011을 참조.

의 활동 유형에 뚜렷한 변화를 초래했음을 보여준다. 시민단체의 본래적 기능인 정부 정책에 대한 제언과 참여, 감시와 모니터링, 지도자 교육과 인프라 구축 등 '정책 활동'의 비중은 크게 줄어드는 반면, 정부시책에 대한 홍보, 캠페인, 강연과 토론이 현격하게 늘어났다. 이명박 정권의 출범과 함께 그러한 경향이 강화된 것은 시민단체에 대한 정부 태도의 변화와 직결된다. 시민단체를 정권의 홍보창구로 활용하려는 성향이 강했던 탓이다. 시민교육을 포함하여, 시민사회 단체의 장기적이고 안정적인 활동기반을 구축하는 활동이 약화된 것은 곧 시민운동의 침체, 조직기반의 약화를 낳은 중대한 요인이 되었다.[43]

〈그림 3〉 비영리민간단체에 대한 정부 재정지원의 활동유형별 비중

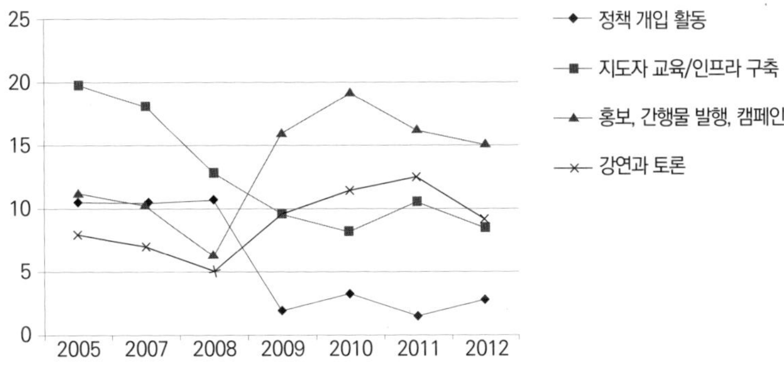

자료: 연도별 안전행정부 '비영리민간단체지원' 사업 지원내역

이런 관찰로부터 몇 가지 중요한 정책시사점을 도출할 수 있겠다.

첫째, 정부에 대한 재정의존성은 시민단체의 성격과 본질의 왜곡을 낳아 시민의 참여 기회를 오히려 축소한다. 재정의존—성격변질—시민참여

43 이명박 정부 시기 재정지원 정책의 정치적 편향성 문제에 대한 지적으로는 좌세준, 2011. 「이명박 정부 시기 비영리민간단체 지원정책의 변화」, 《시민과 세계》, 223~236.

의 배제라는 빈곤의 악순환 고리가 만들어지는 것이다. 이를 탈피하는 것이 급선무다.

둘째, 시민참여, 즉 회원권의 확대가 가장 중요한데, 이 경우에도 참여하는 시민들이 회비를 납부하고 그에 합당한 의견개진이 있어야 한다. 회비납부와 권리행사가 맞교환되는 형태가 가장 건전하다. 그래야 시민단체의 자율성이 확보될 수 있다.

셋째, 시민단체를 이끄는 지도자는 시민사회의 저변에 뿌리를 내릴 수 있도록 조직인프라 구축, 지도자 양성, 프로그램 개발 등에 더 많은 노력을 투입해서 자발적 결사체로서의 기능을 정상화해야 한다. 여러 유형의 프로그램 중에서 시민교육과 관련된 기획에 더 많은 관심을 쏟아야 한다.

학교, 기업과 시민교육

시민단체가 일반 시민의 시민교육을 담당하는 가장 주요한 주체라고 한다면, 학교와 기업은 청소년과 청년층, 일반 직장인들의 시민윤리 배양을 주관하는 기관이다. 한국사회에서 정규 교육 연령대에 속한 청소년과 청년들에게 시민의식을 길러줄 기회는 지극히 제한적이다. 청소년들은 대학입시에 모든 시간을 쏟고 있고, 대학생들은 전문지식 습득과 취업준비에 여념이 없고, 25세 이상 30세 연령 집단은 직장 신입사원이거나 취업준비생들이 대부분이어서 공익과 시민윤리에 관해 시간을 할애할 여유가 없다.

우선 입시교육에 시달리는 청소년들의 경우를 살펴보자. 중고등학교 정규과목에 도덕과 윤리, 사회과목이 그나마 시민윤리와 관련이 있지만, 사회현장의 생생한 현실과 어느 정도 직결되는지는 의문이고, 사회적 경험을 통해 시민의식의 긴장감을 얼마나 배양하고 있는지도 역시 의문이다.

앞에서 노르웨이의 사례처럼 마을집회 혹은 정치적 모임은 전무하기에 한국의 청소년들은 '정치'와 '사회'를 관념적으로만 인지하고 있을 뿐이다. 이런 사정은 대학도 그리 다르지 않아서 사회의식의 습득 통로인 써클 활동을 거의 볼 수 없는 것이 요즘 대학가 풍경이고, 정치활동 역시 소수의 정의당 회원을 제외하고는 정당원으로 등록한 대학생은 찾아보기 힘들다. 그렇다고 대학생들이 시민단체에 가입하고 있는 것도 아니다. 영국의 대학생들은 70%가 시민단체 회원권을 소유하고 있는 것과는 사뭇 대조적이다. 그렇다면, 16세~30세에 걸친 한국의 젊은 세대는 정규 교육기간에 시민교육을 거의 받지 않는다고 해도 과언이 아니고, 사회 현실과의 직접적 접촉도 지극히 제한적이다. 이런 상황에서 어떻게 공익과 공동체적 헌신에 관심을 둔 정상적 시민으로 성장할 수 있는가?

학교의 정규 교과과목에 시민정신을 배양할 수 있는 기회를 어떻게 마련할 수 있는지의 문제는 일단 논외로 하고, 이 연구에서는 EU가 시행하는 청년참여정책의 전반적 면모를 살펴보고, 주요 선진국이 제공하는 청년복지를 대략적으로 고찰하고자 한다. 선진국의 청년복지는 청년들을 학교로부터 사회 현실로 불러내는 경제적 수단으로서 학교 교육과 현실을 접합시키는 기회를 제공하기 때문이다. 우선 EU의 청년참여전략의 취지는 매우 고무적이다. 청년정책을 기성세대가 좌우하는 현실을 타파하고 청년들이 직접 참여해 결정하는 기회를 제공하고자 정책입안자와 청년대표들이 모여 정책을 논의한다. 이를 EU는 '구조화된 대화'(structured dialogue)라고 명명했다. 프랑스에서 개최한 '구조화된 대화'의 취지문에는 "공공정책의 발전에 청년의 시민의식과 참여를 높이기 위함"이라고 쓰여 있다.[44] EU 회원국은 청년 대표를 선발해 파견하고 유럽 청년들에게

44 복지국가청년네트워크 청년정책연구팀, 『News From Welfare—State:복지국가에서 온 청년의 이야기』, 서울시 일자리 허브, 2014, 36~40쪽.

가장 절실한 프로그램이 무엇인지를 토론해 EU이사회에 제출한다. 그러면 EU이사회는 적정한 심의과정을 거쳐 채택한다. 인종차별, 사이버 폭력, 인권, 건강과 환경 문제 등 시민윤리에 관련된 각종 현안들이 논의되고, 거기에 걸맞은 정책이 채택되어 회원국에 최종 전달된다. 이외에도 EU는 청소년의 인권신장과 기본적 자유의 질적 행상을 위한 행동 프로그램(WPAY)을 시행하고 있으며, 유엔 청년 프로그램(UN Programme on Youth), EU청년전략, The Youth in Action Programme 등을 동시에 운영한다. 목적은 두말 할 것도 없이 청년들의 사회의식 고취와 시민윤리 배양이다. 다가올 미래에 사회운영의 주역을 담당할 세대에게 미리 시민의식의 중요성을 깨닫고 실천하는 기회를 제공하는 것이다.

16세~30세에 이르는 청년세대를 위한 복지제도 역시 매우 다양하다.[45] 프랑스는 문화국가답게 방학과 휴가기간에 문화 활동은 물론, 체육 활동과 자원봉사 활동을 스스로 할 수 있도록 일정 금액의 현금카드나 바우처를 제공한다. 영국은 청소년들이 스포츠와 취미활동을 할 수 있도록 지방정부 차원의 혜택을 제공하고, 취약계층에게는 여가여권(leisure passport)을 발행한다. 실업자, 저소득자, 장애인, 청소년, 학생이 여가여권을 활용하는 주고객층인데, 여가여권을 갖고 공공문화 시설을 할인가격으로 이용함은 물론 공연, 오페라, 영화, 콘서트를 볼 수 있다. 호주는 16세~25세 청년을 대상으로 학업, 도제, 직업 활동을 할 수 있도록 청년수당(youth allowance)을 제공한다. 풀타임 학생들과 도제과정에 참여하는 성인에게 지급하는 교육지원급여(Austudy)가 있고, 21세 이상 구직 활동을 하는 사람들을 대상으로 구직수당(new—start allowance)을 별도로 운영한다. 이런 유형의 혜택이 청년들로 하여금 공익과 사회현실에 눈뜨게 하고, 개인

45 복지국가 청년네트워크 청년정책연구팀, 『News From Welfare—State』, 서울시 일자리 허브, 2014. 2. 21~40쪽.

의 사회경제적 상황이 인생을 설계하는 데에 절대적 영향을 미치지 않도록 일종의 완충작용을 한다. 다시 말해, 청소년과 청년들이 사회와 접촉하고 적응하는 과정을 원활하게 만들어 시민의식과 시민윤리의 중요함을 깨닫도록 하는 것이다. 시민교육은 어떤 특정한 기관과 장소에서 강의형태로 이뤄지는 것은 아니다. 일상생활의 다양한 영역을 직접 체험하는 과정에서 삶의 현실과 불평등 문제를 스스로 깨닫도록 하는 보편적, 호혜적 프로그램이 더 효과적이다. 2016년 여름에 사회적 쟁점으로 떠올랐던 서울시 청년수당과 성남시 청년수당 같은 프로그램도 여기에 속할 것이다. 그것이 비록 선별적 성격을 띠고는 있지만, 구직 빈곤 청년들이 사회현실에 적응할 수 있도록 경제적 여지를 준다는 점에서, 그리고 복지 수혜가 공익에 대한 의식을 일깨운다는 점에서 그러하다.

학교가 청년층을 대상으로 한 시민의식의 인큐베이터라면, 기업은 성인과 직장인의 시민윤리를 배양하는 중요한 기구이며, 시민교육과 직결된 평생교육을 수행하는 기관이다. 한국의 "평생교육법"에 따르면 "학교의 정규교육과정을 제외한 학력보완교육, 성인 문자해독교육, 직업능력 향상교육, 인문교양교육, 문화예술교육, 시민참여교육 등을 포함하는 모든 형태의 조직적인 교육활동"을 일컫는다. 이러한 교육내용 중 가장 활발하게 이루어지고 있는 것은 단연 직업교육훈련이다. 통계청의 조사[46]에 따르면 2014년 4월 기준 15세 이상 인구 4,241만4천명 중 867만7천명이 지난 1년 동안 직업교육훈련에 참여한 경험이 있는 것으로 나타났다. 즉 15세 이상 인구 5명 중 1명 꼴로 연중 1회 이상 직업교육훈련을 받은 셈이다. 여러 직업군 중에서 공공행정, 국방 및 사회보장행정(60.6%), 금융 및 보험업(57.1%), 사회복지서비스업(48.8%), 교육서비스업(43.9%) 종사자의 참여율이 높았다. 대체로 전문성을 요구하는 분야의 종사자들이 높은 교육

46 통계청, "2014년 상반기 지역별고용조사 직업교육훈련 참여현황"

참여율을 보인다고 할 수 있다. 반면 도매 및 소매업(17.0%), 숙박 및 음식점업(20.2%), 건설업(21.2%), 농림어업(23.3%) 종사자의 교육참여율은 낮았다.

이런 추세를 요약해 보면, 직업교육은 대부분 기업의 연수시설에서 대학을 나온 관리직과 사무직을 중심으로 실시되고 있음을 알 수 있다. 자신들의 업무와 관련된 영역에서의 전문성 제고에 초점이 맞춰졌다. 피교육자들은 자신의 담당업무와 연관된 인사, 재무, 마케팅, 기획 등의 분야별 교육을 받게 된다. 리더십 교육, 의사소통 교육 등 기업 내 의사결정 과정의 효율성을 증진시키기 위한 프로그램도 일부 포함되어 있지만, 대부분의 프로그램은 '마케팅 리더 과정', '재무 리더 과정', '영업관리 실무 기초' 같이 전문화된 내용으로 채워져 있다[47]. 피교육자는 업무수행의 전문성을 키워 경력 개발에 도움을 얻고자 하는데, 직무훈련이 우선이고 시민의식은 소홀히 다뤄진다.

직업윤리의 부재는 결국 기업에 대한 불신으로 돌아온다. 가습기 살균제 사태는 이러한 관계를 여실히 보여준다. 해당 기업의 임직원과 그들로부터 안전성 검증을 의뢰받은 대학 교수들에게 부족했던 것은 기술적 전문성이 아니라 직업윤리였다. 해당 기업의 이미지는 바닥으로 추락했으며 매출은 반토막났다. 직업윤리의 부재는 기업에 대한 불신으로, 궁극적으로는 경제적 손실로 이어지게 되는 것이다. 최근 변호사, 회계사, 의사 등 전문직의 직업윤리가 강조되고, 기업에서도 직업윤리를 중요 역량으로 꼽고 있는 것은 신뢰 상실이 가져올 파급력을 우려한 결과라 할 수 있다.

직업윤리는 그 구성원들의 시민성 창출과 기업의 사회적 자본이라는 무형의 자산을 증대시키는 수단이자, 경제적 이익을 지켜내는 수단이기도

47 전혁상, "기업내 교육의 사회교육적 역할에 관한 연구: 사회교육적 관점에서 기업내 교육의 문제점과 대안을 중심으로", 서강대학교 교육대학원 석사학위 논문, 2001, pp. 33~44

한 것이다. 직업윤리교육이 도입되어야 하는 이유다. 직업윤리라는 교육 주제에 '자발적 참여'를 과연 이끌어낼 수 있는지는 문제다. 강의식 의무 교육에 피교육자들이 동원되는 방식으로 직업윤리교육이 운영된다면 그 효과는 기대하기 어렵다. '자발적 참여'라는 기본 원칙을 지킬 때 시민교육의 효과는 극대화된다. 근래에 일부 스타 강사들을 중심으로 한 인문학, 사회과학 강의에 수백 명의 시민들이 자발적으로 참석하고, 그들의 강의가 공중파를 타고 심심치 않게 방송되는 것을 보면 직업윤리교육 또한 자발적 참여로 연결될 수 있는 가능성은 충분해 보인다. 다만 어떤 내용을 어떻게 전달할 것인지는 숙고해야 할 문제다.

제도적으로는 기업의 교육훈련비를 강연과 직업훈련에만 쓰지 말고, 시민교육 프로그램 참여비용으로 활용해야 한다. 독일, 스웨덴이 그러하다. 이를 위해서는 시민단체들이 전공분야에 따라 교육프로그램을 개발해야 하고, 기업들은 정해진 교육법에 의해 직원들이 자유롭게 프로그램을 취사선택하고 또 일정기간 교육에 참여할 수 있도록 제도적 여건을 만들어야 한다. 직업교육의 일정 부분을 떼어 시민교육에 할애하는 방안이다. 여기에는 노동법과 직업훈련 규칙의 개정이 필요하다.

기업의 교육훈련과 시민교육과의 또 다른 연결점은 사회공헌활동에서 찾을 수 있다. 기업의 사회공헌활동이 본격화된 것은 1990년대 중반부터다. 한국 기업의 사회공헌활동은 대기업 중심 성장에 따른 반기업 정서 확산에 대한 대응책으로서 시작된 측면이 있다. 그렇지만 사회공헌활동이 지속적으로 이루어지면서 각 기업에 자원봉사단이 만들어지고 구성원들이 자발적으로 참여하게 된 것은 긍정적이라고 할 수 있다. 자발적 참여와 공동체적 나눔을 실천한다는 점에서 기업의 사회공헌활동, 그 중에서도 자원봉사활동은 그 자체로 훌륭한 시민교육이다. 여기에 더해 사회공헌활동의 의미와 방향을 시민적 공공성의 실천이자 수평적 나눔으로 확산할 필요가 있다. 시민교육이 수반되는 사회공헌활동으로 나아가야 하는 것이다.

사회적 경제와 협동조합: 지자체의 실험

시민교육과 관련해 근래에 주목할 만한 것은 사회적 경제(social economy), 그 중에서도 협동조합과 사회적 기업, 마을기업이다.[48] 민주화 이후 시민단체의 문제의식이 국가로부터 자율성을 확보하고 견제세력으로서 역할을 강화하는 것이었다면, 협동조합과 사회적 기업, 마을기업의 문제의식은 거대 시장에 대해 공동체의 자율성과 창의성을 지켜내는 것이다. 협동조합과 사회적 기업, 마을기업은 기본적으로 경제조직이지만 자발적 결사체로서의 성격을 갖고 있으며, 또한 학습 공동체로서의 기능도 갖고 있다. 따라서 그 구성원이 되는 것만으로도 '시민성'을 학습하는 기회다.[49] 자발적 참여와 공익에 대한 긴장이라는 측면에서 협동조합과 사회적 기업, 마을기업 등은 시민교육의 장으로서 최적의 조건을 갖추고 있다.

「협동조합기본법」에 따르면, 협동조합이란 재화 또는 용역의 구매·생산·판매·제공 등을 공동 운영함으로써 조합원의 권익을 향상하고 지역사회에 공헌하고자 하는 사업조직을 지칭한다. 협동조합 운동은 한국에서도 꽤 오랜 역사를 갖는데, 협동조합 관련법이 생협법이나 신협법 등 8개 개별법으로 운영되어온 까닭에 전국에 산재해 있는 수많은 조직들이 협동

48 사회적 경제 개념과 관련해서는 다양한 견해가 공존한다. 그러나 사업체이자 결사체로서의 혼종적, 이중적 성격을 지니고 있다는 점에는 의견이 일치한다. 김의영 등은 사회적 경제 조직을 "사회서비스 제공에 직간접적으로 관여하는 사회조직 중 조직의 목적 내지 운영에 있어 민주성, 경제성, 사회성 요소가 모두 혹은 부분적으로 결합된 혼합조직"으로 정의한다. 협동조합, 사회적 기업, 마을기업 등은 대표적인 사회적 경제 조직으로 분류된다. 관련 내용은 김의영, 미우라 히로키 편, 『한중일 사회적 경제 Mapping』, 진인진, 2015 참조.

49 민주화운동기념사업회, 《시민교육》 5호, [특집 : 새로운 문명 새로운 교육] 관련 기사 참조, 2011.

조합으로서 법적 지위를 부여받지 못했다.[50] 이런 상황에서 2011년에 제정된 「협동조합기본법」은 다양한 영역에서 협동조합이 설립되고 비약적으로 성장하는 중요한 토대가 되었다. 법 시행 이후 2014년 12월까지 협동조합기본법에 따라 신고수리, 인가된 협동조합은 6,235개로 늘었는데, 이들 중 91.4%가 법 제정 이후 새롭게 만들어진 것이었다.[51] 그래서인지 협동조합은 영세성을 면치 못하지만, 관주도로 이어져온 과거와는 달리 민주성과 사회성 등 국제협동조합연맹(ICA)이 제시한 협동조합 7원칙에 대한 지향성을 비교적 분명하게 갖고 있다는 점은 긍정적 평가를 받아 마땅하다.[52]

시민의 자율성과 자생력, 민주적 역량과 시민성을 향상시키는 데 성공한 협동조합 운동의 사례로 원주협동사회경제네트워크를 들 수 있다. 원주는 협동조합운동의 메카라고 불릴 정도로 협동조합운동의 역사가 깊은 곳이다.[53] 강원도 중소도시 원주에서는 1960년대 중반부터 협동조합운동이 싹트기 시작했다. 원주는 1980년대 생명운동 중심의 협동조합운동으로 노선 정비가 이뤄지면서 지역사회에 뿌리를 내렸다. 2003년 창립

50 김경희, 「사회적 경제를 통한 지역혁신의 가능성과 한계: 마을기업과 협동조합을 중심으로」, 《공공사회연구》 제3권 2호, 2013.

51 기획재정부, 한국보건사회연구원, 2015년 협동조합 실태조사, 2015. 실태조사는 신고수리 및 인가된 6,235개 협동조합 중 사전조사에 응답한 5,325개를 대상으로 이뤄졌다.

52 협동조합의 7원칙이란 자발적이고 개방적인 조합원 제도(Voluntary and open membership), 조합원에 의한 민주적 관리(Democratic member control), 조합원의 경제적 참여(Member economic participation), 자율과 독립(Autonomy and independence), 교육, 훈련 및 정보제공(Education, Training and Information), 협동조합 간의 협동(Co—operation among Co—operatives), 지역사회에 대한 기여(Concern for community)를 말한다.

53 원주 협동조합과 관련해서는 정규호, 「도시공동체운동과 협동조합 지역사회 만들기: 원주 협동조합운동과 네트워크의 역할」, 《정신문화연구》 제36권 제4호, 2013. 유채원, 구도완, 2016, 「원주의 협동운동과 생명운동」, 《ECO》, 제19권 2호을 참조. 2012년 협동조합기본법 시행을 계기로 사회적 협동조합으로 전환한 원주협동사회경제네트워크는, '거대자본에 대항할 수 있는 주민참여의 지역경제 활성화, 생명의 도시에 걸맞은 산업시스템 구축'을 결의하고 있다. 또한 '상부상조의 협동정신과 생명존중 사상을 바탕으로 협동조합 운동 등 협동사회경제운동을 활성화하며, 상호 긴밀한 연대를 통해 협동과 자치·자립의 지역사회 건설, 자연과 인간이 상생하는 생명공동체를 만들어 가는 것을 목적'으로 내걸며, 다양한 연대사업을 진행해 나가고 있다. http:/wonjuand.com 참조.

된 '원주협동조합운동협의회'는 초기에는 참여단체들의 느슨한 회의체로 시작되었으나, 2007년부터는 사무국이 만들어지고 실무인력을 바탕으로 보다 구심력 있는 사업들을 전개해나갔으며, 2009년에는 기존 조직들에 사회적 기업 등 다양한 새로운 주체들이 참여하는 '원주협동사회경제네트워크'로 확대 전환되기에 이르렀다.[54]

'마을공동체'를 중심으로 사회적 경제가 활성화된 곳도 있다. 이곳에서 주민들은 마을의 문제들을 해결하기 위해 함께 토론하고 함께 결정한다. 주민들이 교양 세미나를 조직하고 그것을 어떻게 마을 운영에 적용시킬지를 고민하기도 한다. 필요한 경우 외부에서 전문가들을 섭외해 도움을 얻기도 한다. 이들은 참여하고 지식을 나누는 교양시민의 공동체로 마을을 바꿔가고 있는 것이다.[55] 가장 활성화된 마을공동체 중심의 사회적 경제 사례로는 서울 마포구에 위치한 성미산 마을을 꼽을 수 있다.[56] 성미산 운동의 첫 시작은 마포두레생협이었다. 마포두레생협은 '지역과 함께'를 기치로 4개 협동조합 어린이집 조합원 주도로 2001년 4월 창립했다. 이후 마포두레생협은 마을축제, 마을기업, 지역교육센터 추진에 있어 결정적인 역할을 했다. 2001년 7월 성미산 배수지 공사 실시계획 인가와 더불어 아파트 개발계획이 발표되자 생협 조합원들을 중심으로 반대운동이 시작되었다. 이후 기존 공동육아협동조합이나 생협은 물론 지역주민들을 포괄하는 광범위하고 공식적인 조직의 필요성이 제기되었고 '성미산을 지키

54 정규호, 같은 글. 현재 원주협동사회경제네트워크에는 협동조합, 사회적 기업, 공동체운동기관, 농민생산자단체, 마을공동체 등 23개의 원주지역 사회경제조직들이 조합원으로 가입해 있다. 네트워크의 사회경제조직에 참여하고 있는 조합원 수(중복 조합원 포함)는 2013년을 기준으로 볼 때 대략 전체 원주 인구의 11%에 해당하는 3만 5,000여명에 달하며, 네트워크 전체의 연간 매출액은 약 300억원, 고용인원은 약 460명에 달한다. 그리고 http://wonjuand.com 참조.

55 민주화운동기념사업회, 《시민교육》 6호, [기획: 마을공동체 회복을 위한 시민교육] 관련 기사 참조, 2012

56 성미산 마을과 관련된 내용은 위성남, 「도시 속에서 함께 살아남기: 성미산 마을」, 《황해문화》 2013년 가을호; 김의영 외, 「결사체 민주주의의 실험: 성미산 지키기 운동과 마포연대의 사례」, 《한국정치학회보》 제42집 제3호, 2008; 김찬동, 「마을공동체 복원을 통한 주민차지 실현방안」, 서울시정개발연구원, 2012 참조.

는 주민연대'의 결성으로 이어졌다. 이 같은 흐름은 마포자치연대(2003년 참여와 자치를 위한 마포연대로 개칭)로 확장되었고, 지역 저소득층을 위한 복지사업뿐만 아니라 구청 및 구의회 감시 및 참여, 교육자치와 지역문화 활성화, 성미산 및 지역 환경 가꾸기 사업 등과 연결되는 계기가 되었다. 이후 활동반경은 더욱 확대되어 재활용가게인 '되살림가게'(2007), 바느질 공방 '한땀두레'(2007), 비누 제품을 생산하는 '비누두레'(2008), '성미산마을극장'(2009), 공통주택 시행사 '소통이 있어 행복한 주택'(2009), 유기농 식당 '성미산밥상'(2010), '성미산동네금고'(2011), '마포의료생활협동조합'(2012) 등이 잇달아 성미산 마을에 자리를 잡아갔다. 이처럼 성미산 마을은 조합원과 주민들의 참여를 기반으로 교육과 먹거리에서 일상생활을 포괄하는 사회적 경제 생태계로 확장되었다.

사회적 경제의 중요성이 확산되자 서울을 비롯한 지자체가 여러 가지 실험사업을 추진한 것은 고무적인 일이다. 서울, 충남, 제주에서는 사회적 기업, 마을기업, 협동조합의 설립과 운영을 지원하기 위해 교육과 컨설팅을 수행하고 있으며, 박람회 등을 개최하여 판촉활동을 적극 지원하고 있는 것이 변화의 모습을 입증한다. 시민의 자발성과 공익증진에 사회적 경제가 중대한 의미를 갖고 있다는 인식이 지자체의 행정과 결합된 것은 바람직한 현상이다. 지자체는 사회적 경제를 실행하는 담당주체를 사회적 기업, 마을기업, 협동조합으로 설정했다. 서울특별시가 추진하는 사회적 경제 사업 또한 이러한 분류를 따라 '사회적 경제 생태계 조성', '마을기업 활성화', '협동조합 활성화'를 목표로 하고 있는 것이다[57].

먼저 사회적 경제 생태계 조성 사업으로 사회성과 보상 사업, 사회투자기금 조성 및 운영, 사회적 경제 판로 확대 및 마케팅 지원, 사회적 기업

57 이하 서울특별시의 사회적 경제 관련 내용은 서울시 홈페이지의 내용에 의함. (http://economy.seoul.go.kr/socialeconomy)

우수기업 선정 및 지원, 사회적 경제 지원센터 운영 등이 수행되고 있다. 여기서 사회성과 보상 사업이란 "민간의 다양한 이해관계자들과 협력하여 사회문제 예방 및 선제적 해결 사업을 진행하고, 사회성과에 따라 이해관계자들에게 보상을 지급하는 사업"을 의미한다. 제1호 사업으로 "공동생활가정 아동교육"을 선정하여 2015년 10월부터 시행하고 있고, 사회투자기금은 2012년 12월에 시에서 500억 원, 민간에서 161억 원을 부담하여 총 661억 원 규모로 설치되었다. 이 기금은 사회적 경제 기업 및 사회적 프로젝트에 대한 융자 등의 용도로 사용되고 있다.

다음으로 '마을기업 활성화'는 지역경제 활성화와 일자리 창출을 목표로 한다. 위키서울—스타트업 지원 사업, 마을기업 박람회, 마을기업 창업 아이디어 경진대회, 마을기업 상품판매 특별전 등을 통해 창업과 마케팅을 지원하고 있으며, 우수 마을기업을 선정해 이들의 사업비를 직접 지원하기도 한다. 한편, '협동조합 활성화'를 위한 주요 사업으로는 협동조합 상담지원센터를 통한 설립 운영 지원, 지역단위 협동조합 활성화 및 골목경제 협동조합 협업체계 활성화 지원, 학교 협동조합 활성화 지원 등이 실행되고 있다. 사업은 협동조합기본법과 서울특별시 협동조합 활성화 조례에 제도적 근거를 두고 있다.

서울시의 이런 사업취지를 준거로 시범사업을 벌이는 지자체가 나타났다. 충청남도의 사회적 경제 사업 또한 사회적 기업, 마을기업, 협동조합의 육성과 지원을 중심으로 운영된다[58]. 서울과 마찬가지로 충남 도정부는 사회적 기업, 마을기업, 협동조합의 발굴과 육성을 지원한다. 사회적 경제와 관련해 충청남도는 중간지원 조직을 적극적으로 활용하는 특징을 보인다. 충남연구원 산하 충남사회적경제지원센터, 충남마을만들기

58 이하 충청남도의 사회적 경제 관련 내용은 충청남도 홈페이지의 내용에 의함. (http://www.chungnam.go.kr/cnnet/content.do?mnu_cd=CNNMENU01798)

지원센터, 충남사회경제네트워크, 충남사회적기업협의회, 충남마을기업협의회 등 중간지원 조직이 연구, 교육, 정보공유 등을 수행하면서 도정부의 정책과 일선의 창업을 지원하고 있다. 서울과 비교해 특기할만한 점은 2015년 기준 사회적 경제 사업단체 520개(사회적 기업 136개, 마을기업 96개, 협동조합 288개) 중에서 농수산업과 연관된 사업체가 185개라는 점이다[59]. 충남의 사회적 경제 사업 중 농촌 자활과 연관된 부분이 가장 큰 비중을 차지하고 있다고 할 수 있다. 충남의 농수산 관련 사회적 경제 기업의 판매 촉진을 위해 충남사회적기업협의회에서 "따숨"이라는 온라인 쇼핑몰을 운영하는 것도 연관적 발상이다.

제주특별자치도 역시 사회적 경제 정책을 활발하게 도입하여 사회적 기업, 마을기업, 협동조합의 설립 및 운영을 중심 프레임으로 설정했다. 제주사회적기업경영연구원, 제주사회적경제네트워크 등의 중간지원 조직이 사회적 경제 조직 설립을 위한 교육과 컨설팅 등을 담당하고 있다. 그런데 도청 홈페이지에는 '사회적 경제'와 관련된 항목이 아직은 보이지 않는데, 이는 도정부가 사회적 경제 정책에 관한 제주도만의 사업방식을 창출하지 못한 것이 아닌가 하는 의문이 들게 한다. 2011년에 수립된 "제주지역 경제성장 역량 강화방안"[60]에는 지역경제의 자생력 강화 방안과 관련하여 마을공동체 사업을 활성화해야 한다는 제언을 볼 수는 있는데, 사회적 경제가 도의 공동체 질서의 회복보다는 '산업 정책'의 일환으로 간주되는 경향 때문인 것으로 보인다.

종합하자면, 서울은 사회적 경제 개념을 상위명제로 하여 공동체 네트워크 활성화와 지역 일자리 창출을 다각적으로 모색하는 모습이 두드러진 반면, 충남과 제주에서는 지역경제의 자생력 강화에 더 초점이 맞추어져

59 박춘섭, 이홍택, 전지훈, "사회적경제조직을 활용한 지역활성화 방안 연구", 『Issue Report』, 충남연구원, 2016. 5. 31. p. 21(http://www.csec.or.kr/win/research/down.php?vi_no=89)

60 http://jeju.go.kr/industry/economicinfo/plan.htm

있는 것으로 보인다.

사회적 지원 없이 생업과 가족 돌보기에 지친 시민들이 자발적으로 공동체를 구성하고 교양시민으로 거듭나기를 기대하는 것은 다소 무리다. 그러나 시민활동과 시민교육이 대중교육, 평생교육으로 자리 잡을 수 있도록 제도적 지원이 필요한데, 사회적 경제는 좋은 매개체이자 디딤돌 역할을 할 수 있다. 사회적 경제는 참여를 통해 민주적 의사결정과 사회적 유대를 체험하고 학습함으로써 시민으로서의 정체성을 확립할 수 있는 촉매제가 될 수 있다. 이것이 활성화되기 위해서는 다음과 같은 정책적 관점과 지원이 필요하다.

첫째, 협동조합과 사회적기업과 같은 '사회적 경제'를 일자리 창출이라는 당면의 경제적 목표를 달성하기 위한 수단으로만 파악할 것이 아니라, 그것이 갖는 호혜성, 민주적 참여, 협동과 연대의 원칙과 문화라는 보다 큰 가치에 주목할 필요가 있다.[61] 협동조합, 사회적 기업, 마을기업과 같은 다양한 사회적 경제 조직들의 보다 큰 가치를 통합적으로 파악할 때, 한국 사회의 시민성을 한층 더 발전시킬 수 있는 여러 방안들을 찾아낼 수 있을 것이다. 예컨대, 사회적 경제 조직들에 대한 평가에 있어서도 고용규모, 매출액뿐만 아니라 신뢰와 협동, 자치와 민주적 운영 등의 요소들을 보다 적극적으로 도입할 필요가 있다. 고용규모와 매출액만을 중심으로 조직을 평가하고 지원해서는 자율적이고 민주적인 시민성 함양이라는 효과를 기대하기 어렵기 때문이다. 나아가 사회적 경제의 생태계를 구성하는 조직 형태가 다양하고 조직 환경의 변화에 적응해서 분화해가는 만큼 유연한 지원체계를 구축할 필요도 있다.[62]

61 김경희, 같은 글.

62 사회적 경제의 조직 지형도는 김의영, 미우라 히로키 편, 같은 글 참조. 한신갑은 협동조합 조직생태계의 혼종성을 강조하며, 입법 만능주의에서 벗어나 기존 협동조합들의 운영과 성장을 지원하는 방안이 필요하다고 주장한다. 한신갑, 「협동조합의 조직생태학: 혼종성의 공간, 혼종성의 시간」, 《한국사회학》 제50집 제2호.

둘째, 다양한 시민 결사체들이 서로 협력하고 연대하는 상호호혜적인 관계를 발전시키는 데에 가장 중요한 요소인 '네트워킹'을 지원해야 한다. 하나의 협동조합은 외부의 충격에 쉽게 무너질 수 있으나, 여러 자율적 조직들이 얽히고 뭉쳐 단단하고 건강한 생태계를 이루고 있다면 각각의 조직이 가진 취약성이 보완될 뿐만 아니라 외부적 변화에도 비교적 유연하게 대처하며 스스로 진화해나갈 수 있기 때문이다. '원주협동사회경제네트워크' 사례의 교훈을 기억할 필요가 있다.

셋째, 다양한 사회적 경제 조직에 대해 홍보 및 교육도 중요하다. 복잡한 절차로 이루어져 있는 설립—인가의 문턱을 낮춰줄 필요도 있다. 접근성 문제 때문에 저소득층 등 사회적 약자가 시민성 함양 기회로부터 배제되어서는 안 된다.

Ⅶ 시민교육 입법화: 독일의 정치교육

2015년 4월 27일 베를린 훔볼트 대학에서는 "다가오는 내일—우리 손 안의 미래. 우리의 미래와 세대 정의에 관한 회의"가 열렸다. 기독민주당의 정치재단인 콘라트 아데나워 재단의 청년위원회가 개최한 행사였다. 자발적으로 모인 청년들은 "청년실업과 기초 생계비 보장", "고령사회의 돌봄 문제", "시민 참여의 새로운 양상", "데이터 사회에서의 프라이버시 문제"를 각각 주제로 한 워크숍에 참석해 활발히 토론을 벌였다. 대부분의 참석자는 대학생들이었지만 고등학생도 적지 않았다[63]. 지금의 한국사회에서, 한국의 대학에서는 상상하기 어려운 일이다.

시민교육은 나라마다 다양한 이름으로 불린다. 영국과 미국에서는 시민교육(civic education) 또는 민주시민교육(democratic citizenship education)으로, 일본에서는 공민교육(公民教育)으로 불린다. 독일에서 이를 일컫는 말은 정치교육(Politische Bildung)이다. 물론 명칭의 차이와는 무관하게 이들 교육은 민주주의의 가치와 시민윤리를 교육하는 데 중점을 두고 있다.

오늘날 독일 정치교육의 출발점은 역설적으로 나치즘의 등장과 붕괴였다. 전후 연합군은 전쟁재발 방지를 위해 반나치화(Denazifizierung), 비산업화(Deindustrialisierung), 비군사화(Demilitarisierung), 반중앙집권화

63 Konrad Adenauer Stiftung, *Was uns prägt : was uns eint*, 2016, pp. 85~86

(Dezentralisierung)라는 4D 정책을 추진했으며, 그 구체적 전략 중 하나가 정치교육의 제도화였다. 독일은 나치즘을 반성하고 미래를 위한 반면교사로 삼기 위해 적극적으로 정치교육을 도입했다[64]. 독일의 정치교육은 나치즘이라는 반인륜적 패악을 일소하기 위해 민주주의와 인권의식을 습득한 '시민'을 양성하는 데 중점을 두었다. 독일 정치교육 전반을 총괄하는 연방정치교육원은 홈페이지에 다음과 같이 그 의의를 밝히고 있다.

> 독일 역사에 있었던 독재적 지배체제의 경험들로 인해 독일연방공화국에게는 국민의 의식 안에 민주주의, 다원주의 그리고 관용과 같은 가치들을 확고하게 심어야할 특별한 책임이 생겨난다[65].

통일을 맞이하면서 독일의 정치교육은 기존의 교육 내용들에 덧붙여 동서 간의 이질성 완화와 사회 통합에 역점을 두었다. 구 서독 지역에서는 통일의 의의와 통일 비용 분담에 대한 이해를 촉구하는 한편, 구 동독 지역에서는 사회주의 독재의 부정적 유산을 청산하고 자유민주주의, 시장자본주의에 대한 이해를 증진시키는 데 주력했다[66]. 근래에는 환경문제, EU 통합, 독일 내 이민자 문제 등이 정치교육에서 중요한 주제로 다루어지고 있다.

독일의 정치교육에서 주목할 점은 정당과 연계된 정치재단(Politische Stiftung)이 중요한 역할을 수행하고 있다는 것이다. 이들 재단은 한국 정당의 정책연구소와 마찬가지로 연계 정당의 정치철학과 노선을 공유하면서 이를 발전시키는 역할을 수행하지만, 정당 내부의 기구는 아니며 독자

64 심익섭, "독일정치교육 조직체계에 관한 연구 : 「연방정치교육원」을 중심으로", 《한국민주시민교육학회보》 3호, p. 282, 1998

65 홍윤기, "국력으로서 민주정치와 국가자원으로서 민주시민교육", 『독일 정치교육 현장을 가다』, 민주화운동기념사업회, 2008, pp. 229~230에서 재인용

66 김영국, "통일독일의 정치교육 실태에 관한 연구", 《한국정치연구》 6, 1997, pp. 291~296

적인 재정과 인사 구조를 갖추고 있다. 재정은 전적으로 연방정부 및 지방정부의 지원과 후원금으로 충당된다. 정당과 정치재단은 상호 재정지원을 할 수 없다[67]. 주요 재단은 6개로 기독민주당의 '콘라드 아데나워 재단', 사회민주당의 '프리드리히 에버트 재단', 자유민주당의 '프리드리히 나우만 재단', 기독사회당의 '한스 자이델 재단', 녹색당의 '하인리히 뵐 재단', 좌파연합의 '로자 룩셈부르크 재단'이 있다. 재단은 연계 정당이 연방의회 선거에서 4회 이상 5% 이상의 의석을 얻은 경우에 한해 정부의 지원금을 요청할 수 있다[68]. 재단의 교육 내용은 각각의 정치 성향에 따라 차이를 보인다. 그러나 각 정치재단은 민주주의의 가치를 공유하며 정당 구성원뿐 아니라 일반인을 대상으로 하는 정치교육을 수행한다.

여기서는 콘라드 아데나워 재단의 정치교육 활동을 간략히 소개해보겠다[69]. 콘라드 아데나워 재단은 2014년말 기준으로 연방정부로부터 연간 1억3,847만 유로를, 주정부와 시정부로부터 243만 유로를 지원받았다. 이 중 정치교육(세미나 및 컨퍼런스)에는 571만 유로를 지출했다. 국제사업에 7,295만 유로, 장학사업에 2,282만 유로, 전시 및 출판에 113만 유로, 조사 활동에 53만 유로, 기타 사업에 82만 유로가 집행되었다. 콘라드 아데나워 재단은 매년 총 2,500여 회의 정치교육 행사를 개최하며, 여기에는 총 14만5천여 명이 참석했다. 재단은 독일 전역에 18개의 정치교육센터와 지역사무소를 운영하고 있다. 2015년에 역점을 둔 교육 주제는 "독일 통일 25주년"과 "난민과 이주"였다. 먼저 "독일 통일 25주년" 관련 교육을 보면 "통일 독일에서 기독민주당 25년"을 주제로 한 2회의 행사에 315명, "독일 통일 25년"을 주제로 한 95회의 행사에 10,692명, "구 동

67 이규영, "독일의 정치교육과 민주시민교육", 《국제지역연구》 제 9권 제 3호, 2005, p. 179

68 신두철, "지구화시대의 정당정책연구소 모델과 전략 : 독일 콘라드 아데나워 정치재단과의 비교관점에서", 《한독사회과학논총》 제 21권 제 3호, 2011, p. 7

69 이하 콘라드 아데나워 재단 관련 현황은 Konrad Adenauer Stiftung, 앞의 글을 참조했다. 이 문헌은 콘라드 아데나워 재단의 2015년 연차보고서이다.

독 사회주의 통일당의 독재"를 주제로 한 85회의 행사에 5,721명이 참석했다. 다음으로 "난민과 이주" 관련 교육에는 "유럽의 이민 정책"을 주제로 한 14회의 행사에 834명, "통합과 이주"를 주제로 한 72회의 행사에 8,094명, "종교와 사회"를 주제로 한 19회의 행사에 1,378명이 참석했다. 교육은 당일 세미나부터 교육여행, 시뮬레이션 게임, 페이스북 활동까지 다양한 구성으로 진행된다. 기업의 직장인, 일반 시민들이 정치교육법에 의해 폭넓게 참여할 수 있다.

독일 정치교육의 정점에는 연방정치교육원이 있다. 연방정치교육원은 전국 정치교육의 기조를 정하고 대중매체, 출판 등을 통해 직접 교육에 관여하는 한편, 민간 정치교육 기관에 대한 재정지원을 수행한다. 연방정치교육원의 예산 규모는 연간 약 1억 유로에 달한다. 이 예산의 40%는 자체활동에 사용되며, 나머지 60%는 민간단체 지원에 사용된다. 모든 정당이 연방정치교육원의 활동을 긍정적으로 평가하기 때문에 예산확보에 어려움은 없다[70]. 연방정치교육원은 민간의 교육 내용에는 관여하지 않으면서 재정만 지원한다는 점에서 중립적이다. 앞서 언급했듯 각 정당과 연계된 정치재단의 정치교육도 지원한다[71]. 어떻게 관여 없는 지원이 가능할까? 재정지원을 받기 위해서는 두 가지 원칙을 반드시 지켜야 한다. 하나는 '보이텔스바흐 합의'를 지키는 것, 다른 하나는 재정 집행이 투명하게 이루어져야 한다는 것이다[72].

한국의 시민교육도 이런 합의를 도출할 수 있을까? 쉽지는 않을 것이

70 송창석, "독일의 정치교육과 한국의 민주시민교육 : 「민주시민교육지원시스템」 구축방향을 중심으로, 《EU연구》 제 16호, 2005, pp. 287~288

71 심익섭, 앞의 글, pp. 295~300

72 1976년 보이텔스바흐라는 작은 도시에서 정치교육 최소한의 원칙이 무엇인가를 놓고 토론하던 끝에 '합의'에 도달했다. 세 가지다. 첫째, 교화 또는 세뇌 금지의 원칙, 둘째, 논쟁 중인 사안은 그대로 소개되어야 하는 '모순 인정의 원칙', 셋째, 자신의 관점을 분석하고 자율적 결론을 도출할 능력을 키워야 하는 원칙, 즉 '참가자 중심의 원칙'이 그것이다. 주은경, "민주주의 교육은 국가 발전의 힘이다", 『독일 정치교육 현장을 가다』, 민주화운동기념사업회, 2008, p. 19~20.

다. 독일의 정치교육은 반독재(반나치)와 반공(동독에 대한 체제 우위)을 전제로 했다. 잘 알려진 것처럼 독일은 나치 추종 정당과 공산당을 해산시킨 역사를 갖고 있다. 양 극단의 정치세력에 대해서만큼은 철저히 단호한 태도를 취했던 것이다. 양 극단에 대한 금기를 모든 정치세력과 사회구성원 대다수가 공유한 상태였기 때문에 보이텔스바흐 합의도 가능했고, 연방정치교육원의 '관여 없는 지원'도 가능했던 것이다. 이렇게 보면 독일의 정치교육은 중립적이지 않다고 말할 수도 있다. 민주주의와 다원주의를 중심에 놓되, 극단주의는 민주주의와 다원주의의 이름으로 용납하지 않는 것이 독일 정치교육이 지향하는 핵심원리다. 합의된 금기를 넘지 않는 모든 세력에 대한 관용을 시민교육의 원리로 삼은 것이다.

정치교육에 대한 시민들의 관심을 유지하는 것은 독일에서도 쉬운 일은 아니다. 민주주의에 기여하는 교육을 수행한다는 원칙을 유지하면서도 시대 변화에 따라 교육 내용과 교육 방법을 끊임없이 개선해나가는 노력이 수반되었다는 점도 빼놓을 수 없다. 콘라드 아데나워 재단의 경우 타겟 그룹을 명확히 하고 지역 중심적 교육을 수행하는 전략을 통해 피교육자의 흥미를 끌어내기 위해 노력하고 있다[73].

73 Konrad Adenauer Stiftung, 앞의 글, pp. 81~82

Ⅷ 결론: 시민성 배양과 시민교육

한국이 당면한 여러 가지 사회적, 경제적 장벽을 돌파하는 가장 중요한 과제로 시민민주주의를 설정했고, 그것의 미시적 기초로서 '시민성 배양'을 강조한 것이 이 글의 목적이었다. 과연 '시민민주주의'는 요원한 것인가? 민주화 30년이 지난 시점에서 이 질문을 짚어봐야 한다. 우리는 어떤 양식의 민주화를 만들어 왔는가? 우리가 역점을 두었던 민주화 양식이 거시적 제도창출에 몰두한 것이었다면, 제도의 작동을 원활하게 하는 미시적 기초가 바로 '시민성'(civicness)이라는 데에 관심을 기울여야 하는 시점이다. 시민성은 '자치'와 '자발성'에서 비롯된다. 자발성은 자발적 단체(voluntary association)와 단체 활동(associational activity)의 산물이다. 그곳에서 생성된 합의는 모든 성원이 자발적으로 따르는 설득적 권위(persuasive authority)를 갖게 되고, 이는 강요(coercion)와 타의에 의한 동원권력이 자리 잡을 수 없도록 만든다. 민주주의가 더디지만 어떤 충격에도 잘 흔들리지 않는 단단한 토대를 갖게 되는 것은 이런 이유이다.

그런데 최근 이런 소중한 진화추이를 흔드는 국가정책이 많은 우려를 낳고 있다. 다름 아닌 김영란법(부정청탁방지법)이다. 김영란법은 부정청탁의 비리네트워크를 끊고 깨끗하고 정의로운 질서를 만들자는 취지에서 전격 도입되고 시행된 것으로서 사회 성원 대다수의 찬사와 동의를 받은 바 있다. 헌법재판소에서도 법취지에 대한 공감을 표시하여 일부 시민단체로부터 제기된 헌법 소원을 기각했다. 경제성장을 위해서도 투명성, 청렴성을 높이는 사회개혁은 필수적이다. 부패사회를 일소하자는 사회운동적 성격의 법제정에 이의를 제기하고 싶지는 않은데, 상식과 상규 내지 오랜 전통에 근거한 일반 시민행동을 '일일이' 규제하는 점은 문제가 아닐 수 없다. 널리 알려진 바, 3(음식대접) 5(선물) 10(경조사비) 원칙은 일종의 생활준칙과도 같아서 바람직하다고 판단되지만, 그것을 적용하는 '경직된 잣대'가 문제로 떠올랐다. 대다수 시민들에게 적법성 여부와 관련된 극심한 혼란양상을 만들었기 때문이다.

헷갈리는 사례는 수없이 많다. 자신이 재직하는 기관과 조직 내부구성원의 경조사에 조의금, 축의금을 낼 수 있는가? 동료 자녀 돌잔치에 선물을 할 수 있는가? 학부모가 학교운동회에 찬조금이나 찬조상품을 낼 수 있는가? 교사, 교수에게 커피를 살 수 있는가? 등등. 이를 총괄하는 국민권익위원회는 일반 시민이 쏟아내는 수만 개의 질문에 일일이 답해야 했다. 물론 수만 개의 질문은 불과 십수 명이 편재된 국민권익위원회 담당부서의 검토능력을 무력화시켰다. 답은 없었다. 사실 그 질문에 답한다는 것은 시민의 행동요령을 지시하는 것과 동일하다. 생활세계에서 일어나는 미시적 단위행동을 관장하는 가장 중요한 원리는 자발성인데, 국민권익위가 답한다면 그것을 훼손하는 것과 마찬가지다. 그런데 각 기관에서는 권익위가 내놓은 기본지침을 근거로 조직구성원의 행동 매뉴얼을 제작 배포했고, 이제는 일반 시민을 상대로 시민행동 매뉴얼을 만들겠다고 할 정도가 되었다. 혼란양상을 가능한 한 최소화한다는 명분이었는데, 그것은 엄밀하게 따지면 전체주의적 통치양식에 해당되고, 자발적 판단이라는 시민민주주의의 미시적 기초를 망가뜨리는 방식이다. 3.5.10 원칙 내에서, 상식과 상규에 따른 자기검열적 판단을 격려해야할 국가기구인 권익위가 생활세계 단위 행동의 규준을 마련한다는 그 발상 자체가 시대역행적이다. 아니, 우리가 이 글에서 논의한 자치정신과 자발적 행위의 중요성을 송두리째 부정한 조치로서 너무나 심각한 국가권력의 남용이다. 하버마스의 용어를 빌면, '생활세계에 대한 체계의 식민화'다. 그것은 '체계에 의한 식민화'(colonization by system)는 그렇지 않아도 시민성이 결핍된 한국사회에서 더욱 경직된 획일사회로 가는 문을 연다. '청렴사회'라는 시대적 과제를 누구도 부인할 수 없는 상황에서 일반 시민들은 '자율 판단'의 주체적 권리를 국가에 위임한 꼴이다. 시민행동 매뉴얼? 일제 말기 국민총동원운동에서 주창된 '정신작흥'(精神作興)의 편린을 보는 듯하다. 청렴사회를 얻는 이득보다 획일사회를 초래한 손실이 더 크다면 어떻게 할 것인가? 필자의 반론은 여기에 근거한다. 필자는 획일사회 내지 훈육사회의 위험성을 여러 번 여론에 호소했는데, 청렴사회라는 강력한 명분에 밀려 그리 큰 반향을 얻지 못했다. 필자는 이렇게 주장했다. 좀 길지만 인용해보면,[74]

> 프라이버시는 주체성의 다른 말이다. 상식과 양심의 내부검열을 거친 판단은 인격이고 인권이다. 갓 입대한 신병에게 들이댄 생활기록부가 인권침해라는 항의가 나올 정도는 됐다. 그런데 김영란법(부정청탁 방지법)이 낳은 혼란양상은 소중한 '자각의 진화'를 원점으로 되돌린다. 상식, 상규조차도 적법여부를 권익위에 타진해야 하고, 일일이 행동요령을 하달받는 초유의 사태가 그것이다. (중략)
>
> 부정비리 네트워크를 끊는다는 취지는 백번 옳으나, 공사네트워크를 구성한 수천 개 단위행위의 적법성을 캐물어야 한다면, 우리는 애써 주체성을 반납하고 '훈육사회'를 불러들인 셈이다. '생화는 불법', 이 웃기는

74 《중앙일보》, 「훈육사회를 환영함」, 2016년 10월 18일자.

훈령을 권익위는 "교육은 워낙 공공성이 강한 영역"이라는 단호한 명제로 정당화했다. 문화 국가라면, 학생권과 교육 '공공성'을 둘러싼 격렬한 논쟁이 벌어졌을 거다. 공공성 개념은 적어도 10여 개에 이른다. 이유 불문하고 '직무관련성'을 모든 행위에 들이대는 것은 형식적 공평성(impartiality)인데 이심전심과 공감에서 비롯되는 공정성(fairness)을 훼손한다. 공평성은 훈육(訓育), 공정성은 양육(養育)개념이다. 권익위가 휘두른 훈육권력은 인예(仁禮)로 신의(信義)를 밝히는 동양정신을 버렸다. 대한제국이 공포한 '교육입국조서'(1895)는 지덕체(智德體)를 양(養)해 사리분별에 힘쓰라 일렀는데, 120년 후 권익위는 뇌물 여부를 가리라고 훈시했다. 누가 교육현장을 지식 매매시장으로 규정하라 했는가? (중략)
훈육사회가 명한 주체성 반납사태는 대학과 지성계에 한파를 몰고 왔다. 교수들이 외부 강연과 집필, 학회, 세미나참석을 줄줄이 취소했다. 집필과 강연에 상한가격이 매겨졌고, 신고서 제출이 의무화됐다. 경제시민(기업인)이 상품을 생산하듯, 교양시민(전문가)은 논리와 윤리, 말과 글을 생산한다. 상상력의 원천이자 지식국가의 기반이다. 지식생산과 유통의 차단은 필경 역사에 상흔을 남기고야 만다. (중략)
지식회로를 망가뜨린 것은 역사적 대역죄다. 권익위는 무슨 권리로 대학과 지성계를 조련하는가? 누가 일반 시민의 행위를 일일이 판결하라 일렀는가? 시민 행동매뉴얼에 가득 찬 그 한심하고 경직된 잣대를 동의한 바가 없다. 1970, 80년대 이념 통제에서 풀려난 시민들은 30년 후 생활세계를 재단하는 표준화권력에 직면했다. 행동의 표준화는 정신의 획일화를 낳는다. 자율주체가 만드는 사회관계의 생동력은 권익위 훈령 속으로 증발됐다.

김영란법은 타율적 규제에 의해 '복종적 규범'을 생산한다. 자율적 규범, 이른바 '시민적 덕성'(civic virtue)이 아니다. 뒤르케임이 "자유는 규제의 산물"이라 했을 때 그 규제는 자발성을 이끌어내는 도덕적 규제여야 한다. 그런데 권익위의 규제는 획일적 기준에 의거한 매뉴얼, 그것도 상식과 상규, 뒤르케임의 용어를 다시 빌면 집단양심(collective conscience)에 어긋나는 기준을 강요한다. '생화는 안 되고 종이꽃은 된다'는 이 극단의 경직성! 교권과 학생권리를 철저히 짓밟는 무지하고 획일적인 발상은 공화주의를 극단적 형태, 즉 전체주의와 접속하도록 만든다는 점에서 무서운 결과를 불러들인다.

시민교육의 필요성을 다시 한 번 환기시키는 대목이다. 그렇다면, 한국은 어디서부터 시작해야 할까? 한국적 시민교육의 모델을 정립하려면 어떤 노력과 시각이 필요한가? 시민교육의 모범적 국가인 독일 모델을 참고로 한국적 적용가능성을 따져 볼 수는 있겠다. 제도를 모방할 수는 있다. 그러나 그렇게 이식된 제도는 여건이 맞지 않으면 잘 작동하지 않는다. 독일은 나치즘과 그에 이은 패전, 분단의 경험을 성찰하면서 극단주의 정치세력을 배격하되 다수 시민들이 민주적 가치와 시민윤리를 갖추도록 하려고 정치교육을 도입했고 발전시켰다. 우리의 경우는 반공 이념의 틀을 갖추고는 있지만 종북, 친북, 반북 등 이념적 갈등의 골이 깊어졌다. 이런 이념적 갈등에 대한 최소한의 평가와 합의, 산업화 세력과 민주화 세력 간 행동양식과 이념적 지향의 격차를 어떻게든 해소하지 못하면 시민교육을 위한 최소한의 합의도 얻기 어렵다는 난점이 있다.

필자는 이런 발전단계와 역사적 배경의 차이를 의식해서 '국민의 시대'로부터 '시민의 시대'로 넘어가기를 권한 바 있다. '국민'은 국가를 정점으로 하는 수직적 관계, '시민'은 직업과 계층이 다른 동시대인들과의 공동체적 우애를 중시하는 수평적 관계를 함축한다면, 한국은 국민이 승하고 시민이 취약한 불균형적 상태에 놓여 있다. 국민과 시민의 결합, 수직적

관계와 수평적 관계가 제대로 발달된 사회가 건강하고 단단하다. 한국의 시민 상태를 이렇게 진단했다.[75]

> 한국의 시민계층은 정신적 무정형이 특징이다. 비록 권위주의 체제였지만 연대와 협력을 중시하는 주체적 개인들이 생겨나긴 했다. 그런데 빈곤극복과 국력신장, 국가안보를 위한 일사분란한 동원체제 속에서 국익에 헌신하는 수직적 관계는 강화되었으나 이웃과 공동체를 배려하는 수평적 관계를 배양하기에는 역부족이었다. 수평적 관계 즉 시민성(civicness)의 기반은 자발성이다. 사회적 갈등과 쟁점을 십시일반 해결해본 경험이 있어야 남의 사정을 이해한다. 자제와 양보의 미덕이 얼마나 중요한지를 깨닫게 된다. 우리가 소망하는 '사회정의'가 멀리 있는 게 아니다. 연대와 협력, 자제와 양보가 확장되는 참여와 공공성(publicity)의 공간에서는 국가권력도 독주하지 못한다. 우리는 그걸 몰랐다.

한국에도 시민교육이 있다. 또 수많은 활동가, 학자, 관료들이 머리를 싸매고 시민교육을 고민한다. 그러나 대다수의 시민에게는 '시민교육'이라는 말조차도 생소하다. 시민교육의 정착을 위해 중요한 조건은 세 가지다. (1)시민교육의 내용에 대한 최소한의 합의, (2)시민교육의 제도적 안정화, (3)시민교육에 대한 자발적 참여 동기 부여.

우선 시민교육의 내용에 대한 교육 주체 간의 합의 문제부터 살펴보자. 현재 시행되고 있는 시민교육의 내용은 교육 주체별로 다양한 스펙트럼을 갖는다. 민주화 운동에 대한 역사적 기억을 지속시킨다는 '기억 투쟁'을 강조하는 입장부터 자유민주주의의 우월성과 반공을 강조하는 입장까지

75 "왜 지금 시민인가?" 《중앙일보》, 2105년 1월 21일자.

존재한다. 상호모순적인 내용이 모두 시민교육이라는 이름으로 포괄된다. 물론 통일된 교육 내용을 제시해야 하는 것은 아니다. 하지만 교양시민으로서 갖추어야 할 덕목에 대한 최소한의 합의는 필요하다. 한국의 상황에서 그러한 합의란 민주화와 산업화 간 '미래 타협'을 의미한다. 영화 "변호인"의 관객과 "국제시장"의 관객 모두가 공감할 수 있는 가치를 찾아 그것을 시민교육의 핵심으로 삼아야 하는 것이다. '시민윤리'의 형식을 이루는 공익에의 긴장, 타인에의 배려, 공동체적 헌신은 그러한 최소한의 가치에 해당한다. 여기에 민주적 의사결정에 대한 존중 태도를 덧붙일 수 있을 것이다. 합의 목록을 실질적으로 늘려갈 필요가 있다. 무엇이 공익이며, 우리가 헌신해야 할 공동체는 어떤 성격을 가져야 하는가에 대해 생활세계에서 차근차근 논의되어야 한다.

둘째는 시민교육의 제도화 문제다. 시민교육이 지금처럼 각개약진 형태로 진행되는 것보다는 법적 근거를 갖고 재정적, 조직적 안정성을 갖고 시행될 필요가 있다는 것이 제도화의 기본적 문제의식이다. 시민교육 제도화 시도는 1997년 시민교육 관련 단체와 학계에서 주도한 "민주시민교육지원법안"에서 본격적으로 시작되었다. 이후 이 법안은 우여곡절을 거쳐 2007년에 국회에 상정되기는 했지만 국회 임기 만료로 인해 폐기되었다[76]. 시민교육을 제도화한다는 점은 시민단체와 정부가 대체로 동의하고 있다. 시민단체는 자신들이 시행하고 있는 시민교육 사업의 재정적 어려움을 타개하고 체계적 교육 네트워크를 확보하기 위해, 정부 부처는 예산과 조직 확대를 위해 시민교육의 제도화에 관심을 갖고 있는 것으로 보인다. 그러나 다른 한편으로 시민단체 측에서는 이런 형식의 제도화가 자칫 시민교육을 국정홍보 수단으로 전락시킬 수 있음을 우려한다. 또한 정부

76 정하윤, "한국 민주시민교육의 제도화 과정과 쟁점 : 법제화를 둘러싼 주체들의 이해관계를 중심으로", 《미래정치연구》 제4권 제1호, pp. 31~53, 2014

는 관할 부처 선정 문제와 지원 내용 및 지원 대상의 중복 가능성 때문에 다소 미온적인 태도를 보이고 있다.

최근 시도 중 가장 주목할 만한 것은 2014년 1월 서울시에서 제정한 "서울특별시 민주시민교육에 대한 조례"이다. 이 조례에 따르면 "민주시민교육종합계획"을 수립하여 서울시민들을 대상으로 시민교육을 수행하도록 되어 있다. 이 조례안은 자치단체를 제도화의 기초단위로 설정했다는 점에서 중요하다. 지역 공동체의 특색과 여건에 맞는 제도화와 안정적 운영이 더 효과적일 수 있기 때문이다.

마지막으로, 시민들의 자발적 참여에 관한 문제이다. 시민들이 퇴근 후 또는 주말에 주민자치센터 같은 곳에 자발적으로 모여 지역 공동체의 사안, 주요 정치문제 등에 관해 토론할 수 있다면 시민교육은 더할 나위 없이 성공적일 것이다. 그러나 그런 일이 지금 당장 현실화될 것이라 기대할 수는 없다. 심지어 시민교육의 최선진국으로 꼽히는 독일에서도 시민들의 자발적 참여를 끌어내는 문제는 여전히 어려운 숙제다. 정규교육에서 사회과 교육 및 역사 교육과 학교 밖 연계, 그나마 수요가 있는 인문교양 교육과의 연계, 평생교육과정과의 연계 정도가 현실적으로 생각해 볼 수 있는 방안들이다. 앞에서 제안한 바, 협동조합과 사회적 기업을 시민교육과 연계시키고, 기업 직업훈련의 일정 비율을 시민교육에 할애하는 방안을 검토해 봄직하다. 교육 내용이 흥미롭고 제도적 뒷받침이 있을 때 자발적 참여도 높아질 수 있을 것이다. 결국 수요자의 관심을 높일 수 있는 내용과 제도를 설계하는 것이 중요하다.

참고문헌

기획재정부, 『2013년 협동조합 실태조사』, 2013.11.26.

김경희, 「사회적 경제를 통한 지역혁신의 가능성과 한계: 마을기업과 협동조합을 중심으로」, 《공공사회연구》 제3권 2호, 2013.

김기현, "한국 시민사회단체의 민주시민교육, 현황과 과제", 『한국민주시민교육공동세미나 자료집』, pp. 47~59, 2010.

김영국, "통일독일의 정치교육 실태에 관한 연구", 《한국정치연구》 6, 1997, pp. 277~298

김의영 외, 「결사체 민주주의의 실험: 성미산 지키기 운동과 마포연대의 사례」, 《한국정치학회보》 제42집 제3호, 2008.

김의영, 미우라 히로키 편, 『한중일 사회적 경제 Mapping』, 진인진, 2015.

김찬동, 「마을공동체 복원을 통한 주민자치 실현방안」, 서울시정개발연구원, 2012.

김창엽·성낙돈, "시민단체 시민교육의 성격에 대한 연구 : '참여연대' 사례(1995년~1999년)를 중심으로", 《평생교육학연구》 12권 3호, 2006, pp. 97~123

김형목, 『대한제국기 야학운동』, 경인문화사, 2005.

에밀 뒤르케임(권기돈 역), 『직업윤리와 시민도덕』, 새물결, 1998.

박근갑, 「유럽시민과 시민사회: 하나의 환상 또는 우리의 거울?」, 《지식의 지평》, 2016년 20호.

박세일, 민경국 역(아담 스미스), 『도덕감정론』, 비봉출판사, 1996.

박의경, "민주시민교육 : 시민의 양성을 위한 하나의 대안", 『민주시민교육웹진』, 2005.

마루야마 마사오(김석근 역), 「일본에서의 내셔날리즘」, 『현대정치의 사상과 행동』, 한길사, 1997.

마루야마 마사오(김석근 역), 『일본정치사상사연구』, 통나무, 1995.

민주화운동기념사업회, 《시민교육》 5호, 2011.

민주화운동기념사업회, 《시민교육》 6호, 2012.

민주화운동기념사업회, 《시민교육》 5호, [특집 : 새로운 문명 새로운 교육] 관련 기사, 2011.

민주화운동기념사업회, 《시민교육》 6호, [기획 : 마을공동체 회복을 위한 시민교육] 관련 기사, 2012.

박근갑, 『복지국가 만들기』, 문학과지성사, 2010.

박춘섭, 이홍택, 전지훈, "사회적경제조직을 활용한 지역활성화 방안 연구", 『Issue Report』, 충남연구원, 2016. 5.

복지국가청년네트워크 청년정책연구팀, 『News From Welfare—State:복지국가에서 온 청년의 이야기』, 서울시 일자리 허브, 2014.

송　복, 『특혜와 책임』, 가디언, 2016.

송창석, "독일의 정치교육과 한국의 민주시민교육 : 「민주시민교육지원시스템」 구축방향을 중

심으로,《EU연구》 제 16호, 2005, pp. 277~300
송호근,『시민의 탄생』, 민음사, 2013.
송호근,『이분법 사회를 넘어서』, 다산북스, 2012.
송호근,『나는 시민인가?』, 문학동네, 2015.
송호근,「일본제국주의의 정신구조」, 한림대 한림과학원,《개념과 소통》, 2015년 겨울호.
송호근,「한국의 시민과 시민사회의 형성」, 학술단체협의회,《지식의 지평》, 2016년 20호.
송호근,「시민교육, 더 이상 늦출 수 없다」, 동아일보 인촌기념학술대회, 2015. 원본은 동아닷컴(domnga.com)의 인촌기념회 사이트.
송호근,「왜 지금 시민인가?」, 중앙일보, 2015년 1월 21일자.
송호근,「버려지는 대한민국 청춘」, 중앙일보, 2015년 1월 21일자.
송호근,「부자도시에서 쏘아올린 SOS」, 중앙일보 2016년 5월 2일자.
송호근,「훈육사회를 환영함」, 중앙일보, 2016년 10월 18일자.
송창석, "독일의 정치교육과 한국의 민주시민교육 :「민주시민교육지원시스템」 구축방향을 중심으로,《EU연구》, 제16호, 2005.
테다 스카치폴 (강성훈 역),『민주주의의 쇠퇴 : 미국시민생활의 변모』, 한울아카데미, 2011.
신두철, "지구화시대의 정당정책연구소 모델과 전략 : 독일 콘라드 아데나워 정치재단과의 비교관점에서",《한독사회과학논총》 제21권 제3호, 2011, pp. 3~26
신문수,「토크빌: 자유와 평등의 변증법」, 송호근. 서병훈 편,『시원으로의 회귀: 고전과의 대화』, 나남, 1999.
신정환,「사회공공성 강화를 위한 담론전략」,《시민과 세계》, 2007년 11호.
신진욱,「공공성과 한국사회」,《시민과 세계》, 2007년 11호.
심익섭, "독일정치교육 조직체계에 관한 연구 :「연방정치교육원」을 중심으로",《한국민주시민교육학회보》 3호, 1998, pp. 281~305
안재흥,『복지자본주의의 정치경제의 형성과 재편』, 후마니타스, 2013.
유채원, 구도완, 2016,「원주의 협동운동과 생명운동」,《ECO》, 제19권 2호.
위성남,「도시 속에서 함께 살아남기: 성미산 마을」,《황해문화》 2013년 가을호.
이규영, "독일의 정치교육과 민주시민교육",《국제지역연구》 제9권 제3호, 2005, pp.157~186
임혁백,「한국의 정치와 사회의 공공성」, 인촌기념회 주최 제 1 심포지움,『선진사회의 기반, 공공성을 확립하자』, 2015년 1월.
장하성,『한국 자본주의』, 헤이북스, 2014.
전혁상, "기업내 교육의 사회교육적 역할에 관한 연구 : 사회교육적 관점에서 기업내 교육의 문제점과 대안을 중심으로", 서강대학교 교육대학원 석사학위 논문, 2001.
정규호,「도시공동체운동과 협동조합 지역사회 만들기: 원주 협동조합운동과 네트워크의 역할」,《정신문화연구》 제36권 제4호, 2013.
정세윤, "독일 정치교육은 네트워크다",『독일 정치교육 현장을 가다』, 민주화운동기념사업회,

2008, pp.70~95
정하윤, "한국 민주시민교육의 제도화 과정과 쟁점 : 법제화를 둘러싼 주체들의 이해관계를 중심으로", 《미래정치연구》 제4권 제1호, 2014, pp. 31~53
조대엽, 『갈등사회의 도전과 미시민주주의의 시대』, 나남, 2014.
좌세준, 「이명박 정부 시기 비영리민간단체 지원정책의 변화」, 『시민과 세계』, 2011.
주은경, "민주주의 교육은 국가 발전의 힘이다", 『독일 정치교육 현장을 가다』, 민주화운동 기념사업회, 2008, pp. 17~70
최장집, 「울산과 한국민주주의 관찰자로서의 한 시각」. 2008년 11월 5일 울산대학교 강연.
최장집, 『민주화 이후의 민주주의』, 후마니타스, 2002.
칼 크나우스고르 (손화수 옮김), 『나의 투쟁』, 한길사, 2015.
통계청, "2014년 상반기 지역별고용조사 직업교육훈련 참여현황", 2014.
위르겐 하버마스(한승완 역), 『공론장의 구조변동』, 나남, 2001.
한신갑, 「협동조합의 조직생태학: 혼종성의 공간, 혼종성의 시간」, 《한국사회학》 제50집 제2호.
홍윤기, "국력으로서 민주정치와 국가자원으로서 민주시민교육", 『독일 정치교육 현장을 가다』, 민주화운동기념사업회, 2008, pp. 197~261
Gösta Esping—Andersen, 『Three Worlds of Welfare Capitalism』, Princeton: Princeton University Press, 1991.
Peter Hall, 「Great Britain: Government and the Distribution of Social Capital」, Robert Putnam (ed.), 『Democracies in Flux: The Evolution of Social Capital in Contemporary Society』, London; Oxford University Press, 2002.
Konrad Adenauer Stifnung, Zeiten die Werden : Tagesordnung der Zukunft, 2014
J. Kocka, 『Civil Society and Dictatorship in Modern German History』, Hanover and London, University Press of New England, 2010.
Paul Krugman, 『Conscious of A Liberal』, New York: W.W. Norton & Company, 2009.
Alexis Tocqueville, 『Democracy in America』, J.P. Mayer (ed.), New York: Harper & Row, 1969.
http://wonjuand.com
http://cafe.daum.net/sungmisanpeople
http://happylog.naver.com/maponet
http://jeju.go.kr/industry/economicinfo/plan.htm
http://economy.seoul.go.kr/socialeconomy)
http://www.chungnam.go.kr

송 복(연세대학교 명예교수·사회학)

한국인의 의식전환: 두 가지 과제

1. 문치(文治)의식
2. 희생(犧牲)의식
   1) 고위직층의 노블레스 오블리주
   2) 문화인 윤리인
   3) 특혜 받는 사람들
   4) 특혜와 존경
   5) 특혜와 희생
      (1) 반(半)만의 진리
      (2) 불운의 희생자
      (3) 금수행위

한국인의 의식전환:
두 가지 과제

노벨 경제학상을 받은 미국 존스 홉킨스 대학의 사이몬 쿠스네츠(Simon Kuznets) 교수가 오래 전에 한 유명한 말이 있다. "어느 나라든 중진국에서 선진국에 이르는 데는 많은 함정들이 있다. 그 중에서도 가장 넘기 어려운 함정은 선진국 바로 문턱에 도사리고 있는 '국민의식 전환'이라는 함정이다. 이 함정은 후진국이나 중진국 때의 그 의식으로는 절대로 넘지 못한다. 대다수 나라들은 이 함정에 빠져 선진국 바로 문 앞에서 주저앉고 말았다."

'더 나은 사회'로 가는 데 국민의식의 바뀜이 얼마나 중요한가를 한마디로 일러준 말이다. 어느 나라나 선진국이 될 수 있지만, 어느 나라도 쉽게 선진국이 되지 못한 결정적 이유가 이 국민의식의 전환이다. 우리도 이미 오래 전부터 이 국민의식의 전환 혹은 국민의식 개조를 부르짖어 왔다. 그 시작은 일제에 합병되기 전부터였고, 그 이후에도 계속되어 1920년대 초에는 춘원 이광수(春園 李光洙)의 「민족경질론」까지 나왔다. 이 의식전환은

---

*이 에세이는 필자의 저서 『특혜와 책임』(가디언, 2016. 8) 출간보다 앞서 완성된 것으로, 이 에세이에서 다룬 주제에 대해 그 책이 더 심층적이고 더 상세하게 논의하고 있음을 밝혀둠.[편집자]

해방과 6·25 후 40년대 말과 50년에도 줄기차게 부르짖었고, 60년대 초에도 그치지 않다가 드디어 새마을운동이 전개되었다. 그러고 보면 우리의 국민의식 바꾸기 운동이며 시도는 근 100년에 이른다.

그럼에도 국민의식의 전환은 여전히 우리에게 가장 중요한 문제로 대두되고 있다. 궁극적으로 이 문제는 어느 시대 어느 사회에서나 부상(浮上)되는 과제이기도 하지만, 자유민주주의의 사회에서는 모두 개인의 자율에 맡긴다. 보다 나은 사회를 위한 내 의식의 전환을 타자의 지시나 요구를 바라지 않는 바로 나의 문제다. 전체주의 국가에서처럼 전 국민이 나서서 총체적으로 운동을 벌이는 그런 집단적이며 집합적인 문제가 아니라, 내 의식의 주체는 나이고, 그 결과에 대해 책임지는 당사자도 다른 사람 아닌 바로 나다. 의식의 문제는 오늘날 이렇게 개인 자율의 문제로 대다수 자유민주주의 국가에서는 귀결되고 있다.

이는 지금 우리의 경우도 다르지 않다. "너의 의식을 바꾸라. 그렇지 않으면 선진국 문턱에서 우리 모두 좌절하고 만다." 누구든 이렇게 부르짖을 수는 있지만, 다른 사람들 혹은 일반 국민들이 거기에 호응해 실제 행동으로 보이는 것은 별개의 문제다. 이는 지난날 우리의 그 기나긴 경험이 증명한다. 그러나 아무리 그렇다 해도 그 성공 여부에 관계없이 지난 100년과 마찬가지로 '새로이, 새로이', 이 의식 전환의 문제는 계속해서 제기할 필요가 있다. 이유는 그것이 '더 나은 사회를 향한' 우리 의식 우리 사고 우리 마음가짐 그리고 우리 행동의 지침(指針)이며 지표(指標)가 되기 때문이다.

어느 사회든 행위지침이 있는 사회는 희망이 있다. 앞을 가리키는 바늘이 있어, 언제나 그 바늘 따라 전진할 수 있기 때문이다. 행위지표가 뚜렷한 사회는 반드시 도달하고자 하는 목표가 있다. 그리고 반드시 이룩해내려는 목적이 있다. 그 목표 그 목적이 확고한 사회만이 새로운 사회로 발전해가는 동력(動力)을 갖는다. 그래서 지난 일백 년 동안 의식전환 의식개혁의 노력이 기대만큼 결과를 내지 못했다 해도, 그 노력을 단념하거나 포기할 이유는 없다. 그래서 이러한 글들을 쓰고 또 쓰는 것이다.

이 글에서는 '더 나은 사회'를 위한 우리 의식의 전환을 두 가지로 압축해 제기해보려 한다. 하나는 일반 국민들의 '문치(文治)의식'에 대한 재고(再考)이고, 다른 하나는 일반 국민이 아닌 한국사회 고위직층(특혜 받는 층)의 '희생(犧牲)의식'에 대한 제고(提高)다. 전자의 '재고'는 다시 생각하고 또 생각해서 지금까지 생각해온 바와는 전혀 다르게 생각해야 한다는 것이고, 후자의 '제고'는 그 마음가짐 그 행위양태를 지금까지 견지해온 것과는 전혀 다른 새로운 차원에서 새로이 다짐하고 새로이 높여가야 한다는 것이다. (그러나 이 글에서는 앞의 것보다 뒤의 것에 초점해서 더 깊게 더 상세히 논의하려 한다.)

1. 문치(文治)의식

1993년 김영삼(金泳三)정부가 들어서면서 이름을 '문민정부(文民政府)'로 명명(命名)했다. 그 이름을 듣는 순간 미상불 '당쟁(당黨爭)'을 직감하는 사람들이 적지 않았을 것이다. 조선시대의 그 저열(低劣) 하고 치졸(稚拙)했던 권력쟁투의 당쟁시대로 또다시 들어간다는 예감은 '하필이면 왜 문민인가'에서 비롯됐을 것이다. 사실 그로부터 4반세기가 지나는 지금까지 우리 정치는 조선시대의 그것과 한 치의 차이도 없는 '당파싸움'으로 일관해왔다. 도대체 문민정부의 그 '문민'과 조선시대의 그 당파싸움은 어떤 인과관계가 있는가. 어떤 관계가 있어 지난 세기 60년대에서 80년대까지의 정치와는 전혀 다른 정치행태가 90년대 이후 그렇게 야기되어 왔는가.

그 인과관계를 풀이하기 전에, 먼저 지난 25년간의 정치권 내 정치싸움을 상기할 필요가 있다. 역사에서 조선시대의 당파싸움을 제대로 배우지 못했거나 배웠다 해도 제대로 인식이 되지 못하는 사람들은 정치는 으레 저렇게 '피나게 싸움하는 것'이라고 생각할지도 모른다. 왜냐하면 그 기간 동안 국회에서 오로지 벌어지는 정치라곤 동물국회 아니면 난장판국회 같은 쟁투의 연장일 뿐이고, 그나마 쟁투가 없으면 아무 일도 안하는 식물국회로 돌변해서 놀기만 하는 국회만 보아왔기 때문이다.

그러나 학교에서 혹은 교과서에서 현대 자유민주주의 국가의 정치를 배워온 사람들은 현대정치는 조선시대의 그 당쟁의 정치가 아니라 정당정치라는 것을 잘 안다. 정당정치는 정당 간 타협의 정치이고, 협상의 정치이고, 국가자원을 적절히 배분하는 생산의 정치이고, 때로는 권력도 다른 정당과 배분해 갖는 협치의 정치다. 그래서 정치의 주역이고 주체는 어디까지나 정당이다. 그 정당의 최고기능은 가장 좋은 정책을 창안해서 정당간 경쟁을 벌리는 것이고, 그 경쟁을 통해 마침내 국민으로부터 권력을 위임받는 수권정당이 된다.

그렇다면 지금 우리 정당도 그러한가. 지금 우리 정당도 학교에서 배운 그런 정당인가. 미국이나 영국 프랑스나 독일에서 보는 정당과 같은 정당인가. 지금 우리 정당은 정당이 아니라 파당(派黨)이다. 파당은 조선시대 당파(黨派)의 현대 말이다. 물론 그때도 파당이라는 말을 썼지만 당파가 주였다. 그래서 당파라 하면 사람들이 모두 조선시대의 그것을 떠올리니까 지금은 파당이라고 한다. 파당의 순수 우리말은 '패거리'다. 패거리는 '나쁜 일을 하고 다니는 한 떼의 사람들'이라는 아주 부정적 의미를 갖는다.

어쨌든 지금 우리 정치는 앞서 교과서에서 말하는 그런 정당정치가 아니고 파당정치(派黨政治)이고, 더 원색적으로는 패거리 정치다. 파당정치, 패거리 정치의 국어사전적 의미는 '거리의 패거리처럼 오직 자기 집단 자기 패거리의 이익만 올리는 데 온갖 노력을 쏟아붇는 정치'이다. 지난 4반세기 이래 우리 정치가 그러하지 않았는가. 조선시대의 그 당쟁과 지금 우리 정당들 간의 싸움이 무엇이 다른가. 조선시대의 그것과 조금도 다름이 없다면 지금 우리의 정당정치는 정당정치가 아니라 바로 파당정치(派黨政治)다. 우리 정당 안을 들여다보면 그 정치행태는 완전히 패거리 정치행태다.

패거리 정치행태, 좀 순화된 용어로 파당정치 행태라 한다면, 지금 우리의 이 파당정치 행태는 조선시대의 그것처럼 국민이 없다. 말로는 조선시대에도 늘 백성을 내세웠고, 지금도 국민을 언제나 내세운다. 하지만 그때나 지금이나 백성도 국민도 실제로는 없다. 수사적(修辭的)으로만 있을 뿐이다. 오로지 찾는 것은, 그리고 도모하는 것은 그때의 당파이익이며, 지금의 파당이익(派黨利益)이다. 그때의 당파나 지금의 파당이나 그들에게는 가치의식이 없다. 오로지 이익의식만 있을 뿐이다. 조선시대에도 말로는 "공자왈 맹자왈" 하는 가치가 있었다. 지금도 자유며 평등이며 인권이며 복지라는 가치를 말한다. 그러나 그들의 내면 그들의 행태는 그 가치와 아무런 연관이 없다.

이런 파당정치와 그런 정당정치의 파당간 정당간 상호관계 면에서 가장 큰 차이는 무엇인가. 먼저 정당정치의 원산지인 서구 정당을 말하면, 그들 정당정치의 생명은 '경쟁(競爭)은 하되 대결(對決)은 하지 않는다'이다. 그들 말로 competition but not confrontation이다. 그러나 파당정치는 정반대가 된다. 거꾸로 '대결만 있고 경쟁은 없다'이다. 그 차이는 무엇인가. 경쟁competition은 서로의 장점을 겨루는 것이다. 단점을 내세워서는 경쟁에 이길 수 없다. 그래서 있는 힘을 다해 장점을 키우고, 그 장점으로 상대방 장점과 서로 경쟁하는 것이다. 그런 장점 겨루기 경쟁은 하면 할수록 상대방도 나도 장점이 더 많아지고 더 커지고 발전하는 시너지 효과를 갖는다.

그러나 대결confrontation은 정반대다. 대결은 상대방의 약점을 찾아

상대방을 무너뜨리고 그리고 망하게 하는 것이다. 급기야는 죽이고 죽도록 만드는 것이다. 그렇게 상대방을 몰락시키는 데는 좋은 정책을 내놓기보다는 진영(陣營)을 만들고 구축하는 것이 더 효과적이다. 공명정대한 경쟁보다는 계략 음모 공작 등 정치공학이 더 유효한 것이다.

어떻게 하든 상대 정당의 파탄을 꾀하고, 어떤 수를 쓰든 상대정권의 실패를 도모한다. 그것이 바로 내 파당의 기회이고 다음 차례 정권획득 권력장악의 최고 방책이라 생각한다. 그것이 정당정치 아닌 파당장치의 실상이고, 파당정치의 원형이다. 바로 지난 4반세기의 우리 정치의 실상 그대로다.

정당정치 아닌 이 파당정치가 문민정부의 '문민(文民)'과 어떤 인과관계가 있는가. 어째서 문민정부 이후 우리 정치는 정당정치 아닌 파당정치가 되었는가. 더 원색적으로는 패거리정치로 바뀌었는가. 문민정부의 문민은 '직업군인 경력을 갖지 않은 사람'을 말한다. 영어로는 civilian이고 문민정부는 civilian government라 하지만, 실상 이 말은 우리말이 아니고 일본말 문민(文民)에서 따온 말이다. 그래서 1970년대 80년대는 물론 90년대까지도 우리말 사전에는 수록되지 않은 말이다. 아마도 처음 이 말을 일본말에서 따와 '문민정부'라 명명한 사람은 조선시대의 문치(文治)를 생각해서일 것이다. 조선이야말로 전형적인 문치의 나라다. 문치는 글자 그대로 무인(武人)이 아닌 문인(文人, 당시는 문신(文臣))들이 독점적으로 나라를 다스리고 정치를 하는 것이다. 심지어는 군사령관까지도 무인이 아니고 문인(문신)들이 했으니 조선시대야말로 완전히 문인이 다스리는 문치의 나라다.

문제는 문인이 독점적으로 정치를 할 때 그 정치는 어떤 정치가 되느냐이다. 그 정치의 실상은 파당정치—영락없는 조선시대의 당쟁으로 전화(轉化)하고, 그런 전화는 우리 역사에서 한 번도 예외가 없어, 지난 세기 90

년도 이래, 심지어 21세기에 와서도 그 당쟁의 파당정치는 꼭 그대로 재현되어 끝없이 반복되고 있다. 경쟁의 정치가 아니라 대결의 정치, 정책 생산 정치가 아니라 진영 굳히기 정치, 공익 타협의 정치가 아니라 사익 야합의 정치, 배려 배분의 정치가 아니라 이기(利己) 독점의 정치, 마침내 공존 공생의 정치가 아니라 공멸 공사(共死)까지 하는 정치가 되고 있다. 대통령도 문민정부 이래 성공한 대통령이 없고 국회도 대(代)를 거듭할수록 퇴화하고 있다. 왜 그러한가. 문치의 정치, 그리고 문치와 정치, 그 두 요체(要諦) 사이에 도대체 어떤 상관관계가 있는가. 그 둘 사이에 어떤 상반성(相反性) 어떤 함정이 가로 놓여 있는가. 이는 문치, 즉 문인의 그 문(文)의 본질 그 문(文)의 특성에 초점해 보아야 한다. 그리고 그것이 현실의 정치와 어떻게 다른가. 어떤 친화성(親和性) 혹은 어떤 상반성을 가지고 있는가에 주목해야 한다. 결론적으로 친화성보다 상반성이 훨씬 클 것이라는 것은 문치 혹은 문민정치가 파당정치로 일관한 데서 잘 알 수 있다. 설혹 그렇다 해도 그 어떤 친화성이 있어 우리 정치가 그 오랜 세월 문치 일방통행이었고 문치의 그 몰정치력(沒政治力)에도 여전히 무치(武治)—군사정부에 대한 부정 거부감이 상존한다는 것을 주시해야 한다.

첫째로 문(文)은 기본적으로 관념(觀念)이고 관념론이다. 관념은 그 '무엇'을 생각하는 것이고, 그 무엇은 궁극적으로 본질이고 원리며 원칙이다. 그래서 문인들은 언제나 그 '어떻게how'보다 그 '무엇what'을 먼저 생각하고, 끝내는 그 '어떻게'는 경시하거나 무시해 버린다. 그래서 문인들은 그 '무엇'을 가지고 자기주장을 펼치고 그리고 그 '무엇'을 가지고 싸운다. 그러나 그 '무엇'은 실체가 없다. 본질이 눈에 보이지 않듯이 머릿속으로 마음속으로만 있다. 마음속 머릿속에 있는 그 '무엇'은 사람마다 다르고, 다른 것만큼 합의를 도출해낼 수 없다. 그럼에도 내가 생각하는 그 '무엇'은 원리며 원칙으로 반드시 옳은 것이고, 그 옳기만 한 원리 원칙에 동의하지 않거나 반대하는 사람은 나의 적이 된다. 그래서 문인들의 그 문(文) 혹은 문치의 그 문(文)은 '마땅히 그러하고' 그래서 또 '그러해야 한다'는 당위론(當爲論)이 된다.

그러나 현실의 정치는 관념이 아니라 '실제(實際)'이고 그 논의는 언제나 실제론이다. 현실의 문제를 다루는 것만큼 '실제 어떻게 되어 있느냐'가 중요하다. 현실의 문제는 사실상 타결해야 할 딜레마들이다.

따라서 그 문제 그 딜레마를 실제 어떻게 해결해갈 것이냐의 그 '어떻게how'가 그 '무엇what'에 우선한다. 실제 정치에서 그 무엇what은 대개는 현실에 당면하는 문제들이며 봉착한 난관들이다. 그래서 그 문제 그 난관은 문(文)의 '그 무엇'과 달리 구구각색이 아니라 사람들마다 거의 일치해 있다. 그렇다면 문치 문인의 그 문(文)의 관념과 정치 정(政)의 실제는 상반되어 있고, 그것은 문치 문민의 문(文)이 그대로 고수되는 한 정치는 깨어지거나 몰정치(沒政治)의 파당정치로 전화한다는 의미가 된다.

둘째로 문치는 생리적으로 비판, 비판적이다. 시작부터 천부적으로 비판이 내재한다. 비판은 옳고 그름 좋고 나쁨에 대한 헤아림이다. 하지만, 문(文)에서의 비판은 옳은 것보다는 그른 것, 좋은 것보다는 나쁜 것에 초점해서 그 이유를 캐고 시시비비를 가린다. 잘못된 것을 바로잡고 더 나은 것으로 지향하는 순기능도 하지만, 그래서 비판은 지지보다는 언제나 공격적이다. 공격적인 것만큼 친화성이 결여되어 있고 타자의 긴장을 야기한다. 쓰는 언어도 격렬하고 날카로워서 읽는 이의 분노를 자아내고 어김없이 쟁투를 유발한다.

그러나 정치는 비판이 아니고 건설(建設)이다. 기존의 것을 확장도 하지만, 대개는 문(文)의 비판행태와 달리 없는 것을 만들어가는 작업이다. 정치에서의 자원의 배분도 인프라 등 새것 건설이 중심이다. 그러나 건설은 어떤 형태로든 시시비비가 있게 되어 있다. 문(文)의 정치는 이 건설 중 잘못된 것을 가려내서 비판하는 것이고, 그 비판은 스스로의 논리를 좇아 격렬하고 과격해서 아무리 좋은 건설도 정치 현장에서는 쟁투의 장으로 바뀐다. 이처럼 문(文)은 생리적으로 정쟁을 내포하고 있어 문(文)의 정치는 끝내 파당정치 쟁투의 정치로 바뀌고 만다.

셋째로 문(文)은 사회적으로 부정·부정성(否定性)이다. 문(文)은 긍정(肯定)하지 않는다. 나 밖의 다른 문인(文人)을 인정하지 않고, 다른 문인이 내 놓은 작품이 아무리 걸작이라도 수긍하지 않고, 물론 여타의 다른 어떤 업적도 업적으로 받아들이지 않는다. 그것이 부정성으로서의 문(文)의 사회성이다. 이런 문(文)의 부정성은 일찍이 후한(後漢) 말기 칠대가(七大家)의 한 사람인 위(魏)문제 조비(曹丕)의 글에서도 잘 나타나 있다. 문인상경(文人相輕) 자고이연(自古已然). '글 쓰는 문인들은 서로가 서로를 인정하지 않는다. 그것은 옛날부터 지금까지 변함이 없다.' 이미 2천년 전부터 그러해왔다면, 문(文)의 사회성으로서의 부정성은 바꿀 수 없다. 그렇다면 문치(文治)는 오로지 타자 부정성으로서의 정치다.

그러나 정치는 긍정성이다. 서로를 긍정하는 데서 서로에 대한 지지가 나오고, 서로를 지지하는 데서 생산하는 정치가 된다. 당이 다르고 정권이 달라도 그 다름이 부정으로 이어지는 정치는 정치가 아니다. 다른 정당 다른 정권 그리고 그 정당 그 정권의 사람들이며 그들이 이룩한 업적에 대한 부정은 정치의 소멸이며 몰정치며 정치의 파탄이다. 오직 긍정을 본(本)으로 하는 정치, 그 정치만이 정치 본연의 타협과 협상 협치를 이루어낸다. 그렇다면 문치에서의 그 문(文)의 부정성으로서의 정치는 얼마나 정치 본연의 그 정치와 상반되는 것인가. 경쟁의 정치와 대결의 정치만큼 상반되지 않는가.

지금의 우리 정치를 정치 본연의 정치, 서구에서 보는 정치로 바로 잡으려면 지금까지 우리가 고수해온 '문치(文治) 의식'을 바꾸어야 한다. 그 문치의식을 계속 지니고 있는 한 우리 정치는 파당정치를 벗어날 수 없다. 정치파탄 몰정치를 면할 길이 없다. 조선조 5백년 그리고 지난 4반세기의 그 공멸공사(共滅共死)의 정치를 자손 대대로 이어가게 할 수밖에 없다. 그래서 '문민정부'식 문치를 바꾸는 의식과 함께 정치제도를 모색해야 한다. 그 의식의 바꿈, 그 정치제도의 창안은 사람을 바꾸는 데서 시작해야 한다. 그 사람의 바꿈은 곧 정치인의 새로운 충원(充員)이다.

그 정치인의 충원은 '문치'에서 보듯, 문인위주로 이루어져서는 안 된다. 가능한 정치인으로서의 문인 수는 줄여야 한다. 그렇다면 어떻게 할 것인가. '3.3.3.1' 충원 방식을 택해야 한다. 이 방식은 국회의원 후보를 각 정당에서 공천할 때, 군인경력 소지자(주로 사관학교 졸업자) 3 , 공과대학(이과 포함) 졸업자 3, 그리고 인분사회계 졸업자 3, 기타 1로 하는 것이다. 물론 이는 '문치의식'에서 벗어나야만 가능하다. 이때 비로소 우리 정치는 관념에서 실제, 비판에서 건설, 부정에서 긍정으로 바꿔질 수 있으며, 대결의 정치에서 경쟁의 정치, 파당의 정치에서 정당의 정치로 바뀌어질 수 있다.

2. 희생(犧牲)의식

1) 고위직층의 노블레스 오블리주

지금 우리에게 가장 중요한 것은 '역사의 동력'이다. 이 '역사의 동력'을 어디서 찾을 것인가. '역사의 동력'은 발전의 엔진이다. 엔진이 있어 배가 가고 자동차가 달리고 비행기가 난다. 그 동력이 있어 국가는 재조(再造)되고 국민은 활력에 찬다. 그 활력이 넘쳐서 온 국민이 글로벌로 뛰고, 온 세계를 한나라인 양 누비고 또 누빈다. 역사의 창(窓)은 오직 그 동력으로만 열린다. 앞선 시대와 다른 새 시대도 새로운 동력 없이는 이행(移行)이 불가능하고, 그 시대의 시대정신도 그 내용이며 내실은 모두 이 새 동력으로 창출된다.

그 동력을 지난 세기 60년대 이래의 첫 30년은 '적나라한 물리력'에 기초한 '강력한 리더십'에서 찾았다. 그 리더십이 '역사의 동력'이 되어 유례에 없는 산업화를 성취했다. 지난 세기 90년대 이래의 민주화시대 첫 30년, 지금 우리가 살고 있는 이 시대의 '역사의 동력'은 무엇인가. 국민들은 아직도 산업화시대 성공모델의 관성(慣性)에 젖어, 대통령 1인의 빼어난 능력이나 형안(炯眼) 정치력 등의 리더십에 기대고 있다.

그러나 그 시대는 다시 오지 않는다. '역사는 반복한다' 하지만 재현(再現)되지는 않는다. 헌법을 바꾸고 정부 정치인 국회의원들이 개심(改心)하고 작심(作心)을 해서 협치(協治)를 해도, 지난날의 그같은 '역사의 동력'은 만들어지지 않는다. 시대가 달라졌다. 이 시대는 정치제도를 달리하고 그 정치제도에 맞는 정치인을 뽑는다 해서 역사가 달라지는 시대가 아니다. 그런 정치 고전주의(古典主義) 시대는 이미 지나갔다. '좋은' 헌법 '좋은' 제도 '좋은' 정치인과 '좋은' 국가를 등식화하던 정치낭만주의는 이 시대의 것도, 다음 시대의 것도 아니다. 그런 기대는 일찌감치 접는 것이 좋다. 허망한 기대는 언제나 허망하다.

이제 우리가 찾아야 할, 그리고 기필코 만들어내야 할 새 '역사의 동력'은 바로 노블레스 오블리주(noblesse oblige)다. 노블레스 오블리주가 지금 우리 시대, 다른 나라 아닌 바로 이 나라의 '역사의 동력'이다. 이 동력은 우리보다 앞서 민주화한 선진민주주의의 국가들의 경험이 가르쳐주고 있는 것이다. 무엇이 그들로 하여금 200년 이상 선진의 지위를 변함없이 유지하게 했는가. 그 '역사의 동력'은 무엇이며 어디서 나왔는가. 그 어떤 동력으로 그들 '민주화'와 우리 '민주화'는 다른가. 산업화에선 그들이나 우리나 지금 차이가 없지 않은가. 산업화에서 따라잡았다면 민주화에선 왜 따라잡지 못하겠는가.

그 이유는 단 하나, 노블레스 노블리주의 있고 없음이다. 그들은 그것이 있는데 우리는 없다. 그들도 우리도 다같이 저성장 양극화에 신음하고 있다. 그들 국민도 우리 국민도 심한 갈등에 날카로워 있고, 들끓는 분노로 다같이 가슴을 앓고 있다. 그럼에도 그들은 '계속' 존경심을 유발하는 사람들이 있고, '계속' 도덕심을 높여주는 집단이 있다. 그리고 사고와 행동 일상생활에서 지표(指標)가 되는, 그래서 모든 사람들에게 '계속' 수범(垂範)을 보이는 계층이 있다. 그들이 있어 그들 나라는 '계속' 선진국이고, 선진국으로서의 지위를 그 오랜 세월 '계속' 지켜나가게 하는 힘이 나온다. 그들의 존경심 그들의 도덕심 그리고 그들의 수범성이 그들의 노블레스 오블리주에서 나오고, 바로 그것이 역사를 이끌어가는 동력이 된다. 그 동력이 지금 우리에게는 없다.

노블레스 오블리주는 한마디로 '특혜' 받는 사람들의 책임이다. 옥스퍼드사전에는 노블레스 오블리주를 "특혜는 책임을 수반한다, privilege entails responsibility"는 말로 정의하고 있다. 특혜와 책임은 동전의 안팎이다. 동전은 반드시 그 안팎, 양면이 있어 동전이다. 한쪽이 없으면 다른 한쪽도 없어진다. 책임 없는 특혜는 없다. 특혜를 받았으면 책임을 져야 한다. 긴 눈으로 보나 짧은 눈으로 보나, '특혜만 챙기는' 특혜 받는 사람, 그들의 수명은 너무 짧다. 그들이 끝나는 자리는 질타와 분노와 치욕만이 기다리고 있다.

특혜 받는 사람들의 책임은 세 가지로 나타난다. 이 세 가지는'희생(犧

牲)'이라는 말 하나로 축약되고, 그 희생이 바로 노블레스 오블리주다.

첫째로 목숨을 바치는 희생이다. 전쟁이 일어났을 때 혹은 심각한 안보위기에 처했을 때 누구보다 앞장서 '내 목숨'을 내놓는 것이다. 총알받이처럼 선두에 서서 싸우다 특혜 받는 내가 먼저 죽어주어야 한다. 그것이 지금까지 내가 누려온 특혜의 대가다. 공자(孔子)도 꼭 같은 말을 했다. 논어(論語)에서 말하는 견위수명(見危授命)이 그것이다.

둘째로 기득권(旣得權)을 내려놓는 희생이다. 전쟁은 아니라 해도 위기라 할 만큼 나라가 어려움에 처할 때 '내가 가진 기득권을 내려놓는 것'이다. 기득권은 특혜를 먼저 '선점(先占)'해서 오래 '차지하고' 있는 것이다. 누구나 앞서 차지하면 내놓으려 하지 않는다. 전철칸의 자리도 내가 먼저 앉으면 장애자가 와도 일어서지 않는다. 하물며 높은 자리며 소득이며 권력이랴. 논어에서는 기득권을 내놓으라 하면 "그 기득권을 지키기 위해 못하는 행동이 없다."(無所不至) 했다. 그럼에도 그 기득권을 미련 없이 내려놓는 것이 노브레스 오블리주다. 특혜 받은 자, 받는 자의 직심(直心)이다.

셋째로 배려와 양보, 헌신의 희생이다. 이는 평상시 일상 생활과정에서 남을 먼저 배려하고 양보하고, 내 이해를 떠나 진심전력으로 남을 돕고 남을 위해 일하는 것이다. 지위의 높고 낮음을 떠나 남 앞에 언제나 겸손하고 소위 말하는 '갑(甲)질'이라는 것을 하지 않는 것이다. 일반 국민 모두가 그렇게 하라는 것이 아니라, 특혜 받은 사람 특혜 받고 있는 사람은 반드시 그렇게 해야 한다는 것이다. 그것이 그들의 노블레스 오블리주다.

'갑질'이라는 말은 유독 지금 우리 사회에서만 볼 수 있는 특이한 야만적 행태다. 특히 우리 고위직 층의 위세 위압적 태도를 태양 아래 고스란히 있는 그대로 드러내주는 말이다. 자기수양 자기관리가 전혀 안 돼 있음은 물론, 거기에 가정교육과 학교교육까지 제대로 받지 못했음을 입증하는 천민행위다. 선진 민주주의의 국가의 고위직 층에서는 그 짝을 찾아볼 수 없는 사례다.

우리 고위직층은 나라로부터 국민으로부터 '특혜' 받고 있다는 '특혜의식'이 없다. 내가 잘나서 ,내가 능력과 경쟁력이 있어서 지금 이 자리에 올라와 있고, 그리고 지금 받고 있는 것은 국가 국민으로부터 받는 '특혜'가 아니라, 내 피와 땀과 눈물의 대가일 뿐이라고 생각한다. 노블레스 오블리주 기준에서 보면 철면피나 다름없다. 특히 이 말을 쓰는 서구 사람들의 사고에서 보면 금수의 그것과 별 차이가 없다. 그래서 그들의 노블레스 오블리주를 지금 우리가 '간절히' 찾고 '간절히' 소망하는 것이다.

노블레스 오블리주는 어느 나라든 그 나라 상층(上層)의 행태다. 상층이 노블레스 오블리주를 가짐으로써 상류사회(High Society)를 형성한다. 그런데 지금 우리는 상층은 있는데 상류사회가 없고, 고위직층은 있는데 노블레스 오블리주가 없다. 그 전형적 예가 고위정치인(국회의원)이며, 고위관료, 고위 법조인이다. 그들이 물러나고 나면 '○○피아'가 그들 이름 뒤에 붙는다. 노블레스 오블리주와는 정반대되는 마피아라는 것이다. 기가 막힐 일이다.

그래도 2000년대를 넘어서면서 우리의 기업가층은 고위직층에 비해 역동성(dynamism)도 있고 돌파력(breakthrough) 창발성(creativity), 거기에 현장(field)감각과 방법론(methodology)이 있다. 지금 이 나라가 이만큼이라도 되어있는 것은 그들 기업가층이 있어서다. 그러나 국회의원들은 그들이 누리는 특혜, 그들이 가져야할 노블레스 오블리주는 팽개치고, 오히려 기업인들을 규탄하고 있다. 그래서 2000년 이후 우리 상층의 문제점을 이들 정치고위직층을 비롯한 여타 고위직층에서 찾아, 그들이 지금 갖지 못한 5개를 이 글에서는 5무(無)로 해서 분석했다.

정말 우리 상층은 노블레스 오블리주가 없는 천민 상층으로 내내 지속해갈 것인가. '역사의 동력'으로서 노블레스 오블리주를 가질 것인가. 여기서는 신라의 상층을 본보기로, 역사적으로 우리에게도 있었던 그 엄연한 노블레스 오블리주를 예시했다. 사실 신라인들의 그것은 지금까지 영국인이나 미국인들이 보여온 그 노블레스 오블리주보다 오히려 더 리얼하고 치열했다. 그같은 우리 민족의 우수성과 영리함 그리고 그 지혜로움으로 해서 언젠가는 우리 고위직층도 깊은 깨달음을 얻을 것이고, 그들의 '특혜' 누림은 '희생의식'으로 전환돼 노블레스 오블리주가 반드시 발현될 것임을 예단한다.

서구인들도 오랜 역사에서 숱한 위기를 경험하면서 그러한 노블레스 오블리주를 쌓아올리지 않았는가. 우리 역시 지금까지 허다한 난관을 헤쳐나오며 주저앉지 않고 버티며 일어섰다는 것, 그것이 바로 우리 고위직층의 노블레스 오블리주 도래(到來)를 기대하게 하는 것이 아니겠는가.

2) 문화인 윤리인

이제 우리 '역사의 동력'은 '문화와 윤리'에서 찾아야 한다. 「문화와 윤리」가 만들어내는 「역사의 동력」, 그 단계로 올라서고, 그 단계로 진입해야, 역사를 다르게 만들고 새로이 발전시키는 지속적인 동력을 가질 수 있다. 역사에서 동력은 자동차의 엔진이다. 역사는 참으로 아이러니한 것이어서 무(武)와 문(文)이 서로 바뀌며 동력을 생산해낸다. 그것은 순환과정이기도 하고 변증법적 과정이기도 하다. 어느 것이든 지금 우리는 문(文)의 세계—「문화와 윤리」에서 「역사의 동력」을 찾고 역사를 다시 세워가는 과정에 들어선 것이다.

문화와 윤리는 그 사회 특유의 문화·윤리가 내재(內在)한 사람을 만들어낸다. 높으면 높은 대로, 낮으면 낮은 대로 문화는 문화인을, 윤리는 윤리인을 배출해서 사회로 내보낸다. 문화인은 지식과 상식과 교양이 내면화

(內面化, internalization)된 사람이고, 윤리인은 사람으로서 마땅히 지키고 행동해야 할 도리 도덕과 규범이 내면화된 사람이다. 내면화는 정신적으로 심리적으로 문화적 윤리적 가치와 지향이 자기 속에 깊이 자리 잡고 있는 것을 말한다. 그 문화 그 윤리가 이미 내 몸 안에서 뼈가 되고 살이 되어서 따로 훈시되거나 교육 받지 않아도 문화인으로 윤리인으로 행동하는 것이다. 그래서 무의식적으로 행동해도 문화를 손상시키거나 저하시키지 않고, 윤리에서 일탈하거나 윤리를 무너뜨리는 행동을 하지 않는 것이다.

온 국민이 이러한 문화인 윤리인이 된다면 그 나라의 장래는 더 이를 여지가 없다. 그 자체가 바로 「역사의 동력」이 되어서 새 역사의 장은 지속적으로 펼쳐진다. 우리 사회에서 늘 문제가 되는 갈등의 정도도 떨어지고, 대망하는 사회적 화합과 협동, 통합의 수준도 항시 높은 상태에 이르게 된다. 유엔 자문기구에서 내는 세계 〈행복 보고서〉에도 늘 상위를 차지할 것이고, OECD(경제협력개발기구)에서 해마다 발표하는 '더 나은 삶의 질 지수'에서도 어느 해 가릴 것 없이 1~2위로 오르게 될 것이다.

그러나 그것은 이상이다. 어느 나라도 온 국민이 다 문화인이고 윤리인이 되는 나라는 없다. 미상불 인류가 지구에서 사라지도록까지 그것은 불가능할 것이다. 교육 수준이 높고, 경제·문화 수준이 높으면 도덕·윤리 수준도 함께 올라서 온 국민이 하나같이 문화인 윤리인이 될 수 있을 것으로 기대할 수도 있지만, 그래서 요사이 흔히 인용되는, 어느 철인(哲人)이 말했다는 "아닌 것이 아니라 아직 아닌 것"이라는 경구(警句) 유사한 재미있는 수사(修辭)도 떠올리지만, 그것은 한갓 기대며 희망, 하나의 상상일 뿐이다. 왜냐면 문화며 윤리 자체가 워낙 다원 다양한 것이어서 누구나 하나로 동의하는 그러그러한 문화인 윤리인이 될 수도 없지만, 무엇보다 인간 자체가 빠짐없이 다 문화인·윤리인으로 재탄생되어 나타날 수 없기 때문이다.

3) 특혜 받는 사람들

그러나 그 온 국민 중에서도 꼭 그렇게 해야 하는 사람들이 있다. 그런 문화인으로 그런 윤리인으로 거듭나지 않으면 안 되는 특정 부류의 사람들이 있다. 그 사람은 바로 그 사회에서 「특혜」(特惠 privilege) 받는 사람들이다. 어느 사회 없이 사회에는 꼭 「특혜」 받는 사람들이 있다. 그 특혜는 시대를 초월해 있다. 똑같은 권리와 의무를 지닌 국민인데, 똑같은 사랑과 애정을 쏟는 동족이며 혈육인데, 그럼에도 거기에는 차별적으로 대우받는 사람들이 있다. 차별적으로 지위가 높고 차등적으로 돈도 많이 받고 거기에 권력까지 센 사람들이 존재한다. 옥상옥(屋上屋)으로 명예까지 누린다. '동문(同文)에 원님 난다'는 식으로, 같은 학교 같은 스승 밑에 배웠는데 결과는 이토록 차이가 난다.

「특혜」는 특별한 혜택이고 특별한 은혜다. 남이 받지 못하는 것을 특별히 받고 특별히 누리는 것이다. 우선 높은 자리에 앉는다는 것이 「특혜」다. 그 높은 자리는 아무나 앉을 수가 없다. 무수한 사람들, 그 중에서도 극소수의 사람들, 그 극소수의 사람들 중에서도 뽑히고 또 뽑힌 사람만이 앉는다. 높은 자리에 앉은 것만큼 소득도 많다. 높은 자리 자체가 특혜인데, 거기에 높은 소득은 또 다른 특혜다. 높은 자리는 또 낮은 자리와는 비교할 수 없이 권력도 많이 갖는다. 권력은 의사결정권이며 자원배분권이다. 그것이 바로 힘이다. 그 힘은 아랫사람을 복종시키고도 남는다. 이야말로 특혜이면서 동시에 특권(特權)이다. 이 특혜 특권을 가진 사람을 사람들은 예외 없이 높이 떠받든다. 존경까지는 몰라도 위세(威勢) 높은 그 이름만은 잊지 않는다. 받들어주고 거기에 이름까지 잊지 않으니 이 또한 큰 특혜다.

이 특혜 받고 특권을 누리는 사람들, 적어도 이 사람들만은 예외 없이 그리고 반드시 「문화인이고 윤리인」이어야 한다. 아니 꼭 그렇게 되어야 할 의무가 있다. 앞서 말한 그 문화와 윤리가 내면화되어야 한다. 그것이 노블레스 오블리주다. 노블레스 오블리주는 특혜 받고 특권 누리는 사람들의 사회적 의무며 사회적 책임을 말한다. 그만큼 특혜를 받고 특권을 누리고 있으니, 그만큼 의무와 책임(責任)을 다 하라는 것이다. 국가나 사회의 어렵고 고된 일 험하고 위험한 모든 일들을 너희들이 있는 힘을 다해, 심지어는 목숨까지 내걸고 성공리에 완수해 내라는 것이다. 남이 못 가진 것을 그만큼 많이 갖고, 그만큼 부러움을 사기도 했으니 그만큼 대가를 지불하라는 사회적 요구다.

그 대가, 이른바 사회적 의무와 사회적 책임은 세 가지 의미를 갖는다. 첫째로 자기 자리에서 맡은바 임무를 다 하라는 것이다. 그 임무가 설혹 수행해낼 수 없을 만큼 어려운 딜레마에 처해 있는 것이라 해도 남에게 미루거나 포기하지 말고 반드시 해내라는 것이다. 둘째로 임무수행의 과정이나 결과에서 생기는 과오나 손실에 대해서 반드시 당사자인 내가 보상하는 것이다. 그 보상은 신체적 물질적 보상일 수도 있고, 자리에서 물러나는 지위적 보상일 수도 있다. 셋째로 나에게 주어지는 국가적 사회적 제재(制裁)를 흔쾌히 변명 없이 이런저런 구실을 대지 않고 받아들이는 것이다. 그 제재는 국가가 내리는 금지 혹은 처벌일 수도 있고, 사회적 지탄에 의한 치욕 폄하 불명예일 수도 있다.

그러나 이만으로 그들의 소임이 끝나는 것이 아니다. 그들에게 주어진 의무와 책임을 다 이행했다 해서 일반국민들처럼 그들이 자유로이 해방될 수 있는 것이 아니다. 그 이상으로 그들에게 진실로 두 가지 행동이 더 요구된다. 이 두 가지 행동은 천형(天刑)이나 다름없다. 천형은 하늘의 벌이다. 하늘이 내리는 벌은 아무도 피해갈 수 없다. 천형을 다른 말로 천주(天誅)라고도 한다. 천주는 하늘이 내린 벌을 피하려는 자는 「하늘이 죽인다」

는 의미다. 그만큼 가혹하다는 것이다. 특혜를 받고 특권까지 누렸으니 하늘이 하라는 것을 하지 않으면 하늘의 벌을 면할 길이 없다는 경고다. 이 특혜 받고 특권을 누리는 사람들에게 요구되는 두 가지 행동은 도덕과 희생이다. 「도덕적 행동」이며 「희생적 행동」이다. 그것은 국가와 사회 이전에 하늘이 그들에게 먼저 부여한 행동이다.

4) 특혜와 존경

특혜 받는 사람들의 노블레스 오블리주는 「도덕과 희생」, 이 두 행동으로 나타난다. 무엇이 「도덕적 행동」인가는 그 사회에 사는 사람들이면 누구나 다 안다. 무엇이 「희생적 행동인가」도 불문가지다. 먼저 그들이 왜 반드시 도덕적 행동을 해야 하는가. 도덕 윤리에 어긋난 행동을 해서는 안 되는가. 이유는 아주 간단하고 명료하다. 누구나 다 그들의 행동을 보고 누구나 다 그들의 잘·잘못을 알기 때문이다. 공자(孔子)는 이를 견일월지식(見日月之食)이라 해서 하늘의 일식 월식 보듯이 천하 사람들이 다 본다고 했다. 일반사람들의 잘못은 그 집안이나 친척 이웃 사람이나 알고 다른 사람들은 알 수가 없다. 그러나 특혜 받고 특권 누리는 사람들의 그것은 신문 방송이 없었던 옛날에도 다 알았다.

그래서 언제나 윗사람들은 도덕적 모범을 보여야 한다는 것이다. 사람들의 존경은 돈이 많고 권력이 세고 지위가 높은 데서 나오는 것이 아니다. 얼마나 도덕적 수범(垂範)이 되는가에서 나온다. 수범은 스스로 모범을 보이는 것이다. 왜 그들에게 도덕적 수범이 그렇게 중요한가. 위층—특혜 받는 사람들의 수범이 사회통제(social control)의 기본이기 때문이다. 내가 받지 못하는 그 특혜까지 받는 사람들이 도덕적 행동을 하지 못하면, 사람들의 사고와 행동을 규제하는 규범이 무너지고, 법치가 깨지고, 마침내 사회질서가 무너져 범죄율이 격증하기 때문이다. 사회안전(social safety)을 더 이상 계속 지탱해갈 수 없기 때문이다. 더 알기 쉽게는, 그들이 도덕적 실행과 법집행의 주축인데 주축이 바로 서지 못하고 한쪽으로 기울어지면 집이 무너져 내리기 때문이다.

그래서 어느 사회 없이 「특혜와 존경」은 국가 및 사회 「존속과 유지」의 필요 불가결한 요소가 된다. 특혜를 받으면 그만큼 존경도 받아야 한다는 것이다. 특히, 다른 그 어떤 사회보다 우리 사회가 그러하다. 우리 사회는 다른 나라들에 비해 「상대적 박탈감」(relative deprivation)이 유달리 높은 사회다. 상대적 박탈감은 남과의 비교심리이고, 남과 비교해서 내 몫이 적은 것은 남에게 빼앗겼기 때문이라는 심리다.

이런 상대적 박탈감은 「개인 심리학」을 창시한 알프레트 아들러의 말을 빌리면 「보편적 열등감」에서 온다는 것이다. 인간은 누구나 열등감을 가지고 있고, 그 열등감이 인간의 행동과 발달을 결정한다는 것인데, 이런 아들러의 「개인 심리학」에서 보면 우리나라 사람들이 유달리 열등감을 많이 가지고 있다 할 수 있다. 좋은 학교에 보내기 위해서 부모들이 학벌사회를 규탄하면서도 사교육에 열을 올리는 것도 이 열등감에서 온 것이고, 강한 상대적 박탈감 역시 이 열등감에서 온 것이라 해석할 수 있다.

그렇다면 특혜 받는 사람들의 도덕적 수범과 사회적 존경이야말로 지금 우리 사회가 당면한 고질적인 문제를 풀어내는 절체절명(絶體絶命)의 과제가 된다. 절체절명은 몸도 목숨도 다한 지극히 위태로운 상태며 지극히 절박한 지경에 이른 상태를 말한다. 지금 우리는 그런 절체절명의 위기나 다름없는 상황에 처해 있다. 이를 타결해 온 국민의 마음을 한곳에 모으는 가장 중요한 해결책은 이 「특혜와 존경」말고는 따로 없다. 숨 가쁘게 달려오기만 해서 생각할 겨를이 없었던 우리 역사의 장에서 「특혜와 존경」이야말로 새 역사를 다시 만드는 강력한 「역사의 동력」이 아닐 수 없다.

5) 특혜와 희생

(1) 반(半)만의 진리

지금 특혜 받는 사람들의 그 특혜는 어디서 나온 것인가. 누가 그 특혜를 그들에게 준 것인가. 대답은 이구동성으로 하나로 일치한다.

"나의 치열한 노력과 피와 땀의 대가가 바로 이 특혜라고. 나의 이 지위 나의 이 소득과 권력 그리고 내 이름값, 그것은 부모에게서 받은 것도, 어떤 다른 인맥을 통해 얻은 것도 아니고, 오직 내 스스로 키우고 연마한 경쟁력을 통해 획득한 것이라고, 그런데 그것이 어찌 공밥 공술처럼 공(空)으로 얻은 양 「특혜」라고 말하느냐. 그것이 또 어찌 국가나 사회가 나에게 베푼 은혜라고 말하느냐. 그것은 오직 내 능력 내 노력에 의해 성취(成就achieving)한 것이지, 신분사회의 신분처럼 부모로부터 혹은 선대조상으로부터 귀속(歸屬ascribed)된 것이 아니다."

"설혹 부모로부터 금수저를 받아 현재의 내 지위에 올랐다 하자. 우리 사회의 그 지독한 경쟁력, 신상털기식의 남에 대한 그 지독한 공격력, 그리고 여기저기서 쏘아대는 그 지독한 사회적 지탄과 폄하, 그것을 이겨내고 배겨내서 내 이 자리를 계속 지탱할 사람이 우리 사회에서 도대체 몇이나 되겠는가. 설혹 있다 해도, 있는 그 몇 사람도 사흘은 고사하고 하루 한 시간도 길다하고 떠나고 말 것이다. 그토록 우리 사회는 경쟁사회이고, 능력은 물론, 동기와 의지를 강하게 드러내야 하는 사회이다. 그 경쟁 그 능력 그 동기와 의지 때문에 지나치도록 스트레스를 받으며 나의 이 지위를 지탱해가야 하는 사회다. 그런 이 사회에 높은 지위와 소득과 권력이 「특혜」라고, 그것은 이 지위에 올라오지 못한 사람들이 으레 하는 소리고 시의며 질투일 뿐이다."

이런 사고와 주장은 지금 우리 사회의 높은 지위에 올라있는 사람들의 공통된 생각이고 공통으로 지니는 태도며 심리다. 그러나 이런 주장 이런 심리며 태도는 「반(半)만의 진리」(half—truth)다. 반은 맞고 반은 틀린 것이다. 중요한 것은, 그리고 반드시 주목해야 할 것은 「맞는 반(half)」이 아니라, 「틀린 반」이다. 이미 본 바와 같이 높은 지위는 공으로 얻어진 것이 아니다. 피와 땀과 노력과 눈물을 쏟아 붓고 거기에 능력도 뛰어나야 한다. 우리 사회에서 유행하는 말, 「줄을 잘 서야 한다」, 「인맥을 잘 잡아야 한다」는 것도 「마지막 지위」에서 일부 해당되는 말이고, 그 마지막이 이르기 전의 높은 지위들은 모두 그들 능력과 경쟁력에 의해서다. 예외는 있을 수 있지만, 그것은 어느 사회나 피할 수 없는 것이다. 왈가왈부할 것이 못되는 예외일 뿐이다.

그렇다면 「틀린 반(半)」에 주목해 보라. 높은 지위에 오르는 사람들의 지위획득 과정은 시험이라는 관문을 통과하는 데서 시작된다. 학교시험이며, 대기업 입사시험, 국가고시가 그것이다. 우선 명문대학 시험에 어떤 학생이 합격하는가. 물론 성적이 좋은 학생이 합격한다. 몇 점 차이로 합격하는가. 커트라인(cutline)은 대개 0.5에서 1점 차이다. 그 미미한 차이로 합·불합격이 갈라진다. 그 0.5점과 1점 사이에 무수한 학생들이 몰려 있다. 그 점수를 3~5점으로 넓히면 아마 대개의 명문대 지망생들은 거기에 거의 반이 몰려 있을 것이다. 이는 다른 국가고시, 대기업 입사시험도 마찬가지다. 대개가 커트라인의 위아래서 합·불합격이 결정된다. 설혹 고득점 차이로 합격했다 해도, 실력은 거기서 거기다. 합격자나 불합격자가 별반 차이가 없다. 거의 같은 실력이라고 보아야 한다.

그런데 그는 떨어지고 나는 합격했다. 얼마든지 그도 합격할 실력을 가지고 있음에도 떨어졌다. 그러면 내 합격의 의미는 무엇이냐. 내가 실력이 그들보다 나아서 혹은 월등해서 합격했느냐. 만일 그렇다고 생각한다면, 그것은 오만(傲慢)이다. 그는 절대로 「문화인」이나 「윤리인」이 될 수가 없다. 내 합격은 그들의 「희생(犧牲)」 위에서 된 것이다. 그들 또한 충분히 합격할 실력을 가졌음에도 불행히 떨어졌다. 그것은 분명 불운(不運)이다. 그들의 그 불운이 가져다 준 「희생」때문에 내가 대신 합격한 것이다. 이는 대기업 입사시험이든 행정고시·사법고시든 다 마찬가지다. 실력이 비슷비슷한 누군가가 떨어지는 그 불운의 희생 위에서 나의 합격이 있었고, 합격 후 승진과정에서도 똑같은 「희생」이 되풀이되면서, 나의 오늘 지위가 있는 것이다.

(2) 불운의 희생자

대학에서 교수를 채용할 때도 어느 교수나 같은 경험을 한다. 언제나 특정분야, 특정전공에 한정해 채용공고를 내는데도, 명문대 학위는 물론, 우수한 학술논문과 저서까지 이미 낸 인재들이, 그야말로 인재들이, 거의 언제나 10대 1의 경쟁을 벌인다. 그 가운데서 누구를 선정하느냐가 교수사회의 고심이고 고민이다. 모두가 우수한, 그러나 모두 「비슷비슷한」 우수함이다. 특별히 「이 사람이다」하는 경우는 극히 드물다. 그래서 또한 선정 후 뒷말이 무성한 것도 교수사회다. 그렇다 해도 그 비슷비슷한 우수함 중에서 어느 한 사람은 어쨌든 뽑아야 하고, 그렇게 뽑힌 교수는 뽑히지 못한 비슷비슷한 다른 인재의 불운과 「희생」 위에서 교수라는 오늘의 이 지위를 획득한 것이다.

그것이 어찌 교수만이랴. 모든 높은 지위는 모두 내가 모르는 다른 우수한 인재들의 불운과 그 희생 위에서 누군가에게 그 지위가 부여된 것이다. 내 대학동기 중에 박정희(朴正熙) 대통령 때 나이 40이 될까 말까 해서 장관이 된 서석준(徐錫俊)이란 친구가 있었다. 그 친구의 장관 취임 때 내가 물었다. "석준아, 너는 어떻게 이 젊은 나이에 장관이 되었느냐?" 그때 그 친구의 대답이 40년이 지나는 지금도 잊히지 않는다. "그것은 내가 잘나서가 아니다. 내가 운(運)이 좋아서다. 우리 부서(경제기획원)에 나보다 능력이 뛰어난 사람들이 부지기수다. 내가 된 것은 정말 그들보다 운이 좋아서다." 그는 전두환(全斗煥) 대통령 때도 장관(경제기획원)을 했고, 아깝게도 1983년 10월 미얀마 아웅산에서 죽었다. (그것도 운이었을 것이다.)

그는 높은 지위는 내가 아무리 피와 땀과 눈물을 쏟아도 누군가의 희생이 없이 오로지 내 능력만으로는 얻을 수 없음을 진작부터 깨닫고 있었다. 나와 실력이 비슷비슷한 그 사람들이 불운하지 않았다면, 다른 누군가가 그 불운을 대신할 수밖에 없고, 그러면 내가 얼마든지 그 불운의 당사자가 될 수도 있다. 그러면 나는 희생자가 되고, 내 「희생」 위에서 다른 누군가가 지금 내 자리에 앉아 있을 것이 틀림없다. 그래서 그 다른 누군가가 아니라 바로 내가 지금 그 자리에 있다는 것이 얼마나 행운이며 나에게 베풀어진 특별한 은혜인가. 나의 이 지위, 이 소득, 이 권력 그리고 거기서 빛나는 내 이름, 이 모두 「특혜」며 「특권」이 어찌 아니라 할 수 있겠는가. 그것을 깨닫지 못하는 사람은 앞서 말한 그 문화인이며 그 윤리인이 절대로 될 수 없다.

그렇다면 「특혜」 받고 있는 나는 어떻게 해야 하는가. 생각할 것도 없이 「보답(報答)」해야 한다. 은혜를 입었으면 반드시 은혜를 갚아야 한다. 그 은혜는 사적(私的)인 은혜가 아니라 공적(公的)인 은혜다. 나라에서 받은 은혜며 국민이 베풀어준 은혜다. 나 대신 불운을 감수하고 「희생자」가 되어준, 내가 모르는 그 불특정(不特定) 다수가 나에게 준 은혜다. 그 은혜에 보답하는 길은 나라가 어려우면 내 몸을 바치고 나라가 위태로우면 내 목숨을 내놓는 것이다. 공자는 이를 견위수명(見危授命)이라 했고, 서양인들은 이를 노브레스 오블리주라 했다.

베버(Max Weber)는 이를 「합가치적 행동(合價値的 行動value—rational)」이라고 했다. 합가치적 행동은 가치에 부합(附合)하는 행동이다. 그리고 그 가치를 실현하는 행동이다. 예컨대 애국심이며 자유며 정의, 인권, 법치 그리고 희생정신이며 헌신감, 더 넓게는 윤리 도덕, 혹은 많은 사람들이

지지하는 사상이며 이념은 모두 가치다. 이런 가치들에 맞게 행동하고, 그 가치를 실천, 실현하려는 행동이 합가치적 행동이다. 이는 온 국민이 다 원하는 것인 만큼 온 국민이 다 실천해야 하는 가치이지만, 모두가 그렇게 다 하도록 강제할 수는 없다. 그러나 강제적으로 의무적으로 이 가치적 행동을 꼭 해야 하는 사람들이 있다. 지금까지 말해 온 「특혜」 받는 사람들, 그 사회에서 높은 지위에 있는 사람들이다.

(3) 금수행위

베버는 또 이 합가치적 행동과 짝으로 「합목적적 행동(合目的的 行動goal—rational)」을 들고 있다. 합목적적 행동은 목적에 부합하는 행동이고, 그리고 목적을 달성하려는 행동이다. 사람의 행동에는 누구나 다 그렇게 행동하는 특정목적이 있다. 예컨대 '시험에 합격해서 관리가 되겠다,' '회사를 운영해서 이윤을 창출하겠다,' '새로운 아이디어를 내서 창업하겠다,' '열심히 노력해서 학자가 되겠다' '창조적 논문을 써서 노벨상을 받겠다'에서 관리, 이윤, 창업, 학자, 노벨상은 목적이고, 시험공부, 회사운영, 아이디어 창출, 열심한 노력, 논문 저술은 모두 그런 목적들을 달성하려는 행동들이다. 이 합목적적 행동은 사람만 하는 것이 아니라 동물도 한다. 그러나 동물의 그것은 사람의 행동처럼 복잡하지 않고, 먹이를 구하고 암수를 좇고 새끼를 보호하는 정도이다.

문제는 특혜 받는 사람들의 합목적적 행동이다. 그들의 합목적적 행동은 합가치적 행동에 늘 부합해야 한다는 것이다. 『논어(論語)』에서 말하는 견리사의(見利思義)의 지침이다. 이득을 보면 그것이 의(義)에 맞는 것인가 아닌가를 먼저 생각하라는 것이다. 이기심이 발동할 때도 이타심을 함께 생각하는 것, 그것 또한 견리사의다. 일반사람들은 이득을 보면 그것이 의에 합당한가를 반드시 생각하진 않는다. 그리고 이기심이 발동하면 이타심을 망각한다. 아담 스미스의 말대로 이기심은 언제나 자비심에 앞서 간다.

그러나 특혜 받는 사람들은 그들의 특혜만큼 달라야 하고, 그들의 높은 지위만큼 달라야 한다. 아무리 목적이 중요해도 가치에 부합해서 행동해야 하고, 아무리 가난에 시달려도 의(義)에 앞서 이(利)에 혹해서는 안 된다. 그 어떤 목적도 가치에 선행할 수가 없다. 철저히 합가치적, 같은 의미로 가치—합리적이어야 한다. 왜? 합목적적 행동은 특혜 받지 않은 일반국민들이 더 잘하고, 더 많이 하고, 더 쉽게 할 수 있기 때문이다. 아담 스미스의 말대로 나라의 부강은 그들의 합목적적 행동에 더 많이 의존하기 때문이다.

그러나 최근 우리 사회에는 이 두 행동을 혼돈시키는 현관(現官)이며 전관(前官)이 많다는 것이 문제다. 그 중에서도 특혜를 받았던 전관에 대한 예우가 문제이고, 그로 해서 나타나는 「○○피아」가 또 큰 문제이다. 「피아」도 가지가지여서 관피아도 있고, 법피아도 있고, 금피아, 메피아도 있고, 또 다른 무슨무슨 피아가 많이 있다. 이들은 모두 이미 많은 특혜를 받은 사람들이다. 이미 높은 지위에 있었던 사람들이고, 많은 소득과 권력을 이미 다 향유(享有)했던 사람들이다. 그리고 임기가 끝나서 일반국민으로 모두 돌아가야만 하는 사람들이다. 그런데 그 전관이 현관으로 다시 와서 그 전의 특혜를 다시 또 누리는 것이다.

전근대 국가도 아니고 현대국가에서, 그것도 경제력 10위권을 오르내리는 나라에서 그것이 어찌 가당(可當)한 일인가. 전관의 그 경험과 능력, 전문성과 기술성, 그것은 국가의 큰 자산이고 유용한 자산이다. 그 자산은 결코 사장되어서는 안 되는, 어떤 식으로든 국가에 기여해야 하는 자산이다. 단 하나, 「특혜」를 다시 받거나 이득을 새로이 또 취하는 것이 아닌, 재능기부며 전문성이나 기술기부 등 합가치적 기여이어야 한다. 그것이 지금까지 나라와 국민이 베풀어준 은혜에 보답하는 길이고, 그것이 또한 특혜 받았던 자기를 있게 해준 그 「불운의 희생자들」에게 보답하는 길이다.

그런데 전관을 무기로 다시 현관으로 둔갑해 와서, 높은 이득을 취하고, 다른 사람들의 자리를 차지하고, 비정규직을 양산하고, 심지어 그들의 임금까지 떨어뜨리는 것이다. 그래서 그들 이름 뒤에 「피아」가 붙는다. 「피아」는 마피아다. 마피아는 가치는 없고 오로지 이익만 찾는 사람들이다. 국가 관료가 어떻게 마피아가 될 수 있고, 법조인이 어떻게 마피아가 될 수 있으며, 금융인, 시(市) 고위공무원이 어떻게 마피아가 될 수 있는가. 불량국가의 불량고관이 아니면 절대로 붙일 수도 없고, 붙여서도 안 되는 이름이 마피아다. 그럼에도 그들의 얼굴에는 부끄러움이 없고, 그들의 가슴에는 반성이 없다. 그들의 머리에는 또 무엇이 또아리를 틀고 있는가. 그들의 뇌리에는 지성도, 이성도 보이지 않는다.

이야말로 합가치적 행동이 없는, 합목적적 행동만 하는 금수(禽獸) 행위나 다름없다. 금수는 가치를 추구하지 않는다. 소·말·개·돼지는 오로지 먹을 것만 찾고, 암수만 좇는 목적—추구 행위만 한다. 높은 지위에서 특혜를 누리던 사람들이 어떻게 소·말·개·돼지나 다름없는 그 금수행위를 할 수 있는가. 어째서 견리사의하지 못하는가. 어째서 노블레스 오블리주가 없는가. 『맹자(孟子)』「만장(萬章)」편에 이런 구절이 있다.

> 가난 때문에 관리가 되어 국가의 녹을 먹는 사람은 자리를 탐하고 돈을 그리워한다. 그래서 그들은 결코 옳은 도리를 하지 못한다.(爲貧而仕者, 貪位慕綠, 不主於行道).

맹자의 말대로 그들은 먹을 것만 좇는 천민인가. 그래서 '노블레스 오블리주'를 못하는가. 맹자는 어떻게 알았는가. 그것이 바로 오늘날 우리 사회 특혜 누린 사람들의 현실이라는 것을. 더 큰 문제는 「역사의 동력」을 어디서 찾을 것인가이다.

김우창(문학평론가, 고려대학교 명예교수·영문학)

성찰적 의식: 이성과 존재
—보다 나은 미래사회를 위하여

I 음악 없는 프롤로그
—문제적인 삶의 요소들

삶의 세 가지 요소

우리 사회가 보다 인간적인 사회가 되고, 그러한 사회의 안정을 위하여 무엇이 필요한가, 더 간단히 말하여 살만하고 좋은 사회가 되는 데에 필요한 것이 무엇인가를 소략한 대로 생각해보려는 것이 이 글의 목적이다. 사회 질서는 총체적으로 볼 때, 정치 질서로 집약된다고 할 수 있지만 그것은 경제에 의하여 뒷받침되는 것이어야 한다. 생존을, 또 한걸음 더 나아가, 생명의 번영을 가능하게 하는 것이 아니면 어떠한 질서도 인간다운 질서가 될 수 없기 때문이다. 경제는, 적어도 초보적인 의미로는, 생명 유지와 번영을 위한 물질적 기초를 마련하는 데 관계된다. 그러나 좋은 질서는 정치와 경제를 포함하면서, 인간성 실현의 요구에 답하는 것이라야 한다. 이 실현의 가능성에 대한 생각을 그 무정형의 전체 속에 포함하고 있는 것이 문화라고 할 수 있다. 사실 정치나 경제의 의의 그리고 정당성은 이 세 번째의 요청에 대응하는 데에서 찾아진다. 인간성의 요청 또는 인간성에 대한 이해를 이미 이루어진 대로 내장하고 있는 삶의 근본적 틀이 문화이다. 경제나 정치는 그 틀 안에서 행해지는 인간행위이다.

정치 경제의 인간적 의의에 대한 물음

이와 같이 정치, 경제, 문화는 상호작용의 관계에 있다. 문화 속에 내재하는 인간성 실현의 요구는 준거의 기점(基点)이면서, 동시에 정치와 경제로부터 자라나온 결과이다. 그러나 궁극적으로 이 요구는 인간 존재 그리고 존재 일반의 깊이에서 나온다. 이 기반으로부터 분출하여 확산되어 나오는 힘이 모든 인간 행위의 기본이 된다. 그것은 무의식적 전제일 수도 있고 보다 적극적으로 의식화되어 반성의 대상이 될 수도 있다. 잠재적으로 존재하던 인간 이해가 특별한 시점에서 또는 전문적 작업에서 대상적으로 의식화되는 것이다.

정치와 경제도 인간의 구성물인 만큼, 그 목적과 결과에 대한 의식 속에서 움직인다. 그러나 그 의식은 전문 분야 고유의 요청에 한정되는 것이기 쉽다. 서열적으로 구분된 인간 행위에서 각 단계는 그 나름의 목적과 검증의 기준을 갖는다. 가령 관료조직의 여러 부분이 맡고 있는 작업에서 이것이 두드러진다. 그리하여 그것은 주어진 작업을 넘어 그 작업을 규정하는 전체적인 목적을 철저하게 고려할 여유를 갖지 못한다. 그것은 직접적으로는 삶 전체에 대한 이해 그리고 거기에 성립하는 인간성의 실현이라는 목표에 이어지지 않는다. 이 전체적인 목표가 물음의 대상이 될 때, 의식은 보다 반성적인 성격을 띈다. 이 반성은 부분적일 수도 있고 전체적일 수도 있다. 그러한 의식이 주제가 되면, 경제나 정치 영역에서도 그 영역에서의 어떤 행위가 인간의 좋은 삶 그리고 참다운 삶에 도움이 될 수 있는가를 물을 수 있다. 그런데 그것을 보다 철저하게 묻기 위해서는 인간성의 존재방식에 대한 전체적인 물음이 있어야 한다. 물론 이러한 반성적 물음이 늘 필요한 것은 아니다. 그 물음은 문화 속에 포함되어 있는 여러 가지 요청으로 시사되어 있다. 그러면서 사회가 가지고 있는 교육의 계획에서 그것은 의식화되고 삶의 지침이 된다.

개인과 삶의 복합 체제

위에서 말한 바와 같이, 좋은 사회란 좋은 사회질서를 말하는 것인데, 어떤 목적에 의하여 정의되는 질서란, 그것이 인간 활동의 어떤 부분을 가리키든지 간에, 집단적 기율을 상정하는 것이어서, 자칫하면 전체주의에 이르는 것이 될 수 있다. 그리하여 그것은 자연스러운 삶의 균형으로서의 문화의 의미를 손상하는 일이 된다. 교육의 경우도 그것이 단순히 교조적인 가르침의 주입으로 이해된다면, 인간의 인격 형성—특히 자기 형성의 과정으로서의 교육의 의미를 손상하는 일이 된다. 이러한 기율이 바르게 존재하려면, 그 기율을 포용하고 있는 질서는 전체를 지탱하면서 개인이 자유의지로 선택하고 승복할 수 있는 것을 허용하고 촉진하는 것이라야 한다. 인간의 자기 형성은 스스로의 모습에 일정한 모양을 준다는 것인데, 이것은 스스로 받아들일 수 있는 원리를 찾아 그 모습을 형성한다는 것이다. 이 원리는 개인에 의하여 자유롭게 선택되면서 동시에 사회공동체 구성의 원리가 된다. 어느 쪽이든지 간에, 한편으로 정치와 경제, 다른 한편으로 문화와 교육—이 요인들의 상호관계는 단순한 일대일의 대칭을 이루지 아니한다.

좋은 사회질서는 참으로 많은 요인으로 이루어지는 복합적인 질서이다. 복합적인 질서라고 하는 것은, 그것이 한 가지 의도나 설계도로서 만들어질 수 없는 복합체계(complex system)라는 말이다. 질서의 구성에 있어서 잊히기 쉬운 것은 인간 생존의 기초가 개인의 삶에 있다는 사실이다. 개체의 삶은 추상적 구조로 파악되는 사회의 틀에서 영위되면서도, 대체로 생활세계(Life—world) 속에서 현실화되고 개체의 실존 속에서 구체화한다. 그러면서도 삶의 현장으로서의 사회 질서는 일정한 전체성으로 파악될 수 있다. 그럼으로써, 그것은 인간의 삶에 대한 규제이면서 동시에 그 전체의 변화의 가능성에 열려 있게 된다. 그리고 개인의 자기 형성의 원리가 된다. 다만 그것은 여러 가지 변주를 허용하는 것이다. 그것은 개인의 자의가 모든 것을 결정한다는 말이 아니다. 이 열림의 기반은 인간의 삶의 전체에 대한 이해이다. 이 이해는 문화에서 온다. 그러면서 그것이 개인의 자기 형성 그리고 상황에 대한 적응 그리고 새로운 가능성으로의 열림을 가진 것이려면, 그 이해는 인간 존재에 대한 성찰적 이해—반성적 이해이어야 한다.

인류학적 연구에서 흔히 그러듯이, 한 사회를 종합적으로 말함에 있어서, 문화라는 말이 자주 쓰인다. 그와 관련하여, 문화의 유형(patterns of culture)라는 말이 있지만, 모든 문화는 일정한 행동의 양식을 가지고 있는 것으로 생각된다. 그러나 그 양식이 완전히 굳어 있는 것은 아니다. 그것은 사고와 정서 그리고 행동의 양식화 공식을 말하는 것이어서 인간 행동의 여러 가능성의 포용과 배제를 정의한다. 이 삶의 가능성의 양식에 대한 정의(定義)는 인간이 부딪치게 되는 사실에 관련하여 성립하는 것이면서 그것을 넘어 일정한 가치를 내포한다. 그러나 문화도 역사적 누적에서 오는 것이니만큼 사실의 무게를 가지고 있다. 그 사실의 밑에 있는 것은 가치에 따른 실천적 선택이었다고 할 수 있다. 그 선택은 가치와 목적에 따른 선택이다. 살아 있는 문화는 오늘의 현실을 가치와 목적의 관점에서 볼 수 있게 하고, 그에 따라 가치 지향을 활성화할 수 있다. 이때 가치와 목적은 물론 주어진 현실 속에서 그리고 보다 넓은 역사적 경험 속에서 갱신되고 다른 한편으로 보다 보편적 인간 이상에 가까이 가는 것이 될 수 있다.

정치, 경제, 환경—인간적 삶의 균형

그런데 오늘날 문화는 거의 전적으로 정치와 경제의 종속변수가 되어 있다. 그 중에도, 경제는, 삶의 모든 면에 삼투하여, 문화도 거의 전적으로 경제에 의하여 결정된다고 할 수 있다. 경제성장, 소득 증가와 소득 격차, 그리고 소득 분배의 공평성과 같은 말들은, 지금에 있어서, 사회 문제를 논하는 데에, 소위 키워드들이 되어 있다. 개인적 삶의 차원에서도 말할 것도 없이 이러한 말들의 밑에 있는 동기—소득 또는 부(富)의 축적이 모든 인간활동의 기초 동기가 되어 있다.

다시 말하여, 이것을 사회 전체 또는 국가 전체로 확대할 때. 가장 포괄적인 단어와 개념은 경제성장—그것도 국제적인 비교의 틀 안에서의 경제성장이다. 다만 얼마 전부터는 이러한 개념으로 정의되는 경제성장이 지구 환경과의 관계에서 부정적인 의미를 가질 수 있고, 이 점에 있어서, 인류 전체를 파멸의 막다른 골목으로 몰고 가는 일이 될 수 있다는 우려가 등장하기 시작했다. 즉 인간 생존의 총체적인 틀을 고려하는 데에 있어서 환경의 문제가 가장 핵심적인 준거가 되어야 한다는 의식이 커진 것이다. 그리하여 경제를 논하는 데에서도, "성장 없는 번영"(영국의 경제학자 팀 잭슨의 말)과 같은 개념이 등장하게 되었다. 그리고 성장한 경제가 가져오는 부(富)가 참으로 인간적 행복을 증대하는 것인가 또는 인간적 가능성의 구현에 도움을 주는 것인가에 대한 의문도 일기 시작했다. 그러나 개체적 삶의 차원에서, 삶의 물질적 기초가 어느 정도의 것이어야 하느냐, 그리고 그것을 통하여 실현될 수 있는 인간적 삶이 어떤 것이어야 하느냐 하는 것에 대한 문화적 해답은 아직은 없다고 할 수밖에 없다.

그러나 경제 일변도의 세상이 되면서, 보다 순수한 문화적인 추구—반드시 경제와 정치에 종속하는 것이 아닌 문화적 추구가 등장하는 것을 본다. 그것은 그러한 추구가 인간 내면의 깊이에서 온다는 것을 생각하게 된다. 가령, 개인적 구도[求道], 인생철학 또는 처신술[處身術]에 대한 욕구가 강해져 있는 것을 사회 도처에서 볼 수 있다. 그리고 궁극적으로는 집단적으로도 그렇지만 개체적으로도 환경—그것도 수목과 꽃과 산과 공기와 하늘이 없는 환경에서 좋은 삶은 있을 수가 없다는 깨달음이 생겨난다. 환경의 문제는 단지 인간 생존의 필요에만 관계되는 것은 아니다. 자연은 인간의 정신적 요구이다. 전통적으로 예술이 이야기해 온 것이 이것이다. 구도의 차원에까지 가지 않더라도, 동서양을 막론하고 자연 속의 삶—이것이 전통적인 서화(書畵)가 표현해온 것이다. 그러나 이러한 증후적 행동들이 문화 전체에 대한 반성으로 승화되고, 조금 전에 말한 것처럼, 특히, 그것들을 하나의 질서 속에 거두어들일 수 있는 문화의 정치경제학은 아직 보이지 않는다. 참으로 절실하게 요청되는 것은 문화정치경제학이다.

개체와 전체 그리고 보편성

말할 것도 없이, 생명체로서의 인간의 핵심에 있는 것은 목숨이다. 목숨은 사람으로 하여금 모든 밖에서 침범하는 것을 경계하고 그에 대하여 방어적인 자세를 취하게 한다. 거기에서 더 나아가 밖으로부터 들어오는 모든 것을 자신의 이익 확대 그리고 자존감 확대의 자료로 삼을 수도 있다. 특히 경제적 자기 확대가 삶의 안정과 자존감의 기초가 될 때, 그렇다. 물론 이러한 이기심이 삶의 기본적 필요에서 나온다는 사실이 인정되어야 한다. 자기 또는 자아를 떠나서 생명의 뿌리를 어디에서 찾을 수 있는가. 그리고 사람이 사회적 존재라고 할 때, 자기 확인 그리고 사회관계에서 인정(recognition, Anerkennung)의 획득은 피할 수 없는 삶의 조건의 하나이다. 그러나 이기심 일변도로 종용되는 삶은 삶을 왜곡한다. 지나치게 강조되는 윤리와 공적 관심은 억압적 전체주의에 이어질 수 있다. 이에 대하여 자아의 기본적 필요와 인정에 대한 요구 그리고 그것의 과정은 그것대로 삶의 온전함, 인간의 온전함을 위한 기본이 된다. 다른 한편으로 무소부지(無所不至)의 이기심은 이 필요를 지탱하여 줄 전체적인 질서의 붕괴를 가져온다. 개체와 전체를 하나로 통합할 수 있는 원리 그리고 체제의 재확인은 오늘날 가장 절실한 시대적 과제라고 할 수 있다.

사람은 개체로 존재하면서 집단의 일부로 존재한다. 집단은 개체적 실존—이기심의 근원이 되는 개체적 실존 이상으로 삶의 필수 조건이다. 이기심 또는 루소가 〈사회계약론〉에서 구별해낸 중요한 개념으로서 자기애(amour de soi)—자기에 대한 지나친 사랑, 자만심의 사랑(amour propre)에 대하여 자기애를 삶의 기초 원리로 인정하면서 동시에 그것을 넘어서는 방편은 어떤 것인가 하는 것은 예로부터 집단적 삶의 핵심적 관심사였다. 인간에 대한 현대 경제의 이해는 근본적으로 인간이 이기심의 존재라는 가설에 기초한다. 그러면서도 그러한 경제의 결과는 나라의 부(富)로 종합된다고 이야기된다. 어찌되었든 오늘날의 국제 환경에서 나라 전체의 경제 상태는 국민총생산(GNP)으로 평가된다. 그러나 이것이 사람들에게 의미를 갖는 것은 개인별 소득(Per Capita Income)이고 더 나아가 이 평균 소득을 다시 쪼갠 개인 소득이다.

전통적으로 개인의 이기적 본능을 극복하는 명분이 되는 것은 국가 그리고 민족에 대한 충성이었다. 그런데 주의할 것은 여기에도 들어 있는 이기심 또 자기중심적인 의식이다. 집단의 이익은 집단적 명분에 의하여 지양된다. 그러나 그것은 많은 경우 개인이익의 집약이 되고 개인이익 자체를 의미하기도 한다. 이에 추가하여, 이것은 경제적 이익에 추가하여, 또는 그것보다도 사회적 인정과 권위의 관점에서의 이점을 말한다. 집단적 명분은 자기희생을 요구하면서 동시에 자기를 확장하는 역할을 한다. 모든 권력은 집단적 명분을 가지고 있다. 집단과 개인의 관계에서 권력은 집단의 명분 속에서 확장되는 개인적 추구를 나타낸다고 할 수 있다. 그러면서도 이것이 완전한 이기심이라고 할 수는 없다. 권력이 내세우는 명분은 그 나름으로 독자적인 의미를 가지고 있는 것이 보통이다. 그것은 그 자체로 가치가 된다. 사람에게는 직접적인 개인이익을 넘어 추상화된 명분에 의한 자기 존재의 정당화를 추구하는 본능이 있다. 개인 존재의 지양을 나타내는 추상화된 이념들의 궁극적인 의미는 신비에 속한다. 그것은 그 자체로 사람을 끌어들이는 견인력을 가지고 있다.

또 이러한 것들에 더하여 흔히 이야기되는 고향이나 출신 지방에 대한 충성, 가문과 가족에 대한 의식, 또는 학연이나 인맥 등도 개인적 이해[利害]와 집단적 정체성의 결합을 나타내는 것인데, 이것은 추상화의 매개를 거치지 않는, 개체와 집단의 보다 직접적인 얼크러짐을 나타낸다. 이러한 현상들은 개체와 그 테두리에 대하여 보다 자세하고 섬세한 분석을 요구한다.

Ⅱ 인간의 이념

그러나 개인이나 집단을 넘어 보다 넓은 영역을 나타내는 것들이 있는 것은 확실하다. 이것은 대체로 이념으로 표현된다. 이념들은 어떤 추상 영역을 그려낸다. 그 영역들이 참으로 실재하는 것인가—이것은 답하기 어려운 질문이다. 어쨌든 그것은 인간 행동에 대한 지시를 가지고 있다. 자유나 평등과 인권이나 평화와 같은 것도 그러한 이념에 속한다. 이러한 이념들은 개인들로 하여금 인간과 세계의 넓은 구역을 관심과 코미트먼트의 대상이 되게 한다. 그러한 이념들은 대체로 이성적 요소를 포함한다. 그렇다는 것은, 이념이 많은 것을 일반화하고 많은 것을 하나로 하는 원리는 합리적 사고의 논리가 되는 것이 보통이기 때문이다. 여기에서 이성은 하나의 테두리 안에 여러 가지 것을 포용하는 대표적인 인간 능력이다. 그것이 인간의 본래적인 정서에 연결되면, 정서도 확대되어 많은 대상을 포용한다. 그러니까 정서가 이성의 매개로 관심과 코미트먼트를 보편화하는 동인(動因)이 되는 것이다. 인(仁), 자비심, 인인애(隣人愛), 생명애(生命愛, biophilia) 등은 보편화된 정서들의 표현이다.

이렇게 말하면서 다시 상기하게 되는 것은 개체와 집단 또는 전체가 반드시 모순 관계에만 있는 것은 아니라는 사실이다. 궁극적으로 개체와 집단은 그 양자를 일체화하는 전체 속에 통합된다. 사람이 자기의 본래적인 모습을 찾고 거기에 이르려 할 때, 그것은 절로 자신이 큰질서의 일부라는 것—단순히 집단적 전체가 아니라 그것을 초월하는 전체의 일부라는 것 그리고 그 전체와의 원리가 자신의 내면에도 존재한다는 것을 깨닫게 된다. 다만 이 원리는 필연성을 가지고 있으면서 창조적 자유에 의한 변용을 허용한다. 그것은 필연의 자유 또는 자유로운 필연이다. 이 관점에서 개체는 보편적 질서 속에 있으면서 그것을 통하여 자기의 가능성을 창조적으로 실현할 수 있게 된다. 이성은 그 핵심 원리이다. 그것은 스스로를 넘어가는 총체적 원리이고 동력이다. 그리고 이 원리는 끊임없는 반성을 통하여 스스로를 넘어 서게 된다. 이 반성의 실현자는 사고하는 개인이다.

이탈리아 르네상스 시대의 표현으로 "보편적 인간(l'uomo universale)"이라는 말이 있다. 그것은 개체가 진정한 개체성을 찾고 그것을 통하여 보편적 인간 이념의 전형을 구현하는 사람을 말한다. 이것은 참으로 자기실현을 원하는 사람의 이상이라고 할 수 있다. 르네상스 연구자들이 이 "보편적 인간"을 구현한 대표격인 사람으로 흔히 레온 바티스타 알베르티(Leon Battista Alberti(1404~1472)를 든다. 그는 건축가이고 시인이고 철학자이고 그 외의 많은 일에 숙달한 사람이었다. 그는 보편적 인간—불가피하게 윤리적 인간을 상정하게 하는 보편적 이상의 인간이기보다는 세속적인 의미에서의 다재다능(多才多能)한 사람이었다고 할 수도 있다. 그는 위에 말한 여러 인간 활동 분야 외에 음악 물리학 수학 등에도 밝은 사람이었다. 악기 연주도 하고 작곡도 하였다. 야콥 부르크하르트(Jacob Burckhardt)가 그의 르네상스 연구에서 말하고 있는 것을 보면, 그는 서 있는 사람의 키를 훌쩍 넘어 뛸 수도 있었고, 성당의 높은 천장을 향하여 동전을 던져 천정에 맞게 할 수도 있었다.

교육과 문화

이러한 것을 여기에서 말하는 것은 그러한 재능의 인간을 따로 떼어 높이 보기 때문만은 아니다. 사람이 인간적 온전함에 이르는 데에는 개체와 집단과 전체성의 범주들의 통합이 필요하다. 특히 개체와 집단의 통합은 사회적 존재로서의 인간의 필수적 조건이다. 보편적 인간은 이러한 여러 조건을 자연스럽게 충족시킬 수 있는 이상형의 인간이라고 할 수 있다. 물론 그 의미가 사회 조화와 통합에만 있다는 것은 아니다. 그것은 그 자체로 인간성의 실현을 의미한다.

보편적 인간 이상은 어떻게 실현 가능한가? 일단 그것은 문화의 이상이고 문화 속에 구현된다고 할 수 있다. 그것을 받들어 주는 문화가 있다면, 그것은 저절로 이르게 되는 이상이라 할 수 있다. 물론 그 문화는 참된 인간성 실현을 촉진하는 요인들을 지니고 또 그에 대한 문화적 자의식이 형성되어 있는 문화의 경우이다.

문화의 보편적 인간 이상이 구현하려는 가장 직접적이고 구체적인 노력이 교육이다. 물론 이것은 교육이 그러한 이상을 현실화할 수 있다기보다는 교육의 실천적 계획이 그 이상을 시범할 수 있다는 말이다. 교육의 이상은 인간의 자기 형성—또는 재형성의 지표를 가리키지 않을 수 없다. 그 지표가 문화에서 온다. 그리고 그것에 반영된다. 제일 좋은 상태는 조금 전에 말한바 같이 문화 자체에 인간적 조화가 호메오스타시스(homeostasis)를 유지하고 있는 것이다.

다양한 재능의 인간, 보편적 인간

위에서 르네상스 시대의 인간 이상을 말하였다. 이 말을 유명하게 만든 것은, 위에서 본 바와 같이, 르네상스 시대의 다재다능한 인물 레온 바티

스타 알베르티이고 실제 인간의 품성에 그 말을 적용한 것도 알베르티라고 한다. 그 가능성을 조금 달리 생각해보면, 그것은 보편적 인간일 수도 있지만, 다재(多才)의 인간, 또는 전인(全人)으로 번역될 수도 있다. 일단 다재인은 자신이 가지고 있는 재능을 한껏 계발 발전시키는 사람이다. 이 재능은 정신에 관련된 것이기도 하고 신체에 관련된 것이기도 하다. 이에 대하여 보편적 인간이라고 할 때, 그것은 폭넓은 관점에서 인간의 능력을 알고 그것을 한껏 계발하여 그에 따라 행동할 수 있는 사람을 말한다고 할 것이다. 18세기 말의 독일 작가들, 괴테나 쉴러를 말할 때, 그들이 인간에 대하여 가지고 있던 이상을 "전인(全人, Der ganze Mensch)"이라는 말로 표현하는 것을 볼 수 있다. 이것은 대체로 이러한 인간 이상을 가리킨다.

그런데 전인적 인간의 인간성은 정신이나 신체의 기능에 관계되는 것이면서 동시에 사회적 책임을 다할 용의가 되어 있는 사람을 말한다. 보편적 인간이라는 말은 다분히 윤리적인 함의를 가지고 있다. 그렇다는 것은 스스로의 삶과 세계에 대하여 넓게 관심을 가지면서, 동시에 다른 사람에 대하여서도 관용적 시각을 가지고 있다는 뜻으로 이 말을 이해할 수 있기 때문이다. 가령, 어떤 사람이 모든 인간적인 가능성에 관심을 가진다고 하면, 그것은 저절로 인간 일반에 대하여 관심을 갖지 않을 수 없는 것이 될 것이다. 로마 시대의 키케로가 한 말이라고 인용되는 말에, "나는 인간이다. 인간적인 것으로 나와 관련이 없는 것은 없다고 나는 생각한다(Homo sum: humani nihil a me alienum puto)"라는 것이 있다.(원 출처는 테렌티우스라고 한다.) 이것은 물론 인간적 모든 것을 수용하겠다는 말은 아니고, 그러니만큼, 호오(好惡) 또는 선악의 선택을 포함하겠지만, 이 말대로라면, 이 표현에는 모든 인간에 대하여 무관심할 수는 없다는 의미가 들어 있고, 판단에 따라서는, 인간애(人間愛)와 넓은 윤리적 관심을 함축하는 말이다. 그러니만큼 보편적 인간이란, 이렇게 볼 때, 절로 윤리적 보편성을 수용하는 인간 개념을 말하는 것이라 할 수 있다.

그런데 보편적 인간이라는 말을 이와 같이 재능인과 보편인 두 가지로 생각한다면, 그 상호 관계는 어떤 것인가? 이것을 묻지 않을 수 없는 것은 하나는 자기중심적인 인간 형성론이고 다른 하나는 보편주의적인 인간 형성론이기 때문이다. 그런데 전통적인 교육 프로그램은, 얼핏 보기에 재능의 계발에 더 집중된 것으로 보인다. 그러나 교육이 결국은 사회적인 그리고 국가적인 프로그램이라고 할 때, 그것은 보다 보편적인 인간, 철저하게 윤리적이고 도덕적인 인간은 아니라도 자기중심적 관심을 넘어 시민적 의무감을 가진 인간의 양성을 지향했을 것으로 말할 수 있다.("의무교육"이란 말이 있는데—결국은 서양에서 건너 온 개념이지만—이것은 국가가 교육의 의무를 책임진다는 말이 아니라 개인이 국가에 대하여, 국방의 의무나 마찬가지로, 교육의 의무를 진다는 말이다.) 이렇게 보면 조금 전에 말한 두 프로그램은 서로 깊은 관계에 있어야 할 것으로 말할 수 있다.

플라톤의 『공화국』에 나와 있는 철학자—통치자에 대한 교육 프로그램은 음악, 체육, 군사훈련, 수학, 철학 등을 포함한다. 이러한 과목들에 대한 교육 프로그램은, 통치자로 발탁되는 경우, 어릴 때부터 시작하여 서른다섯이 되었을 때야 끝나는 것으로 되어 있다. 여기서 교육의 대상이 되는 과목들은 그 나름의 의의를 가지고 있다. 가령, 음악은 영혼의 함양을 위한 것이고, 체육은 당연히 신체의 단련을 위한 것이다. 수학이나 철학은 이성적 사고의 능력을 기르고 또 진선미에 대한 깨달음을 얻게 하기 위한 것이다. 교육을 통하여 최고의 지적 인격 훈련을 받은 통치자의 최종적인 책임은 물론 공화국의 번영을 위한 정치를 떠맡아야 한다. 동아시아의 수신의 이상에서도 이에 비슷한 다방면적 교육과 훈련의 이상을 발견할 수 있다. 『주례(周禮)』에서는 예악사서어수(禮樂射書御數)—즉 육예(六藝)를 군자가 학습해야 하는 것으로 이야기된다. 글 쓰고 수를 배우고 하는 것에 추가하여 음악, 활 쏘기, 말 타기 등을 학습해야 하는 것이다. 육예에 들어 있는 과목만으로도 동양 전통에서도 서양에 있어서나 비슷하게 정신이나 신체의 다방면적 발달이 교육의 목표가 되었던 것을 볼 수 있다. 이러한 학습 항목들의 목표는 개인의 재능의 다변적 계발과 완성을 지향하면서 동시에 사회적 지도자를 양성하자는 것이다. 통틀어서 볼 때, 동아시아에서 교육이 특히 윤리적 책임을 다할 수 있는 인간 양성을 목표로 하였다는 것은 새삼스럽게 말할 필요도 없는 일이다. 이러한 교육은 지배층의 인물의 교육을 의미한다. 희랍에서나 중국에서나 전통적 교육은 귀족을 위한 것이었다. 그것은 교육 과정에 무술이 포함된 것으로도 알 수 있다. 영웅의 이미지가 스며있는 것이다. 그러면서 그것은 인성함양의 보편적 지향을 나타내는 것이었다. 이러한 귀족적 교육의 이상은 오늘날 일반적인 인간성 실현의 이상으로 받아져 있다고 할 수 있다. 다만 그러한 이상을 어떻게 다양한 삶의 길을 가야하는 현대의 사람들에게 적용하는 것이 되게 할 수 있느냐 하는 것이 현대 교육의 과제의 하나이다. 보편적 인간의 이상을 구체적 조건 속에 변주하는 것은, 오늘의 과제의 하나라고 할 수 있다.

Ⅲ 인간성 완성, 이성, 심미적 이성

그런데 다시 한 번 묻게 되는 것은 많은 학과목의 수련과 보편적 인간 형성—이 두 가지를 하나로 묶는 것은 무엇인가 하는 것이다. 교육이 여러 개의 과목, 여러 분야에 걸치는 것이라 하여, 피교육자 또는 그러한 프로그램을 따르고자 하는 수련자가 과목마다에서 다른 인간이 되라는 것은 아닐 것이다. 또는 교육이 지향하는 것도 그렇다. 여러 가지 과목을 학습하고 수련함에도 불구하고 피교육자는 하나의 인간, 하나의 인격체로 남아 있다. 그리고 그 모든 것이 인격체의 발달에 기여할 것으로 기대하는 것이다. 보다 큰 관점에서 교육을 생각하는 기획은 교육으로 인간의 파편화를 겨냥하는 것은 아닐 것이다. 마르크스주의적 관점에서, 생산 과정에서 주어진 하나의 작업만을 하게 되는 노동자는 "인간적 본질(Gattungwesen)"에서 소외되어 인간으로서의 주체성을 잃어버리게 된다. 즉 스스로의 작업과 삶을 보다 넓은 인간적 목적 또는 전체적 이해로써 파악하는 능력을 상실하는 것이다. 하나의 분과만을 강조하는 직업 교육에 있어서도 그러한 인간소외의 부작용을 생각할 수 있다. 이러한 결과들에 대하여 정상적인 교육의 목표는 전공 분야에 숙달하는 외에 전체적인 인간 형성에 가까이 가자는 것일 것이다.

전체적인의 인간 형성에는 무엇이 필요한가? 보편적 인간성의 형성, 이것이 그 답이 될 것이다. 즉 인간의 모든 면에서의 가능성에 열려 있는 인간됨—이것이 목표가 된다고 할 수 있다는 말이다. 이때 핵심에 있는 것은 무엇인가? 많은 것을 하나로 아우르는 것이기 때문에 핵심이 따로 없다고 할 수도 있지만, 인간의 이념, 성숙한 인간의 이념이 중심에 놓여야 한다고 말하는 것은 틀린 일은 아닐 것이다. 그 이념의 중심은 무엇인가? 그것은 이성일 수도 있고, 형상적 균형에 대한 감각—미적 감성일 수도 있다. 이 두 개의 원리는 서로 하나가 될 수 있는 것이면서 동시에 다른 것일 수 있다. 이 문제를 잠깐 생각해보기로 한다.

18세기 독일의 작가 프리드리히 쉴러의 저서에 『인간의 심미적 교육에 대한 서한』(Die Briefe ueber die aesthetische Erziehung des Menschen, 1794)이라는 것이 있다. 이것은 심미적 인간이 되게 하는 것이 최고의 인간성 교육이라는 것을 설득하려는 것이지만, 그것은 일반적으로 전인 교육, 전인적 자기완성을 말하려는 글이기도 하다. 심미적이든 아니든, 인간 완성의 과정에 들어 있는 중심적 기제(機制)에는 두 가지 요인이 있다고 쉴러는 말한다. 하나는 질료적 요인이고 다른 하나는 형상적 요인이다. 질료는 감각과 지각으로 매개되는 경험의 세계이고, 형상은 그것을 일체적인 통일체로 형성하는 원리이다. 이 후자는 인격 또는 인간성(Person, Persoenlichkeit)이 담지(擔持)하는 원리이다. 이 후자를 쉴러는 영원한 이데아의 세계에서 오는. 어떤 초월적 동인(動因)인 것으로 말하지만, 보다 상식적인 관점에서, 그것은 자신을 시간적으로나 공간으로나 일관성 속에 유지하고, 자신의 경험을 일정한 형상 속에 구성해낼 수 있는 인격적 동력을 말한다고 할 수 있다. 보다 완성된 인간은 무한한 경험의 세계와 인격을 하나로 엮어낼 수 있는 사람이다. 그런데 이러한 일관된 형상을 구성할 수 있는 힘의 핵심에 있는 것은 이성적 충동(vernunftige Triebe)이다. 이것이 모든 것을 하나로 한다.

그러나 쉴러의 미학적 인간은 단순히 이성만이 아니라 감성이 풍부한 인간이다. 그리고 사실 이성적 인간은 참으로 온전한 인간성을 갖춘 인간이 아닐 가능성이 크다. 그런 점에서 이성 위주의 인간성이 인간성의 다른 요소를 절하(切下)하는 결과를 가져온다고 한다면, 그것은 참으로 전인적인 인간의 모습을 보여 주지 못할 것이다. 이성은 인간의 인간적인 품성을 통합하는 능력이라고 하더라도 심미적 완성의 원리가 되지는 못한다. 그리고 인간성 완성의 중요한 요소를 놓치는 일이 된다. 그러한 의미에서 쉴러는 심미적 완성을 이성적 통일성보다 우위에 둔다. 그것은 인간 완성의 절정에서 발견되는 원리이다.

그러나 심미적 인간은 하루아침에 간단히 현실이 될 수 없다. 이것은 인간 발전—개인적 품성은 물론 국가적 체제 자체가 그러한 것이 될 때 비로소 인간성의 자연스러운 표현이 된다. 이렇게 말하는 것은 인간성 완성을 사회적 정치적 관점에서 파악하는 것이다. 위에서도 이미 주목했지만, 인간 완성은 그 자체로 의미 있는 것이면서, 무엇보다도 집단적인 요구와의 상호작용 속에서 이루어지는 형성작용이다. 이렇게 보면, 인간의 자기완성이라는 것은 사회적 적응의 압력 하에서 생겨나는 효과라고 할 수도 있다. 그러나 사회적인 관점에서의 인간미(人間美)가 아니더라도 자연과 예술적 건조물에서 사람이 보여주는 균형 잡힌 형상에 대한 관심, 생물학적 이익 관계를 넘어 사람의 마음을 움직이는 호기심—가령, 우주의 먼 구석에 대한 호기심—이러한 것들은 인간의 자기완성 충동이 사회적으로만 작용하는 것은 아니라는 것을 시사한다. 그러나 그것을 이론으로 펼칠 때, 불가피하게 개입해 들어오는 것이 사회 전체와의 조화이다. 조화를 이룬 개인의 품성과 사회적 평화의 대응 관계는 불가피하게 논의의 주축이 된다. 쉴러의 심미적 인간의 이념도 이러한 사회적 관련을 포함한다.

쉴러는 개인과 집단이 발전되고 조화된 요소가 되면서 성립하는 국가를 심미적 국가(der Aesthetische Staat)라고 부른다. 그러나 이것은 다른 형태의 국가가 진화하여 이르게 되는 최종 단계의 국가이다. 처음에 성립하는 국가는 "힘의 국가"이다. 그것은 힘과 힘의 충돌 속에서 성립한다.(홉스가 말하는 국가가 이러한 것이다.) 그 다음에 진화하여 나오는 것은 "윤리 국가"이다. 여기에서 윤리는 개인의지를 일반의지에 종속하게 한다. 그러나 심미 국가에는 힘과 윤리적 제재를 위한 국가 기구는 필수적인 것이 아니다. 집단 질서는 자유 의지와의 조화와 균형 속에 이루어진다. 아름다움이 모든 것을 하나의 조화로 이끌어간다.

쉴러는 인간의 능력에 합당한 모든 즐거움의 향수(享受)를 긍정적으로 본다. 감각과 관능의 쾌락, 지식의 즐거움이 향수의 대상이다. 쾌락은 물론 개인적인 것이고 보편적인 것이 될 수 없다. 지식은 개인적인 요소를 제거함으로써 얻어지지만, 그것을 완전히 제거할 수는 없다. 지적인 추구의 진리는 금욕과 극기에서 얻어진다. 그러나 매우 제한된 수의 사람만이 그것을 감당할 수 있는 맑은 마음을 가지고 있다. 그런데 아름다움은 장해물들을 제거하여 모든 사람에게 즐거움과 행복을 즐길 수 있게 한다. 이러한 미의 효과를 사회적으로 또 정치적으로 확대하여 말하는 부분을 『인간의 심미적 교육에 대한 서한』에서 인용해본다. 여기 나와 있는 것은 미의 사회적 효과를 말하는 것이면서, 쉴러가 가지고 있던 이상적 사회관계를 투영한 것이라고 할 수 있다. 쉴러의 묘사를 보면, 이상사회에서의 인간관계의 변화는 남녀 간의 관계의 변화에서 대표적으로 드러난다고 할 수 있다. 남녀 관계가 성욕의 관계에서 사랑의 관계로 바뀔 때, "남자의 정복욕은 부드러운 심미적 판단"에 승복한다. 사회 전체에서도 이러한 변화가 일어날 수 있다. 쉴러는 말한다.

아름다움이 남녀 간의 영원한 대결을 풀어내듯이, 아름다움은 발전된 사회에서 자연의 갈등을 풀어내고, 사랑의 아름다움이 남성의 강한 힘과 여성의 온화함을 하나로 묶듯이, 그 자유로운 유대를 본받아, 아름다움은 윤리 도덕의 사회에서 부드러움과 강함을 화해하게 할 수 있다. 그리하여 약함은 신성한 것이 되고 고삐 풀린 힘은 수치스러운 것이 된다. 자연의 불공평은 기사의 행동 규범에 있는 너그러움에 의하여 시정된다. 아무리 강한 힘을 보아도 두려워하지 않는 사람이 겸허함의 고운 미소 앞에서 그 무기를 버린다. 피로써도 달랠 수 없던 복수심이 눈물에 사그라진다. 증오도 명예의 부드러운 목소리에 귀를 기울이고 승자의 칼은 무기를 버린 적을 해치지 않는다. 예로부터 살인 말고는 기다리는 자가 없던 바닷가에서 주거의 화덕이 연기를 내보내며 이방인을 맞이한다.[1]

위에 이야기된 승화된 사랑에 비슷하게, 사회 내의 평화로운 인간관계는 국가의 질서에도 반영될 수 있고, 거꾸로 국가의 온화한 질서가 화동(和同)하는 사회관계를 조성한다. 그러한 관계를 보장하는 집단 체제가 심미 국가이다. 쉴러는 그러한 체제에서의 분위기를 다음과 같이 말한다.

심미적 취미(Geschmack)가 지배하고 미적인 모양새(das schoene Schein)가 널리 펼쳐지는 심미적 국가에서는 특권이나 전제(專制)가 허용되지 아니한다. 그런 미적인 국가는 위로는 이성이 그 [강제적] 필연성으로 무한 지배를 누리는 영역에 이르고, 아래로는 질료의 세계가 끝나게 한다. 그 영토는 자연의 충동의 맹목적 강박이 지배하고 형상이 보이지 않는 저 아래에까지 미친다 …… 심미적 취향은 일체의 입법권을 상실하

1 *Schillers Werke in Zwei Baenden*, Zweiterband(Muenchen: Knaur, 1964), S. 639. “Die Briefe ueber die aesthetische Erziehung des Menschen”

는 변두리 에서도 행정권을 완전히 빼앗기지 않는다. 비사회적인 욕망은 자기 탐닉을 포기한다. 고운 것(das Angenehme)은 인간의 감각을 매혹하는 것이었지만, 이제 정신에 그 우아함의 그물을 던진다. 그리하여 도의의 필연성의 목소리는 그 엄한 공식들을 부드럽게 바꿔야 한다. 엄한 목소리는 저항 때문에 필요했던 것이다. 그러나 이제 자연의 본성이 절로 따를 것임을 믿고 고귀한 자연을 존중한다. 심미적 취향은 과학의 신비로부터 지식을 이끌어 내어 공동의 상식의 하늘로 나오게 한다. 그리고 학교 체제의 독점물을 인간 사회 전체의 공동 소유가 되게 한다. 심미취향의 왕국에서는 가장 위대한 천재도 그 권위를 벗어야 한다. 그런 천재도 어린 아이들의 생각에 겸허하게 몸을 굽힌다. 강력한 힘도 우아함의 그물에 묶이는 것을 허용한다. 사자의 당당함도 큐피드의 고삐에 묶인다 …… 심미적 국가에서는 모든 것—심부름을 할 뿐인 도구적 존재도 가장 높은 자와 동등한 권리를 가진 시민이 된다. 참고 견디는 대중에게 자신의 목표를 멍에로 씌우던 정신은 대중의 동의를 구하여야 한다.[2]

쉴러가 그려내는 국가는 인간이 성취할 수 있는 최후의 이상향—이성적 질서가 있으면서도 이 세계에 사는 생명체로서 갖지 않을 수 없는 감각과 관능을 완전히 포기할 것을 요구하지 않는 이상향이다. 그것은 인간 문화가 지향할 수 있는 하나의 바람을 말한 것이지만, 그것이 현실 속에 성립하기는 극히 어려운 것이라고 할 수밖에 없다. 위에서 본 바와 같이 쉴러 자신도 이것은 역사의 여러 단계를 통하여 가까이 갈 수 있는 세계—권력과 정신 윤리의 기율을 주된 도구로 내세우는 국가의 다음 단계에 올 수 있는 것이라고 한다. 적어도 지금의 상태에서—쉴러의 시대뿐만 아니라

2 Ibid., S. 640~641.

지금에 있어서도 또는 지금은 더욱 발견하기 어려운 이상향이다. 그것은 "섬세하게 조율된 영혼"이 존재하고, 현실에 있어서는 "선택된 사회 동아리"에서 찾을 수 있을는지 모른다고 쉴러는 말한다.(말하자면, 괴테가 생각한 "아름다운 영혼의 공동체" 같은 것이 그러한 동아리 사회이다.) 어쨌든 인간의 대체적인 자질로 보아서도 심미적 국가는 현실 속에 존재하기는 어려울 것이다. 그러나 그것이 사람이 지향할 수 있는 공동체 모습의 하나라는 것을 잊지 않는 것은 중요한 일일 것이다.

Ⅳ 삶의 테두리

정치, 경제, 문화, 자기 인식과 형성 그리고 그것에 기초한 사회 발전—사회의 문명화된 발전과 관련하여 이러한 것들이 중요한 문제가 됨은 위에서 말하였다. 그런데 여기에서 발전이라는 말은 삶의 능력의 확대, 그에 따라 확장되는 삶의 물질적 환경, 또 풍요로운 물질생활, 이 모든 것의 조정 기술의 발전—이러한 것들을 상상하게 한다. 달리 말하여, 그것이 어떠한 것이든지 간에, 인간의 삶의 확장을 생각하게 한다는 말이다. 따라서 인간성의 완성도 인간 능력—생산과 소비 능력의 무한한 팽창을 의미하는 것으로 받아들여질 수 있다. 그러나 전혀 그렇지 않다고 할 수는 없지만, 인간성의 발전에서 제일 중요한 것은 양이 아니라 질이다. 그리고 이것을 위해서 필요한 것은, 위에서 누누이 이야기한 바와 같이, 인간성이 위치할 수 있는 중심의 확립이다. 이 중심은 인격일 수도 있고, 심미적 감성일 수도 있고, 이성일 수도 있다. 그러면서 그것은 여러 층의 경험 세계를 하나의 형상적 질서 속에 포용하는 것이라야 한다. 이 질서의 경계가 되는 것은 가장자리라고 하겠지만, 가장자리를 그려내는 것은 중심이다. 그리하여 바람직한 삶의 질서는 모든 것을 수용하는 무한 질서가 아니라, 중심을 가진 구체(球體)가 된다. 그러나 이 구체는 완전히 폐쇄된 것은 아니다. 그것은 여러 다른 지름을 가진 구체들의 복합체이다. 사람의 삶은 이러한 여러 테두리 속에 존재한다.

이 느낌을 조금 더 펼쳐보기 위하여 잠깐 샛길로 들어가 본다. 릴케에 구체를 말하는 수수께끼 같은 시가 있다.

나는 커져가는 원형 궤도 안에 산다.
이 둥근 궤도들이 사물들 위로 그려진다.
나는 아마 마지막 궤도에는 다가가지 못하리라.
그러나 나는 그것을 찾아내고자 한다.

나는 신의 주변을 돈다. 또 오래된 탑을,
나는 천년의 세월을 맴돈다.
나는 아직 알지 못한다. 내가 송골매인지,
폭풍인지 아니면, 커다란 노래인지.[3]

이것은 자체만으로는 알기 어려운 시이다. 그러나 시의 맥락 그리고 릴케 시에 보이는 그의 시적 집념들을 생각하면, 어렴풋하게나마, 그 의미를 짐작할 수 있다. 이 시는 「기도서(祈禱書)」(Das Stunden—Buch)라는 연작시, 그 가운데도, 〈수도승의 서(書)〉(Das Buch vom moenchischen Leben)이라는 부분에 나온다. 시 전편에 걸쳐 표현되고 있는 모티프의 하나는 하느님을 알고자 하는 수도승의 간절한 소망이다. 이 시에 따르면, 신의 인식론에서, 신을 그리려는 그림 또는 신에 관한 이런저런 말씀—이러한 것들은 모두 하느님을 알고자 하는 노력의 표현이다. 그것은 사물을 포괄하고 있는 테두리에 접근하려는 것이다. 모든 것을 에워싸고 있는 최종의 테두리

3 Rainer Maria Rilke, *Die Gedichte*(Frankfurt: Insel Verlag, 1986) S. 199.

가 신이다. 그러나 신을 쉽게 알 수 없다는 것은 말할 필요도 없다. 그러면서도, 위의 시에서 신의 테두리를 알아보려고 하는 것은 수도승 자신이다. 그리하여 두 번째 연에서, “나는 신의 주변을 돈다”라고 하는 것은 그 자신이 자신의 먼 테두리를 이루는 신을 그려내고자 한다는 것을 말한다. 마음의 준비가 없이는 먼 테두리는 존재하지 않는다. 마음은 테두리의 먼 공간을 재고 시간을 재고, 시간 안에 사람이 세운 오래된 탑을 잰다. 수도승은 이렇게 자신을 둘러싸고 있는 시공의 테두리를 살펴본다. 그것은 시에 나오는 송골매나 폭풍과 같은 자연 현상에서 추측하는 예감일 수도 있고, 위대한 [찬양]의 노래일 수도 있다. 이 노래는 하늘을 나르며 큰 원주를 그리는 자연을 말한 것일 수도 있고, 그러한 것들이 수도승의 마음에 울리게 하는 찬양의 느낌일 수도 있다. 「기도서」의 뒷부분에 나오는 원주(圓周)를 말하는 시구에 다음과 같은 것이 있다. 이것은 원주와 수도승의 마음에 우러나오는 노래를 연결한다.

> 나는 나의 맴돌음으로부터 돌아온다.
> 나는 거기에서 나를 잃고 있었다.
> 나는 노래였고, 신은 그에 맞는 운(韻),
> 아직도 나의 귀에 울리는 운이었다.[4]

이 부분에서 수도승은 하늘을 날고, 찬양의 노래를 불렀는데, 그 노래에 신이 화운(和韻)하였다고 한다. 그러니까 신과의 일체감을 가졌던 것이다. 이 시의 다음 부분에서 수도승은 다시 고대를 숙이고 보다 나아진 기도에 잠긴다.

위에서 본 것은 사물이 그것을 에워싸고 있는 테두리에 의하여 정의된

4 Ibid., S. 232.

다는 직관이다. 이러한 테두리를 알게 되는 것은 기도와 같은 정신 집중을 통해서이다. 릴케의 시적 인식론에서, 사물들(die Dinge)은 그 나름으로 그것을 정의하는 테두리에 의하여 정의되고 또 역으로 그 테두리를 짐작하게 한다. 이러한 의미에서 릴케의 생각에 어떤 사물들 또는 모든 사물은 그것을 규정하는 신의 모습을 반영한다. 비슷한 생각은 그의 다른 시들의 사물 인식론에서도 볼 수 있다. 릴케의 많은 시들은 사물들을 있는 그대로 묘사하려는 시도라 할 수 있는데(그리하여 그것은 "사물시"(Dinggedicht)라고 말하여진다), 그의 생각에 사물들은 대체로 그것이 놓여 있는 환경에 의하여 정의된다. 번역하여 인용한 앞의 시에서 구체나 동근 궤도는 사물을 규정하고 있는 주변 환경을 말한다고 할 수 있다. 시의 화자(話者)인 수도승은 원형의 궤도를 따라서 신을 추측해보려 하지만, 신에까지 갈 수는 없다. 그러면서 두 번째 시에서 보듯이 더러는 신의 존재를 느낄 수 있다. 그러나 신은 불가지(不可知)의 존재이다. 그러면서도 사물의 여러 테두리는 신을 멀리서 암시한다.

릴케를 갑자기 말한 것은 물건이나 신을 생각하자는 것이라기보다는 인간의 삶이 비슷하게 여러 궤도 속에 있다는 것을 말하려는 것이다. 위에서 시사한 바와 같이, 사람의 삶에는 중심이 있다. 그리고 그것의 주변에 여러 구체(球體)의 구역이 중층적으로 존재한다. 그 구체는 여러 가지로 말할 수 있다. 개인의 주변에는 가족이 있고, 일가친척이 있고, 친구가 있고, 지역 공동체가 있고, 국가가 있고, 인류가 있다—삶의 테두리는 이런 동심원의 중첩으로 생각해볼 수 있다. 또는 생명 유지에 관계되는 생존의 테두리가 있다고—그것도 생물학적 의미를 가진 것 또는 사회적 의미를 가진 것 등 여러 가지로 나누어 생각해볼 수 있는—테두리가 있다고 할 수도 있다. 또는 이러한 테두리에 더하여 자신의 삶에 정신적 의미를 부여하는 테두리—종교나 인문적 자기완성(Bildung)의 테두리와 같은 것도 생각해볼 수 있다. 사람의 일에 이 테두리가 일정한 의미를 부여한다.

그런데 오늘의 세계에서 이 후자의 테두리는 거의 보이지 않게 된 것이 아닌가 하는 생각이 든다. 가령 학교에서 공부를 한다는 것은 의미 있는 자기성장 또는 자기완성에 관계된다는 의미를 가지고 있었다. 오늘날 교육은 거의 직업교육이 되었다. 제도를 떠나서도, 자기완성 또는 그 관점에서의 의미 있는 것들은 그 나름으로 중심과 테두리를 갖는다고 할 수 있다. 그리하여 삶의 크고 작은 선택은 이 테두리 안에 들기도 하고 빠지기도 한다. 가령, 오늘의 시대는 관광여행의 시대라고 할 수 있는데, 18세기, 19세기 영국에서는 "그랜드 투어(Grand tour)"라는 관광여행이 있었다: 이것은(상류계급이 즐길 수 있는 것이었지만) 옥스포드나 케임브리지 대학을 졸업한 사람들이 남부유럽을 여행함으로써 르네상스 문화 등 그들의 인문교육의 배경을 답사하는 것이 이러한 계획이었다.

어떤 경우에나 인간적 완성을 문화와 교육의 핵심에 둔다는 것은 삶의 인격적 중심을 상정하고 그 중심으로부터 일정한 거리를 갖는 원주의 테두리를 생각하는 것이다. 그러한 인문적 이상이 없는 경우에도 조화가 있는 인간의 삶에는 그러한 중심과 변두리의 구조가 있다고 할 수 있다. 이러한 것을 상정한다고 해서, 또는 그러한 것이 존재한다고 해서, 위에서 말한 바와 같이, 그것이 폐쇄 공간을 이룬다는 것이 아니다. 다만 관심의 열도나 심각성이 달라진다고 할 수 있다. 가령 대부분의 사람이 관심을 가장 많이 가지고 있는 것은 지구 위의 삶이라고 한다면, 그것이 우주의 다른 별에 있을 수도 있는 생명체에 대하여 아무런 관심을 갖지 않는다는 것은 아니다. 방금 말한 바와 같이, 그 관심의 심각도가 다를 뿐이다. 관심이 현실을 넘어 보다 지적인 것이 되고 초연한 것이 된다. 그런데 이러한 열도는 가정, 이웃, 국가, 지구 등 여러 삶의 테두리에서 볼 수 있다. 그러면서 그 핵심에는 자기 자신이 있다. 그리고 이 자아는 좁은 것일 수도 있고 넓은 것일 수도 있다. 이 넓은 자아의 경우, 그것은 자아의 내면에 더욱 깊이 들어가 거기에 숨어 있는 어떤 진리 또는 진아(眞我)를 발견하는 것에 관계될 수 있다.

그런데 이러한 중심의 삶이 없어지는 것이 오늘의 삶이다. 그것은 관심이 공리적 이해타산에 의하여 지배되는 것이 시대 풍조이기 때문이라고 할 수도 있고, 단순히 여러 가지 원인으로 가속화되고 있는 정보의 확산으로 그렇게 된다고 할 수도 있다. 이하에서는 이 문제를 간단히 살피고 음악적 체험을 생각해보고자 한다. 삶의 충실한 한계 내에서의 조화를 기하는 삶의 한 모습이 그러한 음악적 체험에 깃들어 있기 때문이다.

V 글의 전개 방향

심미적 감성, 심미적 인간, 심미적 국가에 대하여 사람이 살만한 세계를 생각하는 데에 있어서 보다 넓은 관점으로 중요한 것은 이성이라고 할 수 있다. 쉴러에 있어서도 이것이 인간성의 균형을 보장하는 집단 질서에서 중요한 기능을 가지고 있다는 것은 지적되어 있다. 그것은 많은 것을 하나로 통합하는 원리이다. 다만 쉴러가 이것을 가장 높은 원리로 생각하지 않는 것은 그것이 필연성의 냉혹함을 떠나지 않기 때문이다. 그것은 감각의 세계 그리고 그것을 즐기는 항수의 경험으로부터 멀리 있고 반드시 부드러운 인간성에 이어지지는 않는다. 힘의 세계를 벗어난 다음에 무엇보다도 중요한 것은 이성에 의한 질서를 분명히 하는 것이다. 그것은 인간적 사회를 이루는 가장 기본적인 조건이다. 그리고 사실 그것은 그것을 넘어 사람으로 하여금 세계를 하나의 질서 속에 파악할 수 있게 하는 원리이다. 물리적 세계 그리고 그 연장으로서의 천체 우주의 세계를 하나로 거두어들일 수 있는 것은 이성이다. 이성적 추구를 떠나서 천체물리학이 가능하겠는가? 이 점에 있어서 심미적 원칙은 우주의 작은 부분을 포용할 수 있는 원칙에 불과하다. 서론이 지나치게 길어 졌지만, 이 글의 다음 부분에서 생각해보고자 하는 것은 이성의 문제이다. 그러나 그것은 물리적 세계의 원리로보다는—그것도 물론 포함하지만—삶의 원리로서의 이성을 생각하는 것이 될 것이다. 그리고 삶의 원리라고 할 때, 그것은 모든 삶의 원리의 담지자(擔持者)로서 개인의 삶을 떠나서 존재할 수는 없다. 이러한 관련에서 이성은 자연과 사회를 해명하는 데에 있어서만이 아니라, 개인적으로나 집단적으로나 인생 문제에도 가까이 존재하는 것으로 보아야 한다.

이러한 이성의 문제를 생각함에 있어서 주로 의지하고자 하는 것은 르네 데카르트이다. 그는 말할 것도 없이 근대합리주의 철학의 비조(鼻祖)이고 인간사 일반에서 이성적 사고의 위상을 분명히 한 사람이다. 그러나 그것을 하는 데에는 그의 개인적인 삶의 관심도 중요한 역할을 하였다. 여기에서는 이러한 것들을 고려할 것이다.

사람의 사고가 삶의 현실에 가까이 있고자 한다고 하여도, 삶의 이론적 해석은 삶을 떠나는 일이다. 그러면서도 삶에 가까운 언술이 있고 그것으로부터 더 멀리 있는 언어 사용이 있다. 가령 문학작품과 문학작품에 대한 해석을 비교해보면, 이것을 쉽게 인정할 수 있다. 문학작품이 하는 일을 설명하는 데에 쉽게 사용하는 말은 재현(再現, representation, mimesis)이라는 말이다. 그러니까 문학작품은 언어로 만들어지는 구조물이면서도 현실을 재현한다고 말하여진다. 그러나 그것을 보다 합리적으로 이해하고자 할 때, 재현된 현실에 대한 문학비평의 논리적 분석이 필요하다. 현실을 논리적 언어로 풀어나가려는 인간의 노작 가운데 가장 대표적인 것은 철학이라고 할 수 있다. 말할 것도 없이 철학은 구체적 삶의 사실부터 떨어져 있는 가장 추상적인 언어 행위이기 쉽다. 그러면서도 거기에도, 그 해독(解讀)의 난이(難易)에는 관계없이, 스스로 삶의 현실에 가까이 있고자 한다고 주장하는 철학이 있고 그렇지 않는 철학이 있다. 적어도 스스로 주장하는 바로는 마르틴 하이데거의 철학은 있는 대로의 존재를 설명해보고자 하는 철학이다. 그의 주저 『존재와 시간』을 하이데거는 "기초 존재론(Fundamentalontologie)"이라고 말한다. 그렇다고 이것이 간단한 해설이 되는 것은 아니지만, 이 이름 자체는 이 저서의 목적이 있는 그대로의 존재를 해석해보는 것이라는 것을 천명하는 것이다. 달리 말하면, 그의 의도는 여러 가지 중간 매개체, 그 중에도 관습적인 개념을 멀리하면서, 존재 자체를 해명해보겠다는 것이다. 이 의도는 그의 저술의 도처에 보이는 것이지만, 『플라톤의 진리론』이라는 그의 저술은, 적어도 그 결론 부분에서 개념을 통하지 않는 존재의 해석이 무엇을 말하는가를 짧게 읽을 수 있게 한다. 그는 여기에서 어떻게 인간이 보다 직접적으로 존재에 근접할 수 있는가를 말하고자 한다. 플라톤이 여기에 특히 관계되는 것은 그의 이데아 개념 때문이다. 플라톤은 경험으로 아는 세계가 아니라 현실의 진정한 모습을 보여주는 것이 이데아라고 생각하였다. 하이데거의 플라톤 해석은 그의 이데아론을 비롯하여 모든 관념적 현실 접근, 이성주의를 비판하는 것이라 할 수 있다. 그것은 데카르트의 이성주의에도 적용된다.(그러면서 특이한 것은, 데카르트나 플라톤의 관념 철학에서 보게 되는 세계에 대한 합리적 이해가 확실성—지각의 확실성과 중복되는 확실성을 가질 수 있다는 사실이다. 하이데거에서 이것은 고려의 대상이 되지 않는다.)

여러 철학적 논의의 가능성에도 불구하고, 다시 말하건대, 언어를 통한 현실 접근은 경험의 직접성을 벗어나는 일이다. 이에 대하여 음악은 경험의 미적 형성의 결과임에도 불구하고—회화도 그러한 요소를 가지고 있다고 하겠지만—청각을 떠나서는 생각할 수 없는 인간의 구성물이다. 그것은 청각의 직접성을 가지면서 동시에 합리적 원리에 의하여 구성된 인조물이다. 조금 더 경험적 현실에 접근해보자는 의미에서, 이 글은 음악이 재현하는 현실을 생각해보는 일보부터 시작하고 그것으로 끝나게 될 것이다. 음악은 경험 세계가 존재하는 방식에 대한 한 모델을 보여준다고 할 수 있다. 물론 그러면서도 그것은 경험 세계의 혼란을 초월하는 형상적 구성물이다.

그러나 이 글에서 중심이 되는 것은, 이러한 유보 사항에도 불구하고, 주어진 삶의 현실—사회 현실 그리고 개체적 실존에 있어서 이성이 어떤 형태로 어떤 자리에 있어야 하는가 하는 문제이다. 이성은 인간의 내면에 존재한다. 그러나 내면에 존재하는 이성도 발견되어야 하고 개발 단련되어야 한다. 교육의 기능이 거기에 있다. 그러면서 이성은 외부의 세계 질서에도 존재한다. 그것도 발견되어야 한다. 그런 다음에 그것은 감각의 세계와 어울려 세계상의 씨줄 날줄이 된다. 이러한 줄이 하나로 묶인 것이 문화이다. 문화가 하는 일은 이성에 의한 삶의 옷감을 직조(織造)해내는 것만이 아니다. 사람의 내면 심성에서 중요한 것은 이성에 못지않게 감각에 대한 민감성과 감정이 있다. 그리고 그것은 그 나름의 인식론적 의의를 가지고 있다. 문화는 이러한 모든 것들이 하나로 짜이는 틀이고 사건과 창조의 모체(母體)이며, 메이트릭스이다.

그리하여 경험과 세계 이해에 대한 다각도적인 접근이 필요하다. 그리하여 이 글에는 이성의 주제 이외에, 방금 말한 바와 같이, 여러 주제가 들어가 있다. 이것들이 얼마나 일관된 논리를 가진 것이 될는지는 알 수가 없다. 이 글의 목표는 전체적으로 볼 때, 인간 현실이 어떻게 인간적인 것이 될 수 있는가 하는 문제이다. 여기에 골라본 몇 가지 주제는 삶의 현실에 대한 이성적 접근, 그리고 그것과의 관련에서 보는 더 직접적이고 유연한 접근 그리고 그것의 경험적 현실로의 구성—이러한 것들이다. 그에 대한 생각들은 아마 완전히 논리적인 것이라기보다는 수필처럼 생각난 것을 적어보는 일이 될지 모르겠다.

위에 말한 취지에 따라, 이 글은 1)서론, 2)음악의 세계—막스 리히터의 "꿈", 3)데카르트의 이성, 4)지적 감각적 확신, 5)하이데거의 플라톤론, 6)음악과 삶—이러한 순서로 전개될 것이다.

VI 경계 없는 정보의 세계

정보의 홍수

한계 내의 삶을 철저하게 부정하는 것으로 주목할 수 있는 현상의 하나가, 앞에서도 언급했지만, 정보의 확산이다. 대체적으로 말하여, 보다 인간적 삶이 보다 넓은 세계로의 열려 있는 삶을 말한다고 한다면, 보다 많은 정보는 그러한 삶을 촉진하는 요인으로 간주할 수도 있다. 생각하는 삶은 공부하는 삶이고, 공부한다는 것은 독서나 강의를 통하여 될 수 있는 대로 많은 정보를 확보한다는 것이 아닌가. 그러나 너무나 많은 정보, 하나로 통제할 수 없는 정보는 보다 나은 삶에 장애가 된다. 간단히 말하여, 정보의 홍수는 우리의 정신을 익사하게 할 수 있다. 그리하여 우리는, 정신없는 상태에 빠지게 되고, 그것은 인간적인 삶의 가장 기초적인 삶—중심이 있는 삶의 조건을 충족시키지 못하는 것이 된다.

문화도 정보를 포함한다. 또는 정보의 집적이 문화의 진보를 의미하는 것으로도 말하여진다. 그러나 문화는 무엇보다도 자체로써 의미를 갖는 삶의 모양이다. 그리하여 정보도 이 자체적 의미의 삶의 일부가 되어야 한다. 크든 작든 여러 가지 일에 대한 지식은 문화의 내용이 되게 마련이다. 그러나 그것이 참으로 문화적 의미를 갖는 것은 그것이 전체적인 인간 이해, 자연세계 이해의 일부가 될 때이다. 문화는 궁극적으로 인간 실존, 인간 세계, 자연, 우주 그리고 이 모든 것을 초월하는 어떤 차원에 대한 이해를 포함한다. 그리고 이 이해의 목적은 일단 이해 자체에 있다. 그것은 지적 호기심이 그것을 요구하는 때문이라고도 하겠지만, 삶과 그것을 에워싼 존재에 대한 이해는 삶의 심각성을 심화하고 그 안에서의 성실한 삶을 가능하게 할 수 있기 때문이다. 그러나 정보는 그 자체적 의미보다는 다른 목적에 이용될 수 있는 인간의 지식이다. 정보처나 국가정보처의 정보가 그러한 정보이다. 이 정보는 어떤 특정한 목적에 사용될 수 있는 정보를 말한다.

날로 확장되는 정보는 산업문명, 전자문명의 불가피한 운명적 결과물로 보인다. 그것은 교통과 통신의 발달의 자연스러운 결과이고 성취이다. 그러나 문제는 적어도 지나치게 급속한 정보의 발달로 하여 인간의 심성이 적응의 시간을 갖기 어렵게 된다는 것이다. 그러면서 마음은 열려 있는 듯하면서, 한없이 좁아진다. 본래부터 인간성이 그러한지는 모르지만, 깊고 넓게 생각할 수 없는 상황 또는 그러한 자기 훈련이 되어 있지 않는 경우, 사람이 본능적인 반응—특히 정보를 포함하여 밖에서 밀려오는 압력에 대한 본능적인 반응은 자기 방어이다. 그러한 상황에서 한껏 움직이게 되는 것이 이기적인 동기이다.

그런데다 앞에서 말했던 바와 같이 경제적 동기의 절대화 속에서 사람의 행동이 자연스럽게 이윤과 이익의 동기에 의하여 충동될 때, 인간의 관심은 한없이 좁아지게 될 수밖에 없다. 경제의 절대화 속에서 정보는 경제적 이익 확보의 수단이 된다. 가장 작은 수준에서는 선전이나 광고가 이 결합의 예라고 할 것이다. 선전이나 광고는 지식을 판촉(販促)의 수단이 되게 한다. 국가적인 규모에서는 지식산업, 문화 콘텐츠, 문화 융성, 창조경제 등이 문화 정보의 경제 전용(轉用)을 나타낸다. 물론 경제는 삶의 절대적인 조건인 물질적 토대를 이루는 인간 활동이다. 경제가 절대적인 중심이 되어 있는 세계를 비판적으로 본다고 하여도 그 조건 그리고 그 조건의 향상을 가볍게 보아 넘길 수는 없다. 그러나 많은 것들은 각각 독자적인 활동이고 존재이면서, 서로 공존하고 상호 부양(浮揚)하는 관계에 있을 때에 최상의 상태에 이른다. 개인의 자유와 공동체의 연대와 의무의 관계에서도 그러한 상호작용과 조화의 상태를 볼 수 있을 때, 이상적 질서가 성립한다. 유기적 생태계가 보여주는 것이 그러한 관계이고 질서이다.(물론 거기에는 부정적인 요소도 있다. 가령, 진화론이 이야기하는 생존경쟁, 적자생존은, 적어도 사람의 도의라는 관점에서는 부정적으로 말할 수밖에 없는 그러한 요소이다. 그러나 부정적인 요소를 어떻게 큰 긍정 속에 받아들이는가 하는 것도 반성의 대상이 된다. 종교나 문학—그 중에도 비극적 내용을 가진 문학은 이 문제에 대한 인간적 반성, 초월적 반성을 보여준다.) 인간의 문화적 활동은 그 깊이에서 삶의 문제를 다각도적인 관점에서 생각해보고, 그것을 조화된 삶의 질서로 발전시키고자 하는 노력이라고 할 수 있다.

문화 전체—그 전개의 단계마다 자족적이면서 존재의 무한으로 열리는 문화가 수행하는 것이 이러한 일이다. 이러한 전체에서 유리(遊離)되어, 정보 그리고 단편적 지식에 노출되는 개인은 자신의 진정한 모습을 알고 그것을 실현하기가 어렵다고 할 수밖에 없다. 좋은 삶은, 다시 말하여, 질서의 여러 요인들의 균형으로 이루어진다. 이것이 불가능할 때, 그 질서는 무너질 수밖에 없다. 말할 것도 없이 이 글에서 이러한 요인 모두를 생각하고 살필 수는 없다. 여기에서 시도하고자 하는 것은 이러한 요인들에 하나의 중심점이 된다고 할 수 있는 사항에 대한 약간의 고찰이다.

정보와 그 테두리

앞에서 오늘날 일어나고 있는 정보의 홍수를 이야기하고 그것에 이끌려

들어가는 이유를 몇 가지 말하였지만, 여기에는 또 다른 이유가 있다. 그것은 앞에 말한 것보다는 삶의 필요—공연히 과장된 것일 수도 있지만—삶의 필요에 의하여 충동되는 정보들이다. 여기의 정보는 주로 뉴스 정보를 말한다. 그것은 어떻게 생각하여야 하는가?

아침에 일어나서 처음에 하는 일의 하나는 대문을 나가 신문을 주어 오는 일이다. 이것은 다른 많은 사람들도 하는 일일 것이다. 어떤 일이 일어났고, 그것이 본인을 직접 겨냥하는 것이 아니라고 하여도, 그 일이 자기의 삶의 영역에서 일어난 것이면, 거기에 우선적으로 반응하게 마련인 것이 인간일 것이다. 아침에 배달되는 신문을 주우러 나가는 것은 이러한 주변 환경의 사정을 확인하려는 일에 해당한다고 할 수 있을 것이다. 왜 아침이면 신문을 가져오려고 서두는가 하는 질문에 대하여 나는 세상이 아직도 그대로 거기에 있는가를 알아야 하기 때문이라고 농담으로 답한 일이 있다. 더 나아가서 문밖으로 나갈 때는 발밑에 아직도 평평한 땅이 있는가 확인해보아야 한다고도 말했다. 문밖은 발걸음을 지탱해줄 수 있는가? 밤 사이에 완전히 꺼져버린 것이 아닌가? 이것은 농담이지만, 그런 대로 우리의 무의식이나 잠재의식의 한 측면을 이야기하는 것이라 할 수 있다. 그렇다는 것은 자신의 발밑이 아니라도 널리 세상이 그대로 버티고 있는가에 대한 걱정이 우리 마음에 있다고 할 수 있기 때문이다. 사실 사람은, 가장 기초적인 생물학적 차원에서, 그 마음씀을 자신의 몸이나 직접적인 물질적 환경을 넘어, 일정한 범위의 주변으로 확대하게 되어 있다. 동물 생태학에 '영토적 절대 명령(territorial imperative)'이라는 말이 있지만, 생명체는 언제나 자신 주변 공간을 일정한 넓이로 파악하고 그 안정성을 확인하고자 하는 강박적 본능을 가지고 있다,

그런데 이 환경 확인 본능이 유달리 크게 작용하게 된 것이 오늘날이다. 신문을 읽는 것이 거기에 관계된다고 한다면, 그것은 확실히 오늘의 사정

이 그러한 것이기 때문이라고 할 수 있다. 이야기의 시초가 동네 사람이 건너 마을에 갔다 오면 그 소식을 듣고자 하는 심리에 관계된다고 하고, 소설의 발달은 산업사회의 대두로 전통적인 이해의 테두리 안에서는 이해할 수 없는 일들이 많이 벌어지게 된 근대적 사정과 관계된다는 생각들이 있다. 오늘날은 그러한 테두리를 넘어 뉴스가 많아진 시대이다. 이것은 단순히 통신수단과 매체의 발달로 인한 것이라고 할 수도 있고, 그에 더하여 삶의 현실이 점점 더 넓은 관계망에 얽혀 들어간 때문이라고 할 수도 있다. 근래에 와서 삶의 관계망은 자기가 친숙하게 아는 주변에서 국가로 또 지구 전체로 확대되었다. 그리고 관심의 범위는 지난 수십년간의 정보 매체들의 발달로 하여 일찍이 볼 수 없었던 범위로 확대되었고 또 여행이나 사업 그리고 경제와 국제 정치의 면에서 이러한 범위는 현실적 의미를 갖는 것이 되었다. 그리하여 사람의 생활권도 전지구적이 된 면이 있고, 세계의 모든 뉴스가 나에게 관련되는 것이 되었다고 할 수 있다.

여기에서 이야기하는 것은 사실 단순히 관심의 대상이 아니라 걱정의 대상이 되는 뉴스의 범위를 말한 것이지만,이러한 관심은—여기에서 걱정보다는 관심이라고 하겠는데—동네나 국가 또는 지구를 넘어 태양계 그리고 우주 전반으로 확장될 수도 있다. 그러나 우주적인 공간이 자신의 삶과 어떤 관계가 있는 것일까? 지금의 시점에서 그렇다고 할 수는 없지만, 그러한 관심의 연장선상에 있을 것이라고 말할 수는 있을 것이다. 요즘에 와서 태양계 내의 어떤 사건, 특히 지구에 근접한 달이나 화성은 생활의 현실과 관련하여, 조금 더 심도의 관심사가 된 것으로 말할 수 있다. 별들을 탐색하는 데에서도 거기에 물이 있는가, 생명체가 있는가, 사람이 살만한 곳인가 하는 문제가 중요한 관심의 주축(主軸)이 되는 것을 본다. 그리고 이것은 다른 은하계에 지구에 비슷한 행성(行星)이 있는가 하는 데 대한 관심으로 이어진다. 얼마 전에는 영국에서는 백년간의 장기 계획으로 화성이주 지망자를 모집하여 훈련을 받게 한다는 뉴스도 있었다.

그러나 이렇게 말하면서도 조금 다른 인간 심성에 관하여 첨가 사항을 붙이는 것이 필요할지 모르겠다. 우주 공간과 같은 참으로 광막한 공간에 대한 관심은 실질적인 의미를 갖는다고 할 수는 없다. 사람의 심적 지향은 원초적으로 생존의 충동에서 나왔다고 하더라도 확대 변화하는 과정에서 전혀 다른 성격의 것이 될 수 있다. 그리고 그것은 다른 인간 심성의 지향으로 이어진다. 여기에서 그 다른 지향이라는 것은 초월적인 세계를 향하는 것이라고 할 수 있다.

이와 관련하여 또 하나 주의할 것은 작고 큰 공간에 대한 지향이나 호기심이 사람의 심성 내에서 중요한 역할을 한다는 사실이다. 큰 공간이 아니라 작은 범위의 일에서도 사물과 사물을 이어가는 데에도 공간은 중요한 기능을 가지고 있다. 그것은 사물을 연결하는 바탕이 내면화된 공간이기 때문이다. 그것도 전체적 지향의 근본이 된다. 그것은 개념화활동의 기본 양식을 이룬다. 이것은 그대로 확대되어 무한한 공간에 대한 관심이 된다. 사물에 관한 어떤 추론에서도 그렇다고 하겠지만, 가령, 수열(數列)을 생각할 때, 무한한 연속이나 총계를 생각하게 되는 경우에 단적으로 알 수 있는 것이라고 할 것이다. 이에 비슷하게, 하나의 중심 개념으로 잡다한 사상(事象)들을 정리하고자 하는 거대 이론이나 서사도 이러한 공간 본능에 이어지는 것인지 모른다. 모든 남녀관계 또는 더 나아가 인간관계를 성(性)으로 이해하고 해석하려는 것 또는 개인이나 삶을 하나의 이데올로기적 도식으로 포괄하는 것과 같은 일이 거기에 속한다. 우주 공간의 탐색 또는 그 시작으로부터 종말까지의 시간적 전개에 대한 고찰도 이러한 공간 의식 또는 그에서 나오는 지적 요구 또는 순수한 지적 호기심의 발로라고 할 수 있다. 물론 너무 많은 것을 하나로 설명하려하는 유혹은 오류 또는 단순화하는 결과를 낳는 것도 사실이다. 그러나 그러한 요구가 인간 심성에 있는 것은 사실일 것이다. 이러한 전체성에 대한 요구는 사실 인간의 이성적 사고의 근본 동기라고 할 수 있다. 또 존재의 초월적 차원에 이르고자 하는 인간의 소망에 일치한다.

그러나 더 직접적으로는 공간에 대한 관심 그리고 그것에 연결된 정보에 대한 관심이 생물학적으로 중요한 영토본능에 이어진다는 것은 변함이 없다. 영토적 충동에 있어서 자신의 삶의 둘레—환경을 걱정하고 생각하는 것도 전체로 마무리할 수 있는 사물의 범위를 확정하려는 지적인 요청에 이어진다고 할 수 있다. 이렇게 보면, 자기를 떨어져 있는 먼 공간 그리고 거기에서 일어나는 사건에 대한 인간의 관심은 생물학적 영토본능, 초월적 지향 그리고 인간 사고의 본질적 성격—이러한 것들에 관련된다고 할 수 있다. 이러한 것들을 구체적으로 해명하는 일은 심성의 양성에 있어서 중요한 과업이 된다고 할 수 있다. 그러나 여기에서는 일단 앞에서 말한 정보매체 그리고 삶의 관계망의 확장과 관련된 문제로 우리의 생각을 한정해보고자 한다.

정보 시대의 삶의 불안

시사한 바와 같이, 인간 언론매체, 여러 정보매체로 전해오는 정보들은 오늘의 삶을 규정하는 중요한 특징의 하나이다. 그것이 참으로 관심의 대상이 되어 마땅한 것인가는 분명치 않기 때문에, 이것을 적절하게 판별하고 정리할 수 있어야 한다. 정리되지 않은 정보—특히 단편적 정보는 불필요하게 삶의 불안을 증대한다. 그리하여 오늘날처럼 정보의 홍수 속에 살게 되는 때에, 사람의 마음은 끊임없이 방어적 충동에 의하여 지배되고, 삶은 안정을 잃어버린다. 특히 문제인 것은 그러한 정보들이 나 자신의 삶 그리고 우리의 삶에 직접적인 관계가 없는데도 그것이 우리의 마음과 삶을 불안으로 흔들어 놓는 경우가 많다는 것이다. 대처 방안은 삶의 범위에 적절하게 선을 긋는 것이다. 그러나 그것은 그것대로 문제를 가질 수 있다. 참으로 내가 관심을 가져야 할 일—사실적인 관점에서만이 아니라 도덕적 의무의 관점, 사람다운 삶의 조건으로서의 도덕적 의무라는 관점에서도 관심을 가져야 할 일에서 스스로를 차단하는 것이 된다고 할 수 있다. 적절한 삶의 테두리를 정하는 것은 언제나 문제일 수밖에 없다. 그것이 일정한 공동체에 일치할 때, 일정한 답이 된다고 할 수 있지만, 이러한 공동체가 사뭇 흔들리게 된 것이 오늘의 상황이다. 그런 점에서 그에 대한 결정은 개인의 적절한 판단에 달려 있다고 할 수 있다. 어떤 실존주의적 철학에서 이야기하듯이, 불안에 면하여 사람은 주어진 대로의 의식으로부터 반성적 자아로 이행하게 된다. 반성적 자아는 실존적 불안은 물론 정보의 불안으로부터도 벗어날 수 있는 주축이 될 수 있다. 이러한 자아는 개인적 노력의 결과로 얻어지는 것이기도 하지만, 동시에 사회의 문화적 자원에서 뒷받침될 수 있다. 이 자원에서 중요한 것은 철학적 반성의 훈련을 중요시하는 교양전통이라고 할 수 있다. 그러나 의식화된 자기 형성의 절차 이외에도 일반적인 문화 자원 또는 문화가 내장하고 있는 하비투스가 중요한 것도 사실이다.

Ⅶ 인털루드
—수면과 음악의 시공간/복합적 전체성의 테두리

정보 과대의 문제가 있다고 하지만, 그에 따른 다른 현상으로서 문화의 교환관계가 늘어나고 있는 것도 오늘의 현실의 일부이다. 필자가, 위에 말한 문제들을 생각하고 있었는데, 외국에 거주하는 어린 친족 아이로부터 음반 하나를 최근에 선물로 받았다. 그것은 막스 리히터(Max Richter)라는 독일 출신이면서 영국에 거주하는 신예 작곡가의 CD였다. 곡의 제목은 〈잠(Sleep)〉이다. 이 "잠"의 공연 시간은 8시간에 이르는데, 원래 그것은 밤 12시로부터 시작하여 아침 8시간까지 연주되어야 하는 것으로 되어 있다. 그리고 그것을 듣는 사람은 잠을 자면서 그것을 듣는다. 그러나 금년 초에 도이췌그라모폰에서 출반된 것은 이것을 한 시간 정도로 압축한 것이다. 이 음악은 사람이 어떻게 여러 정보를—물론 주로 음악에 관련된 것만이 문제가 되지만—하나로 종합하고 하나의 의식의 공간을 형성하게 되는가를 보여주는 예라고 할 수 있다.

음반에 따라오는 소책자는 작곡자의 견해와 다른 해설들을 싣고 있다. 리히터는 이 곡을 해설하는 말에서 "'잠'은 8시간 계속되는 자장가"라고 말한다. 그것을 더 설명한 그의 말은 다음과 같다.[5]

5 여기 Richter의 말은 2016년 Deutschegrammophon 판 "Sleep"에 첨부된 소책자에서 따온 것이다.

> 삶의 회오리바람은 너무나 빠르고 시간이 급하다. 내 아이들을 보면서 나는 걔들이 어디에서 평안을 찾을 것인가 하는 염려가 생긴다. 갓난아이로서 팔을 [하늘로] 뻗치고 세상을 믿고 있던 평안하던 시간은 어디로 갔는가. 오랫동안 나는 걔들을 편안하게 할 무엇인가를 작곡하고 싶었는데, 이 곡은 바로 미쳐 돌아가는 세상을 위한 나의 자장가이고, 보다 느린 삶을 위한 선언문이다.

잠은 모든 사람이 알고 있고 아끼는 휴식의 시간이다. 푹 자는 것은 푹 쉬는 것이다. 회오리바람처럼 너무나 빠르고 급한 인생, 미쳐 돌아가는 세상("frenetic world")에 안정과 위로가 되는 것이 제대로 자는 잠임에는 틀림이 없다.(정보가 전해주는 것은 이런 미쳐 돌아가는 세상의 소식이다.) 잠은 시끄러운 삶을 멀리 할 수 있게 하지만, 죽음은 아니다. 그것은 삶의 완전한 정지도 아니라, 삶의 일부이다. 잠이 갖는 의미는 무엇인가? 잠이 휴식이라면, 휴식은 삶이 다시 이어지는 것을 도와주는 것일 터인데, 이 다시 이어지는 삶의 무엇을 도와주는 것일까? 또는 더 일반화하여, 사람이 잠을 잘 때, 사람은 존재 일반과 어떤 관계 속에 있는 것일까? 사람의 존재는 분명하게 규정할 수 없는, 큰 존재의 지평 속에 있다. 그러나 이때 둘 사이에 관계를 맺어주고 있는 것은 인간의 의식이다. 의식이 있어서 자아가 성립하고, 또 자아에 대하여 대상적으로 존재하는 세계가 있다고 할 수 있다. 그런데 의식이 잠든 상태에서, 거기 있는 존재(Dasein)로서의 사람과 존재 일반은 어떤 관계 속에 있는 것일까?

심리학의 관점에서, 수면이 사람의 삶의 심리적 균형을 유지하는 데에 중요한 기능을 수행한다는 것은 자주 지적되는 사실이다. 이 연구에서 수면은 대체로 세계와의 접촉에서 오는 정보 과잉으로부터의 휴식을 기능하게 하는 기능 그리고 다른 한편으로는 그 정보들을 적절하게 관리 처리하는 기능을 갖는 것으로 이야기된다. 전형적인 수면은 단파 수면(short wave sleep, SWS) 과 '렘' 수면(Rapid eye movement sleep, REM)으로 분리되어 진행되는데, 앞의 수면 시간은 오래된 기억들을 재구성하고, 뒤의 시간은 최근의 정보를 여과 정리하는 기능을 가진 것으로 분류된다.

잠이 하는 일이 휴식을 얻고 휴식 속에서 의식 상태를 정리하는 일이라고 하는 것은 부정할 수 없는 사실일 것이다. 막스 리히터의 음악에서도 잠의 음악은 의식을 정리하는 작업을 한다고 할 수 있다. 그러면서 이 정리는 조금 더 적극적인 의미를 갖는다. 즉 정리한다는 것은 여기에서 창조하는 정리이다. 또는 창조를 가능하게 하는 정리이다. 정신분석에서 사람의 꿈이 억압된 성 충동에서 나오는 욕망을 변형하여 새로운 꿈의 현실을 만들고, 그럼으로써 대리만족을 가능하게 한다는 것은 자주 말하여지는 사실이다. 그러나 꿈은 조금 더 적극적인 의미에서 소원의 성취에 관계된다. "꿈을 갖는다", "꿈을 이룬다"와 같은 표현이 꿈의 그러한 뜻을 표현한다. 그러나 꿈은 한 걸음 더 나아가 사람의 심상과 현실의 일치하는 세계를 그리는 일을 한다.(또는 그렇게 생각해볼 수도 있다.) 그것은 몽상(夢想)이면서 잠재적 현실화의 공간이다. 리히터의 "꿈"의 해설 책자에는 영국의 낭만주의자 새뮤얼 콜리지의 『문학평전 Biograhia Literariria』으로부터의 인용이 나와 있다.

> 당신이 잠이 들고 잠속에서 꿈을 꾸고 꿈속에서 하늘나라에 갔다가, 기이하고 아름다운 꽃을 한 송이 꺾었는데, 잠에서 깨어나 보니, 당신의 손에 그 꽃이 들려 있다면, 그렇게 되면?

이러한 꿈과 현실의 혼융(渾融)은 완전히 환상에 불과한 것이지만, 이러한 혼융이 현실의 예비작업을 상징한다고 말할 수는 있을 것이다. 리히터의 곡은 이에 비슷한 꿈의 창조적 가능성을 말한다고 할 수 있을는지 모른다. 음악은 말할 것도 없이 상상력의 구성물이다. 그러면서 음악은 그 나름의 현실을 만든다. 그것은 상상된 현실이다. 그러면서 그것은 듣는 사람으로 하여금 그의 현실 경험을 새롭게 창조하게 한다. 그 점에서 음악—리히터의 음악은 창조를 위한 공간—일정한 질서를 가진 공간을 제공한다. 잠도 이러한 의미에서의 창조의 공간이다.(물론 위에 말한 수면 연구에서의 잠의 기능도 의식의 공간을 정리하여 다음의 삶을 가능하게 하는 것이다.)

리히터는 오랫동안 사람의 수면 현상에 대하여 관심을 가지고 있었다고 한다. 그는 사실 사람이 하는 일 가운데 시간을 제일 많이 쓰는 것이 잠자는 일인데, 일생 동안 사람이 자는 시간은 수십 년에 이른다는 사실에 주목한다. 다른 평자의 말에 따르면, 리히터는 그 자신 하루에 23시간 정도 잤으면 했다고 한다. 그러나 23시간 잔다는 것이 반드시 보통 의미하는 잠을 말하는 것은 아닐 것이다. 즉 단순한 휴식은 아니라는 말이다. 잠이란, 그의 생각으로는, "존재와 비존재의 중간에 있는 가사상태(假死狀態) 또는 가생상태(假生狀態)"를 말한다. 그리고 그는 그가 음악 작업을 하는 것은 바로 이 상태에서라고 한다. 잠을 주제로 한 음악을 만들면서 그가 묻는 것은 "깨어 있는 것이 아닌 상태에서 음악과 의식 사이에 상호 작용이 있는 것인가, 없는 것인가? 음악은 참으로 [잠과 의식이 공유하는 창조적 공간인가] 하는 것"이라고 한다. 그리고 그는 이 의문에 대하여 긍정적인 답을 하는 것으로 보인다.

아이를 재우기 위하여 자장가를 한다고 하면, 자장가라는 음악은 아이의 잠을 촉구하는 데에 어떤 역할을 하는 것일까? 그것은 잠을 자게 하면서, 그 잠이 삶의 연속일 수 있게 하는 것일 수 있다. 비록 어른은 잠만을 겨냥하다고 하여도, 아이에게 그것은 다음의 삶을 준비하는 일이다. 물론 준비를 위해서는 앞에 일어났던 것을 정리하는 일이 필요하다. 리히터가 말하는 대로, 음악과 의식 사이에 어떤 종류의 상호작용이 있다는 것은 틀림이 없을 것이다. 리히터는 이것이 자장가의 경우만이 아니라 더 세련되고 복잡한 음악에도 해당되는 것이라고 생각한다. 작품 〈잠〉은 바로 그러한 기능을 상정한다. 그는 이러한 상호작용의 선례로서 바흐의 〈골드베르크 변주곡〉을 언급한다. 바흐의 이 곡은 불면증에 시달리는 어느 영주의 부탁으로 그 고통을 완화하기 위하여 작곡된 것이라고 한다.(러시아 대사가 작센 공국[公國] 카이젤링 공작의 불면증에 대한 처방으로 이 곡을 주문한 것인데, 카이젤링공이 잠에 들지 못할 때마다 합시코드 연주자 골드베르크가 이 곡을 연주하였다는 이야기가 전해온다. 그러나 이것이 사실인가 아닌가에 대해서는 논란이 있는 것으로 보인다.) 리히터는 CD 소책자의 이 곡에 대한 설명에서 변주곡의 특징 그리고 그의 작품 〈잠〉에서 그가 강조하고자 했던 것을 말한다. 그는 원래 변주곡이라는 음악 형태를 좋아한다고 한다. 음악의 곡은 대체로 그 구조에 있어서 주제를 변형 발전시키는 형태를 가지고 있다. 그런데 변주곡에서 주제와 발전이나 변형이라는 형식은 훨씬 강화된다. 그리하여, 비슷한 악구(樂句)의 되풀이가 눈에(또는 귀에) 띈다. 그 결과 대체로 변주곡에서는, 뒷부분에 가서(다른 곡의 경우에도 일어나는 일이기는 하지만), 연주자의 즉흥적인 변주가 추가된다. 리히터가 변주곡에 호감을 갖는다는 것은 이러한 변주곡에 부대(附帶)하는 창조적 특성과 새로운 창조의 가능성을 예감하기 때문이라고 할 수 있다. 그가 취한 변주곡 형태에 대한 설명은 이러한 특징과 가능성을 지적한다.

변주곡은, 리히터의 말로는, "동일성, 기억, 그리고 반복(identity, memory, repetition)"을 가지고 자유로운 놀이를 가능하게 한다. 이미 말한 바와 같이, 악곡은 대체로 주제(theme), 그것의 반복과 변주—이러한 요소들로 이루어진 구조를 가지고 있다. 방금 인용한 말, 동일성, 기억, 반복도 대체로 그러한 것을 말한다고 할 수 있다. 다만 이 말들은 동시에 사람의 심리를 말하는 것으로 읽을 수 있다. 즉 자기 정체성, 그것의 기억을 통한 확인, 그리고(변형된) 정체성의 되풀이—이렇게 생각할 수도 있다는 말이다. 그렇다는 것은 음악의 경험은—많은 예술적 경험 그리고 사실 인간의 경험 자체가 그러하듯이—외부에서 오는 음악과 경험자의 정체성과의 상호작용이라고 볼 수 있기 때문이다.(다만 음악의 경험은 경험 일반과는 달리 구조화된 객체적 표현과의 상호작용이다. 이것은 다른 예술 경험의 경우 그리고 조금 다른 관점에서 반성적 철학에도 해당된다고 할 수 있다. 그리하여 이러한 체험들은 자기 정체성의 형성 또는 인간 형성에—Bildung에 중요한 의미를 갖는다.)

그런데 또 중요한 것은 이러한 정체성의 확인을 가능하게 하는 공간이 작품에서 주어지게 된다는 것이다. 리히터는 이 곡을 설명하여 말한다. "악곡에 테마가 있다는 사실에 우리는 익숙해 왔다. 그것이 음악의 자료가 된다. 나는 그게 아니라 이 음악을 듣고 있는 청자(聽者)의 경험을—자든지 깨어 있든지—작품의 가운데에 놓이게 하였다. 그래서 이 음악에 대한 청자의 경험이 주제가 되고, 청자가 머무는 자리, 풍경이 음악의 자료가 된다. 같은 이유로, 듣는 행위의 직조적(織造的) 측면, 짜깁기의 측면을 강조한다. 여기에서 짜 넣는다는 것은 전자음악 전통에서 나오는 배경적 울림 그리고 변형한 기타로 내는 반복적 리듬과 소리에 연결하여 그렇게 한다는 것이다. ["잠"에는 전자 오르간이 들어가 있다.] 그리하여 몽상(夢想)의 풍경을 만들어낸다." 이어서 리히터는 여기에 다성음악적(polyphonic)이고 대위법적인 전개가 가미된다고 말한다. 이렇게 스스로 설명하는 리히터의 꿈의 음악의 구성은 조금 더 자세한 전문적 분석을 요구하겠지만, 우리가 말하고자 하는 것에 관련하여, 우선 주목할 수 있는 것은 "이 음악을 듣고 있는 청자의 경험"을 음악의 테마가 되게 하고 "청자가 머무는 자리, 풍경이 자료가 되게 한다"는 말이다.[6] 이것은 반은 청자 자신이 작곡을 한다는 것을 뜻한다. 그러나 이미 연주가 되고 있는 곡을 어떻게 작곡할 수 있는가? 그것은 아마 작곡자 자신, 리히터가 그것이 가능하게끔 자신의 음악을 작곡하였다는 것일 것이다. 즉 곡, "잠"이 청자의 참여를 예상하면서 들을 수 있는 곡이라는 말이다. 그렇다는 것은, 달리 말하면, 청자가 상상 속에서 멜로디나 장단을 삽입하게 할 수 있게끔 곡을 구성하였다는 것이다. 서양 음악의 경우가 아니지만, 판소리에서 고수[鼓手]나 청중이 추임새를 하는 것이 그 간단한 예라고 할 수 있다. 그러나 어떤 음악에서나 음악을 듣는다는 것은 들리는 음악을 청자가 마음속에 되풀이한다는 것이고 그 되풀이 속에서 청자 나름의 변주가 첨가되는 것이 아니겠는가?(다른 사람의 말이나 낭독을 듣는 경우에도 사실은 이러한 모방과 재현과 변주가 일어난다고 할 수 있다.) 리히터의 음악에서는 이러한 청중 또는 청자의 개입이 조금 더 적극적일 것으로 생각된다. 전자음악이나 조율을 달리한 기타에서 나오는 배경적 울림이나 되풀이되는 소리는 결국 반주의 성격을 가지고 있어서, 멜로디, 박자, 화음 등을 첨가 투입할 수 있을 것이기 때문이다. 그리하여 리히터 자신이 제공하는 것은 하나의 자리, 공간이며, 그것을 활용하는 것은 청자 자신이 된다.

그런데, 문학이나 미술의 경우도 그러하지만, 사실 작품을 보거나 감상한다는 것은 보거나 듣는 사람의 의식에 의한 재구성을 필요로 한다. 그리고 감상자의 주관이 개입됨으로써, 이 재구성은 원본과 차이를 가질 수밖에 없다. 리히터는 "듣는 것(hearing)"과 "귀 기울여 듣는 것(listening)"—이 둘 사이에 차이가 있는가에 대하여 생각하고, 〈잠〉과 관련하여, 잠을 자면서도 "귀 기울여 듣는 것"이 가능한가를 생각하였다고 한다.(〈잠〉에 첨부된

6 이 부분의 영어 원문은 다음과 같다: "So the theme the work is the listener's experience of it, and the musical material is the landscape which he or she inhabits."

해설에서, 팀 쿠퍼(Tim Cooper)가 인용.) 이것은 리히터가 수면 중에도 〈잠〉을 청취자가 심각하게 들었으면 하고 희망하였다는 말이겠지만, 많은 사람이 음악을 듣는 것은 그저 '듣는' 것이다.(상점에서 틀어놓는 배경 음악은 대체로 이러한 것이다), 그런 경우에 음악과 개인적인 일이나 상상의 혼합은 불가피할 것이다. 이것은, 차이가 있는 대로, 귀 기울여 듣는 경우에도 크게 다르지는 아니할 것으로 생각된다. 대체로는 음악을 듣는 것은 송신자로서의 작가와 수신자로서의 청자 사이의 교환관계라고 할 수 있다.

그리고 여기에 전체적으로 틀이 되는 것은 송신하는 작가가 준비한 공간, "풍경"이다. 이 풍경 안에서 수신자의 창조적 의지와 송신자의 틀이 맞아들어 가는 것이다. 그리하여 그 풍경은 대화의 공간이 된다. 그리고 그 대화에는 조화가 있다. 그리하여 그 공간은 대화보다는 하나의 조화의 공간이 된다. 위에서 리히터가 미쳐 돌아가는 세상에서, 어린 아이들에게 어린 시절의 안정과 위로를 되돌려주는 음악을 작곡하고 싶었다면, 이러한 조화의 공간으로서의 음악 또 거기에서 벌어지는 조화의 시간이 그 목적을 달성한다고 할 수 있다. 거기에서는 개인의 창조적 의지와 그것이 실현되는 공간 사이에 아무런 부조화가 없다. 그리하여 이러한 음악의 공간에서 개인 너머에 있는 외부 세계는 개인의 의사를 넘어 빠르게 그리고 미쳐 돌아가는 공간이 아니게 된다. 이러한 상호작용과 조화의 공간은 바로 이상적인 공간—사람이 그 가운데에 위치하기를 바라는 이상적인 공간이 아니겠는가.

공간 조율(調律)과 합리화

그런데 여기의 공간은 반드시 단순한 교환과 소통의 공간은 아니다. 그것은 일정한 규범으로 정리되어 있는 공간이다. 규범은 작곡자가 만든 것이다. 그리고 물론 작곡자는 음악 자체 또는 음악의 전통이 정하는 규범을 따른 것이다. 어떤 경우에나 음악은 소리가 아니다. 서양음악은 다른 어떤 음악보다도 특히 합리적 구조를 가지고 있는 음악이라고 할 수 있다. 막스 베버는 서양의 근대음악의 합리화 과정에 대하여 언급한 일이 있다.[7] 앞에서 바흐의 〈골드베르크 변주곡〉을 말하였지만, 그의 다른 곡, 〈평균율 클라피르(Das wohltemperierte Klavier)〉에서, 그 제목에 보는 바 "평균율"이라는 말도 음과 음 사이의 간격을 균일하게, 그러니까 보다 합리화하려는 노력을 나타낸 것이다. 이 합리화는 바흐 이전 이후의 작곡가들에 의하여 계속되었던 서양 음악 발전의 역사적 결과이다.

음악의 규범화된 조화는 근대 서양에서 그리고 일반적으로 근대적 인간의 생존 조건을 구현한 것이라고 할 수 있다. 베버가 지적한 서양 음악의 합리화는 바로 그가 서양의 근대화 과정 전체를 두고 말한 바 '탈마술화(Entzaueberung)' 과정의 일부라고 할 수 있다. 그리고 이것은 물론 합리화(Rationalisierung)의 다른 면을 말한다. 이 역사적인 과정에서 이성적인 관점을 강화하는 것이 인간에게 세계를 이해하는 그리고 세계 내에 사는 길이 된다. 물론 근대나 서양을 떠나서도 반성적 자아 또는 사고하는 자아를 명확히 하는 것은 집단적으로나 사회적으로 삶을 일정한 질서 속에서 파악하는 일이다. 근대나 서양이 전면에 놓이게 되는 것은 그러한 과정이 특히 두드러지고 지배적인 것이 된 것을 인정하는 것일 뿐이다. 그러나 그것은 어떤 상황에서나 삶을 파악하는 필수 조건이다. 위에서 잠깐 살펴본 음악—리히터의 곡(曲)이 촉발하는 생각들도 그것을 확인하는 일이었다고 할 수 있다. 다만 여기에서 주안(主眼)이 되는 것은 음악의 형식화가 이루어낼 수 있는 평형의 상태이다. 이 형식화의 동인(動因)에 이성이 있다. 그러나

7 cf. J. E. T. Eldridge(ed.), *Max Weber: The Interpretation of Social Reality*(London: Michael Joseph, 1971), pp. 235~240.

음악의 공간에서 중심에 있는 것은 심미적 사고이다. 말할 것도 없이 음악이 주로 자극하는 것은 감정이다. 감정의 자료가 심미적인 형식화로 일정한 형상(形相)을 얻는 것이다. 그러나 음악적 균형의 순간은 삶의 혼란 속에서 예외적인 순간이다. 삶 자체가 질서 속에서 파악되고 영위되기 위해서는 보다 간단한 원리로서의 이성의 확인이 필요하다. 사람의 삶—생물학적 존재로서 또 사회적 존재로서의 사람의 삶에 지적으로나 현실적으로 질서를 부여하는 가장 확실한 원리는 이성이다. 동시에 그것은 개인의 개인됨을 확인해주는 원리이기도 하다. 그렇다는 것은 개인이 개체로서의 스스로를 확인하는 것은 자신의 사고를 통하여—이성적 사고를 통하여서 가능하기 때문이다. 이성은 개인의 개인됨과 그 세계 내의 존재로서의 위치를 확인하게 하는 원리이다. 사회적으로도 물론 그러하다. 이성적 법칙을 통하여 사람은 분명하게 사회적 규범을 만들어내고 그것에 복종하면서 또 동시에, 그것이 자신의 내부에서 나오는 이성에 입각한 것이기 때문에 자기의 독자적인 존재를 확립한다. 그러나 이러한 이성적 질서—외면과 내면에 걸치는 이성적 질서는 하나의 독자적 질서로 존재하면서, 그것이 진정으로 깊은 존재론적 의미를 갖기 위해서는 내면으로 돌아가 내면적 공간으로 존재하여야 한다. 그리고 그 공간은 창조의 공간—완전히 새로운 것이 아니라 동일성과 기억과 반복을 통한 창조의 공간이 되는 것이 옳다. 리히터의 음악을 생각함으로써 깨닫게 되는 것은 이러한 공간이다. 합리성은 인간의 내면에서 나오는 원리이다. 그러면서 그것은 사물의 질서 그리고 사회적 질서에서 그 대응으로서의 이성적 질서를 발견하고 구성한다. 그러나 그러한 질서는 내면에 뿌리를 가지면서도, 다시 외면적 질서가 된다. 그리고 경직한 질서가 된다. 음악의 체험 또는 일반적으로 예술적 체험은 이것을 다시 창조적 유연성을 가진 내면적 질서가 되게 한다. 삶의 질서에 필요한 것은 참으로 유연한 이성의 질서이다. 그것은 이성 그리고 감정을 그 여러 변조하는 형상 속에 수용할 수 있어야 하고 개체적 창조를 허용하는 것이라야 한다. 그리하여 그것은 세계를 하나로 하면서, 동시에, 사람의 마음에 존재하는 창조적 공간을 통보(通報)한다.

Ⅷ 이성적 자아
—데카르트의 이성과 윤리

정보 자료의 바다에서의 이성의 항로 찾기

위에서 빠르고 미친 세상에서 어떻게 평화와 안정을 찾느냐 하는 것이 오늘의 문제의 하나라고 하였다. 그것은, 이미 말한 바와 같이, 사건들이 미친 듯 급하게 일어나는 것을 말하기도 하지만, 동시에 정보의 홍수에 휩쓸려가는 삶을 말하기도 한다. 그런데 정보는 단순히 일상생활에서만이 아니라, 조금 더 신중한 의미에서 많은 자료를 가지고 학문의 능력—소용과 정리 능력을 향상하려는 노력에서도 문제를 일으킨다. 이것도 그러한 과잉 정보의 하나일지 모르지만, 뉴욕타임스의 한 보도에 "데이터말세(datageddon)"라는 말이 등장하는 것을 보았다. 이것은 요한복음에 나오는 세계의 종말을 가리키는 말(Armageddon)과 데이터(data)를 합친 말로, 미국의 어느 생물학자가 최근에 열린 국제 의료생물학대회에서 쓴 말이라고 한다. 넘쳐나는 데이터에 휩쓸리지 않기 위해서 필요한 것은 수학적 사고로써 데이터들을 정리하는 것이다. 그러니까, 생물정보학(bioinformatics)의 도움이 절실해지는 것이다. 이것은 다른 학문분야에도 해당된다. 실제 사회과학에서 또 언론 매체의 보도에서, 계량적인 자료가 점점 중요해진다. 아마 인문과학에도 얼마 되지 않아서 그러한 것이 필요하게 되는 날이

올 것이다. 특정한 문제에 관련된 정보를 찾아내는 방법으로 "데이터마이닝"이라는 말이 쓰이는 것을 본다. 말하자면 광산에서 특정 광물을 채굴하는 것처럼 관련 정보 자료들을 건져내는 작업이다. 무엇이 관련 자료인가 하는 것은 연구자의 주제에 의하여 결정된다. 말할 것도 없이, 그 결정은 주제의 관점에서 유용한 자료를 선택하는 것이다. 그런데 이 유용성은, 위에서도 이러한 점을 논의하였지만, 전체의 관점에서 문제를 반성적으로 살펴보는 것은 아니다.

방금 말한 것처럼 정보처리에서 정보과학이 모델로 삼은 것은 수학적 사고이다. 그러나 이러한 정보 채굴이나 정보 처리에 움직이는 사람의 능력을 조금 더 넓게 잡으면, 거기에 움직이는 것은 인간의 이성이다. 이렇게 조금 넓혀서 말하는 것은 기술적으로 면밀화된 이성—수학적 또는 통계적 지성은 인간 능력 전체의 테두리 그리고 인간성 전체에 대한 관련을 벗어나기 쉽게 때문이다. 이성은 모든 학문에서 기본적인 인간능력이고, 그것은 또한 전체의 근골을 지탱하는 능력이다.

사실 모든 학문은 고유의 방법적 이성 또는 지성의 작용에 의존하면서도, 그것의 보다 넓은 이성과의 관련 그리고 이성의 보다 넓은 인간적 관련을 의식하여야 한다. 이러한 넓은 의미의 있어서의 이성은 무엇보다도, 인문과학에서 중요하다. 그것은, 다른 분과과학에 비하여, 무엇보다도 문화 전체에 대한 반성적 성찰을 목표로 하는 학문이 인문과학이라고 할 수 있기 때문이다. 그 탐구에는 이성적 성찰이 중심이 되지만, 물론 상상력과 다른 인간 능력도 거기에 참여한다. 그러나 수학적 지성은 인문과학에서도 경시될 수 없다. 모든 학문적 노력은 수학이 대표하는 합리적 정확성을 지향하고, 이것은 인문과학에서도 마찬가지이다. 인문과학에서도 수학적 지성은 특히 데이터가 많아지는 시대에 필요한 인간 능력일 것이다. 얼마 가지 않은 미래에 수학적 인문과학이 성립할지도 모른다. 그러나 인문과학이 요구하는 것은 보다 넓게 생각된 이성적 능력인 것은 틀림이 없다. 그리고 그것은 인간문제를 생각하는 여러 계획에서 마찬가지라고 할 수 있다. 방금 말한 바와 같이 가장 넓은 관점에서 인간의 문화 그리고 인간 존재를 되돌아보는 것이 인문과학 또는 더 나아가 인간과학의 목표이다. 그렇다고 그것이 인간생존의 보다 과학적인 기초를 떠난다는 것은 아니다. 그것은 방법론적으로만이 아니라 연구 대상의 측면에서도 과학과의 상호작용을 유지할 수 있어야 한다. 그리고 또 한 가지 인문적 이성은 철저하게 자기 반성적인 것이라야 한다. 그것은 스스로의 움직임에 대하여 생각할 수 있어야 한다. 그렇게 함으로써, 여기의 이성의 작용은 모든 것을 포괄할 수 있을 것이다. 그리하여 그것은 진정으로 전체성을 지향할 수 있다. 물론 이 전체성은 끊임없는 자기 회귀를 요구하는 것이기 때문에 완전히 끝에 이를 수 없는 것이 된다.

다시 말하여 이러한 이성적 반성의 작업이 필요한 것은 인간 존재 전체에 대한 반성이 모든 것의 기초이기 때문이다. 인간에 대한 사고는 존재론적 사실 속에서 인간 존재의 위상을 생각하는 것으로 그치게 될 것이다. 그 점에서 그것은 비교적 단순하다고도 할 수 있는, 또는 원초적이라고 할 수 있는, 흔히 볼 수 있는 철학적 사고로 돌아가는 일이 될 것이다.

이러한 문제들을 생각하는 데에 있어서, 즉 인간 존재의 총체적 상황에 대한 고찰을 생각하는 데에 있어서, 다음에 진부한 감이 없지 않은 일이기는 하지만, 서양 사상사에서 이성주의 철학의 비조(鼻祖)도 말하여지는 데카르트를 잠깐 되돌아보기로 한다. 그것은 이성의 원리가 어떤 것인가 하는 것을 되돌아보면서, 그것이 어떻게 인간의 삶의 현실에서 핵심적인 자리를 차지하게 되는가를 생각해보자는 뜻에서이다.

학문과 삶의 현실

어떤 인물을 철학자라고 할 때, 흔히 떠올리는 이미지는 상아탑의 학자 또는 대학의 강의와 연구에 종사하는 교수를 생각하게 되지만, 데카르트는 근대 서양철학의 시발점이 되는 철학자이면서도 반드시 방금 말한 의미에서의 철학자라고 할 수는 없다. 그의 저서 가운데에 많이 읽히는 것은 『방법서설』이다.(그 제목 전체는 〈자신의 이성을 바로 인도하고 과학의 진리를 탐구하는 방법에 과한 담론〉이다.) 특이한 것은, 이 책이 다분히 자전적(自傳的)인 요소가 강한 저서라는 것이다. 여기에서 강하게 주장되고 있는 것이 이성적 사고라면, 그것은 삶의 여러 문제를 적절하게 처리할 수 있는 원리가 이성이기 때문이다. 거기에서 출발하여 그것은 사고의 원리, 사물 세계의 원리로 드러나게 된다. 데카르트를 되돌아보면서 우리가 생각해보자 하는 것은 이러한 여러 관련이다.

『방법서설』의 머리 부분에서 데카르트는, 그가 의도하는 것은 이성을 바르게 사용하는 방법을 누구에게 가르치려는 것이 아니라 자신이 어떤 경로를 통하여 자가 나름의 방법을 찾게 되었는가를 진술하려는 것이라고 말한다. 그리하여 그는 그의 인생 역정을 되돌아보면서—물론 완전히 자전적인 이야기는 아니지만—그의 논의를 펼쳐 간다. 이것은 단순히 자기 고백의 의도에서 그런 것은 아니다. 데카르트는 철학자이고 수학자이고 또 물리학자이다. 그러면서도 그의 관심은 삶과 세계를 포괄하는 모든 것의 원리를 찾으려는 것이었다. 『방법서설』은 그의 나이 41세 때의 저작이다.(그는 54세에 작고하여, 그렇게 장수한 저술가라 할 수는 없다.) 합리적 사고의 방법을 밝히는 일은 일찍부터 그의 관심사였다. 32세에 쓴 〈정신의 방향잡이를 위한 규칙〉은 그 제목에서 이미 이러한 방법론을 주제로 하고 있다. 그는, 이 저술의 첫 부분에서 그가 관심을 가지고 있는 것은 어떤 특정한 문제나 분과과학의 문제가 아니라 그 모든 것을 포괄하는 "보편적 지혜"라고 말한다. 이 저술은 결국 사고의 방법을 논하는 것이 되지만, 그것은 사물 세계의 모든 것을 포괄적으로 이해하려는 것을 목표로 한다. 여기에는 인생의 문제도 포함된다. 그는 쓰고 있다:

> [특정한 과학이나 문제를 풀고자 하는 사람은] 자연이 그에게 부여한 이성의 빛을 더 크게 할 수 있는가를 생각할 일이다. 그것은 어떤 학파의 이런저런 어려운 난제를 풀기 위해서가 아니라 삶의 하나하나의 계기에 처하여 그의 지능이 어떤 결정을 내려야 할 것인가를 보여주기 위해서이다.[8]

이렇게 데카르트는 『방법서설』보다 더 엄밀하게 '방법'을 논하는 그의 저서에서 말하고 있는데, 이것은—즉 과학에 필요한 이성이 삶의 구체적인 계기에서 실제적 지침을 줄 수 있다는 것을 말한 것이다. 같은 생각은 『방법서설』에도 표현되어 있다. 과학적 사고가 학문과 인생의 길잡이가 된다는 것은 오늘날에도 틀림이 없는 일일 것이다. 여기에서 그의 『방법서설』의 기본 구도를 살펴보려는 것은 이러한 생각에서이다. 그리하여 우리는 그의 이성적 방법을 살피면서 동시에 어떻게 그러한 방법에 따라서 그가 세계 이해를 계획하고 학문을 추구하고 또 인생의 길을 헤쳐 나가려 하였는가를 살피게 될 것이다. 그렇다고 하여 물론 그의 학문적 발언이 오늘날에 있어서도 완전히 타당성을 가지고 있고, 그가 선택한 삶의 길이 오늘에도 또 모든 사람에게 정당하다는 것은 아니다. 말할 수 있는 것은, 그것이 옳을 수도 있고 틀릴 수도 있지만, 적어도 그것은 이성적 반성 속에서—그의 관점에서는 한껏 생각한 후에 이루어진 것이라는 사실이다. 이러한 이성적 숙고에 입각한 선택은 학문적인 문제에 있어서나 개인적 인

8 "Regles pour la direction de l'esprit," Descartes, *Oeuvres et Lettres*(Gallimard, 1953). pp.38~39.

생의 문제에 있어서나, 비록 결론이 다르게 된다 하여도 방법에 있어서는 오늘날에도 그대로 해당하는 요건이라고 할 수 있다. 그러한 관점에서 그의 사고 유형(類型)은 다른 어떤 인생의 교사의 경우보다도 오늘날 적절한 전범(典範)이 될 것이다.

학문—수신과 평천하

데카르트의 현실 삶의 전체에 대한 관심은 그의 삶의 역정에서도 드러난다고 할 수 있다. 이러한 관심을 단적으로 드러내는 것은 그가 마지막으로 맡은 일이 스웨덴 여왕의 경연관(經筵官)이었다는 데에서도 볼 수 있다. 그가 그렇게 늙지도 않은 나이에 삶을 잃은 것은 스웨덴에서 앓게 된 폐렴으로 인한 것이었는데, 그때 그는 스웨덴의 크리스티나 여왕의 스승이 되어 있었다. 그것은 크리스티나 여왕이 철학이나 수학에 관심을 가졌기 때문이기도 하겠지만, 그 시대에, 데카르트가 추구하던 이러한 학문이 보편학문의 핵심이었기 때문이라고 할 수 있다.(이것은 성리학의 경우도 마찬가지이다. 그것은 분과학문이 아니라 보편학문이다.) 데카르트의 학문적 연구를 전기적 사실과 연결하여 연구하는 근래의 한 책은 데카르트가 크리스티나 여왕의 초청을 받게 된 정황을 다음과 같이 설명하고 있다. 그는 프랑스의 스웨덴 대사 샤뉘를 통하여 여왕의 초청을 받고 직접 여왕께 편지를 보냈다. "샤뉘 대사로부터, 여왕 폐하께서 좋은 군주가 되는 데 관계되는 의견을 말씀드릴 명예를 저에게 베풀어 주신다는 것을 들었습니다. 옛 철학자들이 설명하였던 것과 같은 것을 보여드리라는 것입니다."—위에 말한 책의 저자 아미르 D. 액설이 인용하는 것을 참고하면, 데카르트는 이렇게 썼다. 그리고 하느님은 좋은 군주이신데, "하느님은 그가 창조하신 피조물에 비교할 수도 없이 완전한 존재"이니 군주도 하느님을 따라야 한다고 데카르트는 쓰고 있다. 또 그는 제논이나 에피쿠로스와 같은 철인의 이름을 들면서, 군주에 대한 희랍 철인들의 견해를 길게 설명한다. 그는 여왕에게 군주의 뛰어난 품성은 하느님의 덕성을 닮을 수 있도록 노력하며, 하느님에 가까이 가도록 노력하는 데에서 온다고 말한다. 액설은 데카르트의 편지를 위와 같이 요약하고 있다. 또 액설의 서술에는, 여왕과의 다른 서신 교환에서(이번에는 샤뉘 대사를 경유하여), 데카르트가 여왕으로부터 "미움을 나쁘게 쓰는 것과 사랑을 나쁘게 쓰는 것"과를 비교하여 설명해 달라는 요청도 받은 일이 있다는 말도 나온다. 여기에 대하여 데카르트는 인간의 본성과 애증(愛憎)에 관한 긴 글로 답을 보낸다. 그 다음에 온 것이 위에 말한 좋은 군주가 되는 방법에 대한 질문이었다.[9]

이러한 문답과 편지 교환의 정황을 볼 때, 스웨덴 조정에서의 데카르트의 역할은 조선조에서 성학(聖學)을 강의하는 시강관(侍講官)에 비슷했다고 할 수 있다. 그가 강의하는 것은 통치의 학문—성학이다. 그러나 그것을 위해서는 세상의 다른 여러 가지에 대해서도 알고 있어야 한다는 것이 상정되어 있다. 그러면서도 데카르트가 주로 철학자로 간주되는 것은 사실이다. 그것은 철학이 그의 전공분야라는 말이기도 하지만, 앞에서 말한 바와 같이 그 시대에는 철학이 모든 것을 포괄하는 학문—융합학문이었다는 것이기 때문이다.

철학과 철학자를 이렇게 보면, 유럽에서 이러한 것들의 기능은 유교전통에서 학문 그리고 학문하는 사람의 기능에 지극히 가까운 것으로 말할 수 있다. 주목할 수 있는 것은 동서 어느 쪽에서나 지적 능력의 단련과 도덕적 수양과 세속적 세계에 대한 이해—이러한 것들을 일관되고 연계된 것으로 파악하고 그것이 통치학의 기본이었다는 사실이다. 수신제가평천하(修身齊家平天下)로 요약되는, 『大學』의 장구(章句)들이 이 연계를 잘 보여

9 Amir D. *Aczel, Descartes' Secret Notebook*(New YO가: Broadway Books, 2005)

준다고 할 수 있다. 이러한 총체적 학문의 목표에서 기초가 되는 것이 수신—개인의 자기 내면의 탁마(琢磨)인데 여기에 다시 긴밀하게 연결되어 있는 것이 지적 훈련—격물치지(格物致知)이다. 대학의 위 구절은 지적 계발과 그에 따른 심성의 훈련 그리고 세계를 다루는 능력이 얼마나 연결되어 있으며, 모든 것이 지(知)에서 출발한다고 생각했는가를 실감할 수 있게 한다.(이 연계를 다시 상기하기 위하여 대학의 그 부분을 적어본다. "古之明明德於天下者, 先治其國. 欲治其國者, 先齊其家. 欲齊其家者, 先修其身. 欲修其身者, 先正其心. 欲正其心者, 先誠其意, 欲誠其意者. 先致其知, 致知在格物.")

데카르트에도 이러한 연계에 대한 생각이 있다. 그러나 그 순서가 다르다고 할 수 있다. 그는 세상을 먼저 알고자 한다. 그 세상이라는 것은 일단 경험의 세계이다. 그러나 경험의 세계는 비판적으로 평가되어야 한다. 거기에 필요한 것은 그 평가의 기준을 확인하는 일이고, 그것을 위해서는 내면으로 들어가 사고의 원리를 확인하여야 한다. 그 과정에서 일어나는 것은 이성의 깨달음이다. 그런데 이 이성의 깨달음은 어떻게 확실한 보장을 얻을 수 있는가? 이성의 기율이 그것을 보장한다고 할 수 있지만, 그 기율은 또 어떻게 참으로 믿을 수 있는 것이 되는가? 데카르트의 생각에, 그것을 뒷받침하고 있는 것은 영혼 불멸과 절대적인 진리의 근원으로서의 신의 존재이다. 이러한 내면의 과정은 『大學』의 개념들에 비교하여 말하면, 이것은 정심과 성의에 비슷한 마음의 변화, 그리고 그에 대한 다짐에 대응한다고 할 수 있다. 여기에 들어 있는 것은 진리를 추구하는 마음의 성실성이 진리를 보장한다는 생각이다. 그 점에서 그것은 데카르트의 방법론적 추구에서의 내면의 각성에 비슷하다. 내면의 경험 후에 데카르트는 다시 세상을 대면(對面)한다. 다만 이 세상은 경험으로 알게 되는 세상이 아니라 확실한 지식으로서 회복하는 세계이다. 그리고 다시 이렇게 파악된 세상에 대한 지식은 세상살이의 지혜도 얻을 수 있게 한다. 말하자면, 누메논(noumenon)에 관계되는 누스(nous)가 아니라 프로네시스(phronesis)에도 밝아지는 것이다.(이 지혜는 『방법서설』에도 시사되어 있지만, 〈정념논[情念論, Les Passions de l'ame]〉에서 여기에 대한 많은 관찰을 읽을 수 있다.)

한 가지 더 주목할 것은 정치와 수신 또는 수양의 연결에 있어서의 역점과 지향점의 차이이다. 스웨덴에서의 데카르트의 역할이 경연(經筵)에 나가는 것이었던 만큼, 그의 정신적 탐구가 정치에 연결되는 것은, 이미 말한 바와 같이, 당연하다고 할 수 있다. 위에 인용한 『大學』의 장구(章句)에서 수신은 궁극적으로 평천하(平天下)로 이어진다. 이 구절은 천하 곧 세계를 다스리게 된다는 말로 취하여지는 것이 보통이지만, 천하를 평화롭게 한다는 것—반드시 권력을 통한 것이 아닌 방법으로 평화롭게 한다는 뜻으로 취할 수도 있다. 물론 조선조의 문인들의 글들을 보면, 산촌에 칩거(蟄居)하는 사람들의 경우에서까지도, 수신보다는 왕의 처신과 국정에 대한 처방들이 중요한 역할을 한다.(그리하여 많은 정치론은 자존감을 위한 당연한 처방이 된다. 오늘날도 정치에 대하여 일가견을 갖는 것은—그것이 옳든 그르든—자존감의 일부가 되어 있다.) 그러나 다른 해석으로는—평천하는, 사람들이 수신을 하는 사회는 저절로 화평하고 평화로운 사회가 된다는 말이라 할 수도 있다. 그리고 이것은 조금 더 현대적으로 해석한다면, 수신과 교육의 목적은 시민 형성이라는 말로 생각할 수 있다. 또는 시민의 자기 교육은 저절로 좋은 시민을 준비하는 일이 된다는 말일 수도 있다.

이에 대하여 위에서 본 바와 같이 데카르트가 그의 철학이 정치적 지혜를 얻을 수 있다고 생각한 것은 사실이겠지만, 경세(經世), 목민(牧民) 또는 사환(仕宦)과 같은 정치 목적보다는 격물(格物)을 추구하고, 그 기본 원리, 특히 그 원리에 이르는 인식의 기초로서 사고의 기본 원리를 확인하는 것이 그의 관심의 중심에 있었다고 할 수 있다. 그리고 이 기본 원리—물리적 우주의 법칙을 보여주는 이 원리가 개인적인 삶의 지침이 되고 사회 형성의 원리가 되고—를 구태여 경연의 의무에 이어서 생각한다면, 정치의 지혜의 기본이 된다. 그러니까 물리적 세계의 원리는, 이러한 광범위한 관심의 총체성 속에서 정치적 함의를 갖는다. 그러나, 이미 시사한 바와 같이, 이 넓은 관심에서 중심에 있는 것은 사고의 원리, 이성이다. 그의 관심은, 유교의 철학에 비교하여 볼 때, 보다 순수하게 학문과 철학을 향한다.

유교적 사고의 정치 지향과 데카르트의 보다 전문적인 의미에서의 철학적 연구 지향의 차이는 관심과 이해(利害) 파악의 각도가 다른 데에서 연유한다. 하나는 제일차적으로 사회를 향하고 다른 하나는 개인을 향한다. 앞의 사고는 이미 상정되어 있는 형이상학적 전제 그리고 그것을 대표하는 사회제도의 권위 속에서 움직이고, 뒤의 사고는 이성의 반성적 성찰에 의지한다. 반성적이라는 것은 진리를 알고자 하는 노력에 언제나 자아의 인식론적 근거에 대한 관심이 따르게 된다는 것을 의미한다. 그리하여 진리를 아는 주체는 다시 또는 되풀이하여 반성적 검토의 대상이 된다. 이러한 노력에서 중심은 개인의 사고에 있고, 그 관점에서 인간의 사고의 틀을 이루는 여러 전제, 형이상학적 전제 그리고 그것을 대표하는 것으로 간주되는 세속적 권위에 대한 비판적 접근이 열리게 된다. 물론 이때 개인은 경험적 의미에서의 개인이라기보다는 이성적 사고의 주체로서의 개인이다. 물론 이성은 궁극적으로 우주의 물리 법칙에 내재하는 원리이지만, 개체로서만이 아니라 사회적 정치적 존재로서 살지 않을 수 없는 것이 인간이라고 할 때, 사회적 정치적 질서의 구성에 있어서도 원리가 된다. 주자학에서 보는 바와 같은 태극[太極]이나 오행[五行]의 이론 또는 천명[天命]이나 본성[本性]의 이론이 아니라고 하여도—달리 말하여, 인간 존재의 이해에서 형이상학적 또는 존재론적 근거를 무시할 수 없다고 하더라도, 이성적 질서는 근대적 인간과 사회에서 근본이 되는 것이라고 하지 않을 수 없다. 조금 전에 본 바와 같이, 이성의 질서도 영혼이나 신의 존재를 전제한다고 할 수 있지만, 이것이 이성적 사고에서 전면에 나서지는 아니한다. 그것은 그것으로써 독자적인 인간 이해를 위한 수단이 된다. 그리하여 개체의 형성이나 사회적 질서의 구성에서 이성은 중심에 놓이지 않을 수 없다. 그리고 개체의 경우, 이성의 확인은 개체의 자기 형성이나 사회적 의무의 자각에서 중요한 계기가 된다. 그리고 이것은, 적어도 교육의 관점에서 볼 때, 삶의 과정에서의 발견과 깨달음 그리고 회귀(回歸)와 같은 순환 과정—흔히 교양소설(Bildungsroman)에서 구현되는 방황과 귀의(歸依)의 과정을 통하여 수득(修得)된다. 데카르트의 『방법서설』을 살펴보려는 것은 그것을 이성의 관점에서의 삶의 역정을 말하고 있는 것으로 볼 수 있다고 생각하기 때문이다.

삶의 길—이성적 선택

『방법서설』의 자전적 사실은 어떻게 삶의 계기를 헤쳐 나가면서, 합리적 방법을 깨닫게 되었는가를 보여준다. 어릴 때부터 그는 학구열을 가진 소년이었다. 그리고 원하는 것은 인생에 유익한 것 일체에 대하여 "분명하고 확실한 앎(une connaissance claire et assure)"[10]에 이르는 것이었다. 그러나 좋은 학교에서 공부를 마치고 학문이 있는 사람의 위치에 이를 만하게 되었을 때, 그는 자신의 마음에 생기는 "의문과 오류"에 당황하고 자신의 "무지"를 인정하는 외에는 다른 도리가 없다고 생각하게 되었다. 그러면서도 학교(대학)에서 배운 것이 전혀 없는 것은 아니었다. 그리하여 데카르트는 이 배움의 장단점을 가려 말한다. 긍정적이고 비판적인 그의 평가는 오늘날의 수업 그리고 학문적 논의에서 이야기되는 것에도 그대로

10 *Oeuvres et Lettres*, p. 128. 『방법서설』로부터의 인용은 이 책의 페이지만 표시한다.

해당된다고 할 수 있다. 그는 그만큼 오늘의 관점에서도 적절하다고 할 수 있는 안목을 가지고 있는 것이다.

말할 것도 없이 이러한 평가에서 데카르트에게 가장 중요한 것은 분명하고 확실하다는 것이다. 그것은 합리적 또는 이성적으로 그렇게 볼 수 있는 경우를 말한다. 그러나 동시에 그것은 개인적인 확신에도 관계되는 것으로 생각된다.(이것은 더 생각해보아야 할 문제이다.) 어쨌든 당대의 학문은 그의 관점에서는 이러한 점에서 부족한 것이었다. 그러나 조금 전에 지적한 바와 같이, 당대의 학교(l'Ecole) 또는 스콜라 철학의 전통에 서 있는 학문이 전혀 무의미한 것이 아니었다. 역설적으로 말하여 그 나름의 효용의 하나는—최악의 경우, 무엇이 잘못되어 있는가를 깨닫게 한다는 것이기도 하였다.

언어, 설화, 역사, 수사학, 시, 신학, 철학, 법학, 의학 그리고 다른 학문들은 그 나름으로 도움을 주는 공부였다. 상식적인 입장에서, 그 이점은 그것을 통하여 세속적인 명예와 부를 얻을 수 있다는 것이다. 조금 더 초연한 관점에서는, 그것은 거기에 스며들어 있는 미신과 오류를 알게 한다. 그리고 그것을 알게 되는 데에서 얻는 이점은 참으로 가치 있는 것이 무엇인가를 알고 거짓에 속지 않게 된다는 것이다. 고전어를 배우면, 옛 사람들의 작품—역사를 읽을 수 있다. 세상을 널리 돌아보지 못한 사람은 다른 문화와 관습들을 기괴하고 불합리하다고 생각하는 경우가 많다. 역사와의 대화를 갖지 못한 사람의 경우에도 자기 문화에 갇혀서 다른 세상을 모르는 일이 흔하다. 그러나 역사에 너무 몰입하게 되면, 현재의 현실에 어두워져서, 자기 고장에서 이방인이 되고, 과거의 일에 몰두하여 현재를 모르게 된다. 과거를 중요하게 보는 역사는 정확성을 기한다고 하여도, 사람의 삶에 있어서의 하찮다고 보이는 작은 일들을 등한히 하게 한다. 설화를 읽으면, 현실을 넘어 다른 가능성을 생각할 수 있게 되지만, 불가능한 일들을 가능한 것처럼 생각하게 될 수도 있다. 역사나 설화의 선례에 지나치게 의지하면, 자신들의 힘으로는 실현할 수 없는 계획들에 빠지게 될 수 있다. 수사법(修辭法)이나 시는 연구의 결과라기보다는 타고난 정신의 소산이다. 그러나 추리력과 생각을 정연하게 다듬고, 이어서 그것을 "분명하게 알 수 있게 하는(claire et intelligible)"(129) 사람이야말로 언제나 사람을 설득할 수 있는 사람이다. 이러한 점에서는 데카르트에게 가장 좋은 인상을 준 것은 수학이었다. 수학은 그 "이성적 사고의 확실성과 명백함으로 하여(a cause de la certitude et de l'evidence de leurs raisons)"(131) 그가 가장 즐겁게 생각한 학문이었다. 그러나 유감스러운 것은 그 "확실하고 단단한" 기초를 그 나름으로 발전시키지 않고, 기술의 보조가 되게 하는 데에 그치게 한 것이었다. 여기에 비하여 고대 이교도들의 도덕론은 모래 위에 지은 화려한 궁전과 같았다. 덕(德)을 말하는 경우, 그것은 쉽게 "둔감(鈍感), 오만, 절망, 살부(殺父)"를 의미할 수 있다.(아마 여기의 살부는 플라톤의 〈에우시프로(Euthyphro)〉에 나오는 이야기로 휘하의 노동자를 죽게 하였다는 이유로 자기의 아버지를 처벌하고자 했던 에우시프로, 덕과 법으로만 살고자 했던 사람의 예를 두고 말하는 것으로 생각된다.) 데카르트는 신학은 존중하였으나, 거기에 나오는 말, 아무 것도 모르는 사람이나 학문을 하는 사람이나 똑같이 천국에 같이 갈 수 있다는 것은 납득하기 어려웠다. 그리고 계시(啓示)되었다는 진리들은 그대로는 이해할 수 없었다. 신학의 담론은 인간을 넘어가는 특별한 능력이 있기 전에는 알 수 없는 영역에 속했다. 철학은 수백 년 동안 뛰어난 지능을 소유한 사람이 연구한 것이나, 너무나 의견과 논의가 다양하여 확실한 것이 없었다. 다른 학문의 분과의 경우에도 확실한 기초를 확인할 수는 없었다. 그리하여 이러한 학문들은 "부귀"를 추구하는 수단으로 또는 점성술 전문가가 되는 방법으로는 몰라도 계속 연구할 가치가 없는 것 같았다. 그러나 데카르트 자신은 부귀에 대한 욕심이 없었다. 학문으로 명예를 구할 생각도 없었고, 집에는 먹을 만한 재산이 있어서 그럴 필요가 없었다고 스스로 말하고 있다.

그리하여 그는 교사들의 감독을 받지 않아도 될 나이가 되자 젊음이 다 할 때까지 세상에 나가 종이 책의 학문을 전부 걷어치우고, 나 자신의 마음과 "세상의 큰 책(le grand livre de monde)"(131)에서 배우기로 작정하게 되었다. 그리하여 여러 곳을 여행하고, 여러 나라의 조정을 방문하고, 전쟁에 나가고, 그러한 방랑을 통하여 여러 가지 사람들을 만나 이야기를 나누고, 현실에서 닥치게 되는 상황에 처하여 행동하고 그 경험들에 대하여 반성하여 배우기로 하였다. 스물두 살이 되는 해에 그는 네덜란드의 브레다에서 나사우 공 모리스의 지휘 하에 있는 군에 입대하여 군사공학을 배우고, 다시 현 독일의 바이에른으로 옮겨 막시밀리안 공의 휘하에서 프라하 공략의 전투에 참가하다가, 군에 들어간 지 2년 만에 군을 그만두고 파리로 옮겨간다. 그는 그 후에도 네덜란드와 독일, 이탈리아 그리고 프랑스를 여행하기도 하고 거기서 살기도 하다가, 결국은 네덜란드에 정착한다. 그러나 네덜란드에서도 사는 곳을 여러 차례 옮겨서 방랑자의 삶으로 일관하였다고 할 수 있다. 이런 삶에서 볼 수 있듯이, 그는 학문의 추구를 버리지 않았지만, 그에 못지않게 세상에 대한 견식을 넓히는 것을 중요하게 생각하였다. 그의 생각으로는 "사람들은 학자들의 사변적인 문제보다도 자기 스스로에 관계되는 일을 두고 이성적으로 생각하는 데에서 더 많은 진리를 배우는데, 그것은 사변적인 일에서는 잘못 결정하여도 무서운 결과가 없고 개인적인 일에는 그러한 결과가 따르기 때문이다"라고 말한다. 그리고 그는 "이렇게 하여 참된 것과 거짓된 것을 가리는 방법을 배워 자신감을 가지고 인생을 살 수 있게 되기를 원했다."(131) 그리고 다른 사람과의 접촉에서 알게 되는 것도 철학자의 견해들이나 마찬가지로 서로 다르다는 것을 알게 되고, 그로 인하여 어떤 것도 확실하게 믿을 것이 없다는 것을 깨달았지만, 다른 한편으로, 이러한 경험에서 얻은 최고의 이점은 자기에게 우습고 터무니없는 것으로 보이는 것들이 중요한 나라들에서 받아들여지고 긍정된다는 것을 보고, 자신의 경우에도 관습과 선례로서 받아들이는 것을 너무 믿지 말아야 된다는 것을 깨닫게 되었다는 것이었다. 그리고 타고난 "우리의 자연의 빛(notre lumiere naturelle)"(132)을 흐리게 하고 이성의 소리를 바르게 듣지 못하게 하는 것들로부터 그 자신을 해방할 수 있었다. 그리하여 그는 "세상의 책"을 공부하는 것을 그치고 자기 자신으로 돌아가 공부하기로 마음을 정하게 되었다. 그러나 나라와 책을 떠나지 않고 있었던 것보다는 그의 방황이 더 생각을 깊이 할 수 있게 해주었던 것은 사실이었다.

꿈과 이성적 선택—방법을 향하여

자신으로 돌아가 공부하기로 한 것은 세상의 책을 본 다음의 결정이었지만, 동시에 그것은 그의 꿈에 의하여 촉발된 내면적 탐구의 역정이기도 했다. 그러면서 그것은 물리적 세계를 지배하는 원칙을 확인하는 노력에 있어서의 한 단계였다. 내면으로 들어간다는 것은 데카르트에게 물론 철저하게 생각한다는 것을 말한다. 그리고 생각은 이성적 사고의 단초를 발견하고 그것을 끝까지 밀고 가는 내면의 작업이다. 그러나 이 내면화는 인간 내면에 작용하고 있는 다른 동기를 경험하는 일이기도 하다. 그리고 무엇보다도 그것은 현실에 대한 실존적 위기와 결단을 체험하는 일이다.

이러한 사정과 관련하여 흥미로운 것은 그의 이성에 대한 깨달음이 특별한 환경에서 일어났다는 것이다. 그리고 그 이후에 그의 우주론을 비롯한 여러 저서들이 쓰이기 시작한다. 1619년 10월에 바이에른의 막스밀리안 공의 군대에 소속되어 있던 데카르트는 독일 남서부의 뮌헨과 뉘른베르크 사이 지역에 위치한 노이부르크의 한 민간 저택에 유숙하고 있었다. 전기적 기술에 의하면 그는 프랑크푸르트에 있었던 페르디난트 2세 신성로마제국 황제 대관식에 참석하고 숙소로 돌아왔다. 그리고 난로 앞에서 "그 자신의 생각과 말을 주고받을 여유"를 가졌다. 첫 시작은 건축이나 도시 건설에 있어서 설계는 여러 사람의 잡다한 생각보다는 한 사람의 일관된 작업으로서 보다 합리적인 것이 된다는 것이었다. 이런 관찰은 사회조직에도 미쳐, 그의 설계의 합리성에 대한 생각은 전체주의적 사회인 스파르타의 찬양도 포함한다. 그러나 건축 설계론은 비유이고, 이로부터 시작하여 그는 만물의 법칙적 이해의 필요를 설명하기 시작한다.

그런데 주목할 것은 이러한 깨달음이 그의 삶의 결정적 전기(轉機)를 이룬다는 사실이다. 그것은 이러한 사고의 전기가 삶의 계기에서 분리되기 어렵다는 말이다. 그리고 전기는 반드시 합리적인 절차를 통해서만 오게 되지 아니한다. 데카르트의 경우 이 전기는 복합적 요인들의 연결에서 일어나게 된다. 그것을 잠깐 생각해보고자 한다. 첫 출발은 그가 꾸었다는 꿈이다.

이 꿈은 『방법서설』에는 기록되어 있지 않는 것인데, 그의 개인적인 기록으로 남아 있었다고 한다. 그러나 이 기록의 대부분은 현재는 남아 있지 않다. 일반 독자들에게 이것이 처음으로 알려지게 된 것은 아드리앙 배얘(Adrien Baillet, 1649~1706)가 쓴 데카르트의 첫 전기에서이다. 꿈을 꾼 날이 앞에 말한 난로 앞에서 자기와의 대화를 가졌던 날이었는지는 확실하지 않지만, 그 무렵이었던 것이었던 것으로 보인다. 위에서도 언급한 액설은 그날이 11월 10일이었다는 것을 배얘의 책으로 확인할 수 있다고 한다. 이날은 데카르트에게 특별한 의미를 가지고 있는 날이었다. 그것은 데카르트가 다른 수학자 이삭 베에크만(Isaac Beeckman)을 만나 자신의 수학적 자질을 확인하고 수학자가 되기로 결심한 날이고, 3년 전 포아티에 대학에서 법학 학위를 받은 날이기도 했다. 액설이 언급하고 있는 사실인데, 데카르트 자신 그의 작품 〈올림피카(Olympica)〉에서 이날을 들어, "나는 이날 영감에 차 있었다. 그때 나는 놀라운 과학의 기초를 바야흐로 찾게 되는 고비에 있었기 때문이었다"고 말했다.[11]

정확히 그날이 언제였든지 간에, 그날 데카르트는 음악에 관한 책을 보다가 자리에 들었다. 그리고 세 개의 꿈을 꾼다. 첫 꿈은 춥고 바람 부는 날에, 낯선 거리를 가는 꿈이었다. 그는 길을 가다가 귀신들을 만난다. 두려워서 도망가려 하는데 제대로 갈 수가 없다. 오른 발에서 힘이 빠져 제대로 발을 쓸 수가 없다. 자세를 바로 잡아 보려고 하지만 되지를 않는다. 그는 왼발로만 걷다가 바람에 불려 왼발을 축으로 맴돌이를 한다. 그러다 보니 대학이 앞에 있고 대학의 교회가 있어 그곳에 들어가 기도를 하고 다리에 대한 무슨 처방을 할 수 있지 않을까 하고 생각을 하는데, 아는 사람을 지나치게 되어 다시 되돌아가 인사를 하려 하지만, 하지 못한다. 다시 가다가 또 아는 사람을 만나게 된다. 이 사람은 가지고 있던 외국산의 멜론을 그에게 던져주면서 어떤 친구에게 전해달라고 부탁한다. 그 다음 바람이 자고 사람들이 길에 나와 걷는데, 그는 자기의 비틀거리는 자세를 창피하게 느끼면서, 발을 끌며 길을 간다. 그리고 꿈에서 깨어난다. 첫 번째의 꿈에 까닭 없이 우울한 생각에 잠겼다가 그는 다시 잠에 들고 다시 꿈을 꾼다. 두 번째 꿈에서 데카르트는 난로에서 튀어 나온 불꽃들이 마루 위에 튀는 것을 본다. 흔히 그러하듯 불꽃은 아주 밝아 다른 물건들이 환히 보인다. 그러나 그것은 그가 이미 익숙해 있던 일이었다. 세 번째 꿈에서는, 책상 위에 책이 하나 있는 것을 본다. 사전이었다. 그런데 또 하나의 책이 있었다. 사화집(詞華集)이었다. 사화집을 여니, "나는 인생의 어떤 길

11 Amir D. Aczel, p. 56. 꿈의 내용은 여기에 나온 것을 따랐다. 배얘의 저서는 오래전 외국 체제 시에 참조한 바 있다.

을 선택하여야 하는가(Quod vitae sectabor vitae)?" 하는 구절이 보인다. 어떤 사람이 나타나 시를 보여주려 하지만, 찾을 수가 없다. "존재하는 것과 존재하지 않는 것(Est et non)"으로 시작하는 시였다." "나도 알지요. 이 시집에 있겠지요." 말하고 나서 시집을 열어 보았지만, 찾을 수가 없다. 옆에 있는 사전을 여니 사전은 몇 페이지가 빠져 있었다. 그런 다음 그가 그 사람과 몇 마디를 나누었지만, 그 사람과 책이 금방 사라지고 만다. 이것이 요약해본 데카르트의 세 꿈이다.(여기의 구절들은 4세기 로마의 시인 아우소니우스(Ausonius)의 시에 나온다고 한다.)

데카르트는 이 꿈들을 하늘에서 보낸 것이라고 생각하고 노트에 적고 그 의미를 풀어보겠다고 생각했다고 한다. 그가 어떠한 해석을 했는지는 분명하게 알 수는 없다. 그것은 19세기에 발견된 그의 노트, 특히 "올림피카"의 원전을 참조하지 못해서 그런지 모르겠다. 그러나 필자가 참조한 영역 선집에 수록된 단편을 보면, 약간의 시사가 있다. 그러나 그 부분이 그것을 완전히 해석한다고 할 수는 없다. 그러나 이 꿈의 해석은 여러 사람에 의하여 시도 되었다. 물론 제일 간단하게는 이것을 별 의미가 없는 허튼 꿈이라고 보는 것이다. 그러나 이 꿈들은 심각한 정신분석의 대상이 되는 것으로 보인다. 그러나 필자는 대체로 그러한 꿈이 전기에서의 그의 고민과 결정을 나타낸다고 보는 것이 옳은 것이 아닌가 한다.[12] 꿈의 이야기에서 가장 핵심에 있는 것은 "나는 인생의 어떤 길을 선택하여야 하는가?" 하는 물음이다. 그것은 "있는가, 없는가" 또는 "가(可)인가 부(否)인가"—가부간에 답하여야 하는 문제이다. 이 물음과 관련하여 첫 번째 꿈은 그가 보통사람처럼 길을 가기—인생의 길을 가기가 어렵다는 것을 느끼는 것을 보여준다. 그는 귀신에 쫓긴다. 그리고 걸음을 잘 걷지 못하고, 만나

12 비슷한 해석은 다음 글에도 나온다.W. T. Jones, "Somnio Ergo Sum: Descartes's Three Dreams," *Philosophy and Literature*, Vol. 4, Nr. 2, Fall 1980(Johns Hopkins UP).이 글의 Google 검색 가능.

는 사람과 소통을 잘 하지 못하고, 알 수 없는 바람에 불린다.("올림피카"에서 "바람"은 "정신"을 나타내는 것으로 되어 있다.[13] 문제를 신앙심으로 극복하려고 하지만, 그것도 잘 되지 않는다. 이 꿈의 끝에서 그는 다른 사람에게 전해주어야 할 멜론을 하나 받는데, 그것은 그의 어려움에 대한 보상이 있다는 것일까? 물론 그 보상은 독차지하는 것이 아니라 다른 사람에게 전해주어야 하는 것이다. 그런 의미에서 그것은 모든 학문이 내장하고 있는 의무나 소명감을 말한다고 할 수 있다. 두 번째 꿈의 불꽃은 더러는 사물의 모습을 비추어주기도 하는 그의 지적 능력을 말한다고 할 수 있을지 모른다. "올림피카"에서 "빛"은 "앎"의 의미를 갖는 것으로 되어 있다. 그리고 "열"은 "사랑"의 뜻이라고 한다. 데카르트가 들어 있는 방의 난로의 더운 불은 적어도 사랑에 비슷한 감정을 말한다고 할 수 있다. 그가 돌파하고자 하는 삶의 길의 선택은 고뇌를 가져오는 것이면서도 그에게 탐구의 열정이 있다는 것을 말하여 준다. 그는 새로운 학문을 개척하려는 열기와 영감에 차 있다. 원문의 enthousiasme의 원의[原意]는 입신[入神]된다는 것이다.)

아인슈타인은 그의 학문의 동기를 "호기심의 정열(passion of curiosity)"이라고 말한 바 있다. 학문의 추구에는 그러한 정열이 있다고 할 수 있다. 그러나 특히 젊은 시절은 방황과 깨달음의 시절이다. 학문의 길을 선택하는 것도 이 방황 가운데 이루어진다. 데카르트의 꿈도 이러한 선택의 결과라고 할 수 있다. 그리하여 그는 이성적 학문의 개척에 나서게 된다. 그 개척에서 얻게 되는 결과를 극적으로 표현한 것이 "나는 사유한다, 고로 존재한다(cogito ergo sum)"라는 유명한 말이다. 필자가 참조한 W. T. 존스 교수의 글의 제목은 "나는 꿈꾼다. 고로 존재한다(somnio ergo sum)"이다. 사유하는 것과 꿈꾸는 것은 그렇게 먼 의식 활동이 아니라고 할 수 있다.

13 John Cottingham, Robert Stoothoff & Dugald Murdoch(trans.), *The Philosophical Writings of Descartes*, vol. 1(University of Cambridge Press, 1985), p. 5., "Olympian Matters,"

"사유한다. 고로 존재한다" 그리고 삶의 지혜

꿈이 보여주는 괴로움에도 불구하고 데카르트의 선택이 이성인 것은 말할 필요도 없다. 그가 주택이나 도시의 설계에서 한 사람의 설계가 다중(多衆)의 설계보다 우수하다고 하는 것은 위에서 말한 바 있다. 이성적 사고에서 중요한 것은 일관성이다. 그리고 이 사고의 일관성을 지킬 수 있는 것은 개인적 주체의 끈질김이다. 토론에서나 과학적 사고에서 여러 사람의 참여는 이성적 결론을 찾는 데에 중요한 방편이 될 수도 있다. 그러나 다수가 참여하는 경우에도, 중요한 것은 한 사람이 사고하는 것과 같은 일관성을 유지하는 것이다. 그것은 다수가 한 사람 한 사람의 사고를 존중하는 데에 기초해야 한다. 단독자의 사고의 결과를 일일이 점검하지 않는 경우 필요한 것은 참여자가 믿을 만한 사람들이라야 한다. 그때 다른 사람에 대한 신뢰가 성립한다. 이 신뢰는 궁극적으로 개인적 도덕에 대한 신뢰이다. 그것은 동시에 그 사람의 이성적 능력에 대한 신뢰이고, 그것은 가역적(可逆的) 절차가 될 증명과 검증으로 확인된다. 집단적 이성이라는 말을 종종 듣지만, 그것이 참으로 이성을 담지하려면 그것은 집단의 의견(doxa)이 아니라 이러한 이성적 절차의 존중에 입각한 판단이어야 한다. 그러면서 바탕이 되는 것은 어디까지나 개인의 이성적 일관성이다. 그러니까 이성의 밑바탕에는 개인의 사고의 일관성 그리고 실존적 일관성 또는 지속성이 놓여 있게 마련이다.

데카르트의 보다 사실적인 설명을 추출하면, 이성적 사고에서 핵심은 "논증(demonstrations)"(133)이다. 이것은 선입견 없는 단순한 양식의 소유자이면 누구나 확인할 수 있는 것이다. 사람은 어릴 때부터 충동과 욕망에 의하여 지배된다. 그리고 이것은 가르치는 사람에 의하여, 즉 교육자에 의하여 교정된다. 그리하여 우리의 충동과 욕망 그리고 교사의 가르침은 서로 갈등과 대결의 관계에 있다. 그러나 어느 쪽도, 데카르트의 체험으로는, 최선의 가르침을 주지 않는다. 그 어느 쪽도 "순수하고 튼튼한 판단(jugements...purs... solides)"을 보장하지 못한다는 말이다. 필요한 것은 이성을 회복하는 것이다. 가장 좋은 것은 밖으로부터 주어지는 가르침을 얻는 것이 아니라 태어날 때부터 가지고 있는 이성(raison)을 활용하고 그 지침을 따르는 것이다.(134).

여기의 타고난 이성이 데카르트가 말하는 것처럼 믿을 수 있는 것인지는 알 수 없지만, 하여튼 그의 주장은 순수하고 경고한 이성의 힘이 모든 것을 앞서야 한다는 것이다. 그런데 이러한 주장에도 불구하고, 다시 주의할 것은 데카르트가 현실적 타협의 지혜를 배제하는 것은 아니라는 것이다. 앞에서 이미 말했던 바와 같이, 그의 사고의 전체적인 틀에는 현실의 삶에서는 현실 이성 또는 지혜, 프로노시스에 양보해야 한다는 생각이 들어 있다. 앞에서 주택 이야기를 하였지만, 데카르트는 주택 하나를 헐고 기초가 약해질 경우 다시 짓는 것은 옳은 일이지만, 도시나 나라 하나를 완전히 새로 지으려고 하는 것은 현명하지 못한 일이라고 말한다. 같은 관점에서 과학 전체 또는 학교 교육에서 기존 질서를 없애는 것도 정당하지 않다고 말한다. 그러면서도, 이 과학의 경우에는, 별 생각 없이 믿었던 견해를 다른 것으로—이성의 기준에 맞는 다른 견해로 대치할 수 있다. 데카르트 자신은 주어진 대로의 기초와 원칙을 검토하지 않고 받아들인 것보다는 보다 과학적으로 점검된 사실들이 자신으로 하여금 삶을 훨씬 더 잘 헤쳐 나가게 하였다고 한다. 이것은 공공 제도를 고치는 것과는 비교할 수 있는 일이 아니다. 공공 제도를 철폐하면, 그것을 재건하기는 여간 어려운 일이 아니다. 그리고 오래 지켜왔던 관습은 시간이 지남에 따라 불완전함을 완화하게 되기도 하고 또 어떤 경우에는 그것을 점진적으로 개선하여 나가는 일이 될 수도 있다. 이것은 산길을 갈 때 아무리 구불구불한 산길이라도 새로 바위와 낭떠러지를 가로질러 직선의 길을 만들고 그 길을 가려고 하는 것보다 이미 만들어져 있는 길을 답습하여 가는 것이 현명한 것과 같은 일이다.

이렇게 데카르트는 이성에 따른 혁명적 변화를 이야기하면서도 그것을 다시 여러 가지로 완화하여 이야기하고, 그가 말하는 이성적 개혁이 조심스럽고 온건한 것임을 변명한다. 특히 정치의 경우에 그렇다고 하는 것은 물론이다. 이 점에 있어서의 온건함과 신중함에 대한 강조는, 그가 말하는 이성이 숙고(熟考)를 포함하여야 한다는 주장에 따르는 일이라 할 수 있다. 또는 그것은 정치적 박해의 가능성을 방지하자는 숨은 의도의 표현인지도 모른다. 그는 그의 이성주의, 이성적 우주관, 정치관 등으로 하여 박해의 대상이 될 것을 두려워했다. 지동설을 주장했다가 종교재판의 피의자가 되고 여러 가지 박해를 받게 된 과학자들의 사건은 당대의 지식인에게 큰 경종을 울리는 사건이었다. 데카르트가 저서의 출판을 조심하고 네덜란드로 이민하여 거주하고 한 것은 박해에 대한 두려움 때문이었다고 한다. 만년에 그는 합리주의적 세계관으로 하여 큰 비판의 대상이 되고 그의 저서는 금서 목록에 오르게 되는 일들을 겪었다. 그러나 그에게 중요한 것은 그러한 현실적 고려보다도 역시 이성이 숙고를 요구한다는 사실이었을 것이다. "출신가문이나 재산"으로 자격이 생긴 것이 아닌 사람들이 공사(公事)를 경솔하게 좌우하는 것을 그는 인정할 수 없다고 한다.(데카르트는 준[准]귀족쯤에 해당한 그의 출신 신분을 당연한 것으로 받아들였다.) 그리고 다른 사람보다 영리하다고 자처하고 판단을 성급히 하고 "사고를 일정한 질서에 따라 이끌어갈 수 없는 사람"을 마땅치 않게 보았다. 그러한 사람은 일단 받아들였던 원리를 의심하고, 상식적 행로(行路)를 벗어나고 새로운 지름길을 찾았더라도, 그 길에도 머물지 못하고 일생을 길을 헤매는 사람이 된다. 이성에 대한 그의 고려에는 계급적 편견을 포함하여 이러한 여러 요인들이 작용한다고 하여야 한다. 그리고 그것은 인간사에서 어찌할 수 없는 일이었을 것이다.(그의 계급적 편견은 비이성적인 것이면서도, 이성적 사고에는 자신의 명예로운 행동에 대한 습관이 선행한다는 것을 말한 것이라고 할 수 있다. 계급을 뺀다면, 이것은 현실 경험에서 나오는 관찰이라고 할 수 있다.)

어쨌든 데카르트는 자신의 길을 이러한 경솔한 사람들과 구분하면서, 또 하나의 변명으로 자신이 취하는 길은 "자신의 생각을 개선하고, 그 생각을 자신만의 기초 위에 세우려는 것"이라고 말한다. 그것은 자신을 위한 선택일 뿐이다. 그러나 이것은 바로 그가 부딪게 된 여러 길을 알고 경험하게 된 때문이다. 다양성의 경험은 곧 이성에의 길이다. 그러면서 그것은 독자적인 길을 찾는 일이 된다. 그는 학문과 세상을 돌아보면서, 학교에서 배운 것과는 다른 너무 많은 견해와 의견이 있다는 것을 알게 되었다. 또 여행과 견문을 통해서, 많은 일에는 하나의 견해가 있는 것이 아니라 여러 다른 생각을 하는 사람들이 있다는 것도 알게 되었다. 야만이라고 하는 사람들도 그 나름의 문명인이고, 프랑스인이 독일인이나 중국인 사이에서 자랐다면, 전혀 다른 생각을 하는 사람이 되었을 것이다. 또 시대의 변화에 따라서 같은 나라의 사람들도 그들의 생각을 달리하게 된다. 그렇다고 진리가 다수결에 의하여 확정되는 것도 아니다. 그리하여 그는 자신이 스스로의 길잡이가 될 수밖에 없었다. 그리고 진리는 수에 의하여서보다도 한 사람에 의하여—그의 이성적 추구에 의하여, 확인될 수가 있다고 생각하게 되었다.

그는 그의 입장을 정리하여, "어둔 데에서 혼자 걷는 사람처럼, 천천히 앞으로 나아가고, 모든 일에서 만반(萬般)의 용의(用意)를 고려하고, 속도가 느리더라도 넘어지지 않도록 조심하였다." 그리고 "설사 이성적 고려도 하지 않은 채 마음에 스며든 견해라고 하여도 쉽게는 버리지 않고, 계획하는 일에는 충분히 시간을 들이고, 모든 사물에 대한 지식—내 정신의 능력에 마땅한 지식에 이르는데 적합한 방법을 찾기로 했다."(137) 이렇게 자신의 학문의 태도를 규정한다. 그리고 이러한 고려에서 그의 방법에 대한 탐구가 시작된다.

방법론—첫 단계

검토되지 아니한 채 마음에 자리한 견해들을 서서히 쓸어내면서 진리의 인식에 이른다는 것은 이성적 법칙을 지키면서 검토하고 사고한다는 것이다. 그러나 데카르트는 얼핏 보아 합리적으로 볼 수 있는 규칙이라고 하여도 그러한 것에 모두 동의하지는 않는다. 그는 그것이 가지고 있는 여러 가지 함의와 파급 효과를 생각해보아야 한다고 느낀다. 가령, 삼단논법을 핵심으로 하는 논리는, 그의 생각으로는, 이미 알고 있는 것—또는 막연하게 알고 있는 것까지도 설명하는 데 좋은 방법일 수는 있지만, 새로운 것을 배우는 데에는 별 도움을 주지 못한다. 고대 철학의 분석 방법이나 현대인의 대수학은 지나치게 추상적이고 규칙과 기호를 과도하게 사용하여, 사람의 마음을 피로하게 한다. "국가에서 지나치게 많은 규칙이 불법의 은신처가 되고 엄격하게 준수되듯이, 합리적 사고에서도 [그러한 일이 일어나기 때문에] 규칙을 제한하는 것이 바른 사고를 위한 방법이 되기도 한다." 그리하여 데카르트는 그의 사고의 규율을 네 가지로 제한한다. 그가 말하는 규율들은 "마음을 다스리는 규칙"들에서도 이야기되어 있지만, 첫째는 선입견이나 황급한 결론을 피하고, 의심의 여지가 없이 내 마음에 "분명하고 뚜렷하게(clairement... et distinctivement)"(137) 드러나는 것만을 받아들인다. 두 번째의 규율은, 풀기 어려운 문제는 가장 작은 요소로 분해한 다음 해답을 찾는다. 세 번째, 생각을 순서대로 정리하여, 가장 간단한 것으로부터 복잡한 것으로 나아간다. 이 순서는 자연의 사물이 보여주는 순서와 같지 않을 수도 있다. 마지막 규율은 관계되는 요소들의 나열에 포함할 것을 빠진 것이 없이 완전히 포함하였음을 확인한다. 여기에서 모든 것은 서로 연결되고 하나는 다른 하나에 연역의 논리로 묶인다. 이런 절차에서 모델이 되는 것은 기하학이나 대수학과 같은 수학이다. 그리하여 수학을 연구하는 것은 중요한 일이나, 데카르트가 관심을 가지고 있는 것은 세부가 아니라 전체적인 이해이기 때문에, 과학의 여러 분야 전부를 공부할 필요는 없다고 한다. 그러면서, 그의 생각에, 모든 과학의 근본은 철학에 있기 때문에, 철학의 원리를 확실히 하여야 한다. 데카르트가 이러한 생각들을 하였을 때, 그의 나이는 스물세 살에 불과했다. 그래서 그는, 세상 경험을 더 많이 쌓기로 결심한다. 자신의 이성적 검토의 자료를 모으기 위해서도 그것은 필요한 일이었다. 그리고 한편으로 별 생각 없이 받아들이고 있던 생각들을 뿌리 뽑고, 다른 한편으로 그러는 과정에 있어서도 그는 위에 말한 방법을 연습하여 몸에 익히려는 노력을 쉬지 않았다. 데카르트는 그의 학문에의 입지를 이렇게 설명한다.

실용 이성

이미 비친 바와 같이, 현실의 삶에 있어서 데카르트는 실용주의를 견지하였다. 다른 저작에서도 볼 수 있는 것이지만, 『방법서설』의 상당 부분은 삶의 규칙에서의 신중성을 옹호하는 데 받쳐져 있다. 이것을 논하는 데에 있어서, 다시 주택 건설이 그의 비유가 된다. 집을 헐고 새로 짓더라도, 임시 거주할 곳이 있어야 한다. 이성적 규칙의 경우에도 마찬가지이다. 그가 원하는 것은 최대한 행복하게 사는 것이다. 그리하여 그는 이성적 사유의 발견을 말한 후, 곧 서너 개의 격률(格率, maxim)로 이루어진 "임시 도덕 규범(une morale par provision)"(141)을 만들었다고 한다. 그것은 철저하게 세속적인 고려에 입각한 것이다. 그의 이성 근본주의에 비하여, 그의 세속적 타협의 옹호는 지나치다는 느낌을 줄 수도 있을 것이다. 그러나 보충 설명을 들어 보면, 그의 타협은 비열한 계산보다도, 엄격한 판단이 불가능한 실천적 문제에 있어 최대의 합리성을 얻고자 하는 의도에서 나온 것이라 할 수 있다. 그리고 이 점에서의 사실성과 합리성의 추구는 보다 과학적인 영역에서의 그의 추구에 병행한다. 과학 영역의 이성은 실천적 영역에서의 이성—또는 양지(良知)의 추구에서 멀리 있는 것이 아니다.

격률의 첫 번째는 자기 나라의 "법과 습속"을 지키고 어린 시절부터 익혀온—신의 은총으로 익혀온 종교를 견지한다는 것이다. 그러면서 공생(共生)하는 사람들 가운데 가장 사리에 밝은 사람들이 받아들이는 "가장 온건하고 가장 극단적인 것으로부터 멀리 있는" 견해에 따라 행동하겠다고 그는 말한다. 페르시아인이나 중국인 가운데도 사리에 밝은 사람들이 있겠지만, 그의 입장에서는 자기 사회의 그러한 사람들을 존중하는 것이 도움이 된다. 그런데 이러한 사람의 의견을 존중하려는 것은 이 시점에서 그 자신의 생각을 의미가 없는 것으로 받아들이고 있었기 때문이라고 한다. 그는 그 자신의 견해들을 서서히 검증의 대상이 되게 하고 있었기에 한 번에 모든 것을 바꾸지 않았다. 또 하나, 그가 따르려는 다른 사람의 경우, 모범이 되는 것은 말보다는 행동이다. 그러면서 극단적인 입장을 피하려는 것은, 그것이 잘못된 것일 때, 보다 나은 입장으로 옮겨가는 것이 쉽기 때문이다. 옳다고 생각되는 것이 있으면, 곧 입장을 바꿀 수 있어야 한다. 약속이나 서약 등을 통해서, 자신의 자유를 버리는 것은 옳지 않은 것이다. 세상의 모든 것은 끊임없이 변한다. 자신이 취한 입장이 옳지 않는 데도 버리지 않는 것도 양식(bon sens)에 어긋나는 일이다.

두 번째 격률은, 이러한 유연성에 반대되는 것을 말하는 것으로 들릴 수 있다. 그러나 알아야 할 것은 사람의 견해와 행동은 다층적인 고려와 동기로 이루어진다는 것이다. 그리고 하나의 신념을 기호하는 것은 다른 견해에 반드시 모순되는 것은 아니다. 두 번째의 격률은 불확실한 의견이라도 일단 그에 따르기로 하면, 적어도 그에 따라서 행동할 때, 마치 확실한 것에 따라 행동하는 것처럼, 확고한 결단을 가지고 행동하여야 한다는 것이다. 여기에 대한 데카르트의 비유는 어둔 숲 속에서 길을 잃은 사람의 경우이다. 비록 우연히 그렇게 한 것이라고 하더라도, 하나의 길을 선택하면, 이 길 저 길로 바꾸어 가는 것보다는 선택한 길로 가는 것이 좋다고 한다. 그것이 어둔 숲보다는 나은 곳으로 가는 방법이다. 이 사례를 견해나 의견으로 옮기면, 어떤 선택에서는 확실한 결정이 어려울 수도 있는데, 그런 조건에서도 선택이 불가피할 경우가 있고, 일단 선택하면, 그것을 끝까지 견지하고 후회하지 않는 것이 옳은 삶의 방법이라고 데카르트는 말한다.

세 번째 격률은 주어진 운명을 받아들여야 한다는 것이다. 운명을 저주하면서 세상의 질서를 바꾸는 것보다는 자신의 생각과 원하는 바를 다스리고 바꾸는 것이 보다 현명할 수도 있다. 이것은 개인적인 일에서 만이 아니라 사회적이고 정치적인 문제에 있어서도 현상을 받아들이라는 말로 들린다. 데카르트의 시대는 종교전쟁의 시대이고, 그가 소속되었던 군대도 종교전쟁에 개입하였지만, 그의 시대는 혁명의 시대는 아니었다. 이러한 사정이 그의 사회적 정치적 운명론의 밑에 있다고 할 수 있다. 그러나 그가 모든 것을 운명의 탓으로 돌리라는 말은 아니라고 할 수 있다. 위에 말한 바 운명을 다스리려고 하지 말라는 것에 이어 데카르트는 우리 "자신의 외부에 있는 것"과의 관계에서 최선을 다하여 그것을 처리하려고 하였더라도, 실패한 것은 그것이 절대로 이겨낼 수 있는 것이 아니었다는 것을 말한다고 한다. 최선을 다하되, 그것이 실패가 될 때, 그것을 후회하지 말아야 한다고 하는 것이다. 이러한 운명주의는 사회나 정치에도 해당되겠지만, 개인의 삶에도 해당된다. 그리고 이 후자의 경우, 데카르트는 일종의 금욕주의를 권하는 것으로 말할 수 있다. 나의 밖에 있는 것을 분명하게 밖에 있는 것으로, 그러니까 내가 마음대로 할 수 없는 것으로 알게 되면, 사람들은 부귀를 갖지 못하는 것에 대하여 억울한 느낌을 갖지 않을 것이다. 부(富)나 좋은 것들을 갖지 못한 것도 그러하고, 중국이나 멕시코의 왕관을 차지하지 못하는 것도 그러하다. 불가피한 것으로 하여금 덕(德)이 되게 하는 것이 좋은 일이다. 병이 들어 있을 때, 건강을 간청하고 감방에서 자유롭기를 원하는 것은 현명한 일이 아니다. 옛 철학자들의 지혜는, 자신의 생각 이외에는 마음대로 할 수 있는 것이 없다는 것을 알고 운명의 지배를 벗어날 수 있다면, 고통과 가난에도 불구하고, 그것들과 맞서는 세계의 신들보다도 행복할 수 있다는 것이었다. 이것을 아는 사람은 그것을 모르는 사람에 비하여 보다 강하고 자유롭고 행복할 수 있다.

철학자의 길로

삶 그리고 사고의 규율을 이야기한 다음, 데카르트는 그의 일생을 되돌아본다. 그리고 그가 철학의 길을 택한 경위를 설명한다. 그는 여러 직업 가운데에서 무엇이 좋겠는가를 생각해보았으나, 이미 시도한 일, 즉 이성의 계발에 일생을 바치는 것이 최선의 삶의 선택이라고 생각하였다고 한다. 물론 이렇게 말하는 것을 보면, 지금까지 요약해본 그의 생각들은 스물세 살 때의 일—그러니까 독일 노이부르크—또는 이것은 울름이라고도 말하여진다—의 난로 곁에서 가지게 되었던 생각들이다. 그리고 이러한 이성과 진리의 추구는 그에게 커다란 만족감을 가질 수 있게 했다. 진(眞)과 위(僞)를 가리고 다른 사람의 의견에 만족하지 않은 것은, 신이 인간에게 진위를 가려볼 수 있는 빛을 주셨기 때문이다. 이 빛에 따른 진리 추구의 작업은 사람이 얻을 수 있는 모든 덕(德)과 재화(財貨)를 얻을 수 있게 한다. 물론 이 덕과 재화는 세상에서 말하는 그러한 것이 아니라 자기의 능력이 확보할 수 있는 그리고 내면의 요청에 맞는 정신적 자산을 말한다.

이미 말한 바와 같이, 그가 결심한 지적인 탐구는 세상에 대한 앎을 갖자는 것이다. 그러한 모색은, 이미 위에서 여러 차례 말하였지만, 세상을 여행하며, 다른 사람들과 의견을 나누고 견문을 넓히는 것을 필요로 한다고 그는 생각한다. 그리하여 9년 동안, 위에 말한 도덕적 격률 그리고 자신이 가진 신앙의 진리를 지키면서 인생 여행을 계속한다. 그동안 그는 인생 희극의 공연자(acteur)가 아니라 관람자(spectateur)로 산다. 그러면서, 자신의 마음에 잘못 자리 잡은 견해들을 뽑아내려고 노력한다. 그렇다고 그가 "회의론자"들처럼 회의(懷疑) 그것을 위하여 회의하고 언제나 미결정의 상태에 있으려는 것이 아니다. 그것은 보다 "분명하고 확실한 것"을 찾기 위한 전초적인 작업이다. 그는 나그네의 삶에서 많은 것을 관찰하고 경험한다. 그러는 가운데에 그는 그의 방법으로 그의 생각들을 정리하고 특히 시간을 내어 수학 문제를 풀었다. 그리고 다른 과학에서도 어떤 문제를 푸는 데에는 그 원리로부터 분리하여 그것을 수학적 형식에 넣어보고자 하였다. "이러한 삶이 다른 사람의 관찰에서는, 악덕은 삼가면서도, 여가를 지루하지 않고 즐겁게 보내는, 하자(瑕疵) 없이 편안한 인생을 사는 것으로 보였을는지 모른다. 그러나 나는 나의 탐구를 멈추지 아니하였다" —데카르트는 이렇게 말한다. 그리고 이러한 삶은 그에게 책만 보고 학자들과 교류하고 하는 것보다는 진리 탐구의 길에서 더 큰 진전을 보게 하였다. 그런데 이러한 진전을 재촉한 것은 그가 큰 학문적 발견을 하였다는 헛소문이 퍼진 때문이기도 하였다고 한다. 그리하여 이러한 소문에 맞는 업적을 내야 하겠다는 생각을 하게 되었다.(학문의 업적이 자신의 내면에서 나오는 동기에 의하여 추동된다고 하더라도, 사회적 자극이 하는 역할이 있다는 것을 데카르트는 이렇게 인정한다. 그는 여러 글에서 사회적 관계의 여러 의미에 대한 예리한 감각을 가졌던 사람으로 보인다.) 그 결과 그는 그의 작업을 서두르기 위해, 그리고 학문을 보다 조용하게 추구하기 위해, 프랑스에서 네덜란드로 옮겨 살기로 결심한다. 그것은 큰 도시의 편의를 즐기면서도, "사막에 숨어 사는 것처럼", 세상으로부터 멀리 홀로 사는 삶이었다.

지금 소개한 데카르트의 삶에 대하여 잠깐 평을 해보면, 직업이냐 진리 탐구냐 하는 선택은 모든 사람에게 해당할 수는 없는 것으로 들린다. 사람이 하여야 하는 선택, 특히 젊은 사람이 하여야 하는 선택은 직업의 선택이다. 이것은 오늘날 우리나라에서도 거의 강박이 되어 있는 사실이다. 그것은 모든 젊은이가 하지 않으면 안 되는 절대적인 삶의 사실이 되어 있다. 물론 직업 가운데 철학을 직업으로 택하는 것도 가능하기는 하다. 인문과학 또는 다른 순수한 의미에서의 사회과학이나 자연과학도 여기에 들어갈 수 있다. 그러나 이러한 순수 학문을 선택하는 것은 오늘날 재능이나 기회 또는 소득의 관점에서 누구에게나 가능한 것은 아니다. 그러나 그것을 부차적으로, 그러니까 소득과 직업을 정한 다음에 선택한다는 것도 가능한 일이다. 제도적으로, 대학의 교양 과정은 바로 이러한 진리 탐구—보편적 의미에서의 진리 탐구의 동기를 교육의 기초로 한다는 의도에서 생긴 것이다. 다만 유감스러운 것은 교육이 주로 직업과 소득과 사회적 지위로 나아가는 통로라는 생각이 굳어지고 제도가 그에 따라 수정됨에 따라서, 이러한 교양적 진리의 이상은 거의 사라지고 말았다고 할 수 있다. 그러나 다른 한편으로 모든 직업적인 이익을 떠나서, 넓은 의미에서의 진리—인생의 의미 그리고 사람이 그 안에 조그만 위치를 가진 우주에 대한 지식이 사람의 지적 충동의 일부로 남아 있게 되는 것도 부정할 수 없다. 그것은 삶의 진실의 한 부분이다. 그리하여 전문적 직업인의 경우에도 데카르트적인 지적 추구는 전문직의 동반자로 지속될 수 있다. 그리고 주목해야 할 것은 데카르트의 역정에 보는 바와 같은 지적인 역정과 방황—지적 방황과 인생 여행—인생 여로에서의 방황은 젊은이들의 삶에서 빼어놓을 수 없는 단계를 이룬다는 사실이다. 이것을 서사적으로 구성하는 것이 성장소설 또는 교양소설이다. 많은 사회에 있는 "통과 의례", 특히 아메리칸 인디안 부족에 있었던 "비전 퀘스트(Vision Quest)"—자연 속의 고난의 체험을 통한 정신 탐구는 인간이 가지고 있는 이러한 충동을 제도화한 것이다. 이러한 것들에 비추어 데카르트의 이성 탐구의 이야기가 단순히 철학도에게만 제한되는 이야기라고 할 수는 없다.

"나는 생각한다, 고로 나는 존재한다"—분명하고 뚜렷한 개념

데카르트의 지적 탐구와 인생의 탐구에서 중심이 되는 테제는 모든 사안에 있어서 확실한 것만을 받아들여야 한다는 것이다. 확실하다는 것은 어떤 사안을 이성의 사고로 검토할 때, 의심의 여지가 없어야 한다는 말이다. 이것을 표현한 유명한 공식은 "나는 사고한다, 고로 존재한다"는 말이다. 이 표현은 라틴어 표현, cogito ergo sum으로 더 널리 알려져 있다 이 공식은 데카르트에게 매우 중요한 말이었다. 『방법서설』에서 불어로 표현되어 있던 이 말은 라틴어 저서 『제일철학에 대한 명상』(1641)과 『철학의 원리』(1644)에도 반복되어 있는데, 하나의 공식이 되어 있는 라틴어 구절, cogito ergo sum은 『철학의 원리』에 등장한다.

이 말이 어떻게 하여 이성적 검토를 정당화하는 공식이 되는가? 사실 따져 보면, 그것이 그렇게 분명하다고 할 수는 없다. 사고와 이성적 사고 그리고 그것의 확실성이 어떻게 연결되는가 하는 것이 그렇게 자명하지는 않다는 말이다. 이 사고가 "나의 사고"일 때 특히 그러하다. 위에서 말한 바와 같이, 그가 모든 것을 확실한 이성적 검토에 근거해서만 받아들이겠다는 것은 스물세 살 때의 결심이지만, 이 공식에 이른 것은 그보다는 후일 것으로 보인다. 물론 그의 확실성에 대한 추구, 그것은 처음의 결심으로부터 지속된다. 이 추구는 모는 것을 의심하고 거부하는 것으로 시작된다. 그러나 『방법서설』의 제3부에 나와 있는 확실성에 대한 믿음은 더 철저하다. 앞에서 우리는 검토되지 아니한 견해는 일체 거부하기로 하였다는 그의 마음가짐에 대해 언급하였다. 여기에서 그는 감각에서 오는 앎을 우선적으로 마음에 두었다고 할 수 있지만, 그는 이에 추가하여, 논리적 사고도—기하학에서의 논리적 사고도 오류에 빠질 수 있기 때문에, "연역으로 도출된 증명"까지도 받아들이지 않기로 했다고 한다. 더 나아가, 그는—방법적 회의라고 하겠지만—스스로가 가지고 있는 생각까지도 버려 보기로 한다. "깨어 있을 때 가진 생각과 같은 생각을 잠을 자면서도 가질 수 있는데, 그럴 경우, 그것이 옳은 것일 수 없다."(147) 이 연장 선상에서, 자신의 모든 생각을 착각에 불과하다 할 수도 있다. 그렇다고 하더라도 이러한 생각을 하고 있는 나의 존재는 확실한 것이 아닌가? 내 생각이 진실이 아니라고 하여도 그러한 사실과 동떨어져 있는 생각을 하고 있다는 것은 사실이 아닌가? 그리하여 옳든 그르든 생각하는 나는 확실히 존재하는 것이 아닌가? 그러나 생각이 있고 생각하는 자가 있다고 하는 것이 어떻게 이성적 사고에 정당성을 부여하는가? 이 두 가지의 연결은 분명치 않다. 이에 대하여, 프랑스의 에티엔느 질송(Etienne Gilson)의 해석은 이 공식을 통해서 데카르트가 보여주려고 하는 것은 "분명하고 뚜렷하고 자명한" 사고의 예라고 한다. 그리고 『방법서설』에서 데카르트가 쓰고 명제의 의미는 다음과 같다고 한다: "'나는 생각한다, 고로 나는 존재한다'는 명제는 그 자체로 진리라고 할 아무런 근거가 없다. [이 글에서 주장하는 것은] 다만 생각하기 위해서는 존재하는 것이 필수적이라는 것을 분명히 인지했을 뿐이다."(에티엔느 질송, 『데카르트에 있어서의 자유와 신학』) 그리하여 이 성과의 연결은 들어 있지 않다고 할 수 있다. 그러나 더 확실한 것은, 조금 전에 말한 것처럼, 그러한 생각이 있다는 것, 있었다는 것은 의심할 여지가 없다는 것이다. 그러니까 그것은 사고가 존재한다는 것이고, 어쩌면 그것을 뒷받침하는 인간이 실재한다는 것이다.

여기서 약간의 샛길에 드는 성찰을 우리 나름으로 시도해본다. 장자에 유명한 호접몽(胡蝶夢) 이야기가 있다. 장자가 나비를 꿈꿀 때, 자기가 나비인지 나비가 자기인지 알 수 없다는 것이다. 생각이나 꿈이 있다고 하여 그 담지자로서의 주체가 있는 것인지는 확실치 않다. 데카르트 식으로 말하면, 호접몽 자체는 환영[幻影]에 불과해도 그 꿈을 꾸는 장자는 존재하는 것으로 볼 수 있어야 한다. 그러나 참으로 그런가? 꿈에는 반드시 꿈꾸는 자가 있어야 하는가? 여기에 필연적인 이유는 없는 것으로 보인다. 다만 그것이 삶을 사는 데에 있어서 대체로 전제되는 점이라는 것을 인정하지 않을 수 없다고 할지는 모른다. 생각이 있다면, 그것은 사실과의 관계 그리고 사실 속에 일어나는 변화—행동에 의한 변화에 관계될 것이고, 그것은 행동의 주체를 상정하게 한다. 이것은 사람 사는 데에 없을 수 없는 자연스러운 전제이다. 그러나 인공지능의 경우, 그러한 변화가 있고 그 배경에 작동하는 디자인—생각이 있는 경우가 있을 것이다. 그때 생각하는 자는 누구인가? 또는 사회나 어떤 시스템 속에 일어나는 사건이 있고, 그 사건의 배후에 시스템의 질서와 움직임이 있는 경우도 생각할 수 있다. 이때 '생각'을 숨겨가지고 있는 것은 질서와 그 움직임이다. 사회과학에서 사회적 동력을 생각하고 물리학에서 물질적 법칙에 따른 운동을 말할 때, 그것은 이러한 시스템의 존재를 말하는 것이다. 한 해석으로는, "나는 생각한다, 고로 존재한다"에서 "나"는 일반적으로 말하여지는 사람이 아니라, 데카르트 자신을 말하고, 자신의 존재가 생각으로 정당화된다고, 그리고 자기의 생각은 그만큼 뛰어나다고 하는 것을 시사한다고 할 수도 있다. 군복무 등에 드러나는 행동인으로서의 데카르트의 의지를 강조하는 알키에 교수의 해설은 대강 이러하다.

표면상의 이성주의 그리고 그 보편주의에도 불구하고, 데카르트는 1619년 11월 10일의 깨달음을 신의 은혜라고 생각하고, 그것이 그에게 특별히 주어진 것이라고 생각하여, 사고의 출발을 일인칭의 사고자에게—물론 자기처럼 학문 제 분야에 대한 검토를 계속 사고하는 자에게 두었다고 말한 것이라고 할 수 있다.[14] 이것은 한편으로는 데카르트가 가질 수 있는 오만을 나타낸다고 할 수도 있지만, 실존적 깨달음을 말한다고 볼 수도 있다. 모든 진실 확인의 근본에는 그것을 확인하는 개체가 있다. 그 개체의 실존이 그의 사고의 정당성을 결정한다. 이 사고에 대한 깨우침이 데카르트의 진리 탐구의 역정 끝에 온 것이라는 것은 틀림이 없다.

위의 생각은 말할 것도 없이 여기에 전개되는 논리와는 관계없는 사족에 불과하다. 그러나 여기의 사족(蛇足)은, 나중에 설명하겠지만, 이성적 선택에 있어서도 작용하는 주관의 중요성을 엿보게 한다. 데카르트는 자신의 체험을 여기에서 말한 것이다. 다시 데카르트로 돌아가서, 데카르트는, 코기토의 사실성을 확인하고 이어서, "단연코 분명하고 단연코 뚜렷하게(fort clairement et fort distinctement) 생각한 것은 모두 참이다"라고 말한다. 다만 여기에 부쳐 그는 "무엇이 뚜렷하게 생각한 것인가를 어떻게 알아볼 수 있느냐 하는 데에 어려움이 있다"고 한다.(148) 데카르트가 깨달은 것은 분명하고 뚜렷한 속성을 가진 명제는 "참"이라는 것이다. 그 다음 문제는 그가 말하는 대로, 명확한 것이 무엇인가를 알아보게 하는 기준이 무엇인가 하는 것이다. 이것은 두 가지로 답하여질 수 있다. 하나는 논리적 사고—특히 수학의 공리에서 볼 수 있는 논리의 명확성이다. 다른 하나는 이성적 사고로서 확인되는 물리적 법칙이다.

14 Ferdinand Alquie, *Descartes*(Paris: Hatier, 1968) p. 18.

확실성의 근거

수학적 진리의 완벽성의 근거에 대한 데카르트의 설명은 애매하다. 자신의 마음에 완벽함의 개념이 있다면, 그것이 불완전한 인간인 자신으로부터 나온 것일 수는 없다. 회의한다는 것을 생각해보면, 그것은 본성이 불완전함에서 나오는 것이다. 그리고 자기가 주로 사고의 방법으로 생각하는 "회의함(douter)"에 대하여 "안다는 것(connaitre)"은 완벽함(perfection)을 나타낸다. 이것은 완전한 존재를 생각하게 한다. 그리고 완전함을 가진 개념들이 내 마음 속에 있다 하더라도, 그것들은 불완전한 존재인 나에게서 나오는 것이 아니라 완전한 존재, 즉 신으로부터 나온다고 하여야 한다. 신은 모든 완전함의 근원이다. 이에 비슷하게 수학의 개념은, 가령, 길이, 폭, 높이, 깊이, 형태, 크기 등의 연장(延長)으로서의 공간이라는 개념 또는 삼각형의 세 각은 두 개의 직각과 동일하다는 개념 등은 "확실성"을 가지고 있는데, 그것은 일정한 규칙에 따라 확실하게 개념화되었기 때문이다. 이것을 신의 완벽함에 버금가는 것이라고 할 수 있는가? 신의 완전함은 "존재(existence)"를 포함한다. 존재하지 않는다면, 그것은 그만큼 불완전하다는 것을 말한다. 그런데 완전한 삼각형은 반드시 존재를 포함한다고 할 수 없다. 이 세상에 완전한 삼각형이 존재한다고 할 수는 없기 때문이다. 그러나 동시에 "완전한 실체가 존재를 포함하는 것은 삼각형이 두 개의 직각의 동일함을 포함하는 것, 또는 구체(球體)가 그 표면의 모든 점들이 중심까지 등거리(等距離)에 있다는 것을 포함하는 것과 같다."(150) 즉 신은 존재함으로서 완벽하고, 기하학의 개념은 규칙에 따르는 개념화로 하여 확실하다.

기하학의 완벽한 진리와 신의 완벽함은 이와 같이 같으면서 다르고 다르면서 같다. 데카르트는 수학의 완벽함, 확실성을 위하여서도 신의 존재, 그리고 신의 대행자로서의 영혼이 필요하다고 생각한다. 데카르트는 물리적 세계에 몰두하고 있음에도 불구하고, 또 그의 이성주의—결국 세속주의에로 나아가게 되는 이성주의에도 불구하고 신앙심이 깊은 사람이었다. 그의 글에는 신에 대한 믿음을 말하는 구절들이 여기저기 나온다. 그에게 신은 더 없이 중요한 존재였다. 신은 철학자, 과학자로서의 그에게 엄밀한 사고를 보증하는 존재로서 필요하다. 위에서 본 바와 같이, 그는 분명하고 뚜렷하며 자명한 진리들이 있다고 믿는다. 기하학의 공리 그리고 물리적 세계의 여러 원리가 그러하다. 그러나 그것들이 근거 없는 환상에 불과할 수도 있다는 것을 그는 생각한다. 사람이 사는 세계의 물질적 현실, 삶의 영위에 필요한 "도덕적 확실성"은 우리가 어느 정도 알 수는 있다. 그러나 "형이상학적 확실성"의 관점에서 참으로 확실한 것은 없다는 생각도 일어난다.(151) 이때에 이성적 원리들—자명하고 확실한 원리들의 진리임을 보장해주는 것은 신의 존재이다. 신은 완벽함을 대표한다. 그 완벽함에서 기하학이나 물리학 또는 철학의 진리가 나온다. 그리하여 데카르트는 기학이나 과학의 진리가 꿈속에서 생각한 것이라도 그것의 진리로서의 의미는 변하지 않는다고 생각한다. 아침 해는 둥근 원반의 크기이다. 그러나 그것이 사실이 아님을 알게 하는 것은 지성이 사람의 마음에 작용하고 있기 때문이다. 인간의 세계 인식을 확실하게 하는 것이 인간의 지적 능력이고, 지적 능력은 인간의 영혼의 일부이고, 그것의 진리를 보장하는 것이 신이다. 지적 명확성이 중요한 것은 이로 인한 것이다. "우리 마음속에 진실이고 뚜렷한 것이 완전하고 무한한 존재로부터 나오는 것이 아니라면, 생각이 아무리 명확하고 뚜렷하다 하여도 이 생각들이 진리의 완벽함을 가지고 있다고 확신할 이유는 없다"—데카르트는 이성의 명증성과 신의 존재를 이렇게 일치시켜 말한다.(151)

이성적 사고가 보여주는 세계—물질과 영혼

세속적인 관점에서 볼 때, 데카르트가 확실한 것으로 말하고자 하는 것은, 신의 존재에 관계없이 논리적 사고—진리 탐구의 방편으로서의 논리적 그리고 과학적 사고의 신뢰성이다. 그 신뢰가 확실하다면, 이러한 논리적 사고—그리고 정확한 관찰은 여러 학문을 통하여 검증될 수 있다. 이 엄정한 사고로써 그는 기하학, 철학, 물리학, 우주론, 지구과학, 생물학, 생리학, 의학—여러 분야에서 성공적인 결과를 냈다고 말한다. 그의 관찰들이 오늘도 모두 타당하다고 할 수는 없겠지만, 그는 위에 말한 과학의 여러 분야에서 완성된 또는 미완성의 저작들을 남겼다. 이러한 저작들이 데카르트는 그의 방법의 타당성을 증명해준다고 생각한다. 그러나 『방법서설』에서 그가 시도하는 것은 우주적 현실을 논리적으로 검증하는 보편적인 방법이다.(그리고 이것이 사고의 원리를 알고자 하는 지금 이 글에도 의의 있는 일이 된다.)

그의 논의가 한정된 것은 말할 것도 없이 지면의 제한이 있고 저술의 목적이 다른 때문이기도 하지만, 그가 당대의 검열제도를 두려워하였기 때문이기도 하다. 이런 사정과도 관계되는 일인데, 그는 사람이 사는 세계—주로 물리적 세계에 대한 당대의 여러 논의를 피하고, 하나의 가설로서, 신이 새로 세계를 창조한다고 한다면, 어떤 세계가 되겠는가를 생각해보기로 한다. 『방법서설』의 뒷부분에서 그가 보여주고자 하는 것은 이러한 가설의 시범이다.

창조의 기본적 자료로서 "혼동(混沌, chaos)"이 주어진다면, 거기에서부터 만들어낼 수 있는 세계는 어떤 것인가? 그 경우, 새로 창조해보는 다른 세계도 결국은 우리가 알고 있는 세계—오늘날 알려져 있는 물리 법칙을 보여주고 그러한 법칙들의 상호 연관을 보여주는 세계와 우주가 될 것이라고 데카르트는 주장한다. 그 새로운 우주에도 지금에 비슷한 하늘이 있고, 지구가 있고, 유성이 있고 태양이 있을 것이다. 지구에도 비슷한 산과 바다와 생물이 있고, 광산에서 같은 광물이 나오고, 들에는 식물이 자랄 것이다. 사람의 경우, 신체는 다른 식물이나 동물과 마찬가지로, 물질적 법칙에 의하여 형성될 것이고, 시간이 지남에 따라 신은 사람의 신체에 영혼—사고 기능을 가진 영혼을 집어넣게 될 것이다. 신체의 생리를 설명하면서, 데카르트는 어떻게 혈액이 여러 심방(心房)과 심실(心室)로 이루어진 심장을 물질 법칙에 따라서 순환하는가를 자세히 설명한다. 그의 설명의 상당 부분은 현대 의학의 사실과 설명을 벗어난다고 한다. 그러나 중요한 것은 모든 생리적 기능이 물리법칙으로 설명될 수 있다고 생각하는 것이다. 그의 관점에서 심장의 혈액 순환은 시계가 철편이나 톱니의 무게, 형태, 동력에 의하여 조절되어 움직이는 것과 같다. 데카르트는 신체의 기능뿐만 아니라 사람의 심리적 기능의 어떤 것까지도 물리법칙에 따라 움직인다고 생각한다. 빛이나 냄새나 맛, 열(熱) 같은 외적인 물체들의 특성들은 뇌에 여러 가지 아이디어들을 찍어 넣을 수 있다. 배고픔, 목마름, 그리고 다른 내적인 느낌도 뇌에 생각들을 보낸다. 두뇌는 감각에서 들어오는 느낌을 보존하고 그것을 기억에 저장한다. 신체에 관련된 상상력은 이러한 데에서 생기는 아이디어들을 다시 새로운 아이디어들로 바꾸고, 신체는 인간의 의지와는 별 관계가 없는 이러한 것들에 의하여 움직이게 된다. 이러한 점에서 인간의 신체는 기계에 비교하여도 좋다.

그러나 인간에게 고유한 것은 언어이다. 동물도 언어를 흉내낼 수 있으나, 인간의 언어에 특이한 것은 그 배경에 사고가 있다는 사실이다. 그것으로써 사람은 말의 소리의 의미를 이해한다. 그리고 단어들을 여러 새로운 조합 속에서 사용할 수 있다. 언어는 여러 다른 상황에서 유연하게 사용될 수 있는 "보편의 도구"이다. 그것을 지배하는 것은 특정한 방향으로 움직이게 되어 있는 신체의 기관과 같은 것이 아니다. 그것의 원리는 이성이다. 그러니까 데카르트는 인간이 생물학적으로는 완전히 물질적 법칙으로 움직이고 사람의 심리의 상당 부분도 그 곳에 있다고 하면서도, 인간이 신체와는 완전히 독립되어 있는 영혼, 지성, 이성을 가지고 있다고 생각한다. 궁극적 원리에 대한 그의 모든 사고는 이 이성의 초월적 절대성을 분명히 하는 데에 집중된다.

데카르트는(지금은 유실되었다고 하는) 다른 저서에서 인간의 이성은 물질에서 나온 것이 아니라 별도로 창조되었다고 한다. 그리하여 그것은 인간을 독자적인 존재로서 인도해 가는 원리가 되었다. 그러나 그것은 "배를 운전해가는 선장"과 같은 것이 아니라, 배의 움직임 전체와 혼합되어 있는 기능이다. 그러면서 이성은 인간의 다른 심리적 표현, 감정이나 욕망과 충동에 밀접하게 연결되어 있다. 그러면서도, 그것은 신체로부터 완전히 독립해 있는 존재이다. 데카르트는 말한다—사람의 이성적 영혼이 동물이 가지고 있는 이성과 같다고 생각하는 것은 인간을 도덕의 길에서 이탈하게 하는 잘못에 빠지게 하는 일이다. 인간의 영혼은 물질세계와는 별개로 있는, 불멸(不滅)의 존재이다.

학문 연구자의 윤리

위에 요약해본 것은 대체로 『방법서설』의 제5부에 나오는 내용이다. 데카르트가 말하고자 하는 것은 이로써 끝이 난다고 할 수 있다. 그가 시도하는 것은, 물론 다른 저술에서 더 자세히 펼쳐낸 것들도 있지만, 과학적 사고의 원리—관찰과 논리와 일관성에 입각한 과학적 사고의 원리를 분명히 하려고 한 것이다. 그러면서 그 모든 것을 관류하고 있는 이성의 법칙은 물질세계를 초월하는 영적인 실재라고 하는 점도 그는 잊지 않고 강조한다. 그리고 그것을 뒷받침하고 있는 것이 신의 존재이고, 이러한 연관에서 영혼은 불멸하다고 말한다. 그렇기는 하나 그의 주장의 역점은 주로 과학적 방법의 옹호에 있다. 그리고 이것은 물질적 세계뿐만 아니라 인간의 삶—생물학적 존재로서의 인간의 삶 그리고 반드시 그것으로 일체가 설명되어지는 것은 아니지만, 인간의 사회적 개인적 삶에도 적용된다고 한다. 이러한 논의로써 그가 말하려는 본론은 끝난다고 할 수 있다. 『방법서설』의 마지막 부분 제6부는 그의 본론이 끝난 다음의 발사(跋辭) 또는 보유(補遺)에 해당한다. 그러나 그것은 그 나름으로 뺄 수 없는 의미를 갖는다고 할 수 있다. 이 부분에서 데카르트는 그가 자연의 탐구에 종사하고 글을 쓰는 일에 관계된 그의 동기에 대하여 설명한다. 여기에서 데카르트가 하고 있는 말은 진리 탐구의 의의 그리고 그것을 소명으로 하는 사람들의 내면적 동기 그리고 윤리에 대한 변론이다. 그리고 그것은 오늘날에도 그대로 해당된다고 할 수 있다.

데카르트는 여러 군데에서 그의 주장이나 발견이 논쟁을 일으키는 것을 원하지 않는다고 말한다. 사람들은 모두 그 나름의 의견을 가지고 있다. 가령, 국가의 사회개혁에 대한 의견들이 그러하다. 그 많은 의견들을 다 수용하기로 들면, 통치는 불가능한 일이 될 것이다. 논쟁에서 승리하는 것은 별 의미가 없는 일이다. 대체로 논쟁은 그의 시간을 낭비하는 일이 된다고 그는 말한다. 앞에서 본 주장에서도 누차 강조한 것이지만, 생각의 일관성이 제대로 확보되는 것은 한 사람의 사고를 통해서이다. 그는 출판을 통하여 명성을 얻는 것도 원하지 않고, 부와 귀도 그가 바라는 것이 아니라고 한다. 그가 원하는 것은 무엇보다도 세상에 너무 휘말리지 않는 "조용한" 인생이다. 그렇다면 어찌하여 연구를 계속하고, 사고의 작업을 강행하고, 글을 쓰는가? 놀라운 것은 글을 쓰면서도 그의 글들이 사후(死後)에야 출판될 수 있기를 바란다고 말하는 것이다.(이에 관련하여, 우리가 생각해야 하는 것은, 그가 진실로 학문 추구의 순수성을 지키고자 하였다는 것 외에, 이미 말한 바와 같이, 그의 시대가 물리나 우주론에 대한 새로운 이론에 민감한 시대였다는 시대적 상황이다. 갈릴레오가 그의 지동설로 인하여 종교재판에 처해졌던 일에 대하여 데카르트는 민감하였다. 그리고 그러한 일에 말려 들어가는 것을 원하지 않았다.) 그러나 데카르트의 저술들의 상당 부분이 생전에 출판된 것은 사실이다. 그것도 과학자 또는 학문을 탐구하는 자가 따라야 할 절차와 윤리적 의무에 대한 그의 착잡한 이해에 관련된다.

자신의 삶을 괴롭게 할 수 있는 여러 사연에도 불구하고, 자신의 사고의 결과를 계속 발표하여야 한다고 생각한 이유는, 그것을 발표하지 않는 경우, 그것은 학문을 하는 사람이 지켜야하는 의무를 저버리는 일이 되기 때문이다. 연구가 오로지 개인의 삶에 관계되는 것이라면, 그것은 발표하지 않아도 상관이 없다. 그러나 인류의 안녕에 관계되는 연구를 발표하지 않는다면, 그것은"인류의 보편적 안녕을 위해서 최선을 다해야한다는 의무를 위배하는 것"이다.(168) 여러 가지 물리 이론—물, 불, 공기, 별, 하늘에 관한 그리고 삶에 관한 지식은 널리 알게 하는 것이 마땅하다. 그것은 공예가나 장인이 삶을 편하게 하는 데 기여하는 것과 같다. 지적 탐구의 결과는 인간으로 하여금 "자연의 지배자가 되고 주인"(168)이 되게 할 것이다. 지구의 좋은 재화를 즐기고 건강을 유지하고, 몸과 마음을 다스려 노년의 병약함을 완화하고—이러한 일에 공헌할 수 있는 것이 지적 탐구이다. 그리고 그것은 최선의 지적 능력을 가진 사람으로 하여금 탁월한 자연관찰을 할 수 있게 하는데 도움을 줄 수 있는 일이기도 하다, 반드시 어려운 문제들에 대한 답변을 준다는 의미에서만 그렇다는 것이 아니다. 지적 탐구는 사람들의 감각으로 알게 되는 것들에 더 깊은 관찰을 보태게 하는 일이다. 이러한 일은 물론 홀로 하는 것이 아니라 공동 작업을 통하여 더 큰 발전을 이룰 수 있다.(이것은 홀로 생각하는 것이 사고의 원리라는 주장에 어긋나는 것 같으나, 아마 데카르트가 의미하는 것은 사고의 일관성—개별 과제나 전체적 체계에 있어서의 일관성은 개인의 일관된 사고에 의지하면서 동시에 그러한 사고의 결과들이 다시 총체적인 발전을 가져온다는 것을 말하는 것일 것이다.)

되풀이하여 방법을 말하건대, 그것은 한편으로 신이 세계를 대하듯 모든 것을 총체적으로 또 보편적으로 관찰할 수 있는 제일 원리로부터 여러 결과들로 나아가는 것이다. 그것은 무엇보다도 사람의 영혼에 있는 "진리의 씨앗으로부터"(170) 시작하여, 하늘 별, 지구 물, 불, 광물 등으로 나아가는 것이다. 그러나 또 하나의 방법은 거꾸로 제일 원리와 원인의 결과인, 작고 알기 쉬운 것들로부터 원인으로 소급하여 나아가는 것이다. 즉 감각으로 알게 되는 모든 것으로부터 추적하여 그 원인으로 나아가는 것이다. 그것은 단순하면서 거대한 결과에 이를 수 있다. 물론 이러한 연구는 너무나 많은 사항을 포괄하고 많은 관찰을 필요로 한다. 이 모든 탐구와 사고는 피상적인 관찰과 사고가 아니라 참으로 양심적인 사람들의 작업을 요구한다. 그러나 그 자신의 경우, 이러한 연구를 자신을 위해서만 심화할 수 있기를 바란다. 그리고 그 결과를 글로 쓰고자 한다. 글을 쓰는 것은 생각을 정리하고 오류를 가려내는 일이 된다. 당장의 출판이 목적이 아니라도—출판하지 않더라도 출판할 것처럼 쓰는 것은 도움이 되는 일이다. 다른 사람이 검사할 수 있다는 것을 마음에 두면 더 정확한 원고를 작성하게 될 수 있기 때문이다. 여기에 추가하여, 그는 이미 언급한 것처럼 그의 저술들이 사후에 출판될 것을 기대하고 그것이 인류의 삶에 기여하는 것이 되기를 바란다. 현시점에서 그는 부질없는 논쟁과 논란을 피하고 자신의 시간을 자신의 연구에 쓰고자 한다. 그리고 그는 그 시간을 소중히 하여 잘 계획하여 쓰고자 한다. 그가 출판을 원하지 않는 또 하나의 이유는, 이미 말한 바와 같이, 사고는 스스로 진행하는 것이라야 하기 때문이다. 다른 사람이 그의 의견이라고 하면서 반복하는 것을 보면, 그것은 오해의 결과일 경우가 많다. 그가 무엇보다도 기피하고자 하는 것은 그럴싸한 견해—표면적으로 그럴싸한 견해이다. 그가 원하는 것은 확실한 관찰과 이론이다. 그러나 다른 한편으로 출판하지 않으면, 동기에 대한 오해가 일어날 수 있다. 명성을 바라는 것은 아니지만, 그의 경우에도 약간의 이름이 알려지게 된 것은 피할 수 없었다. 그리하여 출판을 지나치게 삼감으로써, 자신의 이름을 손상하는 것은 옳지 않다고 생각한다. 또 다른 사람들로 하여금, 그가 할 일을 하지 않아서 자기들이 진보하지 못했다는 생각을 갖게 하는 것도 좋은 일이 아니다. 그리고 그의 작업이 남의 관찰을 빌려야 하는 것도 사실이다. 그리하여 그는 그의 저술을 출판하고 그의 생각을 알리는 것을 완전히 피하려고 하지는 않겠다고 한다. 그리고 반대 의견이 있는 사람이 있다면, 그것을 출판사로 알려오면, 답하여 주겠다고 말한다.

학문적 사고와 자연 탐구 그리고 글쓰기에 종사하는 사람으로서의 자신의 입장을 이렇게 밝힌 다음 데카르트는 자신의 일에 관련된 작은 일들—가령, 자신이 쓴 〈광학〉의 어떤 부분에 대한 설명이 쉽게 광학기계의 제작에 옮겨질 수 없다고 하는 문제 또는 당시에 흔히 학문적 저술의 용어가 라틴어인 데 대하여 이 글이 프랑스어로 쓰인 사연, 그리고 앞으로 그의 구체적인 계획으로서 의학 연구를 진행하려고 한다는 뜻—이러한 일들에 간단히 말하고 『방법서설』을 끝낸다.

Ⅸ 사고의 방법 너머
—데카르트, 제논, 플라톤

지각과 지식의 확증(確證)

지금까지 지나치게 길게 『방법서설』을 중언부언 부연(敷衍)하였다. 그 요지를 요약해보고 그 의미를 다시 생각해보기로 한다. 말할 것도 없이 데카르트가 『방법서설』에서 밝히고자 한 것은 그의 학문적 추구—물리적 세계 그리고 비교적 간단히 근접할 수 있는 물리적 세계로서의 지구를 넘어 우주적 학문 탐색에 있어서의 원리였다. 그가 원한 것은 말할 것도 없이 이 탐색에 일관하는 이성적 법칙을 찾아내는 것이었다. 그것은 면밀한 관찰에 기초하여 사실들을 논리적으로 그리고 일관된 연계 속에서 파악하려 하는 과학적 사고의 방법이다. 더 간단히는 사물들과 사건의 인과관계를 파악하려는 것이 그 방법이고 또 방법의 목적이다. 그러면서 흥미로운 것은 거기에서 발견되는 사실과 법칙들이 직관적 호소력을 갖는다는 사실이다. "분명하고 뚜렷하게(clairement et distinctement)" 그리고 이 표현들의 약간의 변조는 이 사실과 법칙들이 드러나 보일 때의 모습을 말한다. 『방법서설』에서 무수히 등장하는 이러한 부사 또는 형용사는 사고의 철저함을 말하는 표현이다. 앞에서 우리는 "분명하고 뚜렷하게 생각한 것은 모두 참"이라고 말한 것에 언급하였다. 그런데, 이것도 시사한 바 있지만, 이러한 표현은 사고가 드러내는 법칙이 직관적으로 또는 거의 감각적으로 호소해 온다는 것을 암시한다. 사물과 세계의 법칙들은 사고되면서 직관된다. 이것은 어느 쪽이나, 특히 후자의 경우, 사고하는 주체에 의하여 감지된다. "cogito ergo sum." "나는 생각한다, 고로 존재한다"라는 로고가 주체의 존재를 함축하는 것은 당연하다. 그렇다는 것은 감각이나 직관은 그것의 담지자로서 또는 주체로서의 인간과 인간의 인지 작용—감정이 혼합된 인지를 시사하기 때문이다. 인식의 밑에 있는 것은 인간의 실존적 확신이다. 그러면서 인간 주체는 동시에 이성적 질서가 전달되어 오는 통로이다. 그리고 그것은, 위에서 본 바와 같이, 신과 신의 대변자로서의 인간의 영혼—불멸하는 영혼에 의하여 뒷받침된다. 사물의 원리가 이성적으로 파악되면서 동시에 직관적이고 직접적인 방식으로 인간의 감지능력, 인지능력에 작용한다는 것은 복잡한 의미를 갖는다. 그것은 인간의 진리에 대한 관계가 반드시 주·객체가 대립하는 인식론적 관계가 아니라는 것을 말한다. 그리고 인간의 존재 방식이 흔히 생각하는 것과는 달리 진리에 대하여, 또는 진리를 나타내는 여러 현상, 가령, 법칙, 이데아 또는 형상에 대하여 인간이 보다 직접적으로 연결되어 있다는 것을 암시한다. 그리고 데카르트의 생각에도 그러한 것이 함축되어 있다고 말할 수 있다. 이것은 참으로 깊이 연구해보아야 할 과제이다. 그러나 여기에서 그 문제를 극히 간단히 언급해보는 것도 무의미한 일은 아닐 것이다.

데카르트가 반드시 그렇게 생각하였는지는 더 연구해보아야 할 과제이지만, 위에 말한 표현들에 암시되어 있는 것을 풀어 나가면, 사물과 세계의 법칙성에 대한 인식은 사고와 직관—두 통로로 이루어진다. 그리고 이것은 고대 서양 전통에 존재해왔던 사고라고 할 수 있다. 헬레니즘의 스토아 철학자 제논(Zenon, 334~262 B.C.)에게 현실 인식에서 핵심적인 것은 카탈렙시스(catalepsis) 현상이었다. 오늘에 이 말은 정신적 신체적인 질환으로 하여 근육이 경직화되는 현상을 가리킨다. 오늘날 의학에서 말하는 이러한 뜻으로 말한 것은 아니지만, 제논은 이에 비슷한 꼼짝할 수 없는 충격의 계기가 인간의 진리 인식에 작용한다고 주장했다고 한다. 미국의 철학자 마사 너스바움은, 프루스트의 소설을 분석하면서, 인간의 연애 감정에도 그러한 요인, 달리 생각하는 것을 허용하지 않는, 강박적 계기가 작용한다고 말한다. 그리고 그것을 제논의 생각에 연결한다. 필자는 헬레니즘의 전문가가 아니기 때문에, 다른 연관에서 나온 것이기는 하지만, 이 헬레니즘 권위자가 제논의 생각을 설명하는 부분을 인용해본다.

> 스토아 철학자 제논은 외부 세계에 대한 우리의 모든 지식은 어떤 특정한 지각적 인상의 기초 위에서 구성되는 것이라고 주장했다. 이 인상은 그 독특한 내적인 성질, 그 체험적 특질로 하여, 그것의 진리됨을 확정한다. 우리는 그 인상에 동의함으로써 카탈렙시스의 상태에 들어간다. 이것은 확실성과 자신감의 상태로서, 다른 어떤 것도 그것으로부터 우리를 떼어내지 못한다. 틀림없이 확실하다는 그런 믿음에 기초하여 모든 과학—자연과 윤리의 과학이 구성된다.(과학은 이렇게 카탈렙시스의 체계로 정의된다.) 카탈렙시스의 인상이, 순전히 느낌의 질(質)에 근거하여 우리를 끌어 당겨 동의하게 하고, 사물들이 그것과 다른 것일 수 없다고 확신하게 한다고 주장하는 것이다. 그것은 영혼에 찍히는 표적에 의하여 정의된다. "그것은 현실 그것이 우리의 영혼 위에 찍은 흔적이다. 그러한 것이 현실이 아닌 것으로부터 올 수는 없다."[15]

즉 스토아 철학이 깨달은 것은 지각과 합리적 지식이 이와 같이 하나로

15 Martha C. Nussbaum, *Love's Knowledge: Essays on Philosophy and Literature*(Oxford University Press, 1990), p.265.

직결된다는 사실이다. 그리고 이것은, 너스바움의 생각으로는, 체계적 지식의 뿌리가 된다. 또 "주의할 것은, 그러한 카탈렙시스의 질서를 가진 체계(시스템, sustema)만이 과학적 이해 또는 에피스테메(episteme)를 성립하게 한다는 점이다."[16] 그러니까 다시 너스바움이 프루스트의 소설의 상황에 관련하여 말하는 것으로 돌아간다면, 이 스토아 철학에 언급되는 꼼짝할 수 없는 지각은 사랑에도 작용하고 또 이성적 지식에도 작용한다.(너스바움이 "사랑의 지식"이라고 부르는 현상은 지각과 이성적 이해가 결합된 결과이다.) 우리나라의 속담에, "서울 가본 사람과 안 가본 사람이 싸우면, 안 가본 사람이 이긴다"는 것이 있다. 이것은 인간의 체험에서 "본다"는 지각적 증거의 중요성을 역설적으로 말한 것이다. 또는 일상적 대화에서도, "내가 눈으로 보았는데 그래?" 하면서, 시각적 확증을 주장을 뒷받침하는 증거로 내놓는 경우가 있다. 이와 같이, 지각의 증거는 우리의 모든 체험과 사고에서 핵심적인 역할을 한다. 데카르트가 "분명하고 뚜렷한" 것을 말할 때, 그리고 그것을 이성적 사고의 확실성에 대한 증거로 말할 때, 그것은 인간의 삶의 여러 측면에서 확인되는 이러한 현상의 일부를 말하는 것이라고 할 수 있다.

그런데 지각과 지식의 이러한 삼투(滲透)관계를 어떻게 설명할 것인가? 확실한 지식을 추구한다고 할 때, 사람의 인지 체계 속에서 가장 신용할 수 없는 것이라고 할 감각 그리고 지각 현상을 어떻게 그러한 확실한 지식의 기본 요소로 정당화할 수 있는가? 그것을 반드시 감각이나 지각에 연결하여 말한 것은 아니지만, 위에서, 사람의 지능 인식의 확실성 뒤에는 완벽한 존재로서의 신과 신의 대변자로서의 인간의 영혼의 불멸성이 있다고 데카르트가 말한다는 것을 언급하였다. 그것은 그 근거를 지적하려는 것이다. 그러니까 "분명하고 뚜렷한(claire et distincte)" 것을 말하는 수사

16 같은 페이지, 각주 7.

(修辭) 그리고 그것이 표현하는 직관의 뒤에 인간의 영혼이 있고, 신의 완전한 질서가 있어 그 확실성을 보장한다는 것이다. 데카르트가 의지하고 있는 초월적 연계는 너무나 안이한 책임회피로 보일 수도 있다. 그러나 적어도 인간의 존재 방식을 생각한다는 점에서는, 사람이 사는 세계의 현존에 감각적 접촉과 이성적 규칙의 두 개의 접근이 있다는 것은 부정할 수 없다. 데카르트의 신과 영혼에 대한 언급은 신의 전지전능으로 이것을 설명하려는 것이다. 그리하여 그는 거기에서 드러나는 인식에 경험적 일반성을 넘어서 선험적 필연성을 부여하고자 한다. 그렇기는 하나 다시 한 번 "참"으로서의 정당성과 필연성이 분명치 않은 것은 사실이다. 이것은 조금 더 생각되어야 할 과제이다.

플라톤의 이데아

"이데아(eidos)"는 서양의 철학사에 플라톤이 도입한 가장 중요한 개념의 하나로 이야기된다. 플라톤만 아니라 일반적으로 희랍 철학에서 이야기되는 "이데아" 또는 형상의 개념은 인간의 사물 인식에 들어 있는 초감각적 요소를 인정하고 그것을 통하여 거기에 초월적 필연성을 부여하고자 하는 다른 시도이다. 그것은 감각적으로 또는 체험으로 알게 되는 사물의 배경에 있는 불변의 개념, 형상 또는 본질적 요인을 말한다. 이데아는 감각 세계의 저편 영원하고 필연적인 세계에 존재한다. 그리하여 그것은 끊임없이 변화하고 불확실한 경험 세계의 너머에 있으면서, 이 가변의 세계를 일정한 질서 속에 존재할 수 있게 하는 초월적 근거가 된다.

이 개념은 우리의 일상적 경험과 보다 초월적인 세계 이해를 포함한다. 앞에서 생각해보았던 데카르트에게 물질세계에서 필연과 불변은 물질세계의 법칙이다. 그리고 그것은 정신적 원리를 포함한다.(신과 영혼의 존재에 대한 전제가 이 두 가지에 관계된다.) 이에 대하여, 플라톤의 이데아는 일단 법칙보다는 낱낱의 사물의 배경에 있는 보편적 개념을 나타낸다. 그리고 그것은, 데카르트의 경우에 비슷하게, 다시 그 너머에 있는 영원한 세계—영적 세계라고 할 수 있는 세계를 나타낸다.

제일 간단한 의미에서 "이데아"는 일상적 삶과 언어에 들어 있는 보편개념(universal)을 말한다. 케임브리지대학 고대 희랍 철학 교수였던 W. K. C. 거스리(W. K. C. Guthrie, 1906~1981)가 플라톤 철학을 설명하는 데에서 예를 빌려 오면, 눈앞에 보이는 것을 "말(馬)"이라고 한다면, "말"이라는 동물의 종(種)을 알고 있기 때문이다. 그러니까 그러한 앎에는 "개념"이 개입되는데, 플라톤적으로 말하여, 물질세계를 넘어가는 정신 구역에 "절대적인 이념"으로서의 "말"이 상정된다. 이러한 절대적인 이념이 말의 "이데아"이다. 다시 거스리 교수가 플라톤의 〈파이돈〉에서 끌어오는 예로서, "아름다운 것"이 있다고 한다면, 그것은 "아름다움"이라는 이데아가 있기 때문이다.

사물에 대한 과학적 설명에서 하나의 사물은 그것을 분류할 수 있는 일반적인 종이나 급을 상정한다. 즉 사물을 "종 개념(class—concept)"에 속하게 하는 것이 우리가 그 사물을 알고 설명하는 방식이다. 그런데 플라톤의 특이성은, 거스리에 의하면, 이 개념 자체가 개별적 단위로서 존재한다고 주장하는 데에 있다. 그리고 이러한 독립된 이데아는, 더 나아가, 별도의 영역을 구성한다. 이 영역이 경험적 세계와는 다른 하나의 공간을 점유하고 하나의 세계를, 또는 정신적이고 신비한 세계를 구성하는 것이다. 그것이 어떤 공간에 어떻게 존재하든지, 적어도 그러한 차원이 있다는 것이 플라톤의 신화적 설명이다.

거스리 교수는 플라톤이 이데아를 차세(此世)와는 다른 별도의 영역 또는 차원에 존재하는 것으로 생각하고자 한 것은, 물질적 세계의 추상적 근원으로서의 이데아의 세계 그리고 정신적 가치의 세계를 하나로 상정하고 싶었기 때문이라고 한다. 물질적 세계에서 무엇을 안다는 것이 추상적 개념을 요구한다는 것은 어렵지 않게 시인할 수 있는 일인데, 그러한 개념이 독립된 이데아의 세계를 구성하고 거기에 정신적인 가치—그것을 나타내는 개념, 가령, 선의 개념, 이데아가 함께 존재한다면, 그것은 "절대적인 도덕 기준"도 실재로서 존재한다는 것을 의미한다. 그리하여 플라톤에게는, 우리가 접하는 세계에 더하여 "초월적 형상"의 세계가 있고, 거기에서 나오는 종의 개념으로 우리는 말이면 말과 같은 동물을 알아보고, 선(善)이나 미(美)의 이데아에 비추어 인간의 행동을 평가할 수 있다. 그리고 또 한 가지 중요한 것은 이러한 세계에 사람이 직접적인 관계를 가질 수 있는 것은 이성이나 영혼을 통하여서라는 것이다. 플라톤에게 "영혼(psyche, psuche)은 땅위의 삶에 매어 있는 마음과 초월적 이데아의 세계 사이를 연결하는 교량이다." 그리하여 소크라테스의 가르침, "그대의 영혼을 보살피라"는 말이 중요한 의미를 갖게 된다.

X 존재의 진리
—플라톤의 동굴의 신화, 하이데거의 해석

플라톤의 이데아

이러한 내용의 이데아에 대한 설명은 플라톤의 대화편 여기저기에 시사되어 있으나, 거스리 교수가 참조하고 있는 것은 주로 〈파이돈〉, 〈메논〉, 〈공화국〉이다. 위의 이데아론은 그의 해설을 다시 간략하게 풀어본 것이다.[17] 이데아의 문제는 세계를 정확한 이념을 통해서 인식해야 한다는 주제에 중요한 의미를 갖는다. 그것은 그 자체로 흥미 있는 생각이지만, 그것에 대한 적절한 해석은 우리가 확실하다고 하는 생각들—우리가 받아들이고 있는 생각들이 어떤 시대적 지평 속에서 일어난다는 것을 느끼게 한다. 이성을 생각하고 그 의미를 생각함에 있어서 이것을 바르게 이해하는 것은 중요한 관점으로 우리를 이끌어갈 수 있다. 특히 그것을 하이데거의 해석을 통해서 비쳐볼 때, 이성과 지적 확실성의 문제는 보다 넓은 의미를 갖는다.

하이데거의 저서 『플라톤의 진리론』(Platons Lehre von der Wahrheit)에 들어 있는 같은 제목의 논문도 이데아의 문제를 다룬다. 여기에서 하이데

17 W. K. C. Guthrie, *The Greek Philosophers*(New York: Harper & Row, 1975), "Ch. V, Plato(1), The Doctrine of Ideas," pp. 81~100.

거의 평석을 잠깐 생각해보기로 한다. 이데아의 의미를 설명하는 데에 있어서는 윤곽은 크게 다르지 않다고 하겠으나, 하이데거는 그것을 현실 이해에서만이 아니라 현실 구성에 있어서 보다 역동적인 역할을 가진 것으로 본다. 그의 생각에, 그것은 희랍시대의 사람이 가지고 있던 진리(알레세이아, aletheia) 개념에 밀접한 관계를 가지고 있어서, 진리를 드러내거나 감추는 데 중요한 매체(媒體)가 되는 만큼, 그 동력학의 일부로 이해되어야 한다. 그리고 그것은 존재론적 세계 이해에서 일정한 위치를 갖는다. 이 글에서 완전히 설명할 수는 없지만, 이 관련들은 그 자체로 이데아에 대한 우리의 이해를 넓힐 것이다.

우리의 통상적인 관습에서 진리 인식의 중심 원리는 이성이다. 이성을 사고의 원리로 정립하려고 할 때—또 이 글의 본 의도에 맞추어 그것을 새로운 문화와 교육의 중심에 놓고자 할 때, 필요한 일의 하나는 그 이성을 보다 넓은 존재론적 관련 속에 놓는 일이다. 이성은 쉽게 합리성이 되고 공리적 계산의 원리가 된다.(여기에서 '도구적 이성'이 유래한다.) 그런데 그것은 그보다 넓은 의미에서 인간 생존의 깊이에 이르는 길잡이로서 생각되어 마땅하다. 이 점은 데카르트의 사고에 대한 사고에서도 느껴볼 수 있는 일이지만, 플라톤의 이데아와 그 영역에 대한 생각은 이성의 의미를 한층 더 높여주는 또는 깊이 해주는 것으로 말할 수 있다. 그러한 보다 큰 연관은 이성을 매개로 하는 지적 탐구의 엄숙성 그리고 그것이 인간의 삶에 대하여 갖는 의미의 엄숙성을 느끼게 한다.

이데아에 대한 하이데거의 생각은 이 엄숙성을 보다 깊은 차원에서 밝혀주는 역할을 할 수 있다. 그러면서, 그것은 어떻게 보면, 앞으로 설명하겠지만, 독립된 원리로서의 이성을 부정하는 일이다. 이성은 보다 넓은 형상으로서의 진리—하이데거는 이것을 있는 그대로의 세계를 드러내주는 것으로 이해한다—이 진리의 들고남에서 남아 있게 되는 추상의 원리이다. 그러나, 다시 말하여, 그것은 어디까지나 드러나는 세계—진리의 세계 또는 단순히 현상(現象)의 세계의 한 축일 뿐이다. 그리하여 하이데거는 세계와 삶의 원리로서의 이성을 격하한다고 할 수 있다. 그것은, 반드시 정당한 삶의 이해라고 생각되지는 않지만, 주어진 세계를 보다 넓게 그리고 진실되게 파악하는 데에 수용하지 아니하면 아니 되는 철학적 존재론적 관찰이다.

하이데거의 해석은 전적으로 〈공화국〉에 들어 있는 동굴의 신화에 기초한 것이다. 그는 이 신화 부분을 새로 번역하고, 거기에 그 나름의—그의 존재론적 철학에 이어지는 해석을 시도한다. 그 나름의 해석이란, 의도적으로 고유한 해석을 시도한다는 말이지만, 그것이 하이데거에게 특별한 의미를 갖는 것은, 플라톤의 철학이 서양철학사를 일정한 방향으로 나아가게 하였고, 이것이 충분히 보편적인 존재 이해가 아니라고 보는 하이데거의 관점에서는, 새로운 길을 여는 것이 필요한 일이기에, 새로운 방향으로 나아가기 위해, 그 전의 방향—플라톤이 세운 도로 표지를 정확히 정의하는 새로운 플라톤 읽기가 필요하다고 생각하기 때문이다. 그리하여 새로운 플라톤 읽기는 새로운 철학과 삶의 길을 열어가는 데에 중요한 작업이 될 것이라고 그는 생각하였다. 그 새로운 발상이란 인간의 삶을 보다 분명하게 존재론적 진실에 입각한 것이 되게 하여야 한다는 것인데, 그것은 일단 기술과 산업과 경제 발전에 지나치게 의존하는 삶의 방식을 지양한다는 것을 의미한다. 그의 생각에 기술 공학으로 기울어지는 이성은 인간 존재에 대한 넓고 진실된 이해로부터 벗어나는 것이다. 여기에서는 충분히 또 심각하게 고려할 수는 없다고 하여야겠지만, 이러한 견해는 우리 자신을 위해서도 일단은 고려해야 하는 문제라 할 것이다. 그리고 하이데거의 인간의 지적인 그리고 정신적인 탐구는 그 자체로서 중요한 일임에 틀림이 없다. 그리고 그것을 유연하게 파악하는 것은 이성의 문제를 생각할 때 유념해야 할 사항이다. 그렇다는 것은 이성의 위치를 분명히 하는 일은 중요한 일이지만, 그리고 지적이고 정신적인 작업은 이성에 대한 확신을 요구한다고 할 수 있지만, 그것이 경직된 이데올로기의 근거가 될 수 있다는 사실도 경계해야 할 사항이기 때문이다. 그러니까, 이에서 데카르트를 통해서 이성의 중요성을 강조하였지만, 이것은 보다 넓은 지평에 놓이는 것이 되어야 한다.

조금 전에 말한 바와 같이, 하이데거의 글은 전적으로 〈공화국〉에 나오는 동굴의 신화를 번역하고 해석하는 글이다. 동굴의 신화는 말할 것도 없이 어두운 동굴의 어둠 속에 살면서 그 사실도 깨닫지 못하던 사람이, 동굴을 벗어나면서, 새로운 밝은 세계가 있음을 깨닫게 된다는 서사적 우화이다. 하이데거는 이것에 그의 독특한 존재론적 해석을 가한다. 동굴 내에 사는 사람들에게 동굴은 "세계"이고, 동굴에서 보는 그림자들은 "현실"이다. 이 그림자를 비추는 불꽃은 그들에게는 태양이고, 동굴의 천장은 하늘이다. 그들은 이 "세계에 있고(auf der Welt)," 그 세계에 "편하게 거주하고(zu Hause)," 거기에서 "믿을 만한 것(das Verlaessliche)"을 발견하면서 산다. 이 세계의 사물들은 동굴의 벽 한 쪽의 불빛에 비친 것이지만, 그들은 거기에서 그 나름의 질서를 발견하고 그것을 현실의 사물로 본다. 조금 더 해방되어 몸을 돌려 불빛을 보더라도 그들은 그 불빛이 사람이 만든 것임을 알지 못한다. 그들이 보기에는 동굴 안의 모든 것은 자연 질서 그것이다.

이 동굴의 인간이 족쇄를 풀고 동굴 밖으로 나왔을 때, 그들은 비로소 제대로 보이는 물건들을 본다. 물건이 보인다는 것은 무엇인가가 스스로를 밖으로 나타낸다는 것이다. 그것은 "사물이 사물의 본래적인 사물임"

을 드러내는 것이다. 이 드러냄의 모양이 희랍어로 "에이도스(eidos)" 또는 "이데아(idea)"이다. 일반적으로 말하여 사람들은 물건, 살아 있는 것, 인간, 수(數), 신(神)과 같은 개념이 있어서, 이것저것을 집, 나무, 신이라고 인지한다.(이것을 앞에서는 종이나 분류의 개념이라고 말한 바 있다.) 그런데 밖으로 나와 태양의 밝음 속에서 보게 되는 것은 사물 자체이면서, 사물의 이데아이다. 그것을 비추는 태양은 인조(人造)의 불빛이 아니다. 이 태양은 다른 모든 사물들, 이데아들을 볼 수 있게 하는 이데아 중의 이데아이다. 또 다른 이데아 중의 이데아의 위치에 있는 것은 "선(善)의 이데아, die Idee des Guten, the idea of the good"이다.(사실 두 가지는 겹치는 것으로서 태양은 선의 이데아의 물질적 표현이라고 할 수 있다. 이것은 선의 의미를 다시 살펴볼 때 보다 잘 이해될 수 있다.) 선의 이데아는 플라톤의 표현 "he tou agathou idea"를 그대로 번역한 것이면서도, 하이데거의 생각으로는, 오해를 가져올 수 있는 번역이다. 그에게, 여기의 "선"은 무엇인가를 현실이 되게 하는 것이면서, 보통의 선한 것이라는 뜻을 갖는다.

말할 것도 없이, 사람이 동굴의 어둠으로부터 바깥의 햇빛 안으로 나아가고 다시 동굴로 되돌아가는 것은—동굴의 이야기의 마지막에서, 물론 햇빛에 나왔던 사람은 다시 동굴로 들어 간다—인간의 정신 또는 영혼의 역정(歷程)을 말한다. 그것은 정신의 변화를 말하고 각 삶의 구역 그리고 거기에 알맞게 설정되어 있는 행동 방식, 삶의 방식을 바꾸어야 한다는 것을 말한다. 그것은 혼란과 괴로움의 역정이다. 플라톤이 강조하는 교육, 파이데이아(paideia)의 역정이 이것이다.(흥미로운 것은 한번 빛을 보았던 사람은 다시 어둠 속으로 돌아가도 거기의 삶의 방식을 당연한 것으로 받아들일 수 없다는 사실이다. 이것은 플라톤에서나 하이데거에서나 이야기되어 있는 형성적 인간 정신의 특징이다. 일단 다른 세계를 알게 되면, 자기의 세계의 모든 것에 대하여 물음을 가지게 되는 것이 사람인 것이다. 데카르트가 생각한 것처럼, 인간은 의심하는 존재이다.) 하이데거 그리고 플라톤의 정의에 의하면, 파이데이아는 빈 통에 물건을 채워 넣듯 머리에 지식을 넣는 것이 아니라 "정신 전체의 방향을 트는 일(periagoge holes tes psuches)"이고 "전 인간을 그 본질의 측면에서 전환(轉換)으로 인도하는 것(das Geleit zur Umwendung des ganzen Menschen in seinem Wesen)"이다.[18] 그것은 "무교육의 상태(apaideusia)"로부터 "교육의 상태(paideia)"로 옮겨가는 것이다.

이것에 역점이 주어지는 것은, 이 이행이 한 번으로 끝나는 것이 아니라 늘 되풀이되는 것이기 때문이다. 교육이란 말은 대체로 독일어의 "교양(Bildung)"에 맞아들어 간다. 이것은 지식을 주입하는 것이 아니라, "영혼을 송두리로 잡아 사람 전체를 그 본질의 자리(Wesensort)에 옮기게 하고 그곳에 익숙하게 하는 것이다."[19]

드러남과 진리

그런데 하이데거의 생각에, 중요한 것은 교육과 진리와의 관계이다. 이 관계는 교육을 더 정확하게 정의하는 것이면서 동시에 그것을 다른 것이 되게 하는 요인이다. 이것은 특히 하이데거의 관점에서 중요한 것이지만—그리고 그는 이것이 서양사상사의 관점에서 중요하다고 하는데, 그것은 모든 교육에 함축되어 있는 그리하여 우리에게도 중요한 이중적 의미를 갖는다고 할 수 있다. 말할 것도 없이, 동굴과 바깥의 햇빛은 사람으로 하여금 사물과 그 환경을 달리 보게 한다. 이 다름은 진리의 관점에서 측정되고 판단될 수 있다. 그런데, 플라톤에 대한 하이데거의 해석으로는, 이 진리는 접근의 차이에 따라서 미묘하게 달라진다. 간단하게 말하면, 진리

18 Martin Heidegger, *Platons Lehre von der Wahrheit*(Bern: Francke Verlag, 1954), S.23.
19 Ibid., S. 24.

는 사물을 있는 대로 접하게 되는 인식과 행동의 동기인데, 그것을 위해서는 이데아를 경유해야 한다. 그런데 이 관계가 굳어지면서, 진리는 사물의 있는 모습이 그대로 나타나는 것을 말하는 것이 아니라 이데아—관념을 바르게 소유하게 되는 것 또는 인간의 인식 주관과 대상과의 적정한 대응 관계를 유지하도록 노력하는 것을 의미한다. 그리하여 플라톤에서 역점이 드러남의 진리 그것보다도 그것을 드러나게 하는 이데아로 옮겨가게 된다는 것이, 하이데거의 표현으로는, "플라톤 혁명"의 특징이다. 이러한 변화와 함께 물론 교육의 중점도 드러나는 현실에서 이데아로 또는 개념으로 옮겨가게 된다. 여기에서 책 제목에 쓰인 말로, "플라톤의 진리론," "진리에 대한 교리"가 생겨난다.

플라톤에서 진리는 동굴의 어둠으로부터 햇빛의 열린 공간으로 옮겨가는 데에서 확실한 것이 된다. 이 이행(移行)은 4개의 단계로 나누어 볼 수 있다고 하이데거는 말한다. 제일 단계는 동굴의 어둠 속에 있는 사람들의 경우이다. 거기에서는 주변의 사물들 외에 다른 것이 존재하지 않는다. 이들은 여러 물건들의 그림자 이외에, 숨어 있다가 드러나는 것이 있다고 생각하지 않는다. 숨어 있다 드러나는 것, 은미(隱微)한 것이 현현(顯現)한다는 것은 독일어 Unverborgenheit를 옮겨본 것이다. 이것은 그것대로 희랍어의 aletheia, 진리를 독일어로 옮긴 것인데, 이 희랍어는 어원적인 의미로는 "감추어진 것이 드러나는 것"을 말한다. 하이데거는 이것을 Unverborgenheit로 옮기고 통상적인 말인 Wahrheit에 이것을 대조한다. 감추어진 것이 드러나는 것이 진리라는 것은 하이데거의 철학의 핵심에 있는 말이다. 그는 그것으로 섬광(閃光)처럼 나타나고 사라지는 진리의 성격을 강조하고자 한다. 여기에서도 그는 이것을 문제 삼고 있는 것이다. 교육에서 깨닫게 되는 진리가 현현(顯現)하는 어떤 것에 대한 직관의 체험이고, 고정된 관념의 파악이 아니라는 것을 그는 말하고자 한다.

하여튼 첫 번째, 동굴의 상태에서는 모든 것은 표면에 드러나 있다. 두 번째 단계는 동굴의 사람의 족쇄(足鎖)가 풀리고 목을 돌려 물건들로 하여금 그림자를 던지게 하는 불꽃을 볼 수 있다. 사람은 사물들을 본다. 그것으로 하여 "감춤으로부터 보다 드러난" 것을 볼 가능성을 알게 된다. 그러나 불꽃이 눈을 부시게 하여 잘 볼 수 없게 되기도 하고, 그림자들이 더 분명히 보일 수 있게 되기도 한다. 그러면서 동시에 눈앞에 보이는 것보다는 그 전에 본 그림자들이 더욱 감춤으로부터 드러나는 현상인 것으로 생각하기도 한다. 이렇게 정신은 혼란을 경험한다. 그리고 이 단계에서는 보는 사람이 어느 정도 속박으로부터 풀려나지만, 모든 것을 제대로 볼 수 있는 완전한 자유를 얻지는 못한다.

세 번째 단계에서 진정한 자유가 생긴다. 이제 동굴 밖으로 나온 사람은 눈을 부시게 하는 인위적 불에 비추어 사물을 보지도 않고 정신의 혼란을 경험하지도 않는다. "사물들은 그 고유한 보임 또는 형상(Aussehen)의 강한 힘과 타당성 속에 선다." 그러나 구속을 벗어난 자유의 공간은 자의적 자유의 공간이 아니다. "함께 보는 햇빛에서 방사되어 나오는 밝음의 구속력을 가지고 있다. 사물 자체로서의 그 모습—바로 그대로 이데아가 되는 사물 자체의 모습이 본질이 되고, 그 빛으로 하여 낱낱의 개체적 존재가 이것저것으로 스스로를 보여주고 이 스스로의 보여줌에서 현상(現象)이 그대로 감춤에서 나오고 근접할 수 있는 것이 된다." 이렇게 하여, 제3단계에 멈추는 곳은 "감춤으로부터 드러남"이 규범이 되고 고유한 "드러남의 진리"에 의하여 규정되는 곳이다. 그곳에서 감추어져 있었을 사물 하나하나의 자체적 존재성(quidditas)이 드러남 속에 있게 된다. 여기의 quidditas는 중세의 스콜라 철학에서 빌려온 말이다. 이렇게 사물의 본질이 규정된다는 것은, 하이데거의 생각으로는, 조금 너무 이른 사물 이해인지 모른다. 이 단계에서는 하이데거는 이 말을 쓰지 않는다. 이 단계에서는 사물이 감춤 자체에서 드러난다고 하는 것이 옳을 것이다. 이것이 감춤에서 드러남이 최고의 드러남의 단계, das Unverborgenste, alethesteron에 이른 경지이다.[20](현상학자 후설처럼, 하이데거는 철학적 분석을 현상 자체에 한정하고, 그 외의 것에 대한 생각을 배제한다고 할 수 있다. 인간의 사물 인식에 대한 그의 분석은 사실 자체와 그 지평에 한정되고, 그것을 넘어가는 사실적 그리고 초월적 요인은 고려하지 않는 것으로 보인다. 그에게 사물의 본질을 지칭하는 사물성[quidditas]은 기피 사항이라 할 수 있다.)

동굴의 이야기의 제4단계에서, 빛의 탐험자는 다시 지하 동굴로 돌아온다. 플라톤은 그것이 진리 탐구자의 의무라고 생각하는 것으로 보인다. 그 의무는 교육의 경험에서 온다. 제3단계에서 이야기한 계명(啓明)의 경험은 쉽게 얻어지는 것이 아니다. 그것은 극도의 인내와 정진을 요구하는 일이다. 그것은 족쇄를 풀고 고삐를 걷어내는 것만으로 얻어지지 아니한다. 보임의 형상 속에 드러나는 사물에 시각을 흔들리지 않게 고정하는 것은 진리에 이르게 되는 과정의 시작이다. "진정한 자유와 해방은 흔들림 없이 보임 속에 드러나는 형상에 그리고 그때 드러나는 진리에 정신을 집중하는 데에서 온다." 이러한 집중은 "길을 잡는 노력의 경주(傾注)"로서의 파이데이아의 조건을 충족시킨다. "교양(Bildung)의 본질적 완성"은 감춤에서의 드러남, aletheia, 즉 진리, 다시 말하여, "본래적인 진리(das eigentliche Wahrheit)의 구역"에서 그리고 그 기초 위에서만 이루어진다.[21] 진리는, 교육의 본질이다. 이러한 진리의 교육은 언제나 "무교육의 상태, apaideusia의 극복"을 요구한다. 조금 과장된 주장으로 말할 수도 있지만, 이것은 저절로 동굴에 귀환한 자로 하여금, 동굴 거주자들의 계몽에 나아가게 한다.(〈공화국〉의 이 부분을 하이데거가 그렇게 읽는다고 할 수는 없지

20 Ibid., S. 29.
21 Ibid., S. 30.

만, 거기에는 광명을 경험한 사람의 도덕적 각성이 시민적 사명을 받아들이게 한다는 시사도 있다. 이러나저러나 광명 속에서의 이데아의 경험은 모든 이데아의 근본이 되는 선[善]의 이데아의 경험이다.) 그러나 동굴의 세계에서 드러남, 진리를 설교하는 것은 용이한 일이 아니다. 동굴의 어둠에는 그 나름의 진리의 질서가 있다. 그런데 무교육을 벗겨내는 작업으로서의 교육의 작업에 갈등이 없을 수가 없다. 어느 경우에나 동굴에서 자유로운 공간으로 나아간다는 것은 "생사의 싸움(ein Kampf auf Leben und Tod)"이다.[22]

동굴과 바깥 세계—하이데거와 플라톤

그런데 동굴의 우화에 대한 이러한 해석은 플라톤의 것이기도 하고 하이데거의 해석이기도 하다. 그러니까 두 철학자는 해석을 공유한다. 그러나 이 공유가 완전한 것은 아니다. 하이데거에게 동굴의 우화는 경험적 사실을 가리킨다. 물론 그 사실의 경험은 정신적 경험으로 전환된다. 그러나 플라톤에 있어서, 사실적 경험은 직접적인 것이라기보다는 지적인 변용을 통해서 정신적인 것으로 승화된다. 이 차이는 극히 미묘한 차이이다. 그러나 하이데거의 생각에, 이 차이는 철학사의 그리고 철학의 근본적인 방향의 이해를 달리하게 한다. 그것은 하이데거가 묘사하는 동굴의 성격에서부터 시사되어 있다.

그의 관점에서도 동굴과 태양의 체험은 물론 정신의 진전을 나타낸다. 그러나 거기에서 경험하는 네 단계는 질적으로 다른 차원을 나타내지 아니한다. 동굴과 그 외부의 공간은 거의 자연 경치의 일부이다. 어두운 내부는 바깥의 밝음에 그대로 이어진다. 물론 여기의 동굴과 야외의 밝음은 진리의 존재 방식의 차이를 말하는 것이기는 하다. 둘 사이의 이동은 정

22 Ibid., S. 32.

신이 무지에서 깨달음으로 나아가는 것을 상징한다. 이 나아감에서 정신이 진리의 드러남을 깨닫는 것이다. 이 진리의 열림은 사물을 있는 대로 보고 또 사물의 의미를 분명히 하는 드러남의 시각적 형상—이데아를 보는 것이기도 하다. 사람의 영혼은 이것에서 저것으로 옮겨가며, 그 진상(眞相)을 본다. 하이데거의 생각에 중요한 것은 어둡거나 밝은 환경이다. 그런데 플라톤에게 결정적인 요인은 지하의 동굴 또는 동굴 밖의 열림이 아니라 거기에 작용하는 조명—동굴 속의 불, 그것이 던지는 불빛, 그리고 그림자, 대낮의 밝음이나 햇빛 그리고 해이다. 이 빛으로 하여 여러 가지 형태의 드러남, 진리가 생겨나게 된다. 또 중요한 것은 이때 보이는 것이 "시각적 형상"으로, 즉 "에이도스"로 하여 보이게 된다는 것이다. 더 단적으로 말하여 이데아가 보이고, 보이게 하는 것이 이데아이다. "이데아는 보이는 것을 현존으로 보이게 하는 바로 그것이다. "이데아는 해가 비친다라고 할 때의 비침이다." 그리하여 "이데아의 본질은 빛나게 하고 보일 것을 보이게 하는 것이다. [그리하여] 그것은 존재하는 것(ein Seiendes)을 완성한다." 그리하여 이 보이게 하는 계기는 존재하는 것에 늘 그 본질로서 들어 있게 된다. 눈앞에 존재하는 것에는 본질적인 것이 스며 있다. 그런데 "[그렇게] 현존하는 것은 존재 [그것의] 본질이다(Anwesung … ist ueberhapt das Wesen des Seins)." 그리하여 "플라톤에게는 [모든 존재하는 것의 근본에 있는] 존재[Sein]는 사물의 있음[Was—ist]의 존재적 본질 [Sein]이다." 여기에서 중세 철학의 개념인 quidditas가 나온다. 사물이 사물다운 것, 곧, quidditas는 실재 있는 것(existentia)보다도 본질(essentia)로서 존재한다. 있다는 것(esse)은 본질적인 것을 말한다. 즉 "이데아가 보이게 하는 것은 그것을 보는 눈길에 대응하여 있는 것을 드러난 것(Unverborgene), 즉 진리가 되게 한 것이다." 그리하여 "드러난 것(진리)은 이데아의 지각에 포착된 것이고, 인식 작용에 의하여 인식된 것이다.” 이렇게 하여, 플라톤의 방향전환을 통하여, “지적 사고(noein)와 지각(nous)이 이데아와 본질적 관계를 갖는다.” 그리하여, “시각을 이데아, 즉 관념에 돌리는 것이 지각(Vernehmung)의 본질 그리고 그에 따른 이성(Vernunft)의 본질을 결정하게 된다.[23]

플라톤 혁명

위의 설명은 하이데거의 해석을 간추린 것이지만, 쉽게 이해되지는 않을 것이다. 그것은 원래 희랍 철학과 서양의 중세 철학에서 나오는 개념들을 자기 나름으로 재해석한 하이데거의 어휘가 쉽지 않은 때문이기도 하다. 만족할 만한 이해를 위해서는 하이데거의 존재론과 그의 서양철학사 해석에 대한 이해가 필요한 것으로 보인다. 그러나 간추려보면, 하이데거의 생각은, 플리톤의 형이상학이, 사람이 진리와의 관계 속에 존재하는 방식을 깊이 있게 설명하면서도, 그것을 주관화하는 또는 주체와 객체의 대립으로 보는 인식론적 경향을 생기게 하였다는 것이다. 그리고 그의 생각에, “플라톤 혁명”으로 하여, 서양 사람의 현실 이해가 왜곡되는 결과를 가져왔다는 것이다. 그것은 한마디로 진리에 대한 태도를 주관화한 것이다. 위에서 풀이해 본 부분에 이어서, 〈플라톤의 진리론〉은 다음과 같이 계속된다.

> 이제 드러남은, [드러남으로서의 진리]는 이데아의 빛남의 힘으로 하여 접근할 수 있다. 그러나 이 접근이 “본다”는 것을 통하여 완성된다는 점에서, [진리의] 드러남은 본다는 것과의 “관계”에 매어지게 된다. 드러남이 보는 것에 상대적인 것이 되는 것이다.... 보아지는 것과 보는 것을

23 Ibid., S. 33~35.

> 하나로 묶는 것은 무엇인가? 둘을 이어 매는 '굴레'는 무엇인가? …빛의 근본으로서의 해는 보아지는 것에 가시성(可視性)을 부여한다. 보이는 것을 보는 것은 보는 눈이 해에 비슷하기에, 해의 본질, 그 빛남에 참여할 수 있는 힘이 있기에 가능하다. 그러니까, 눈 자체가 "빛을 방출"하고, 빛의 복사(輻射)에 전념하여, 현상으로 나타나는 것을 받고 지각할 수 있게 된다.[24]

플라톤은 해의 힘을 가지고 있는 눈에 더하여, 사물을 사물로서 볼 수 있게 하는 힘으로서 또 하나의 힘을 상정한다. 그것이, 위에서 이미 언급한바, "선의 이데아"가 가지고 있는 힘이다. 선(善, agathon)은 하이데거가 해독하는 본래의 희랍적 의미에서는 도덕적 선에 앞서 "쓸모 있는 힘 그리고 다른 무엇인가를 쓸모 있게 만드는 것"을 의미한다. 사물의 외양을 말하는 이데아는 존재하는 것이 무엇인가를 보이게 한다. 하나의 이데아를 다른 이데아에 맞아들어 가게 하는 이데아, 플라톤식 개념에서, 이데아 중에 이데아는 현재 존재하는 모든 것으로 하여금 그 보임을 가능하게 하는 매체이다. "이데아의 본질은 빛남을 가능하게 하고, 그 빛남을 보이게 하는 데 있다. 그리하여 이데아 중의 이데아는 그것을 가능하게 하는 것, 즉 선(agathon)이다. 그것은 빛날 수 있는 모든 것을 빛나게 한다. 따라서 빛남으로서 스스로를 드러내고, 그 빛남에 있어서 가장 빛날 수 있다." 따라서, 플라톤은 "선(agathon)"은 이러한 선, tou ontos to phanotaton, 존재하는 것 가운데 가장 두드러지게 보이는 것이 [빛나는 것]이다. [das Erscheinste(Scheinsamste) des Seienden])[25] 그러나 선의 이데아가 정상적인—우리에게도 그리고 서양의 현대인에게도 보통 생각하는 뜻을 가지

24 Ibid., S. 35~36.

25 Ibid., S. 38.

고 있다는 것도 사실이다. 그것은 도덕적 의미에서의 선을 의미한다. 그것은 아가쏜으로서의 선이 가지고 있는 의미로부터 나온다. 앞에 말한 것을 조금 달리하여 되풀이하는 것이지만, 선, 아가쏜은, 모든 사물의 사물됨의 근원이고, 그것이 드러나게 하는 근본이다. 그리하여, 그것은 보이는 형상을 눈에 드러나게 한다. 같은 작용으로 그것은 인간의 몸의 움직임, 행동에 있어서도 빛나는 것이 드러나게 하는 원인이다. 그것은 옳은 것과 아름다운 것의 근본이다. 현실 상황도—개인적인 일이든 공적인 일이든, 현실의 실천에 있어서도, 선의 이데아—이데아의 본질을 보임으로 드러낸다는 점에서—선의 이데아를 필요로 한다. 그리고 사람은 "이데아들에 의하여 결정되는 세계에서, 무엇보다도, 이데아들을 숙지하여야 한다." 그리하여 플라톤의 생각에 교육, 파이데이아의 이념은 "사람을 자유롭고 굳건하게 하여 이데아의 본질을 분명하고 한결같이 볼 수 있게 하는 것이다." 어두운 동굴로부터 해가 있는 바깥으로 나가야 한다는 것을 말하는 플라톤의 동굴의 신화도 가장 높은 이데아를 볼 수 있게 되기 위하여 위로 올라가는 데에 힘을 다하여야 한다는 것을 말하는 것이다.[26]

다만, 여기에서 선하게 행동한다는 것, 그리고 그러한 행동을 요구하는 이데아들에 의하여 결정되는 세계는, 하이데거의 생각에는, 본래적인 인간의 삶, 본래의 선의 열림으로 하여 사는 세계와는 달라진 세계를 의미한다. 플라톤에게 존재의 열림으로서의 진리, Unverborgenheit가 이데아를 직관하고, 그것을 보기 위하여 연마를 계속하는 것으로 바뀐 것이다. 하이데거는 이것을 완전히 부정적으로 보지는 아니하면서도, 이것으로 시작하여, 본래의 희랍인이 보유하고 있던 존재의 열림으로부터 보다 좁은 입장으로의 이행이 일어난 것으로 생각한다. 이로부터 감춤의 드러남(aletheia)은 idea에 종속한다. 그리하여 진리가 서는 자리가 바뀌게 된

26 Ibid., S. 40.

다. "드러남(Unverboregenehit)의 본질이 그 본질의 풍요에서 나오는 것과는 달리, 진리(Wahrheit)가 이데아의 본질로 옮겨 가게 된다. 진리가 본질이 드러남에 놓인 데에서 오는 그 근본적 특성을 포기하는 것이다."[27]

이데아로 역점이 옮겨진다는 것은 보임의 형식이 중요해지는 것인데, 이 이행에 따라, 핵심에 놓이는 것은 정확히 본다는 것이다. 시각의 정확성(Richtigkeit)이 중요해진다. 더 나아가 정확히 본다는 것은 인식이 인식의 대상에 맞추어져야 한다는 것이다. 즉 idein이 idea에 일치한다는 것이다. 이렇게 하여 진리의 본질이 바뀌어, 진리는 인식과 명제의 정당성(orthotes)이 된다. 이 정당하다는 것은 규범에 맞는다는 것을 말한다. 그러면서도 이 관계에 불명확한 것이 없는 것은 아니다. 진리의 인식에는 시각적 형상과 보는 것이 동시에 얽혀 있기 때문이다. 선의 이데아는 앎의 정당성과 함께 앎의 드러남을 포용한다. 물론 이것은 이데아가 이미 이데아의 지배 하에 들어가 있기 때문이다. 그러나 대체로 주관적 파악—정확한 파악이 진리 파악의 핵심이 되는 쪽으로 가는 것이 플라톤 이후의 서양철학자의 흐름이다. 하이데거에 따르면, 아리스토텔레스는, 그의 『형이상학』에서 현존하는 것의 존재에 대한 성찰이 최고에 이르렀을 때, '드러남'은 존재하는 것을 지배하는 근본적인 특성이다. 그러나 그는 다시 "오류와 진실은 사물 자체가 아니라, 이성 또는 오성(Verstand)에 있다고 한다." "오성의 판단을 표현하는 명제가 진(眞)과 위(僞) 그리고 그 차이가 자리하는 장소이다. 명제는 사실에 맞아 들어갈 때, 거기에 조응하는 것이 될 때, 참이라고 말하여진다." 이렇게 하여 감춤으로부터 드러나는 것에 대한 관계는 완전히 사라지고 만다. 그리하여 "alletheia, 진리란 위(僞)에 또는 맞지 않았다는 의미에서 오류에 대립하고, 맞음으로서 간주된다." 이로부터 시작하여, "표현된 명제의 정오(正誤)에서 진리의 본질을 찾는 것은 서양

27 Ibid., S. 40.

의 사고방식에서 하나의 관습이 된다." 중세의 스콜라 철학의 대표자 아퀴나스는, "진리는 인간이나 신의 오성에서 만날 수 있다"고 했다; 진리는 오성에 그 본질의 장소를 갖는다; 진리는 이제 드러남(alethia)이 아니라 대응(對應) 또는 조응(照應)성(homoiosis, adequaetio)이다. 새로운 시대의 효시가 되는 시점에서 데카르트는, 〈정신의 방향을 위한 규칙〉에서 "진리나 오류는 그 본질적인 의미에서 오성[이성] 이외의 다른 곳에서 찾을 수 없다"고 했다. 데카르트는 진리의 본질이 변화하는 과정에서, 하이데거가 보기로는, 가장 대표적인, 시대의 종말을 나타내는 사상가였다. 니체에게 "진리는 오류의 일종이었다. 사람은 그 오류가 없이는 살아 있는 본질을 살 수 없다. 궁극적 결정은 삶의 가치에 있다."(〈권력에의 의지〉) 이러한 사고의 방식 자체는 현실을 불가피하게 왜곡하게 마련이다. 사고가 만드는 표상(表象)은 쉬지 않고 변하는 현실을 중단 고정하고, 그에 맞지 않는 것, 정답이 아닌 것, 틀린 것으로 그것을 대치하고자 한다. 진리가 존재의 드러남으로부터 보는 눈의 정답으로 바뀐 흐름의 마지막을 보여주는 것이 니체이다.[28]

희랍적 사고 또 서양적 사고의 단초에 사물의 현존에 대한 해석은 숨음으로부터 드러남으로 나오는 것, 그리고 드러남은 또 현존의 근원적 특성을 계시하는 것이라는 것이었다. 그러나 플라톤은 현존으로 실재하는 것(우지아 ousia)을 이데아에 일치하는 것이 되게 하였다. 그러면서 감추어 있던 것을 드러내는 일에서 이데아는 드러냄(Unverboregenheit)의 아래에 있지 아니 한다. 그리하여 이데아는 알레쎄이아가 사물을 보여주는 데 있어서 드러내는 전경(前景)이 아니고, 알레쎄이아를 가능하게 하는 근본이다. 그러면서도 이데아는 본래의 드러남의 진리 본질의 성질을 가지고 있었다. 그러나 진리는 정당성, 정론, 정답이 되면서, 바른 시각, 바른 시각의

28 Ibid., S. 41~46.

자리에 종속된다. 이것은 이데아를 정확히 파악하여야 한다는 것을 뜻한다.

교육, 파이데이아의 내용에 변화가 일어나는 것도 당연하다. 하이데거의 생각으로 교육으로 사람이 얻게 되는 것은 일단은 현실적인 삶의 지혜이다. 후기 고대 철학에서 철학의 추구는 지혜, 소피아(sophia)이다. 그런데 어떤 철학자보다도 비(非)세간적인 하이데거는 이 소피아를 세간적 지혜—세상 사는 법으로 해석한다. 이 지혜(Schauskennen)는 주어진 환경 속에서 살아가는 방법이다.(그러니만큼, 그것을 완전히 부정하는 것이 아니라 그것의 일단의 가치를 받아들이는 것이다.) 하이데거는 플라톤의 동굴에는 동굴에 맞는—그 환경이 요구하는 규범에 어울리는 소피아가 있다고 생각한다. 동굴과 바깥의 차이는, 그의 생각으로는, 거주지의 차이일 뿐이다. 거주지에 따라서 지혜가 달라지는 것은 당연한 일이다. 그러면서도 소피아는 동굴 바깥의 열린 세계에서 그 성격을 달리한다. 질적으로 다른 것이 되는 것이다. 이 소피아는 이데아에서 현실 존재의 존재를 보고자 한다. 그것은 "목전에 있는 것을 넘어 스스로를 드러내면서 지속하는 것"에 이르고자 한다. 그리고 이것은 "'드러난 것(Unverborgene)'을 지키고 있는 '이데아'에 대한 선호(選好)이고 우애(友愛)가 된다." 이것이 동굴 바깥세상에서의 philosophia, 지혜애(知慧愛), 철학이다. 이것을 처음에 플라톤은 "사물에 대한 지혜와 함께 사물들의 존재를 이데아로 보는 지혜"를 가리키는 말로 사용한다. 그 후 필로소피아는 "형이상학"이 된다. 철학이 "높은 곳을 올려 보는" 학문, "이데아를 올려 보는" 학문이 된 것이다. 그것은 "초감각적인 눈"으로 "초감각적인 것," "몸으로 알 수 없는 현존사물의 존재"에 이르고자 하는 학문이다. 이러한 높은 곳에 있는 이데아 중에서 가장 높은 곳에 있는 것이 "선"이라는 "이데아"이다. 이 가장 높은 이데아는 이미 플라톤에서 그러하지만, 아리스토텔레스에 의하여 "신적인 것", "성스러운 것"으로 말하여지고, 후에 형이상학은 신학으로 옮겨가고 이 존재의 근본은 신으로 말하여지게 된다.

알레쎄이아, 진리의 본질에 대한 해석이 변하여 존재의 중심을 이데아에 두게 됨에 따라, 이데아를 바로보는 것이 특별한 일이 되고, 교육도 거기에 대응하는 인간적 노력이 된다. 교육의 역할은 "교양(Bildung)"을 통하여 "인간"을 제대로 형성하는 것이다. 그리하여 사물과 존재와의 관계에서 인간 그리고 인간의 자리를 바르게 하는 것이 교육의 핵심적 관심이 된다. 여기에서 인문주의 인간주의 휴머니즘이 시작된다. 물론 인간 존재를 어떻게 보느냐에 따라서 휴머니즘에도 여러 가지 휴머니즘이 존재한다. 인간에 대한 핵심적인 아이디어의 하나는 인간을 "이성적 동물(animal rationale)"로 보는 것이다. 휴머니즘의 한 가지는 이러한 인간의 생명을 보전하고, 그 가능성을 한껏 계발하는 것을 설법한다. 도덕적 존재로서 그 행동거지(行動擧止)를 바로잡고, 그 영혼을 구원하고, 창조적 잠재력을 펼쳐 내게 하고, 이성을 발전시키고, 인격을 함양하고, 시민의식을 북돋고, 신체를 단련하고—이러한 것들이 모두 휴머니즘이 지향하는 목표로 등장한다. 하이데거의 다른 저작, 『휴머니즘에 대한 서한』에서는 마르크스주의를 말하면서 마르크시즘이 사회적 존재로서의 인간을 강조하는 것도 휴머니즘의 한 신조의 표현으로 이야기한다.

이 모든 휴머니즘의 생각들은 플라톤 이후의 진리 개념의 변화에 연유한다. 그리고 그것은 지금도 서양사상을—그리고 사실 오늘날 한국인의 심리도—지배한다. 그로부터 시작하여 진리는 이데아에 있는 것으로 간주된다.(아마 이 이데아는 플라톤적인 의미에서의 이데아라기보다는 단순한 관념, 개념, 발상, 기상[奇想], 디자인, 그리고 "문화 콘텐츠" 창안[創案]을 말하는 것이 된다고 할 수 있다.) 이것에 추가하여, 진리의 이러한 주관화로 하여 "가치"의 개념이 등장한 것을 하이데거는 지적한다. 모든 현실이—그리고 자연과 인간사가—이 가치에 의하여 평가된다. 하이데거의 말로는 가치문제에서 중요한 것은 어떤 가치가 그리고 어떤 아이디어를 골라야 되느냐가 아니라 현실이 가치와 아이디어에 의하여 해석되고 평가된다는 사실이다. 그것은 사람을 현실로부터 유리하는 일이 된다.

그러면 어떻게 하여야 하는가? 플라톤의 진리론 그리고 그것의 역사적 진전을 살피고, 하이데거가 결론으로 말하고 있는 것은 존재의 진리가 상실된 데에 대한 대책이다. 그것은 플라톤에 남아 있고 그 이전에는 더 분명하게 존재했던, 진리에 대한 생각을 조금이라도 회복하는 것이다. 핵심은 진리가 감추어 있는 것이 드러나는 것이라는 점이다. aletheia는 a—lethia이고 여기에서 a—는 무엇이 부정, 부재(不在)하다는 것을 말한다. 진리는 감추어진 것이 드러나는 것, 그것을 들추어내는 일이다. 이 본래적인 진리 이해를 상기하게 하려는 것이 하이데거가 플라톤의 동굴의 진화를 이야기한 목적이라고 생각된다. 그러나 〈플라톤의 진리론〉에서 이것은 매우 짧고 약하게 진술되어 있다. 그가 플라톤과 플라톤 이후의 진리관을 말할 때, 그것에 대하여 그가 비판적 거리를 두고 있는가 하는 것도 분명하지 않다. 그러나 『휴머니즘에 대한 서한』에서 하이데거는 훨씬 강력한 언어로 또 여러 형태로 등장한 플라톤 이후의 진리관을 비판적 입장에서 언급한다. 거기에서 원초적인 희랍에 존재하였던 생각의 유형, 모든 것의 근본인 존재에 대한 생각을 회복하여야 한다는 것도 분명하게 주장한다.

이 서한은 사르트르의 "실존주의는 휴머니즘이다"라는 에세이에 답한 것인데, 시대의 과제는 사르트르가 주장하는 것처럼 인간 가치를 위한 행동이 아니라 인간과 존재의 진리 그리고 그 본질을 밝히는 일이 그에 선행하게 하는 것이다. 사상과 철학의 관점에서도 일차적인 주제는 행동과 삶의 관계 또는 인간의 주체성과 세계의 관계가 아니라, 어디까지나 존재에 대한 인간의 관계이다. 그 관계가 인간의 삶의 축이다. 그리고 하이데거는 일정한 목적을 위한 주체적인 행동을 강조하는 사르트르에 대하여, 사고를 통하여 인간이 존재에 스스로를 맡겨야 한다고 말한다. "행동한다는 것은 존재 안에 있으면서 존재하는 사물로 나간다는 것인데, 사고(Denken)는 반대로 존재의 요구에 응하여 존재의 진리가 말할 수 있게 하는 것이다. 사고는 이러한 자기포기 또는 극기(克己)를 완성하는 작업이다."[29]

그러나 그가 말하는 사고—존재의 진리에 이르고자 하는 사고가 다시 돌아올 수 있는가? 하이데거는 근대의 존재론적 사고를 그것을 비판적으로 보면서도, 그것이 거의 거역할 수 없는 시대의 흐름임을 인정한다. 그는 플라톤 이후의 서양사상의 일탈의 근본 원인을 다음과 같이 요약하고 그 흐름을 어떻게 할 수 없다고 하는 것이다.

> 플라톤적 드러남(진리)의 개념은, 관찰, 인지, 사고, 발언 등에 완전히 고착되어 있다. 이러한 관련에서 그 개념을 추구하는 것은 드러남, 진리의 본질을 포기한다는 것이다. "이성," "정신," "사고," "로고스," 또는 다른 어떤 "주관성 Subjectivitaet"의 개념으로, "드러남", 진리의 본질의 기초를 마련해보려는 시도도 드러남의 본질을 구할 수는 없다.[30]

하이데거의 생각으로는, 플라톤에서 발원한 이러한 주관주의가, 위에서 언급한 데카르트, 니체, 마르크스, 사르트르 등 근대 또는 근대적 철학자의 가치를 크게 훼손한다. 주관주의 철학은 사물 그리고 그 근본으로서의 존재에 대한 확신을 주지 아니한다. 그리하여 그가 니체의 철학을 말하면

29 *Platons Lehre von...*, S. 54, "Ueber den Humanismus: Brief an Jean Beaufret, Paris"
30 *Platons Lehre von...*, S. 51., "Platons Lehre von Wahrheit"

서 이야기하듯이, 진리가 아니라 여러 가치—진리를 벗어나면서도, 삶의 관점에서 중요하게 보이는 가치가 철학 또는 사고의 중심에 놓이게 된다. 그 결과의 하나는 물론 존재의 진리의 상실이고 그에 따른 뿌리 없는 의견들의 번창일 것이다. 다른 한편으로 진리로부터 유리(遊離)된 사고는 그 나름의 집요함을 가지고 있는 사고의 틀 또는 무쇠 우리를 만들어낸다. 그런데 여기에 따라 일어나는 문제는 단순히 사고의 협소화가 아니다. 가령, 기술 시대 또는 산업 자본주의 시대의 사고는 모든 생각을 그러한 우리 속에 가두게 되고 그 우리 속에 인간의 삶 자체를 가두게 되는 결과를 낳는다. 그런 관점에서 말하면, "플라톤 혁명"의 의의는—적어도 그 역사적 결과에 있어서, 지대하다고 할 수 있다. 그것은 인간의 사고와 삶을 일정한 틀에 한정하게 된다. 그런데 다른 한편으로, 개념적 사고를 일률적으로 배척하는 것도 우리의 사고의 다양성을 제한하는 결과를 가져 온다. 그리고 그것은 합리적 사고의 가능성—이성의 자기 초월의 가능성을 간과하는 일이 된다.

존재와 이념—하이데거 비판

위에서 생각해본 바 플라톤에 대한 하이데거의 해석은 정당하면서도 반드시 삶의 현실을 바르게 또 삶의 여러 국면을 포괄하는 관점에서 반드시 옳게 보는 것이라고 할 수는 없다. 그의 해석은, 이미 지적한 바와 같이, 인간의 현실 인식에서 이념 또는 이데아를 전면에 내세우는 플라톤의 생각이 현실에서 빗나가는 면이 있다는 것이다. 현실은 이데아로—변함이 없는 영원한 세계에 속하는 이데아로 파악할 수 있다는 것은 현실의 깊이를 바르게 파악하는 것이 되지 않는다고 하이데거는 생각한다. 그의 관점에서 볼 때, 이데아나 개념을 통한 진리 인식의 시험에서 존재의 진상을 벗어나게 된다. 하이데거의 판단에서 진리는 드러나면서도 감추어져 있다. 물론 감추어짐은 다시 드러난다. 그러나 이 진리는 고정되어 있는 것이 아니다. 그것은 주어진 사물과 인간 그리고 그것을 조건 짓는 여러 틀 속에서 드러나기 때문에, 개념이나 이념 또는 이데아로도 고정될 수 없다.

이러한 생각은 하이데거의 존재론의 한 부분이 되지만, 보다 상식적인 입장에서도 타당한 것으로 말할 수 있다. 이념에 의한 현실의 왜곡 그리고 왜곡에 따르는 인간적 희생은 우리가 작게 크게 경험해 보았고 경험하는 일이다. 사물 그리고 현실에 대한 객관적 인식이 쉽지 않은 것은 말할 것도 없다. 아무리 객관적 인식이나 진리를 지향한다 하여도, 그것은 이미 사람의 마음이 취하고 있는 일정한 태도(Einstellung)에 의하여 알게 모르게 규정된다. 이 관찰은 현상학에서 자주 논의된 바 있다.

하이데거는 이러한 생각을 극단으로 밀어 나간다고 할 수 있다. 그가 이르고자 하는 것은 이러한 사고의 틀을 해명하려는 것이 아니다. 그는 그러한 틀을 넘어 존재 자체에 이르고자 한다. 그것이 쉬운 일이 아님은 물론이다. 그러나 그것은 필요한 일이다. 고정 관념—관념에 의한 현실의 고정화는 진리에 가까이 가는 길이 아니다. 그러나 하이데거를 다시 비판적 관점에서 볼 때, 그러한 개념적 현실 파악이 전적으로 무시될 수는 없다. 현실 파악을 목표로 할 때, 이성이 만들어내는 개념을 빌리지 않고 현실의 이해 그리고 현실에 대한 작용이 가능할 것인가? 다만 거기에 대한 삶의 필요를 인정하고 그것이 가설적 성격을 가지고 있음을 받아들이는 것이 삶의 현실에 맞는 일일 것이다.

하이데거의 존재론적 진리의 또 하나의 문제는 거기에 이르는 방법(method)을 제시하지 않는다는 것이다. 아마 그의 관점에서 시(詩)가 그 방법이라고 할지 모른다. 그러나 그것은 틀린 일은 아니면서 동시에 삶의 필요와 요청을 포괄하는 것이라고 할 수는 없다. 삶은 현실의 현실적 파악

그리고 그에 대한 실용적 접근을 필요로 한다. 다만 삶과 존재에 대한 시적 직관이 모든 다른 접근—보다 합리적이고 실용적인 접근 아래에 놓여 있다는 것을 잊지 않는 것은 중요한 일일 것이다. 그리고 또 잊지 말아야 할 것은, 이 다른 접근, 그 중에도 이성적이고 과학적인 접근을 통해서도 다시 보다 확실하고 포괄적인 존재론적 확신에 이르게 될 수도 있다는 점이다. 이것은 위에서 데카르트를 논하면서 일단 다룬 것이지만, 여기에서 다시 한 번 이것을 논의하고자 한다. 그러나 그 전에 하이데거의 생각을 조금 더 생각해본다. 그것은 보다 자유로운 또는 해방된 사고를 위하여 우리 시대를 지배하고 있는 사고의 압력을 벗어나는 것이 필요하기 때문이다. 위에서도 말한 바와 같이, 오늘날 우리 사고의 모든 것에 침투해 있는 것은 경제—개인적으로나 집단적으로나 이윤의 최대화를 정당화하는 경제이다. 이것은 일단 빈곤으로부터 인간을 해방하는 것이면서, 그것이 너무 일반적으로 강조될 때, 다양한 요인의 균형으로 이루어지는 인간 조건을 왜곡한다. 이러한 지배적인 사고 유형으로부터 거리를 유지하는 데에 필요한 것의 하나가 하이데거적인 전면적 사고, 존재론적 의식이다. 그의 존재론적 사고는 오늘의 경제 일변도의 사고에 극단적 대조가 된다. 이 대조는 하이데거의 생각의 많은 데에서 보이는 것이지만, 그의 기술론에서 가장 분명하게 표현된다. 다음에서 그것을 간단히 살펴보고, 다시 이성적 사고의 의미를 재고하는 것으로 돌아가 보기로 한다.

XI 기술 시대의 사고와 삶의 틀

"기술에 대한 물음(Die Frage nach der Technik)"이라는 글에서, 하이데거가 말하고 있는 "틀(Gestell)"은 우리의 사고를 결정하는 틀 가운데에서도 기술시대에 두드러지게 되는 틀을 말한다. 기술 시대에 인간이 발하는 사물에 대한 질문과 답은 거의 전적으로 여러 가지 자원—자연 자원이나 사회적 자원을 일정한 목적에 동원하려는 의도를 가지고 있다.

기술은 말할 것도 없이 어떤 특정한 것을 만들어내는 작업에 관계되는 일체의 지식과 행동을 가리킨다. 그러니까 그것은 어떤 목적을 달성하기 위한 수단이다. 문제는 이 기본틀이 삶 일체를 규정하는 것이 된다는 것이다. 그렇다고 이러한 목적과 수단의 틀 일체를 비판하는 것은 아니다. 그것은 그 나름으로 인간의 삶에 기여한다. 다만 그것이 일정한 범위를 벗어날 때, 문제들이 생기는 것이다.

합치고 드러내는 기술—장인의 공정(工程)

기술의 한 특징은 여러 조건을 하나로 합치는 데에 있다. 그리고 이 혼유과 합성은 그 자체로 인간이 그의 환경에 반응하는 양식을 보여준다. 그 점에서 그것은 인간이 세계에 거주하는 중요한 방식을 예시한다고 할 수 있다. 그러면서, 그것이 삶의 근본을 규정하는 것으로 전이(轉移)되는 것이다. 이러한 이것을 설명하는 데에 하이데거는 편리한 예들을 든다. 우선, 장인의 공예품을 보자. 가령, 은(銀)으로 된 잔이 있다고 하면, 그것이 만들어지는 데에는 여러 조건이 충족되어야 한다. 맨 처음에 갖추어야 하는 것은 물론 은이라는 광물 재료이다. 아리스토텔레스의 전통적인 인과개념에 따르면, 이것은 물질인(causa materialis)이다. 은잔은 물론 잔이라는 개념이 있어야 구상해낼 수 있다(형상인 causa formalis). 잔을 만들려면 그것을 무엇에 쓸 것인가를 밝히는 목적이 있어야 한다. 이것은 전통적으로 목적인(causa finalis)이다. 그런데 이 잔이 제례 의식에 쓰는 잔이라면, 제례의 절차가 그것을 제조하기 전에 존재하여야 한다. 이렇게 넓게 생각하는 것을 하이데거는 목적, 희랍어로 telos이라고 설명한다. 그리고 마지막으로는 은잔을 만드는 제조공이 있다. 이것은 전통적 개념으로는 효율인(causa efficiens)에 해당한다.

그러나 하이데거는 이 제작을 맡은 사람에게 더 큰 역할을 준다. 은잔의 제조공은 앞에 있던 모든 세 개의 원인을 하나로 합치게 하는 매개자이다. 이 매개를 통하여 은잔은 제례 의식에서 일정한 역할을 할 수 있는 제기(祭器)가 된다. 제조공은 이것들을 생각하고 하나로 합치는 것이다. 생각한다는 것은 독일어로 ueberlegen인데, 하이데거는 이 말을, 이것이 어원적으로 그러한 것인지는 모르겠으나, 희랍어의 legein, logos에 연결시킨다. legein은 "모은다, 합친다"는 뜻이다. 그러면서 그것은 명사형인 logos로 이어진다. logos는 여러 뜻을 가지고 있고 논리나 이성을 말하지만, 어원적으로는 하나로 합쳐서 이야기한다는 뜻을 가지고 있다고 한다. 하이데거는 이러한 언어의 연상(聯想)들을 모아, 제조공이 하는 일을 "가져 와서 보이게 한다"는 말로 해석한다.(zum Vorschein bringen) 그러니까 제조공은 은잔 제조의 조건들을 그의 생각 속에서 하나로 모아 은잔을 만드는 것이다.

그런데 이와 더불어 생각하여야 할 것은 제기가 제조되는 과정은 여러 원인을 하나로 합칠 수 있는 사람의 머리에서 나왔다고만 할 수는 없다는 사실이다. 제례는 그에 대한 사회적 이해를 전제한다. 다른 한편으로 제기가 제조될 수 있는 것은 은이라는 물질 자료에 그러한 제조의 가능성이 들어 있었기 때문이다. 그러하여 제조 과정은 이 가능성을 현실 존재로—현존재(Anwesende)로 나오게 한 것이다(Her-vor-bringen). 이것은 다시 말하여 감추어 있던 것을 앞으로 나오게 하는 것이다. 하이데거가 인용하는 플라톤의 말에 의하면, 이것은 시적인 과정이다. "현존하지 않던 것을 현존하는 것(Anwesen)으로 나오게 하는 것은 포이에시스(poiesis), 시적 제작의 과정이다." 장인의 작업, 예술가의 작업, 시인의 작업은 이러한 시적 과정인데, 그것은 이러한 것을 넘어 자연의 물질 현상에도 일어난다. 가령, 꽃이 터져 나오는 것도 이러한 시적 과정이다. 이 모든 것은, 다시 말하여 감추어 있던 것을 밖으로 나오게 하는 것이고, 그것은 진리를 드러내는 일에 일치한다.(진리는, 앞에서 말한 바와 같이, 감추어 있던 것을 드러내는 일, Unverborgenheit이고 alletheia이다.) 그러니까 무엇을 제작한다는 것도 진리의 과정에 일치한다. 은으로 된 성배(聖杯)를 만들거나 집을 짓거나 배를 건조하거나, 그것은 모두 "나오게 될 것을 나오게 드러내는 일"이다. 그것은 앞으로 제작할 물건의 여러 면을 미리 하나로 모으는 일이고, 그것을 밖으로 드러나게 하는 일이다.[31]

기술 생산 체제 안에서의 기술과 인간

그런데 현대 기술에서는 이러한 시적인 면 또는 진리—인간과 세계와의

31 Martin Heidegger, *Vortraege und Aufsaetze*(Pfullingen: Guenther Neske, 1954), S. 16~21. "Die Frage nach der Technik"

관계에서 숨은 것을 보이게 하는 진리가 사라졌다고 하이데거는 생각한다. 현대 기술은 감추어져 있던 가능성을 드러나게 하는 것이 아니라 내어 놓으라는 것을 내어 놓으라고 주장하는 자연에 대한 도전이 되었다고 한다.(Herausfordern) 가령 대표적인 예로, 옛날 농부의 작업에는 씨를 심어 그것이 한껏 성장하는 것을 보는 면이 들어 있었는데, 이제 농토는 산업의 일부가 되어 오로지 식품 생산의 수단이 되었다.(아마 우리의 현실에서 예를 든다면—이것은 더 적절한 예가 될 것이다—토지는 농산물을 기르거나 사람이 사는 터전으로서의 의미를 잃고 완전히 부동산 투자의 대상이 되었다.) 생산품의 경우에도 마찬가지이다. 숨어 있던 것이 드러나 보이게 하는 것이 아니라 일방적으로 사람이 요구하는 것에 답하라는 것이 생산의 모습이 되었다. 석탄을 캔다면, 석탄을 캐서 언제나 사람이 원하는 대로 열에너지를 보급하라는 것이 석탄이 받은 요구이고 명령이다.

하이데거는 이렇게 기술사회에 있어서의 자연과 인간의 관계에 일어난 변화를 말하는데, 그가 그 변화에 속하는 조그만 현상에도 얼마나 민감한가 하는 것은 다음과 같은 예에서 잘 드러난다. 이 예에서 그는 이 관계가 어디까지나 한쪽의 강압이 아니라 서로의 조화 속에 있어야 한다는 것을 강조한다. 그런데 그는 민감성에 있어서 극단적인 낭만주의자의 입장을 가지고 있다고 할 수 있다. 그리하여 자연에 대한 인위적 개입을 아주 작은 것이라고, 비판적으로 본다. 라인강을 세 가지로 말하는 예가 그것이다. 하나는 라인강에 댐을 건설하여 강물을 수력 발전에 사용하는 경우이다. 자연을 인간 본위의 자원으로 바꾸는 이러한 일을 보고 그가 그것을 별로 좋게 생각하지 않을 것이라는 것은 쉽게 추측할 수 있다. 그는 이렇게 사람에게 강제 동원된 라인강에 횔덜린의 시, "라인강"에 묘사된 라인강을 대조한다.(횔덜린의 시에서 강은 그 발원지인 알프스 산이나 마찬가지로 인간의 행·불행의 삶의 터전으로 그려져 있다.) 자연의 모습을 그대로 보여주는 횔

델린의 라인강에 비슷하게, 오늘날 사람이 보는 라인강도—가령 여행객이 보는 라인강도 자연의 강의 모습을 그대로 보는 것이 아니겠는가 하고 말할 수도 있겠지만, 하이데거는 관광의 대상으로서의 라인강은 수력발전의 에너지를 제공하는 강과 크게 다르지 않다고 생각한다. 관광객이 보는 "라인강은 휴가 산업의 주문에 따라 볼 만한 대상물을 [관광 상품으로] 보여주는 것이다."[32] 그리하여 사람의 주문과 명령으로 보아야 할 것을 보여준다는 점에서, 여기의 강은 본질적으로 수력 자원으로서의 강과 크게 다르지 않은 대상물이 된 것이다.

근대적 기술사회에 있어서의 인간과 세계와의 관계를 더 단적으로 예시하는 것은 규모가 큰 기술 제품이다. 가령 항공기는 그 대표가 된다고 할 수 있다. 그것은 하나의 객체적 사물이면서도 아무런 독자성을 가지고 있지 못하다. 그것은 하나의 제품으로서 활주로에 서 있는데, 교통의 가능성을 확실히 하는 수단으로 주문대로 기다리고 있는 것이다. 이러한 제품을 하이데거는 "자리를 지키기 위하여 자리에 서 있으라고, 그리하여 달리 이어지는 주문이나 명령이 있으면 준비가 되어 있어야 하니, 서 있으라"는 상태에 있는 것이라고 한다. 이러한 기계는 "독자적으로 서 있는 것이 아니다. 그것은 주문과 명령에 응답할 수 있기 때문에 그렇게 서 있다."[33]

그런데 사물들이 이렇게 된 것은 물론 사람들의 현실적 매개를 통하여서이다. 사람들이 그 동인(動因)이다. 그러나 사람들 자신이 이미 그렇게 행동하도록 되어 있는 것이라고 하이데거는 말한다. 그의 생각으로는 플라톤의 이데아는 그가 시대에 반응한 것이다. 현대인은 그 시대에 반응하여 사물을 주문되고 명령 받는 것으로 만든다. 시대가 요청한 것을 따르는 것이다. 그리고 사람도 사실 그러한 요청에 따라 존재하게 된다. 사람 자

32 Ibid., S. 15~16.

33 Ibid., S. 24~25.

신이 이미 "인적자원(Menschenmaterial)"[34]이 되어 있는 것이다. 병원에 유인되어 가는 환자가 그러한 자원인데, 우리나라에서 "교육인적자원부"라는 말을 썼을 때, 실로 한국은 기술산업 시대의 시대정신의 대표자라고 할 수 있다. 하이데거의 "기술에 대한 물음"은 1953년 11월에 바이에른 공과대학에서 행해진 강연에서 처음으로 발표되었던 것인데, 교육인적자원부는 2001년에 창립되었다.(2008년의 개편에서 그 이름이 사라졌다.) 연도로 보아, "인적자원"이라는 말은 하이데거가 이렇게 사용하는 데에서 전파되었다고 할 수도 있지만, 이 말은, Google로 검색해보니, 원래 마르크스가 쓰기 시작했고, 1차, 2차 전쟁을 통하여 병사들의 희생과 관련하여 많이 쓰였다고 한다. 사실 그러니까 어디에서 시작했느냐 하는 문제보다는 그것이 나타내는 시대정신이 전 지구에 퍼지게 되고, 한국도 거기에 빨려 들어갔다고 할 수 있다. 그러나 일반적으로 시대 전부를 지배하는 분위기로는 오늘의 한국에서만큼 사람이 인적자원으로 간주되는 곳도 많지 않을 것으로 보인다. 모든 인간을 산업사회의 요청에 따라 스스로의 용도를 준비하는 존재로 간주하는 것이 우리의 교육제도이고 문화이고 삶의 대체적인 향방이다.

기술시대의 사고

그런데 사물과 자연과 사람이 이렇게 준비되어 있는 용품이 된 것은 어떤 원인으로 인한 것인가? 조금 전에 비친 인적자원이라는 말이 세계적으로 시대정신을 반영한다는 것이 여기에 대한 답이라고 할 수 있다. 하이데거는 이것을, 이미 말한 바와 같이, Gestell, '틀'이란 말로 표현한다. 일정한 자리에 놓는다는 말 stellen을 군집(群集)하는 뜻을 가진 어두(語頭) Ge

34 Ibid., S. 25.

—로 합친 것이다. 그의 생각으로는, 이미 말한 바와 같이, 플라톤의 이데아도 시대의 틀에서 나온 것이지 반드시 그의 독자적인 생각의 창조물이 아니다. 틀은 이와 같이 시대가 받아들이는 진리를 정의한다. 오늘의 시대가 정의하는 진리는 쓰일 준비가 되어 있는 어떤 것이다. 그리고 사물을 제대로 쓰일 수 있게 하는 것이 시대의 진리에 따라 생각하고 행동하는 것이다. 그것은 기술에 들어 있는 기본적인 태도인데, 과학이 그리고 수학이 이것을 뒷받침한다. 과학은 모든 것을 정확히 계산할 수 있다고 간주된다. 이것은 "과학이 자연을 미리부터 계산 가능한 힘들의 일관성으로 드러나도록 종용하기 때문이다." 이 체제에서 자연은 개념이 된 사물들의 집합이 된다. 이 사물들도 가만히 있는 것이 아니라 사람에게 스스로의 존재를 알려준다. 그리하여 많은 것이 "정보의 체계(ein system von Informationen)"[35]속에 정리될 수 있다.

과학과 기술은 시대적으로는 과학이 먼저이고 기술이 그에 뒤따른 것으로, 기술적 사고의 틀이 전부를 한정하는 것으로 말하는 것은 그 순서를 거꾸로 말하는 것으로 보이지만, 하이데거는 역시 기술적 사고의 틀은 잠재적으로 형성되어 가면서도 분명하게 정리되지 않은 채 과학이나 수학에 선행하였다고 생각한다. 이미 사고의 틀은 과학 이전에 형성되고 있었다. 그러나 예전에나 지금에나 그러한 틀의 존재를 사람들은 의식하지 못한다.(사람의 사고에 선행하는 틀이 있고 시대적 분위가 있다는 것은 지식사회학이나 이념사[History of Ideas]에서 이야기되었던 것인데, 아마 하이데거가 생각하는 것은 그보다 더 깊은 의미에서, 특히 보이지 않는 존재의 근본이라는, 보다 형이상학적 차원에서 이러한 사고의 큰 틀을 이야기하는 것일 것이다.)

35 Ibid., S. 30.

틀에서 벗어나기

그런데 이러한 시대적 한정 또는 역사적 한정은—플라톤 시대로부터 근대까지 계속된 것이라고 할 수 있기 때문에 역사적 또는 문명적 한계라고 할 수 있는 틀은 어떻게 벗어날 수 있는가? 위에서 이미 비친 바와 같이 이것은 역류를 허용하지 않는 흐름이어서 쉽게 벗어 날 수 없다는 것이 하이데거의 생각이다. 물론, 이 틀은 여러 가지 새로운 발전을 가능하게 하면서 동시에, 그의 생각으로는, 인간의 삶의 근본적 기초를 왜곡하는 것, 인간 실존의 진리를 왜곡하는 것일 터이기 때문에, 지금의 시점에서 필요한 것은 그 틀을 벗어나는 것이다. 하이데거의 생각으로는, 이것은 거역할 수 없는 것이기에, 방법이 있다면, 이 틀을 더 밀고 나가는 것이 그것을 헤치고 나가는 방법이다. 그렇다고 하는 것은 그러한 틀이 형성되는 것은 원초적인 진리—감추어져 있던 것이 드러남으로부터 시작된 것이기 때문에 그 본래의 감추어짐으로 되돌아가서 새로운 드러남, 진리를 얻어내야 한다고 주장하는 것이기도 하다. 이렇게 말하는 것은 기술로 더 깊이 파고들어야 한다는 말이기도 하고, 기술이 종말에 이르는 것을 기다리는 도리밖에 없다는 말로도 들린다. 그러나 하이데거는 사실적으로 종말을 기다리기보다는 사고를 통하여 근본으로 돌아가는 모험을 감행한다는 것이다. 이것은, 더 정확히는 기술보다는 기술의 "본질(Wesen)"로 되돌아가서, 그 근본을 검토하는 것을 가리킨다.

하여튼 근본으로 돌아간다는 것은 그것대로 위험을 동반한다. 그것은 이미 익숙한 틀을 버리는 것이고 새로운 존재의 모험을 무릅쓰는 것이다. 특히 근대적 사고가 모든 것을 인간이 조작할 수 있는 것으로 생각하게 하였고, 인과율에 의하여 모든 것을 계산할 수 있는 것이 되게 하였고, 사람이 모든 것을 주문하고 명령하고, 끝에 가서는 지구의 주인이 될 수 있다고 생각하게 하였기 때문에, 그러한 근본 귀환은 거대한 기획이 된다.

자유의 공간과 근본 회귀

기술의 본질로 돌아가는 것, 그 출발을 살피는 것은 기술의 틀을 벗어나 자유로워지고, 자유로운 "열림(das Freie)"으로 나아가는 것이다. 여기에서 자유란 제 마음대로 한다는 것이 아니라, "빛으로 밝혀진 것, 즉 감춤으로부터 드러난 것"으로 나아간다는 것을 말한다. "자유는 빛나는 감춤이다. 그 빛 속에 진리의 현존함을 감추는 베일이 나부낀다. 그리고 그 빛은 베일을 베일로 드러나게 한다."[36] 자유 속에서 감춤으로부터, 진리가 감춤을 완전히 벗어버리지 아니하면서 스스로를 드러내는 것이다.

이것은 기술적 사고의 틀을 가로질러 그 껍질을 꿰뚫고 본래의 드러남의 애매함—감춤과 숨음과 드러남이 혼융되어 있는 출발점으로 돌아가는 것인데, 이것은 위에서 말한 바와 같이 역설적으로 기술의 본질로 돌아가는 것이다. 그리고 본질로 돌아가는 것은 동시에 사물 하나하나의 본질로 돌아가는 것이기도 하다. 사물의 본질은 무엇인가? 집이라는 사물의 본질, 국가라는 집단의 본질은 무엇인가: 플라톤에게 본질은 "지속하는 것"이고, 지속하는 것은 결국 이데아이다. 우리가 보는 집의 뒤에는 집의 원형인 이데아가 있다. 또는 일반적으로 개별적 사물의 인식 위에는 보편적 개념이 있다고 말하여진다. 그러나 사물의 본질은, 하이데거의 생각으로는, 구체적인 사물을 포용하는 보편 개념 또는 이데아에 있는 것이 아니다. 집 또는 국가라고 하면, 그것은 힘을 가지고 있고 존재하고, 그 힘으로 다스리고, 바뀌고, 퇴락하고 하는 실체이다. 옛 독일어로 wesen은 집회를 의미한다. 그리하여 Weserei는 '시청,' 공동체의 집합 장소를 의미했다. 오늘날 본질(Wesen)은 그러한 뜻을 가지고 있지는 않지만, 간단한 추상개념이 아니라 동적인 현실의 실체를 의미한다. 본질이란, 이렇게 볼 때, 사물의 힘을 드러내주는 것이다. 플라톤의 이데아 개념은 이 지속성을 영원

36 Ibid., S. 34~35.

한 것이 되게 한다. 사물은, 하이데거에게는, 그 본질에 있어서 유기적인 사물처럼 지속하고 또 퇴락한다.

그런데 이와 관련하여 지속한다는 것는 독일어로 waehren인데, 이 말은 gewaehren으로 이어질 수 있다. 즉 "허용한다"는 말로 이어진다. 반드시 합리적인 설명은 아니지만, 이러한 언어적 연관을 통해서, 하이데거는 "허용받은 것만이 지속한다"라고 말한다.("Nur das Gewaehrte waehrt.") 하이데거는 언어의 어원적 동일성이나 유사성을 가지고 논리적 사고를 대신하는 경우가 많은데, 그것은 말의 놀이라고 할 수도 있고, 말에 들어 있는 원초적 의미를 복구하는 일이라고 할 수도 있다. 그렇다고 하더라도 앞에 말한 두 단어의 연결이 합리적 설명이 된다고 할 수는 없을지 모른다. 그러나 상식적으로, 여기의 상황과 관련하여, 그것을 해석하기는 그렇게 어렵지 않다. 지속하는 것은 여러 조건이 맞아 들어갈 때, 즉 환경 조건이 그것을 허용할 때 지속한다—이러한 의미는 쉽게 전달된다고 할 수 있다. 그렇다고 하면, 허용하는 것, 허가하는 것은 무엇인가? 아마 쉬운 답은 신(神)이 허용한다고 하는 것일 것이다. 그러나 하이데거는 신성한 것을 말하기는 하지만, 신의 존재를 직접 이야기하는 경우는 없다. 지금 우리가 읽고 있는 글에서 그가 말하는 것은, 사고의 큰 틀과 같은 것이 사물의 지속을 허용한다는 것이다. 그리고 그것은 인간의 지속을 통해서 이루어진다. "허용됨으로써 틀이 생기고, 그 틀이 사람을 지속하게 하고…… 진리의 본질의 참됨을 지키는 데 사람을 이용할 수 있는 것이다."[37](가령, 이러한 예로 마음에 들지 않는 집을 새로 짓는 것이 아니라 고쳐 쓰고 이것의 유기적 지속성을 유지하는 것—이러한 것을 생각할 수 있다. 이것이 삶의 지속과 안정에 도움을 줄 것은 쉽게 생각할 수 있는 일이다.)

37 Ibid., S. 41.

예술과 성찰 그리고 물어볼 만한 물음

그리고 하이데거는 근본으로 돌아가면, 근본에서 구원의 힘이 일어나게 된다고 한다. 이 구원의 힘이 무엇인지는 분명치 않다. 하이데거는 기술을 포함하여 시대와 역사를 결정하는 틀을 한편으로는 위험한 것으로, 다른 한편으로는 새로운 보다 진실된 존재의 가능성을 숨겨 가지고 있는 것으로 본다. 그러나 인간으로 하여금 거기에 이르게 하는 방법이 무엇인가? 이것을 분명하게 말하지 않으면서도, 하이데거는 구원의 힘은 "여기, 지금, 그리고 작은 것들"에 있다고 한다. 그리고 우리가 이것이 커가는 것을 도와야 한다고 한다. 기술의 틀의 위험을 직시하는 것은 그 첫 출발이 된다. 현실적으로 할 수 있는 것이 없다고 하더라도 "인간적인 성찰(menscliche Besinnung)"은 보다 높은 가능성을 보이게 할 수 있다.

이 성찰의 대상 하나는 예술이다. 고대 희랍의 예술은 예술의 가능성에 대하여 귀감(龜鑑)이 된다. 희랍시대에 예술도 기술(techne)이라고 불렸지만, 그 시대에 기술, 테크네는 더 많은 것을 의미했다. "진리를 찬란한 나타남으로 드러나게 하는 것" 일체가 테크네였다. 테크네는 "진리를 아름다움 속으로 가져오는 일"을 가리키기도 했다. 희랍시대의 초기에 여러 예술들은 "허용된 진리 현현(顯現)의 최고 지점"에 이르렀고 "서방세계의 역사적 운명"을 결정하는 요인이 되었다. "이들 예술은 신들을 현재 속에 있게 하고 신들의 운명과 인간의 길을 지시하는 운명 사이에 오고가는 대화를 광채 속으로 들어오게 했다. 이런 예술도 테크네라 불리었다. 그것은 하나의 그리고 다양한 현시(顯示)였다. 그러한 테크네는 경건하고, 진리의 지배와 보존에 적의(適宜, promos)했다."[38]

그러나 이렇게 말한다고 하여, 하이데거가 예술 일반을 높이만 이야기하는 것은 아니다. 그가 높이 이야기하는 예술은 심미적 감상의 대상으로

38 Ibid., S. 42.

존재하는 예술도 아니고 "문화활동의 일부"로 존재하는 예술도 아니라고 그는 말한다. 희랍시대에, 그것은 진리의 드러남의 일부였다. 시적 행위, 포이에시스, poiesis는 그러한 드러냄의 움직임을 말한다. 오늘의 시대에 예술이 이러한 성스러운 사명을 떠맡을 수 있는 것일까? 하이데거는 이 가능성에 대하여 낙관적 전망을 가지고 있지 않다. 어쩌면, 그의 생각으로는, 오늘을 미친 듯 휩쓸고 있는 기술의 지배가 그 막바지의 파탄에 이르고, 그 하나의 결과로, 그 근원, 즉 존재의 열림이 보이게 된다면 그럴지도 모른다. 그렇다는 것은 기술의 본질이 기술을 넘어 진리의 영역에 존재하기 때문이다. 그것은 기술에 이어지고 또 예술에 이어진다. 이러한 이어짐으로 하여 예술은 중요하다.

그러나 이와 함께 필요한 것은 예술을 반성적으로 사고하는 일이다. 예술에 대한 반성은 "진리의 성좌(星座)"에 열려 있어야 한다. 이 과정에서 중요한 것은 물음을 묻는 것이다. 물음을 통해서 기술 그리고 예술은 그 본질을 보존하지 못하고 있는 현대의 위기를 증언할 수 있다. 그것은 시대적 '위험'에 근접하면서 구원의 길을 밝히는 일이다. 필요한 것은 그 본질에 대하여 물어봄을 깊이 하는 것이다. "물어봄은 사고하는 것의 경건함이기 때문이다.(Denn das Fragen ist die Frommigkeit des Denkens.)"[39](여기에서 경건함이라는 사고가 존재의 신성한 숨김에 가까이 있다는 뜻일 것이다.)

물음의 방식

앞에서 우리는 자연을 합리적 법칙으로 이해하는 것이 아니라 그보다 그 근본적인 존재 자체 그리고 그로부터 나오는 드러남의 진리에 근접하는 것이 사람의 삶과 세계에 대한 바른 이해의 방법이라고 말하는 하이데

39 Ibid., S. 44.

거의 견해에 대하여 언급하였었다. 그런데 그러한 존재의 드러남에 근접하는 방법은 물음을 묻는 것이라 한다. 이 물음에 답하거나 고려하는 것을 하이데거는 "성찰(Besinnung)"이라고 부른다. 그런데 이것은 특별한 성격을 가진 성찰이다. 그것은, 과학에서 풀어야 할 문제가 있어서 그 답을 찾을 때 사고를 집중하는 것과는 다른 사고의 절차를 말한다.

우리는 조금 전에 과학적 문답이 하이데거가 시도하는 존재론적 문답과는 다르다는 것을 말하였다. 그의 기술과 과학에 대한 에세이에서 그가 물음을 물어야 한다고 했는데 이것도 과학 또는 학문에서의 물음이 아니라, 존재론적인 물음, 그가 정의하는 "성찰"의 테두리 안에서 일어나는 물음을 말한다. 기술론 강연과 같은 해에 있었던 또 하나의 강연, "과학과 성찰(Wissenschaft und Besinnung)"에서, 그는 과학적 사고와는 다른 "성찰"을 정의하고 있다. 이 강연은 앞의 강연을 위한 준비로 행해진 것이었기 때문에, 표현되어 있는 그의 생각의 주조(主調)는 기술론에 이야기된 것과 거의 같다고 할 수 있다. 과학 그리고 일반적으로 학문은, 앞에서 말한 바와 같이 이미 정해진 일정한 틀 속에서 형성되고 진행된다. 질문, 답, 개념 등도 그 안에서 행해진다. 과학적 사고를 특징 지우는 것은 사물들을 작은 대상으로 나누고 그것들을 연결하여 논리적 인과관계에 있어서의 일관성을 밝히려는 작업이다. 기본은 사물을 일정한 관점에서 대상이 되게 하는 것이다. 이것은 물론 보이지 않는 틀 속에 있다. 그것을 전체적으로 지배하고 있는 것은 "근접할 수 없는 필연성(unzugaengliche Unumganagliche)"이다. 그런데 그 필연성과 대상성(Gegenstandigkeit)을 중심개념으로 하는 학문에서 묻지 않는 것은 학문 자체를 반성적으로 생각하는 것이다. 그것은 이미 정해져 있는 틀과 대상성 속에서 질문을 발하고 그러한 질문이 생겨난 근원, 또 그러한 질문 그리고 그에 대한 답으로 이루어진 학문 자체의 근거에 대하여서는 묻지 않는다. 이것에 대하여, 고정된 문제화(問題化)의 방식이나, 이미 정의된 분과학문의 사고 방식에 관계없이 물음을 묻고자 하는 것이 "성찰"이다. 그러나 '성찰'이란 번역이 잘못 되었는지는 모르겠으나, 하이데거가 그 말로 지칭하는 것은 사고 행위 자체를 다시 되돌아가 반성해보자는 것이 아니다. 그에게 성찰은 삶의 주변 환경의 사물에서 시작하여 존재의 근본에 이르고자 하는 사고 행위이다. 그는 설명한다:

……성찰을 통하여 우리는, 그것을 알지도 못하고 꿰뚫어보지는 못하면서, 오래전부터 머물던 그곳에 이른다. 성찰을 통해서 우리는 하던 일 하지 아니하던 일이 일어난 공간이 열리던 곳으로 가는 것이다.[40]

하이데거는 여러 학문들이 현실에 관한 이론을 제공한다고 하면서도, 그것이 삶 자체의 구체적인 현실로 돌아가는 것을 어렵게 한다고 말한다. 그리하여 위에 인용한 것을 쉽게 해석하면 삶 자체의 현실로 되돌아가 그것을 사고의 대상이 되게 하는 것이 "성찰"이다. 이것은 현상학에서 말하는 삶의 세계(Lebenswelt)로 돌아가는 것이다. 그러나 하이데거의 관심이 구체적인 현실 자체 또는 그 사회학인 사실 내용을 지칭하는 경우는 많지 않다. 여기에서 본질의 장(場)으로 돌아간다는 것은 존재론적 기초로 돌아간다는 뜻으로 생각된다. 이 세계로 돌아가 물음을 시작하여야 한다. 그것은 "물음을 물어볼 만한 값이 있는 것에 몸을 맡기는 것(die Gelassenheit zum Fragwuerdigen)"이다. 여기에서 물음을 물어볼 만한 것이라고 하는 것은 진리가, 또는 우리가 사는 세계 그 자체가 빛나는 현상으로 드러나는 것을 경험하는 것인데, 그것이 물음에 값하는 것이 되는 것은 존재가 가지고 있는 애매성 때문이고 그로 인하여 이미 확실한 것으로 고정된 현실을 떠나는 것이 되기 때문일 것이다.

40 op.cit. S. 68. "Wissenschaft und Besinnung"

이성의 자기 확대, 자기 초월

그런데 여기에서 이러한 것들을 새삼스럽게 말하는 것은 하이데거가 물음이 사고의 경건함을 나타내고 깊이 생각한다는 것은 물음에 값하는 것에 몸을 맡기는 것이라고 한다고 하여도, 그것이 보통의 의미에서 물음을 묻고 학문적 탐구를 격려하는 것을 의미하는 것이 아니라는 것을 말하기 위해서이다. 단순화하여 말하면, 그것은 존재의 경이로움을 알고 또 그 경이로움의 일부를 이루는 애매함 속에서 자신의 삶을 구도(求道)의 역정으로 살라는 것으로 생각할 수 있다. 이에 대하여 앞에 논하였던 데카르트의 합리적 사고는, 한편으로는, 보다 좁게 과학적 탐구 또 학문 일반의 탐구의 방법을 찾는 일이면서, 다른 한편으로는, 더 넓게 삶의 정도(正道)와 처세의 이성적 지혜를 포괄하는 것이라고 할 수 있다. 그러면서 우리는 과도한 합리적 입장의 위험에 대하여 말하였다. 다시 말하건대, 그것이 어떤 것이 되었든지 간에 이성적 사고의 소산—특히 충분히 검토되고 반성되지 않는 이론과 그 소산의 하나인 이데올로기는 사실과 삶의 질서 속에서 크고 작은 오류의 원인이 될 수 있다. 그리하여 사실의 이론과 이론적 확신은 그것이 보다 넓은 존재론적 진리 속에서 가설적 성격을 가지고 있음을 잊지 않는 것이 중요하다. 그런 의미에서 하이데거가 말하는 바, 감춤과 드러냄이 교차하는 존재의 근본적 구조를 상기하는 것은 모든 사고와 행위에서 근본이 되어 마땅하다고 할 수 있다.

그러나 방금 말한 바와 같이 철저한 이성적 사고를 쫓아가는 방법론적 사고는 그 나름의 효용—개인적으로나 집단적으로나 보다 넓은 효용을 가진 것임에 틀림이 없다. 여기에서는 합리적 문명의 소산으로서의 과학 기술의 문제는 고려하지 않고 있다. "인간적 성찰"의 의미에 충분히 공감한다고 하여도 기술을 존재론적 진리로부터의 인간 소외로 보는 하이데거의 생각에 동의하기는 쉽지 않을 것이다. 문제는 복합적 요인들로 구성되는 삶을 균형과 조화 속에 유지하는 것이다. 그러나 근본적 원리의 문제만 생각하려는 것이 이 글의 목적이기 때문에 이런 복합적 요소들은 고려에서 제외하였다. 그러나 이성적 사고 그 자체도, 이미 보았던 것처럼, 인간의 삶과 현실 전체에 대하여 윤리적 도덕적인 의미를 가지고 있다. 이성 또는 합리성은 가치중립적이라는 주장들이 있지만, 합리적 사고는 그 자체로도 윤리성을 갖는다. 진리탐구 행위는 나름의 윤리적 결단을 요구한다. 자기 절제 없이 과학적 탐구가 가능할 수는 없다. 그것은 성찰을 통하여 윤리적 기율로 쉽게 옮겨갈 수 있다. 이론은 특히 현실적 적용에 연계되어 있는 부분에서 사회적 고려를 함축하지 않을 수 없다. 그리고 사실을 떠난 윤리적 행동이 있을 수 있겠는가. 사실 파악의 정확성은 윤리적 행동의 정확성의 기초이다. 그리하여 윤리의 결단은 이론적 추구에 동반하는 정신 작용일 수밖에 없다. 그리고 그 역(逆)도 삶의 진실이라고 하여야 한다. 이러한 의미에서 데카르트가 보여주는 합리적 방법론의 추구는 중요한 사고의 원리이면서 인생의 원리이다.

위에서 다루었던 사상가를 다시 거명하건대, 이것은 플라톤 또는 소크라테스에서도 마찬가지이다. 그리하여 이하에서는 다시 학문적, 철학적 그리고 삶의 방식에서의 물음의 의미에 대하여 생각해보고자 한다. 그리하여 하이데거의 존재론적 열림에 보탤 수 있는, 또는 그보다도 자연스러운 것이면서 더 핵심이 되는 진리의 방법을 다시 상기해보기로 한다. 여기에서 토의의 대상이 되는 것은 플라톤이고 또 그리고 유교적 물음의 방식에 대하여서도 약간의 석의(釋義)를 첨부해볼까 한다.

Ⅻ 물음
—소크라테스/공자

엘렝코스와 산파법

소크라테스 또는 플라톤의 사고는 주로 윤리적 문제, 가령 경건, 정의, 용기, 절제 또는 덕의 문제를 밝히는 데로 향한다고 할 수 있다. 그리고 물론 이러한 것들의 초월적인 근거를 밝혀 보고자 한다. 그러나 동시에 그들의 사고는 어디까지나 합리적이고 이성적이다. 그들의 탐구의 합리적 성격을 가장 잘 드러내주는 것은 "엘렝코스(elenchos, elenchus)"라고 불리는 논변(論辨)의 방법이다. 그러면서 주의할 수 있는 것은, 그것은 윤리 문제뿐만 아니라 수학의 문제도 따져보는 논쟁 또는 논전의 수단이지만, 동시에 인간 형성의 방법이라는 점이다. 그러니까 윤리적 의미를 갖는 것이다. 소크라테스를 교사라고 할 때 그의 교육방법을 산파법(産婆法 maieutics)이라고 부르는데, 그것은 그가 산파에 비슷하게 사람을 새로 태어나게 한다는 것을 말한다. 이 소크라테스의 교육법에서 전형적인 것이 엘렝코스이다. 엘렝코스는 어떤 명제를 말하는 사람에게 심문하듯이 질문을 발하는 것을 말한다. 그리고, 반드시 부정적으로만 작용하는 것은 아니지만, 대개는 명제가 틀렸다거나 다른 어떤 것에 모순된다거나 불충분하다는 것을 들추어내는 데 동원된다. 그리하여 발언자의 무식을 드러나게 한다. 가령,

"용기란 참고 견디는 영혼의 덕성"이라고 말했다면, 그것은 아무 것도 모르고 용기를 내는 것, 사정을 몰라서 마구잡이로 덤비는 것, 말로만 용기가 있고 현실에는 그렇지 못한 것 등 여러 가지를 생각할 수 있다. 플라톤의 대화편 〈라케스〉에서 소크라테스는 무조건 용기를 칭찬하는 말을 이와 같이, 여러 경우를 들어 반박한다. 얼핏 보면, 이 경우처럼 다른 사람을 반박하고 모욕을 주는 방법이 엘렝코스라고 할 수도 있다.

그러나 소크라테스나 플라톤의 의도가 그러한 것이었다고 할 수는 없다. 논쟁과 반박의 수단으로 보이는 엘렝코스의 산파적 역할을 옥스퍼드의 고전학 교수였던 리처드 로빈슨 교수는 다음과 같은 과정으로 설명한다.[41] 소크라테스가 그의 대화 상대자를 대하여, 계속적으로 질문을 던지는 경우, 대개는 소크라테스 자신의 무식을 앞에 내세우는데, 그것은 아이러니를 포함하는 것이기도 하고, 위선적인 일일 수도 있지만, 그의 의도가 참으로 교육과 계몽의 뜻을 가지고 있다는 것은 분명하다고 한다. 첫째, 대화자에게 질문을 발하는 것은 개인으로서의 소크라테스가 아니고 로고스라고 로빈슨 교수는 말한다. 자신은 어떤 사안을 또는 많은 것을 알고 있다고 생각하는 사람에게 스스로의 무식함을 깨닫게 하는 것은 의사가 신체에서 해로운 것을 제거하듯, 사람의 영혼에서 장애물들을 제거하는 일이라고 플라톤은 생각했다고 한다. 그들의 교육관에서 가장 중요한 것은 교육의 핵심이 스스로 인간의 가능성에 새롭게 깨어나는 것이었다고 한다. 무지를 표면에 내세운 것도 지식과 지혜에 이르는 것은 스스로 해내야 할 일이었기 때문이었다. 교사로서의 소크라테스가 피교육자의 무지를 들추어낸다고 하여도, 궁극적으로 권위를 가지고 있는 것은 질문자가 아니라 답변자 자신이다. 다른 사람이 어떤 의견을 가지고 있든, 그것은 자

41 Richard Robinson, "Elenchus," in Gregory Vlastos(ed.), *The Philosophy of Socrates: A Collection of Critical Essays*(University of Notre Dame, 1971)

신의 마음으로부터 나오는 것이 아니면, 결국 의미가 없는 것이다. 소크라테스는 산파일 뿐이다.

사실 소크라테스에게 중요한 것은 스스로 깨닫는 것이고 스스로의 동기에서 행동하는 것이다. 이것은 피교육자 또는 우연히 피교육자의 자리에 놓이게 된 사람에게도 그러하지만, 자기 자신에게도 해당되는 사실이다. 소크라테스가 시민 교육, 인간 교육에 나선 것은 다른 사람을 계몽하자는 의도가 있기 때문이 아니었다. 그는 사물의 참 모습을 탐구하고자 하는 마음이 다른 사람보다 강했다. 그가 처음에 다른 사람에게 질문을 하기 시작한 것은 참으로 배우고 싶었기 때문이다. 그러다가 나중에 자신이 지적으로—사물이나 도덕에 대한 지혜에 있어서 다른 사람보다도 우위에 있다는 것을 알게 되고, 다른 사람들로 하여금 무지를 깨닫게 하고 지식과 지혜로 나갈 수 있게 하는 일을 자신의 사명으로 받아들인 것이었다. 소크라테스에게나 플라톤에게 안다는 것은 심각한 인간 실현의 작업이었다. 그들은 스스로를 위해서나 다른 사람을 위해서나 한 가지 의견을 다른 의견으로 바꾸는 것을 원치 않았다. 그들은 "사람들을 독단론의 꿈으로부터 깨어나 진정한 지적 호기심을 가지게 하려고 했다."[42] 그들은 잡스러운 견해가 아니라 진정한 지식을 원했다. 로빈슨 교수가 그렇게 이야기하는 것은 아니지만, 플라톤의 이데아론은 참다운 지식과 지혜가 초월적 확실성을 가지고 있다는 것을 말하는 것이라고 할 수 있다. 그것이 가능한 것이 아니라면, 진정한 지식의 진정함을 확실히 할 수가 없을 것이다.

이렇게 엘렝코스 그리고 후기 플라톤에서 중요해지는 그보다 긍정적인 변증법, 디알렉티케(dialektike)를 희랍적 계몽의 방법으로 평가한다. 그러면서도 로빈슨은, 소크라테스와 플라톤이 로고스 또는 지적인 계몽으로 도덕적 성품을 향상할 수 있다고 생각한 데 대하여 회의를 가진 것에 주목

42 Ibid, p. 91.

하지 않을 수 없다. 플라톤의 입장을 "플라톤의 실용 철학에 있어서의 역설적 지성주의"라는 말로 표현하는 데에, 그의 그러한 회의가 보인다.

유교적 반성

다른 전통에서도 이러한 회의가 보이는 것은 흔하다고 할 수 있다. 조금 샛길로 들어가는 일이 되겠으나, 이와 관련하여 동양의 정신 전통에서, 삶의 도덕적 실용 철학에도 엿보이는 "역설적 지성주의"에 대한 불신을 잠깐 생각해볼 수 있다. 물론 이것은 보다 자세히 그리고 널리 연구해보아야 할 일이나, 그러나 대체적으로 말하여, 이러한 불신은, 가령, 유교의 수신에 있어서 널리 보이는 것이라고 할 수 있다. 그러나 말할 것도 없이 수신은 지적인 훈련에 필수적인 것이나, 그것이 엘렝코스와 같은 부정적인 지적 도발을 포함할 수는 없었다. 가령, 앞에서도 언급한 『大學』에서 "修身齊家…"와 같은 격률(格率)에 포함된 "格物致知"는 지적 모색을 말한다고 할 수 있으나, 이것이 순수한 의미에서 지적인 폭로작전으로 나아가는 일은 없다고 할 수 있다. 이것은 사물에 대한 지식을 철저히 하는 것으로 해석될 수도 있으나, 대체로는 도덕적 수련에 관한 지혜를 탐구하는 일로 해석된다. 유교 전통에서 지적인 요소를 강조한 것이 주자의 성리학인데, 성인이 되는 공부를 간략하게 추려서 설명하려고 하는 퇴계의 〈聖學十圖〉에는(성인이란 수양하는 사람을 전체적으로 말하지만, 여기에서 성인은 물론 정신 수양을 한 임금을 말한다) 주자의 서원에 걸려 있던 "白鹿洞規"가 들어 있다. 이 동규는 널리 공부하고 깊이 따져서 묻고 생각하는 것이 중요하다는 것을 강조한다. 도해(圖解)에 요약한 말로, 博學, 審問, 愼思, 明辯, 篤行과 같은 격률은 단적으로 지적인 수련을 강조한 것이다. 여기에 들어 있는 심문(審問)은 깊이 물어보라는 말이지만, 이것이 사법 절차에서 범인 또는 피의자를 상대로 집행하는 문초(問招) 행위를 가리키는 말이 된 것은 흥미로운 일이다. 그것은 엘링코스의 도발을 상기하게 한다. 그러나 성리학에서 묻고 따지는 것은 말할 것도 없이 완전히 열려 있는 지적 회의를 말하는 것이 아니라 유교의 도덕과 윤리의 테두리 안에서의 지혜를 따지는 일일 뿐이다. "De omnibus dubitandum, 모든 것을 회의하라"는 말은 데카르트의 지적 탐구의 방법론을 요약한 말이다. 이러한 방법론이 유학(儒學)의 수양론의 일부가 될 수는 없었을 것이다.

위에서 하이데거가 내건 존재론적인 탐구의 원리로서 "성찰"을 언급하였다. 그것은 하이데거를 떠나서 일반적인 의미로 볼 때, 진리가 열리는 근본으로 돌아가는 사고의 전환보다는 생각하는 마음을 다시 되돌아 생각하는 것을 말한다. 그것은 Besinnung일 수도 있지만, Reflexion, 꺾이여 다시 자체로 돌아가는 마음의 행위를 가리킨다. "성(省)"은 유교에서도 중요한 정신 활동을 가리키는 말이다. 학문적 문제를 논의하는 퇴계의 서간을 모은 책 『自省錄』이라는 제목에 들어 있는 것도 이것이다. 그러나 이 글자가 열려 있는 지적 탐색을 말한다고 할 수는 없다. 『논어』의 〈學而篇〉에 나오는 '省'은, 조금 더 좁은 의미로 쓰인 것이지만, "省"이 움직이고 있는 테두리를 잘 보여준다고 할 수 있다. 그것은 Besinnung이나 Reflexion의 반성적 사유로 해석될 수는 없다. 공자는 매일 세 번 또는 세 가지로 스스로를 되돌아본다고 한다. 그것은 특정한 도덕률 또는 윤리 규칙과의 관계에서 스스로를 반성하는 것이다. 즉 충성을 잃지 않았는가, 친구에게 신의를 지켰는가, 배운 것을 되풀이 익혔는가 하는 것을 되돌아본다는 것이다.(吾日三省吾身 爲人謀而不忠乎 與朋友交而不信乎 傳不習乎.) 『自省錄』에서의 '성'은 이보다는 더 넓게 열려 있는 것이지만, 그것이 유교의 도덕적 수양의 범위 안에 있는 것은 틀림이 없다. "모든 것을 회의하라(De omnibus dubitandum)"로부터 멀리 떨어져 있는 것은 물론이다.

다시 플라톤의 실용철학의 지성주의로 돌아가 본다. 그 함의를 우려를 가지고 생각하는 것은 자연스럽다. 그러나 그것은 엘롱코스, 디알렉티케, 그리고 만물에 대한 방법적 회의 등 서양 전통에서의 인식론적 굴착(掘鑿)이 도덕적 윤리적 깨달음, 지식과 지혜를 포괄하는 정신적 탐구의 길이라는 것을 놓치게 할 수 있다. 하여튼 지적 탐구만으로 인격적 수련이 완성된다고 할 수는 없으나 그것이 인격 형성에 중요한 요인이 됨은 틀림이 없다. 그리고 어쩌면 그것이 그것 나름으로 도덕적 절차탁마를 포함하는 전인간적 탐구의 길을 감추어 가지고 있다는 것을 생각할 필요가 있다. 희랍 철학자들에게서 보는 것이 그것이다. 물론 그것은 그들의 지적 탐구가 인간성의 윤리적 도덕적 측면에 대한 바른 이해를 강조하는 것이었기 때문에 그렇다고 할 수 있다. 사실적이고 윤리적인 조건들을 포괄하는 이러한 이해가 탄탄한 이성적 사고를 통해서 이루어질 때 그것은 삶과 세계에 대한 강한 확신으로 정립된다.

지성과 지각의 카탈렙시스

여기에서 다시 주목할 수 있는 것은 세계와 인간에 대한 이성적 이해가 이론의 체계로 남아 있는 것이 아니라 하나의 비전이 되어 심리적 동력이 된다는 사실이다. 위에서 비친 플라톤의 이데아의 세계는, 현실주의 경험주의의 관점에서 수용되기 어려운 것이면서도, 이성적 세계 이해의 한 정점을 분명한 비전으로 보여주는 것이라고 할 수 있다. 플라톤의 동굴의 신화에서 어둠의 동굴을 벗어난 사람은 밝은 태양의 세계를 본다. 이것은, 우화이기는 하지만, 지적 각성이, 말하자면, 종교적 깨어남에 비슷하게, 하나의 황홀한 비전으로 이행하였음을 말한다고 할 수 있다. 그것이 새로운 세계를 하나로 보게 하는 것이다. 유교와 같은 현실적인 사고의 체계에서도 많은 수신자(修身者)는 돈오(頓悟)라고 부를 수 있는 깨우침을 갖는다. 중국인이면서 미국 대학에 재직하던 페이 우(Pei-Yi Wu) 교수의 저서에 The Confucian's Progress 라는 것이 있는데, 제목은 번얀(John Bunyan)의 The Pilgrim's Progress를 연상하게 한다. 이 책은 유가(儒家)에도, 기독교 신앙인의 경우에 비슷한, 긴 정신적 고행의 길이 있었다는 것을 상기하게 한다. 사실 이 책에서 다루고 있는 유생(儒生)들은 그러한 정신 체험의 경험이 있는 것으로 이야기되어 있다. 그런데 위에서 다루었던 데카르트의 『방법서설』에서 그의 지적 확신을 표현한 말로 "분명하고 뚜렷한(claire et distincte)"이라는 형용사가 쓰이고 있음에 대하여 언급하였다. 이 말은 다분히 감각적 체험을 가리키는 말이다. 이성적 확실성이 체험적 직접성을 가지고 있다는 것을 나타낸다고 할 수 있다. 즉 비전의 성격을 가지고 있는 것이다. 참으로 깊은 지적 탐구는, 위에서 말한 바, 감각적 체험의 카탈렙시스(catalepsis)에 중복된다. 하이데거의 진리 논의에서 강조된 것도 빛의 경험이다. 철저한 지적 깨우침은 비전이 되고, 그 비전은 빛에 대한 감각적 경험에 비슷하다.

이러한 관찰에 또 하나 첨부하여야 할 것은 지적 체험의 현실적 효과도 많은 경우 직접적으로 나타난다는 점이다. 흔히들 도덕 의지, 윤리 의지는 인생의 방향을 결정하고 사실의 긴 궤적을 그리는 데 작용하는 것으로 생각된다. 그러나 그것은 순간적 결단 속에도 나타난다. 그리고 이 순간의 결단은 많은 경우, 오랜 수련의 결과일 경우가 많다. 가령, 버스를 타기 위하여 기다리는 열에서 먼저 온 사람에게 자리를 양보하는 예의는 그 자리 그 순간의 결정이다. 공무에 있는 사람이 뇌물의 유혹을 물리치는 것은 단순히 장기적인 삶의 계획의 관점에서만 가능한 것은 아니다. 그것은 현장적 결단을 요구한다. 그러면서 그것은 긴 수행에 관계된다. 맹자가 말한 바, 우물에 빠지려는 아이를 구출하려는 본능이 사람들에 있는 것도 사실이고, 그것은 순간의 결단에서 나오는 행동이지만, 어찌 그것이 순간의 불인지심(不忍之心)의 표현이라고만 하겠는가? 사람의 사실적 윤리적 판단은 섬광처럼 순간 속에 명멸하면서, 동시에 넓고 깊은 존재론적 직관과 수련에 이어진다고 할 것이다. 그리고 그것이 반드시 따로따로 분리되어서만 작동하는 것은 아니다. 주체적 판단은 이성적 훈련, 도덕적 윤리적 수련, 인간 존재의 성스러움에 대한 초월적 감각, 그리고 순간의 실존적 결단—이러한 여러 형태로 표현된다. 그리고 그것은 우리가 쉽게 이해할 수는 없는 분리와 연결 속에 존재한다.

윤리적 문화

위 관찰들은 대체로는 개인적 지적, 정신적 탐구에 관계된 것이지만, 이러한 지적 또는 지혜에 대한 비전은 건전한 문화에서는 하나의 정신적 핵을 이루는 것이 아닌가 한다. 이 면에서 개인의 철저한 지적 탐구—넓은 의미에서의 지적 탐구는 중요한 사회적 의미를 갖는다고 할 수 있다. 그리고 역설적인 것은 그것이 사회적 문화로 형성되어 있을 때, 자연스러운 삶의 일부가 되었을 때, 개인이 각고의 노력으로 내면화 하여야 하는 엄격한 기율일 필요도 없고 단연한 순간의 결단을 요구하지도 않는다. 이상적 상황은 자연스러운 조화 속에 있는 평화로운 삶이다. 이것은 음악으로 잘 표현된다. 또는 그러한 표현으로도 객관화되지 않는 삶의 현실이다. 처음에 음악으로 시작한 글을 조금 후에 음악에 대한 또 하나의 관찰로서 이 글을 끝내기로 한다. 여기의 음악은 위에서 고려해본 여러 삶의 영역에서 놓쳤던 어떤 부분을 상기하게 할 것이다.(물론 음악을 생각한 다음에도 또 약간의 언어적 평석은 불가피할 것이다. 그 다음에 이 글의 잡다한 생각이 문화의 교육의 현실적 과제에 어떤 함의를 갖는가 하는 것을 생각하는 것이 결론이 될 것이다.)

XIII 에필로그
—음악이 드러내는 존재의 기초

다시 음악으로 돌아가서, 음악의 의미가 무엇인가를 물어볼 수 있다. 음악이 사람의 삶에서 의미 또는 깊은 의미를 가지고 있는 것은 틀림이 없다. 사람이 사는 곳이면 어디에나 음악이 있고, 음악은 대부분의 사람이 매체이다. 음악 이론가 빅터 추커칸들은 『음악인으로서의 인간(Man the Musician)』이란 저서에서 음악이 인간 존재에 대하여 갖는 의미를 여러 각도에서 고찰한다. 그 가운데 하나는 음악은 사람과 인간 존재에 들어 있는 어떤 새로운 차원—"깊이의 차원"을 볼 수 있게 하는, 또는 듣게 하는 매체라는 것이다.[43] 가령, 가사가 있고 가사에 맞춘 악곡이 있다고 할 때, 악곡은 말할 것도 없이 듣는 사람 또는 노래를 부르는 사람에게 새로운 감동을 준다. 그러나 추커칸들의 생각으로는 감동보다도 중요한 것은, 가사의 앞뒤에 숨어 있던 새로운 차원이다. 그러나 가사의 언어 또는 악곡의 일부로 있을 때, 나타나지 않는다고 해서 또는 나타난다고 해서, 그 차원이 반드시 신비스러운 깊이를 보여주는 것은 아니라고 한다. 그것은 삶의 현실 내에 잠재해 있는 또 하나의 현실이다. 그가 드는 비유로 말하건대, 삼

43 Victor Zuckerkandl, *Man the Musician*(Princeton University Press/ Bollingen Paperback, 1976), "IV. the New Dimension"

각형에는 구성 요소로서 선이 있고 각이 있다고 하겠는데, 이러한 요소들이 합하여 이루게 되는 것이 삼각형이다. 가사에 적절한 음악이 붙게 되면, 세 개의 직선과 각이 합하여 삼각형의 모습이 드러나듯이, 숨어 있던 차원—그러면서 반드시 신비스러운 것은 아닌 차원이 음악을 통하여 보이게 된다는 것이다. 저자가 들고 있는 다른 비유를 들건대, 이 새로운 차원을 알게 되는 것은 눈이 보이지 않고 촉각으로만 세상을 알던 사람, 달리 말하면, 세상을 표면의 연속으로만 알던 사람이 홀연 눈을 뜨고 빛을 보고 "공간의 깊이"를 보게 되는 것과 비슷하다. 또는 더 나아가, 주제가 음악이기 때문에 소리의 세계를 말한다면, 이번에는, 만지고 볼 수는 있지만 소리를 듣지 못하던 사람이, 홀연 소리를 듣게 되었을 때, "다른 감각으로 알 수 있던 공간의 깊이 뒤에 있는 깊은 것, 실존적 깊이"[44]를 알게 될 때 드러나는 차원—이 차원을 알게 하는 것이 음악이다. 가사와 곡을 함께 하여 부르는 사람은, 되풀이하건대, 현실 속에 없던 다른 곳으로 가는 것은 아니다.(추커칸들는 척추동물이나 어떤 종류의 갑각류[甲殼類] 그리고 곤충 외에는 청각이 없는 동물이 많다고 한다. 이러한 동물들은 청각이 드러내는 세계를 알지 못한다. 그러나 청각의 세계는 세계 현실의 모습을 보여준다. 청각 없는 동물들이 청각을 얻게 되면, 그들은 다른 세계의 모습을 알게 될 것이다. 음악이 알게 하는 현실은 이에 비슷하게 감추어져 있던 현실을 보여준다고 할 수 있다.)

흔히 음악이 드러내는 세계는 인간의 내면세계라고 생각되기가 쉽다. 음악을 연주하고 듣는 것은 인간의 내면세계로, 주관적 세계로 들어가는 일이라는 것이다. 추커칸들에 의하면 음악이 드러내는 것은 반드시 내면의 세계가 아니다. 그는 음악의 내면성을 강조하는 대표적인 철학자로 헤겔을 든다. 추커칸들이 말하는 새로운 차원이 무엇인가는 참으로 알기 어려운 것이지만(그에게 그것은 어려운 것이 아니라 인간 존재에 아주 가까이 있다고

44 Ibid., p. 50.

하는데), 이것을 설명하는 방법은, 그의 반박에도 불구하고, 아마 헤겔로부터 접근하는 것일 것이다. 사실 그 자신의 설명에도 헤겔의 생각으로 들어갔다가 다시 나오는 방법으로 이것을 설명하는 부분이 있다. 헤겔은, 음악은 인간의 순수한 주체성에 호소하는 것으로서, "객체가 없는 영혼의 인간 내면의 삶"[45]에 울리는 표현행위라고 한다. 그런데 순수한 주체성이라고 한다면, 그 내용이 공허한 것일 터인데 표현할 무엇이 있겠는가 하는 것이 추커칸들의 반박이다. 내면 현상으로, 영혼의 삶의 내용으로 감정이나 기분을 말할 수 있겠지만, 그러한 감정이나 기분은 이미 주체나 주관을 떠나 객체가 된 것이다. 그렇다면 순수한 주체란 무엇을 말하는 것인가? 감정적인 것을 포함하여 마음속에 객체를 드러나게 하는 것이 주체이다. 그것은 객체의 세계를 가능하게 하는 바탕이라고 할 수 있다. 그런 의미에서 그것은 주체도 객체도 아니고 그것을 넘어가면서 그것을 가능하게 하는 기초이다. 그리하여 추커칸들은, 내면의 표현으로서의 음악을 설명한 헤겔의 공식을 다음과 같이 재구성한다:

> 음악의 기본 작업은, 나로부터 구분하고 나에게 맞서게 하는 사물의 객체적인 측면을 드러내는 데 있는 것이 아니라 나를 향하여 있는 사물의 측면, 그리하여 나와 공유하고 있는 측면을 드러내어, 주관적 관점으로부터 떠나 있는 사물의 존재방식과 변화 양상에 울림이 있는 반영을 부여하는 일이다.[46]

추커칸들의 생각에 따라 다시 음악을 말한다면, 언어와 소리를 합하여 노래한다는 것은. 또는 일반적으로 음악을 한다는 것은, 내면으로 들어가

45 Ibid., p. 52.
46 Ibid., p. 57.

는 것이 아니라 "자기의 밖으로 나가고 자기를 여는 일이다." 그러면서—조금 모순된 이야기일 수 있으나, 그의 생각으로는—노래하는 사람은 "자신의 안으로 깊이 들어가고, 그리하여 더 깊이 밖으로 나아가고, 말만 하는 사람보다도 더 깊이 사물 안으로 들어간다." 이것을 다시 말하면, 방금 말한 것과는 역(逆)으로 "노래하는 사람은 세계의 새로운 깊이에 이르고, 바로 그것으로 하여 자신의 보다 깊은 차원에 이르게 된다."[47] 물론 이 경우에도 음악은 "내면의 삶"을 표현한다고 말할 수는 있다. 그러나 그렇게 이야기할 때, 내면은 객체에 맞서는 주체의 내면이 아니다. 그것은 "자아가 아니라 세계의, 즉 사물의 내면의 삶이다." 노래하는 사람이 내면을 경험한다면, 그것은 "가수가 세계와 공유하는 내면의 삶이다." "가수가 노래하면서, 자신의 노래를 들으면서 알게 되는 것은 그것이 자기의 내면의 언어가 아니라 사물의 내면의 언어라는 것이다."[48] 그러니까, 다시 말하건대, 음악을 듣는 것은, 세계의 존재 방식에 들어 있는 언어, 그것이 드러내는 소리의 고저를 듣는 것이다. 그러나 그것은, 다시 말하여, 초월적이고 신비의 차원을 말하는 것은 아니고 보통 사람의 체험에 들어 있으면서, 흔히 인식하지 못하는 사물과 인간이 존재하는 보다 큰 존재론적 평면이다. 그러면서도 연주하거나 듣는 사람이 충분히 내면과 세계의 기초에 대하여 반성적 의식에 이르지 못한다는 점에서는, 그것이 의식하기 쉽지 않은 내밀함을 가지고 있는 것도 사실이다. 그러나 이것은 일반적으로 음악에서 깨닫게 되고 또는 더 확대하여 예술 일반에서 또 우리의 삶에서 깨달을 수 있는 존재론적 사실이다.

여러 설명에도 불구하고 추커칸들이 말하는 이러한 삶과 사물의 차원이 무엇을 가리키는 것인지는 이해하기 쉽지 않다. 그는 이러한 것들은 설

47 Ibid., p. 50.
48 Ibid., p. 56.

명하면서 릴케의 편지에 나온 구절을 인용하고 있는데, 이것은 여기의 수수께끼를 푸는 데 도움을 주기 않을까 한다. 인용된 릴케의 편지를 여기에 다시 참조하고, 추커칸들의 설명을 마음에 두면서, 릴케의 글을 해석해본다. 릴케의 편지는 다음과 같다.

> 나는 점점 더 우리의 평상적 의식이 우리 자신 안에(또는 우리 자신의 아래에) 위치해 있는 피라미드의 꼭지에 있다고 생각하게 되었습니다. 우리가 우리 자신의 아래로 내려감에 따라 이 피라미드의 저변은 점점 더 넓어집니다. 그리고 우리는 점점 더 시공간을 넘어 이 지구적인 존재(가장 포괄적인 의미에서의 '세계')의 여료(與料)에 포용되어 있다는 것을 느낍니다. 나는 아주 젊었을 때부터 이런 느낌을 가지고 있었고, 이 느낌으로 살았습니다. 즉 우리가 이 피라미드의 아래로 충분히 내려간다고 하면, 순수한 '존재'를 경험하고, 우리 의식의 상층부에서 시간의 연속으로만 경험할 수 있는 모든 사물의 현존, 동시적(同時的) 존재를 경험하리라는 느낌이 든다는 말입니다.[49]

릴케가 말하고 있는 것도 쉽게 이해된다고 할 수는 없다. 그러나 그것은 생각해보면, 조금은 이해될 수 있는 사실을 말한 것이 아닐까 한다. 사실 사람의 생명은 자신의 의식을 넘어가는 여러 여료 또는 자료로 이루어져 있다. 우리가 우리의 육체를 하는가? 우리 몸의 세포나 뉴런을 하는가? 신체의 생물학적 구성은 원초적인 사물이 사람의 삶의 토대가 되어 있다는 것을 말하여 준다. 그렇다면, 인간 존재에 대한 의식도 거기에 뿌리박고 있는 것일 것이다. 그것은 단순히 의식의 현상이라고 할 수 없을 것이다. 사람이 얼마나 이러한 삶의 구성에 관한 의식이 부족한가 하는 것은

49 *Man the Musician*, pp. 46~47. 편지 인용, Rilke, *Briefe*(Wiesbaden: Insel Verlag, 1950). S. 871.

삶과 죽음에 대한 인간의 의식에도 드러난다. 릴케의 시 어디엔가에는 사람의 생명은 넓은 죽음의 바다 위에 잠간 솟구치는 파도와 같다는 것이 있다. 죽음은 삶보다 더 큰 현실이고, 그 현실의 한 변조라는 말이다. 사실 우리의 목숨의 앞뒤로 펼쳐지는 죽음의 세계는 얼마나 광대한가. 〈두이노 비가(悲歌)〉에는 영원의 지속 안에서 사람은 삶과 죽음을 너무나 명료하게 가를 수 있는 것으로 생각한다는 구절이 있다. 그러나 참으로 영원의 관점에서는 삶과 죽음은 영원 속에 이는 크고 작은 파도에 불과한 것이다.

살아 있는 자는 영원을 지나치게
구분하여 생각한다. 그것은 잘못이다.
천사는(흔히 말하듯이) 대개는 자신이
산 사람 또는 죽은 사람 사이를 가는지
알지 못한다……

천사와 같은 하늘의 존재의 관점에서는, 세계의 흐름에 생사의 확연한 구분이 없기 때문에, 위 구절이 나와 있는 "제2의 비가"의 첫 부분에서 릴케는 천사가 갑자기 자신을 껴안는다면, 자기는 혼비백산(魂飛魄散)하여, 천사의 강한 실체 속에 사라져버리고 말 것이라고 말한다.

추커칸들이 인용하고 있는 릴케를 이렇게 주석하고 보면, 우리는 사람이 얼마나 자신의 존재의 저 아래에 있는 토대로부터 멀리 있는가를 알 수 있다. 사람은 자신의 존재가 삶과 죽음의 긴 파동 속에 있는 존재라는 것을 알지 못한다. 자신을 구성하고 있는 물질적 정신적 자료와 토대를 알지 못한다. 그러나 이 모든 것은 바로 우리의 일상적 삶 속에 있는 것이다. 그런데 릴케의 경우는, 자신의 삶이 죽음으로 연속되는 일직선상에 있다는 것을 모른다는 것을 말한 것이지만, 추커칸들의 음악에 대한 해석에서는 우리가 의식하지 못하는 것으로서, 삶을 뒷받침하고 있는 세계의 들고 남, 높고 낮음이 있고, 이것을 전해주는 것이 음악이라는 것이다. 어느 쪽이든지 간에, 이것은 우리의 삶의 기초이고 일부이면서도, 우리의 의식을 벗어져 나가기 쉬운 것이다. 추커칸들의 음악에 대한 설명은 쉽게는 이해되지 않으면서도, 음악이 얼마나 인간 존재의 근본을 밝혀주고 현실화하는가를 느낄 수 있게 한다. 위에 말한 그의 책에는 민속음악, 종교음악에서부터 바흐나 베토벤에 이르는 서양의 고전 음악에 대한 자세한 분석들이 나와 있다. 그의 해석대로라면, 음악은 사람으로 하여금 의식하지 못하였던 삶이 존재론적 근거에 접하고 그 연결을 새롭게 하는 기능을 가졌다고 할 수 있다. 그것은 없을 수 없는 삶의 지혜와 실현의 매체이다.(나는 쇼팽의 음악을 듣고 거기에 담긴 슬픔의 정서를 느끼면서, 그 슬픔의 베리에이션의 전부가 쇼팽의 것일 수는 없다고 느낀다. 그리고 나는 그 감정들은 말하자면, 쇼팽이 허공으로부터 열매를 따듯 따온 것이 아닌가 하는 생각을 한다.)

추커칸들의 설명을 들으면, 우리가 삶의 모든 것을 두루 살핀다고 하여도, 그것을 의식으로 포착되는 것에 한정된다면, 우리는 참으로 중요한 삶의 차원을 놓치는 것이 된다고 하지 않을 수 없다. 가스통 바슐라르는 인간의 내면이 물질과 직접적으로 소통한다는 것을 연구한 바 있다. 여기에 작용하는 것이 그가 "물질적 상상력(imagination meterielle)"이라고 부른 인간의 정신 기능이다.

XIV 결론을 대신하여

삶의 전체—이성과 물질적 이성

이 글에서 우리가 생각해보고자 했던 것은 중심에서 주변으로 뻗어나가는 삶 그 전체를 관통하는 원리였다. 그리고 그것을 여러 형태의 이성의 원리로 정리해 보았다. 그런데 삶을 전체적으로 포괄한다고 할 때, 거기에서 최종적인 부분은 인간이나 존재를 구성하면서 인간을 벗어져 나가는 기초에 관계되는 부분이다. 사실은 이것이 삶의 기초가 될 뿐만 아니라 삶의 전체적인 테두리를 이룬다. 삶을 포괄적으로 이해하고자 할 때, 삶을 마무리하는 것이 이러한 부분이라는 것에 주의하여야 하고, 그에 대한 이해의 노력을 빼어놓을 수가 없다. 위에 인용한 릴케의 편지에서, 삶은 물질과 죽음을 전후로 가지고 있다. 이것은 삶의 원리로는 포괄되지 않는다. 그리고 삶을 이해하고자 하는 이성은 삶 자체의 테두리에 지나치게 한정되는 이성이다. 사실 의식이라는 것 자체가 삶의 기능의 일부일 뿐이라고 할 수도 있다. 추커칸들이 상기하게 하는 것은 삶의 현상과 의식을 넘어가는 세계의 토대이다. 이것은 이성을 넘어가면서 이성적인 이해를 요구하는 삶의 현상 그리고 존재론적 현상이다. 적어도 추커칸들의 해석으로서는, 음악에서 드러나는 것은 인간 존재의 근본에 있는 어떤 세계의 구조이다. 플라톤이나 하이데거 또는 데카르트까지도 그들의 사고는 이러한 존재론적 진리 또는 구조를 생각해보려 한다.

그런데 세계나 존재의 문제보다 더 좁혀서 인간의 삶으로 눈을 돌릴 때, 그것도 반드시 이성적 접근으로만은 이해될 수 없는 부분—또는 더 근본적인 부분이 있다는 것을 생각하지 않을 수 없다.(죽음의 바다 위에 있는 것이 삶이라는 것도 그러한 근본을 시사하는 것이지만.) 삶을 넘어가는 전체 없이는 삶을 전제적으로 생각하는 것이 될 수는 없다. 그것은 그 범위에 있어서 그렇고 그 본질에 있어서 그렇다.

되풀이하건대, 위에서 논한 것들은 주로 삶을 합리적으로 이해하고 또 영위하는 방법에 대한 문제였는데, 삶의 현상 자체가 합리적인 것이라고 말할 수 없다는 말이다. 삶은 주어진 대로의 현상일 뿐이다. 어떤 철학적 입장에서, 삶은 하나의 에너지의 폭발로 볼 수 있다. 가령 조지 산타야나(George Santayana)는 삶을 그러한 에너지의 "솟구침(upsurge)"으로 보았다. 앙리 베르그송(Henri Bergson)을 비롯하여 '생철학'으로 불리는 흐름에 속하는 사상가들도 여기에 합류시켜 생각할 수 있다. 베르그송의 용어, "엘랑 비탈(elan vital, 삶의 약동)" 같은 말도 이러한 삶의 창조적 진화의 비이성적 근원을 가리키는 말이다. 삶의 원동력 또는 의미를 어떻게 보고 설명하든지 간에, 그것을 이해하는 데에는 그러한 현상을 그러한 현상 그대로 대하여야 할 의무가 있다. 그러면서도 그것을 이성적으로 이해하는 시도를 버릴 수는 없다. 말하자면 베르그송의 시도도 그렇고, 다른 의미에서, 존재의 비이성적 근원을 말한, 하이데거의 경우도 논리적 사고와 문장으로 삶의 비이성을 접근하려는 시도이다. 즉, 이성은 삶의 원초적인 현상에 부딪쳐서도 일정한 역할을 갖는다. 이때 이성은 "행동의 원리"가 아니라 "이해의 원리"가 된다.(앞에서 이성은 이해의 원리이면서 삶의 질서를 만들어낼 수 있는 기획의 원리였다.) 그런데, 또 하나 생각하여야 할 것은 비이성적 표현으로서의 삶도 그 나름의 질서를 보여준다는 사실이다. 그리고 질서가 있다는 것은 거기에도 이성적 원리가 작용한다는 것을 말한다. 그것이 이성적 이해의 시도를 허용한다는 것도 이 사실을 시사한다. 다만 이것은 앞에서 논의하고자 하였던 것과는 성질을 달리하는 이성이다.

삶은 개인적으로 삶의 에너지의 솟구침으로 볼 수 있지만, 집단적으로도 그렇게 볼 부분이 많다. 삶은, 특히 그 개인적인 표현에서, 늘 외부로부터의 위협과 내면의 불안 속에 있다. 개체들이 다수로 집결할 때, 그것은 이것을 극복한다. 그리고 삶은 제약 없이 폭발한다.(군중 현상의 마력은 이러한 점에도 관계된다.) 그리하여 에너지 현상으로서의 삶은 이 집단행동에서 가장 드러난다. 사실 집단은 삶의 조건이기도 하다. 모든 생명 현상에서, 삶의 담지자(擔持者)는 개체들이지만, 개체는 집단적 공간 또는 사회 속에 존재한다. 인간의 경우, 집단은 가족, 친족, 동네와 같은 원초적인 집단이기도 하고, 국가 또는 그 이상의 큰 규모의 집단일 수도 있다. 후자(後者)의 경우, 집단은 자연 발생적인 에너지의 결정(結晶)이라고 할 수 있지만, 이성적 원리에 의하여 이루어지는 조직체이다. 그러면서, 국가라는 조금 더 큰 집단이든, 또는 보다 소규모의 마을과 같은 공동체이든, 거기에는 무의식적인 에너지가 작용한다. 이 에너지는, 오늘날 가장 핵심적인 집단 조직으로서의 국가의 경우, 애국심 또는 민족의식으로 표현되고 그러한 표현에 의하여 지탱된다. 이러한 에너지는 조직의 규칙에 흡수되는 것이 마땅하지만, 그 자체로서 보다 직접적으로 표현되기도 한다. 그러면서도 그것은 형태로 정형화된다. 그러한 표현의 형태가 의례 행사 또는 축제와 같은, 합리적 목적이 없는—물론 인류학의 관점에서 그 의의가 합리적으로 설명될 수는 있지만—집단 공연(公演) 행위이다.

그런가 하면, 생명 현상의 돌연한 단절과 같은 것도 합리적 의도의 관점에서 설명할 수 없는 생명 현상의 일부이다. 이 단절 현상—죽음과 같은 사건은 의식화된 합리적 목적의 관점에서 설명될 수 없는 사건이다. 그러면서 그것은 공연적 성격의 의례로서 삶의 기획의 일부가 된다. 전통시대에 관혼상제(冠婚喪祭)라는 말로 포괄된 생명의 사건들은 합리적 목적으로 하여 일어나는 사건은 아니면서, 의례적 형식을 통하여 삶의 질서로 정리된다. 일상생활의 운영에 있어서도 질서의 원리는—가령 접인(接人), 인사, 대화 등은 개인적이고 사회적 현상이면서 일정한 형식적 질서를 갖는다. 이러한 질서를 이루는 것은 대체로 예절이라고 부르는 양식화된 행동들이다.

그러니까 질서가 있다는 점에서 여기에도 어떤 종류의 이성이 작용한다고 할 수 있다. 그 이성은 공연적(公演的) 이성(performative reason)이라고 부를 수 있다. 그리고 이것을 이해하는 데에는 대체로 인류학적 이성이 필요하다. 그런데 공연적 이성을 논하면, 이 공연이라는 말 자체가 그것이 곧 심미적 감각에 관계된다는 사실을 상기하게 한다. 그리고 인간의 삶에 작용하는, 보다 넓은 의미에서의 심미적 요인들을 생각하게 한다. 심미적 이성이라고 부를 수 있는 이성은 예술에서도 그렇지만, 건축이나 도시계획에 있어서도 막대한 중요성을 가지고 있다. 드라마, 무용 등을 포함한 공연 예술, 체조, 운동 경기 등도 이러한 삶의 형상화 또는 삶의 에너지의 양식화이다. 여기에도 이성적인 요인이 있다고 하여야 할 터인데, 그것은 앞에서 길게 논하였던 분석적 이성에 대조된다.

이성의 종류, 이성적 사회, 이성의 이상

여러 가지 이탈을 이야기하였지만, 결국 위에서 이야기한 것들은 이성을 바라보면서 그것을 벗어나는 듯한 이성의 여러 측면을 넘겨본 것이다. 정리하는 뜻에서, 이러한 측면들, 또는 달리 말하여, 이성이 드러나는 다양한 모습을 다시 열거해보기로 한다. 말할 것도 없이 중심에 있는 것은 사물, 세계의 현실 속에 움직이는 이성이다. 위에서 논의한 바로는 데카르트의 세계 이해의 규칙으로서의 이성이 이것을 대표한다. 이것은 아마 데카르트가, 신이 우주를 새로 창조한다면, 어떤 우주를 창조할 것인가 하고 생각해본 그의 실험적인 사고의 기획에 가장 잘 나타난다. 반드시 맞는 것은 아니하였다고 하여도, 그것은 그 합리적 사고가 사물 구성의 원리에 합치한다는 것을 보여주려 한 것이다. 그것은 사물 세계를 전체적으로 또 개별적으로 구성하는 그리고 설명하는 "이론적 이성(theoretical reason)"이다. 그것은 사물 구성의 원리보다는 단순히 논리적 사고의 원리라고 할 수도 있다. 물리학의 이성에 대하여 수학에 작용하는 로고스는 일단은 단순한 사고의 원리라고 생각할 수 있다.

어느 쪽이든 이론적 구성에 요소가 되는 것은 개념이다. 개념은 다시 한 단계를 넘어 이데아라고 할 수도 있다. 그것은 그 궁극적인 불변성의 관점에서 볼 때, 플라톤의 이데아가 그러한 것이다. 위에서 설명한 바와 같이, 그것은 사물을 사물로서 보이게 하는 매개이지만, 그것이 다시 사물의 불변의 본질을 나타내고, 그것 자체로서 하나의 초월적 차원을 이룬다고 할 수도 있다.

이론적 이성은 다시 불가피하게 실천에 연결된다. 그 한 이유는 반드시 그러한 것인지 말할 수는 없지만, 플라톤의 이데아는 불변하고 절대적인 세계를 나타내는데, 그러한 특성이야말로 사람의 의식에서 결정(結晶)하면, 단호한 실천의 강박적인 동기가 되기 때문이다. 그러나 보다 현실적인 관점에서 이론 이성이 실천에 이어지는 것은 그것이 사물 구성의 원리이기 때문이다. 사람은 사물과의 주고받음 속에서 살 수밖에 없다. 그리하여 이론 이성의 사물과의 관계는 사물의 존재에 대한 간여(干與)를 유발하는 것이 될 수밖에 없다. 사물에 대한 연구가 인간으로 하여금, 데카르트의 표현으로, "자연의 지배자, 주인 또는 소유자"가 되게 한다고 할 때, 그것은 이러한 불가분(不可分)의 관계를 말한 것이다. 그러나 이론적 이성은 그것이 추구하는 것이 객관적 이해이고 진리이기 때문에, 일단은 그러한 실용적 동기에 거리를 두는 태도를 전제한다고 할 수 있다. 그리하여 이 경우에 이성은 "관찰자의 초연함"을 유지한다. 이것은 합리적 사물의 원리를 알고자 하는 경우에도 그렇지만, 비합리적으로 보이는 여러 현상들을 분석할 때도 그러하다. 이 두 가지 현상은 다같이 이성적 이해의 대상이 될 수 있다. 여기의 이성은 단순히 "서술적 합리성"일 수도 있다.

조금 전에 시사한 바와 같이 이론적 이성은 사실의 개조에 간여할 수 있다. 그런데 이 간여는 사람의 삶의 구조를 이해하고 그 구조에 맞추어 행동하고 개조하고 하는 데에도 개입될 수 있다. 이때의 인간 행동에 관계되는 이성은 "실천 이성(practical reason)"이라고 할 수 있다. 그것은 인간 행동에 규범을 제시한다는 의미에서는 "윤리적 이성(ethical reason)"이 된다. 이것은 사람의 행동을 일정한 방향으로 가게 하는 지침을 제공한다. 실천 이성의 행동이 현실 조건 하에서 이루어진다는 점에서, 그것은 이론적 이성에 연결되어 있다. 흔히 생각하는 것과는 달리 이론과 실천은 분리될 수 없다. 윤리적 이성에 따른 행동은 사실적 물질적 조건에 의하여 한정되면서, 그것을 넘어가는 측면을 가지고 있다. 심리적으로 윤리의 근본은 사람 그리고 생명 그리고 더 나아가 실재하는 세계에 대한 존중 내지 외경(畏敬)에서 나온다고 할 수 있다. 그리고 이러한 존중과 외경의 느낌은, 인간 외적인 관점에서 볼 때, 궁극적으로 존재의 신비에 대한 반응이라고 할 수 있다. 그리하여 그것은 초월적 차원을 가리킨다.

이와 관련하여 주의할 것은 윤리적 이성은 믿음의 성격을 갖는다는 것이다. 그것은 이론적으로 사고하는 것이라기보다는 마음에 자리하고 있는 믿음으로서 작동한다. 이 이성은 이성의 수련에서 얻어지는 믿음일 수도 있고, 믿음의 동기에서 움직이게 된 이성일 수도 있다. 후자의 경우, 그것은 광신이 될 수도 있다고 할 것이다. 그러나 진정한 의미에서 윤리는 사실에 기초하고 사실에 대한 합리적 이해에 병행하는 것일 것이다. 그런데 어떤 경우에나 이성은 확신에 밀접한 관계에 있다. 세계에 대한 이성적 이해에 있어서, 데카르트가 강조한 "분명하고 [개별적으로] 뚜렷한"이라는 말은 이성적 이해가 감각적 이해의 직접성을 갖는다는 것을 말한다. 이것은 앞에서 설명한 바 있지만, 이성적 추구가 강인하게 지속될 때, 그것은 감각이나 지각의 직접성을 가지게 되고, 확신으로 나아가는 것으로 보인다. 이것은 구체적 상황에서의 선택에서도 보는 일이다. 사물을 대하는 전문가의 태도에서, 가령, 의사의 진단에서, 이것은 쉽게 드러난다. 많은 경우, 실천적 의미를 갖는 행위가 특히 확신에 기초하는 것은 자연스럽다. 지적 수련은 "지적 확신"을 만들어낸다. 상황 속에서의 실존적 결단은 특히 확신에 이어져 있다고 할 수 있다. 그렇다고 하여 그것이 즉흥적인 행동을 말하는 것은 아니다. 그것은 오랜 수행의 소산일 가능성이 크다. 『논어』에 나오는 "절차탁마(切磋琢磨)"라는 비유는 학문에서나 덕행에서나 오랜 시간 지속되는 노력을 가리킨다.

윤리는 말할 것도 없이 대인 관계를 규정한다. 이것이 가능한 것은 방금 말한 바와 같이, 인간이든, 다른 생명체이든, 아니면 물질 세계의 일부이든, 타자(他者)에 대한 존중과 외경심 또는 경외감(敬畏感)이 있기 때문이다. 즉 그 결과는, 어떤 사연에서이든지, 타자를 조심스럽게 대한다는 것인데, 이것은 진정한 의미에서 윤리적 이성의 움직임을 나타내는 것이라 할 수 있을 것이다. 그런데 타자에 대한 행동—대체로는 일정한 규범 또는 그보다는 규율 하에서 움직이는 행동은 타자의 독자적인 위엄(威嚴)에 대한 존중이 아니라, 공리적 계산에서 나오는 행동일 수 있다. 이 공리적 계산은 개인들의 개별적 이익을 절충하고 타협하려는 의도를 가진 것일 수 있다. 이때 작용하는 것을 우리는 "공리적 이성(utilitarian reason)"이라고 부를 수 있을 것이다. 그런데 이러한 이성 속에 보다 강력한 의미에서 나의 공리(功利)의 전략이 움직이고 있을 수 있다. 즉 그것에서 나오는 언행(言行)이 타자를 자신의 목적에 이용하고 편입하려는 음모에서 나오는 것일 수 있다. 너무 단순화한 이해라고 할 수도 있지만, 한비자(韓非子)의 법술(法術)에 관한 여러 생각이나 흔히 마키아벨리즘이라고 불리는 공사(公私)에 걸치는 전략적 사고도 여기에 분류될 수 있을 것이다. 여기에 작용하는 이성은 "전략적 이성(strategic reason)"이라고 부를 수 있을 것이다.

그런데 이성은 윤리적인 의미를 가졌으면서 공리적 의미를 갖는 복합적 동기의 평면에서 움직이는 것일 수도 있다. 가령, 어떤 사람이 절제를 가지고 삶을 운영한다면 그것은 어떤 원리에 따르는 것인가? 가령, 술을 마시되 지나치게 많이 마시지는 않고 자제할 때의 원리는 무엇인가? 과음(過飮)은 건강에나 정신의 균형에나 좋은 것일 수가 없다. 그리고 많은 경우 그것은 동료나 이웃에 폐를 끼치는 일이 되기 쉽다. 그리하여 과음자의 사회적 체신을 손상할 수 있다. 그러니까 그것은 건강의 규칙과 사회적 명분을 지키는 일이다. 그러면서 그것은 사람의 일상적 삶에도 존재하는 질서와 규율의 존재를 인지하는 것이다. 그러니까 그것은 계산하는 행위이면서 어떤 본래의 삶의 규범을 존중하는 일이다. 이때 그러한 조심하는 사람 또는 조신(操身)하는 사람은 "실용적 지혜 그리고 그에 비추고 있는 이성"을 지키는 사람이다. 여기에 작용하고 있는 원리는 고전 시대의 희랍인들이 지키려 한 그리고 아리스텔레스가 말한 프로네시스(phronesis), 즉 "실용적 지혜의 이성(reason of practical wisdom)"이다.

인간 간의 관계를 조절하는 예의범절도 대체로 이러한 중용의 미덕의 표현으로 볼 수 있다. 예의는 반드시 공리적 계산에서 나오는 것은 아니다. 그것은 사람과 사람 사이에 존재하는 질서를 확인하는 행위이다. 그렇다고 예의에 계산이 전혀 들어 있지 않은 것도 아니다. 그것은 대체로 인간관계를 원활하게 하는 윤활유라고 할 수 있다. 가령, 이웃 간에 또는 아는 사람 사이에 인사로서 상대방의 존재를 확인하는 행위는 사회관계의 교환을 원활하게 하는 통화(通貨)와 같다. 그러면서, 통화가 빈부의 차이에 따라서 다른 의미를 갖듯이, 예절은 인간관계의 사회적 지위에 관계되어, 또는 계급의 높고 낮음에 관계되어 다른 의미를 가질 수 있다. 그것은 인간관계의 서열을 확인하는 역할을 한다. 그러나 진정한 민주사회에서 그것은 상호존중—비교적 피상적 의미에서이긴 하지만, 상호존중을 확인하는 일이 된다.

다시 공리적, 전략적 사고로 돌아가서, 그것의 원리는 특히 산업 기술과의 관계에서 두드러진 것이 되는 이성의 작용이다. 공리적 전략적 사고는 다분히 윤리 문제 또는 인간 조건의 왜곡을 가져올 수 있다. 기술 사회에서 공리적 계산은 사물의 이성의 영역에서도 두드러진 것이 된다. 하이데거가 지적한 것은, 기술 시대의 사고의 유형은, 모든 것을 일정한 공리적 목적에 봉사하게 하려는 의도를 가진 것이라는 사실이었다. 그것은 사물 일체, 자연 일체를 사람의 주문에 대응하는 종속적 존재로 격하시킨다. 여기에 작용하는 "기술적 이성(technological reason)"을 하이데거는 매우 비판적으로 본다. 그에게는 이것은 자연의 자연됨을 손상하는 것이다. 그러면서 그것은 사람도 이러한 주문의 체계 속의 종속적 인자가 되게 한다. 그리하여 인간의 삶은 물론이려니와 사고까지도 그 체제에 종속하게 한다. 기술시대의 체제도 물론 원래는 존재의 존재 방식에서 나온 것이다. 그러나 그것은 기술시대에 있어서 굳어진 틀(Gestell)이 되었다. 이것은 앞에서 밝힌 바 있듯이, 1953년의 강의에서 한 말들이지만, 오늘날에도 또는 특히 오늘날에 해당된다고 할 수 있다. 그리고 기술시대의 후발자(後發者)인 한국 사회야말로 이 틀에 완전히 사로잡혀 있다고 아니할 수 없다. 여기에 말한 것은 이미 오래 전의 말들이고, 반드시 흠집이 없는 것이 아닌 독일 철학자의 기술시대 비판이지만, 오늘의 인간 특히 한국인은 이것에 귀 기울이지 않을 수 없는 상황에 들어가 있다고 할 것이다. 그러면서도 기술 문명에 늦게야 참여한 국가에서는, 거기에서 얻을 수 있는 혜택을 무시할 수 없는 것도 사실이다. 삶의 기본적 필요를 해결하고 한 걸음 더 나아가 행복과 번영을 원하는 것은 이해하고도 남는 일이라고 하지 않을 수 없다. 그러나 그것의 무한한 추구가 인간성은 물론 삶의 지주(支柱)로서의 환경을 파괴한다는 사실을 무시할 수 없다. 인간사의 많은 데에서 그러하듯이 필요한 것은 자성(自省)과 자기 절제이다.

그리하여 우리는 참으로 삶의 근본, 존재의 진리—있는 대로의 있음의 진리를 회복하여야 한다는 하이데거의 주장에 동의—한정된 대로, 동의하지 않을 수 없다고 할 것이다. 하이데거는 기술의 독재에서 벗어나 존재에로 돌아가야 한다고 한다. 동양 전통으로 돌아가 말하건대, 자연은 원래 "있는 그대로"라는 의미이다. 그것을 참으로 존재의 근본이라고 하면, 그것은 불교에서 말하는 '진여(眞如)'에 비슷하다고 할 수 있다. 이것은 '타사타(tathata)'의 번역인데, 영어로는 흔히 'suchness, 그러한 그것'으로 번역된다. 다만 하이데거에게, 있는 대로의 있음, 존재의 기초는 조금 더 가변적인 것으로 생각된다. 그것은 감추어져 있는 것(Verborgenheit)이면서, 그것으로부터의 드러남(Unverborgenheit)이다. 유전(流轉) 속에 있으면서도 드러나는 진상을 하이데거는 "진리"의 참 의미로 본다. 진리는 포착하기 어려운 것이면서도 예술과 삶에 구현될 수 있다. 예술로서 그가 높이 생각하는 것은 희랍 고전시대의 예술이다. 그것은 자연과 사람의 삶의 참모습—유기적으로 태어나고 쇠퇴하면서 지속하는 자연과 사람의 모습, 신성한 모습의 진리를 구현한다. 오늘날에도 예술은 그러한 것을 전하는 데에 한 역할을 한다고 할 수 있지만, 그것은 바른 사고를 통하여 반성의 대상이 되어야 한다.(예술은 오늘날 너무 쉽게 상품 생산의 수단이 된다.) 예술과 존재의 진리를 회복하는 데에 필요한 사고를 하이데거는 "성찰 Besinnung"이라고 부른다. 하이데거는 이것을 "반성(Reflexion)"과 구별하여 말하면서, 그것을, 사변적이라기보다는 삶의 근본적 현실로 되돌아가는 사고의 행위—전인격적인 사고 행위라고 생각한다. 그러나 "Besinnung"은(하이데거가 말하듯이) 근본으로 되돌아간다는 의미이면서 되돌아본다는 의미를 갖지 않을 수 없다. 이점에서 그것은 반성적 사고에서 멀지 않다고 할 수 있다. 넓게 말하여 그것은 "반성적 이성(reflexive reason)"이다. 어느 경우에나 이성적 사고에서 반성은 물음을 철저하게 하는 데에 필수적인 의식활동이라고 할 수 있다.

여기에서 되돌아본다는 것은 방향을 잡아 움직이는 의식 행위를 다시 의식으로 되돌아본다는 것이다. 그러나 이 되돌아봄에는 삶의 물질적 조건에 대한 되돌아봄이 포함되어야 한다. 이것은 물론 기술발전의 긍정적 그리고 부정적 의미, 또는 자원으로서 그리고 정신적 고향으로서의 자연 환경을 되돌아보는 일을 포함할 것이다. 그러나 인간의 삶 자체는 이미 물질적 조건 속에서 영위된다. 인간의 삶은 이 사실성 속에 있다. 이것은 기본적인 의미에서의 삶의 조건을 말하는 것이지만, 의식과 정신의 관점에서도 인간은 이미 물질적 조건 속에 있다. 인간 정신은 그것에 끊임없이 반응하면서 스스로를 조율한다. 이 조율이 그 물질적 조건과의 평화로운 일치를 가져올 수 있다는 것을 보여주는 것이 예술이다. 그 중에도 음악은 그것을 떠나서 존재할 수 없다. 추커칸들의 특히 중요한 관찰은 인간의 내면과 사물 세계의 내면이 하나가 된다는 것이다. 인간에 내면이 있다는 것은 누구나 인지하는 사실일 것이다. 그러나 그것은 세계와 하나가 된다. 그것은 내면 중에 이루어지는 세계와 의식의 교환에서도 볼 수 있다. 막스 리히터의 꿈은 그러한 음악을 시범으로 보여주려는 아방가르드의 작품이다. 내면과 외면의 일치를 말할 때, 사물의 내면은 무엇인가? 위에서 잠깐 비춘 바쉴라르는 동적으로 움직이는 상상력이 일정한 무게를 가질 수 있게 하는 것이 물질이라고 하였다. 그리고 이 물질은 물론 상상력에 의하여 변형된다. 사람의 의식과 물질 사이에 일정한 상호 한정(限定)의 관계가 있다고 할 것이다. 그러나 음악이 얻을 수 있는 직관은 음악이 사실의 세계의 어떤 양상을 반영한다는 것이다. 음악이 감정을 표현한다는 것은 틀린 말이 아니다. 이 감정은 어떤 사실적 의미를 가지고 있는가? 그것은 사물의 세계가 가지고 있는 여러 어휘를 반영한다고 할 수 있다. 그것이 감정의 스크린에 비추어지는 것이 아닐까? 또는 거꾸로 사물이 가지고 있는 여러 뉘앙스가 감정을 일으키는 것일까? 감정의 뉘앙스는 물질 세계의 무엇을 나타내는 것일까? 음의 고저, 선율의 지속, 지속을 일정하게 끊어내는 리듬, 이러한 형식적 구조의 요소 속에서의 음들의 상호 대응(correspondances), 그리고 시작으로부터 대단원에 이르는 진행—이러한 것들은 전체적인 물질 세계의 구조를 반영한다고 할 수 있는 것이 아닐까. 그러나 이것이 어떻게 하여 감정을 자극하는가? 위에서 우리는 사고의 단련 그리고 그것에서 유래하는 전체적 체계가 감각이나 지각에 비슷한 일체적 체험으로 변형된다는 것을 말한 바 있다. 사물 세계에 존재하는 고저, 장단, 강약의 특징들이 감정으로 전환되고 안과 밖을 하나로 하는 우리의 삶의 체험의 일체성을 나타낸다고 할 수는 없을까? 이러한 관계—물질과 감정의 관계를 이해하는 데에는, 감정의 인식론적 의미에 대한 새로운 탐구가 필요할 것으로 보인다.

여기에서 우리의 관심의 주제로 돌아가서, 음악에서 볼 수 있는 이성에 이름을 붙인다면,—악곡이 표현하고 있는 섬세하고 복잡하고 일관성 있는 질서는 이성의 몇 가지 모습을 반영한다고 할 수 있는데, 그것은 첫째, "음악의 이성(musical reason)"이고 또 그 다음으로 그에 대응하는 감정에 스며 있는 이성, "감정적 이성(emotional reason)"이고 또 그의 깊이에 "물질적 이성(material reason)"이라고 할 수 있을 것이다. 물론 이 세 이성의 일치와 대응과 차이는 연구되어야 할 과제이다. 그것은, 어떤 인식론적 연구 또는 에피스테메의 상호 연관에 대한 연구에 못지않게 인간의 존재 양식의 근본을 밝히는 일이 될 것이다.

삶의 이성과 이성 교육

지금까지 개관해본 것은 이성의 여러 형태이다. 얼핏 보아 이성의 범주 안에 들어가지 않는다고 할 다른 자료, 그리고 그 형태들을 언급하였지만, 그것들을 여기에 포함한 것은, 서로 다른 현상들을 하나로—하나의 질서로 묶고 생성할 수 있는 것이 이성이기 때문이다.(여기의 생성이란 촘스키 교수의 '변형생성문법(transformational generative grammar)'에서의 변형과 생성의 뜻에 비슷한 뜻으로 사용한 것이다. 언어의 기본적인 틀이 변형되어 새로운 문장을 생성하게 하는 것이 분법의 본질이다. "한정된 규칙으로써 무한한 수의 문장을 만드는 것"을 가능하게 하는 것이 문법이다.) 여기의 이성은 다양하게 변형되는 이성이다. 그러면서도 여러 모습의 이성 가운데에도 핵심이 되는 것은 세계의 구조를 밝히고 그 재구성을 가능하게 하는 이성—또는 그러한 원리로 해석될 수 있는 이성이다. 데카르트의 이성이 이러한 이성이다. 그러나 인간의 가능성 그리고 사회적인 관점에서, 이러한 이성이 지나치게 삶의 전면을 차지하고 지배하는 것일 필요는 없다. 다양성이야말로 풍요한 삶의 특징이다. 그리고 살아 있는 이성은 경직된 법전의 제정자이기보다도 모든 것을 너그럽게 포용하는 문법의 원리이다.

그러나 다시 말하여, 이성적인 이성이 삶의 총체적 질서의 중심에 놓여야 한다는 것도 부정할 수 없다. 그에 대한 확인 그리고 탐구는 사회의 학문적 문화적 활동의 중심이다. 교육에 있어서 역점이 거기에 가는 것은 당연하다. 다만 이러한 분야에서의 이성의 움직임은 교리적인 것이 아니라 다양한 현상 가운데 창조적으로 존재하는 원리로서 체득되는 것이라야 한다. 과제는 이러한 이성적 탐구 그리고 그에 대한 교육이 어떤 구체적인 방법과 수단으로 실현될 수 있느냐 하는 것이다. 크게 보아서 과제의 하나는 학문적 탐구가 하나의 동기와 틀—대체적으로 기술과 경제에 의하여 부과되는 동기 그것이 자동적으로 입력되게 하는 틀을 벗어나는 것이다. 그렇다고 사회 발전의 현 단계에서 실제로 기술적 이성의 명령을 거부할 수는 없다. 다만 그것이 보다 넓은, 좁은 공리적 목적의 동기에 의하여 움직이는 것이 아닌, 자기목적적인(autotelic), 진리 탐구의 장(場) 안에 놓이는 것이 되어야 할 것이다. 그러면서도 순수한 진리 탐구는 다른 인간 복지의 향상이라는 목적에 봉사할 수 있다. 급한 현실 사고에서 흔히 놓치는 것은 인간이 하는 모든 일은 자기목적성을 갖되, 곧 다른 삶의 기획에도 편입될 수 있다는 사실이다. 사람이 하는 일은 그 자체로 전체이면서 다시 보다 큰 전체의 일부가 된다. 가령, 개인이 맡게 되는 직책은 그 자체로 충실해야 하는 것이면서 다시 넓은 인간 계획의 일부가 된다. 그 마지막 테두리는 인간됨이고 인간 존재의 초월적 의미이다.

자율과 타율을 복합적 교환을 통하여 사고와 문화의 지평을 확대하라는 것은 궁극적으로 사람의 마음을 지배하는 틀의 변화를 통해서 가능할 것이다. 그리하여 협소한 시대정신 또는 시대 분위기로부터의 해방이 가능해야 한다. 보다 현실적인 제도와 관련해서는 대학이나 출판계에서의 연구 제도가 순수한 학문의 이념을 존중하는 것이 되어야 할 것이다. 이것은 교육에 반영되게 마련이다. 또는 역으로 교육의 정신이 바뀔 때, 학문의 정신과 제도적, 공적 이해가 바뀐다고 할는지 모른다. 한때 '인성 교육'이란 슬로건이 널리 퍼졌었다. 교육의 측면에서 시대의 일방적인 공리성을 넘어가기 위하여 이 슬로건은 일단 바른 지표가 된다고 할 수 있다. 다만 그것이 이야기될 때는, 대체로, 특정한 정치적 의도를 숨겨 가지고 있는 것이 되어 왔기 때문에, 그것을 표방하는 것이 어렵게 된 것이 오늘의 형편이다. 중요한 것은 교육이 일단은 참으로 "liberal arts"의 교육이 되어야 한다고 말할 수는 있다. 역사적 어원을 따지면, 너무 착잡한 사실 관계에 얽히는 것이 되겠지만, liberal은 자유인, 특정 목적에 동원되지 않는 '자유인,' liberi에 관련된 단어이다. 그러나 자유인의 교육이 특정한 이념 교육이 되어야 한다는 것은 아니다. 자유는 인간의 인간됨을 인간의 의무가 되게 하는 데 필요한 조건이다. 그 점에서 자유는 주요한 인간 조건이다. 그런데, 위에서 이미 말한 바와 같이, 인간됨이란 주어진 상황적 조건 하에서 그리고 더 나아가 우주의 물질적 환경 속에서 스스로를 분명히 하는 것을 말한다. 그리하여 인간 교육은 물질 세계에 대한 과학적 이해를 요구한다. 이것은 다시 한 번 사실 세계에 대한 이해가 없이 인문학 또는 인문 과학이 성립할 수 없다는 것이 확인되어야 한다는 말이다. 조금 우스운 예를 들면, 이것을 간단히 제도로 옮겨 말하여, 오늘의 "문과대학"은 "문리과대학"이라는 이름이 시사하는 것보다는 학문과 교육의 통합적 지형(地形)을 오해하게 하는 것이라고 할 수 있다. 달리 말하면, 과학을 포함한 교양 교육이 일단은 대학의 중심에 놓여야 한다는 말이다.

그런데 교양 교육은, 다시 말하건대, 어떤 특정한 교리를 주입하는 것이 아니라, 많은 경우 전통과 고전의 강독과 그에 대한 현대적 해석을 통하여 이루어진다. 서양에서 교양 교육의 중심이 희랍이나 민족 전통의 고전에 놓여 있었던 것은 우리가 쉽게 보는 일이다. 그리고, 실제 문화의 독서 수준의 정도가 어떤 것이든지 간에, 문화의 중심에도 거기에서 나오는 정신이 작용한다. 그리고 교육 프로그램 안에서 그것이 어떤 자리에 놓여 있든지 간에, 기독교 전통이 서양의 핵심적인 문화정신을 이루고 있어 왔고 지금도 아마 그럴 것이라는 것도 기억할 필요가 있다. 일찍이 19세기 영국의 문인 매슈 아놀드(Matthew Arnold)가 서양 정신의 중심을 "헬레니즘과 헤브라이즘"이라는 말로 요약한 것은 대체로 틀린 것이 아니라 할 수 있다. 우리 전통에서 사사삼경(四書三經)이 모든 학문의 기초가 되고, 인간과 세계에 대한 사고에서 중심이 되었던 것은 말할 필요도 없다. 오늘에 와서 어떤 텍스트들이 '자유 교육'의 보조 수단이 되어 있는지는 전혀 짐작할 수가 없다. 여러 방법과 수단 가운데, 하나이면서, 핵심적인 것이라고 하지 않을 수 없는 고전 텍스트—표준화될 수 있는 교육 텍스트를 세워나가는 것은 오늘의 인문교육이 풀어 나가야 할 큰 과제라고 할 수 있다.

지금까지 이야기한 것은 주로 대학 교육과 대학의 인문교육을 염두에 둔 것인데, 직업 교육이나 대학 이하의 학교 교육의 문제들이 같은 것일 수는 없다고 할 수 있다. 그러나 각 교육 분야와 단계의 특수성을 참조하는 것은 필수사항이지만, 거기에도 위에 말한 바에 비슷한 인간교육의 이념은 빼어놓을 수 없는 것이라 할 것이다. 물론 이것은 문화와 사회 전체의 관점에서는 직업과 인간성의 바른 관계는 계속적으로 사고되고 제도화되는 것이라야 할 것이다.

말할 것도 없이 위에 말한 것들은 우연적으로 생각난 것들을 적은 것에 불과하다. 그것은 우리 사회가 보다 낳은 사회가 되기 위해서는 무엇이 필요한가 하는 주어진 과제에 답하려 하는 데에서 나온 생각들이다. 핵심은 보다 나은 사회란 보다 인간적인 사회라는 것이고, 그것을 위해서 수행해야할 과제는 인간의 참모습 그리고 가능성에 대한 넓은 사고를 계발하고, 거기에 중심이 되는 이성적 사고를 체득하는 것이다. 이 이성은 물론 인간의 삶의 모든 가능성 그리고 그 삶과 세계의 법칙과 규칙과 규범을 널리 포괄할 수 있는 것이라야 한다. 이러한 것이 대체로 위의 논의의 줄거리였다. 그러나 여기의 글은, 말할 것도 없이, 생각난 것들을 좁은 소견으로 적은 것에 불과하다.

장덕진(서울대학교 사회학과 교수, 사회발전연구소장)

데이터로 본 한국인의 가치관 변동: 김우창, 송복, 송호근의 양적 변주

데이터로 본 한국인의 가치관 변동:
김우창, 송복, 송호근의 양적 변주

처음 이 책의 기획을 듣고 필진 참여를 권유 받았을 때 필자는 쉽사리 수락할 수가 없었다. 김우창, 송복, 송호근. 한국의 대표적인 석학들과 함께 작업한다는 것은 분명 명예로운 일임에 틀림없지만, 동시에 학자로서 스스로의 부족함을 극명하게 드러내는 일이 될 것이었다. 고심 끝에 동의하였지만, 이런 이유로 인해 이 글의 성격은 다른 세 편의 글들과는 차이가 있다. 세 필자의 원숙한 사상과 통찰력에서 나오는 주장들을 다양한 경험적 증거들과 비교해보는 것이 이 글의 목적이다. 이러한 형태의 글을 쓰게 된 것은 물론 다른 세 분의 석학들과 견줄 수 있는 사상과 통찰력을 스스로 갖추지 못한 것이 가장 큰 이유이지만, 여기에는 다른 부차적인 이유도 있다. 그것은 다름 아닌 학문적 세대의 차이이다. 물론 세 분을 하나의 세대로 묶고 필자를 별도의 세대로 분류하는 것은 물리적 연령 차이만을 놓고 보면 적절치 않다. 김우창 선생과 송복 선생은 동세대이지만 송호근 선생은 이 두 분과 20여 년의 차이가 있고, 오히려 송호근 선생과 필자의 차이가 10여 년 남짓하다. 김우창 선생과 송복 선생은 인문적이고 역사적인 사유에 익숙한 세대이고, 그 분야에서 경지에 도달한 분들이다. 두 분의 자식뻘인 필자는 소위 실증적이고 분석적인 학문의 세례를 본격적으로 받았지만, 스스로 생각해도 인문학적 상상력과 역사적 통찰력이 부족함을 절감하는 세대이다. 송호근 선생은 양쪽의 영향을 모두 받은 세대에 속하지만 여러 노작에서 드러나듯이 윗세대의 덕목인 문·사·철(文·史·哲)을 섭렵한 보기 드문 학자이다. 그러니 필자가 할 수 있는 일은 여러 경험적 자료를 분석하여 다른 세 필자의 주장과 견주어 보는 것일 뿐이다.

세계문화지도로 본 요지부동의 한국인

세 분의 원고를 읽으면서 내내 떠올렸던 경험적 연구는 로날드 잉글하트(Ronald Inglehart)를 중심으로 한 세계가치관조사(WVS: World Values Survey) 자료와 그 자료로부터 만들어진 세계문화지도(Cultural Map of the World)였다. 세계가치관조사의 기본 아이디어는 근대화론(modernization theory)에서 나온다. 산업화와 경제성장이라는 사회구조적 변화와 더불어 사람들의 가치관도 체계적으로 달라질 것이라는 이론적 예측이 그 바탕에 있다. 한때 근대화론은 철 지난 구시대의 유물처럼 취급당한 적도 있었지만, 세계문화지도에서 보듯이 지금의 근대화론은 탄탄한 경험적 증거와 예전보다 훨씬 세련된 이론적 주장으로 무장해 있다. 세계가치관조사는 1981년 미시건 대학의 정치학자 로날드 잉글하트의 선도적 제안에 수십 개 국가의 학자들이 응답함으로써 시작되었다. 이 조사는 공통의 질문지를 가지고 세계 여러 나라에서 사회조사를 실시함으로써 사람들의 가치관을 비교할 수 있는 자료를 제공해준다. 어떤 나라들은 참여하고 싶어도 조사를 수행할 수 있는 연구비의 부족으로 못 하기도 하고, 어떤 나라들은 정치적 규제 때문에 못 하기도 한다. 따라서 한 번 조사를 할 때마다 참여국의 수는 조금씩 달라지는데, 지금까지 그 수는 수십 개 국가에서 100여개 국가에 이른다. 세계적인 규모의 조사이다 보니 같은 해에 모든 나라가 조사를 수행한다는 것도 매우 어려운 일이다. 따라서 2~3년 정도의 차이가 나더라도 가급적 비슷한 시기에 조사를 하는데, 그렇게 수행된 각각의 조사를 '웨이브(Wave)'라고 부른다. 1981년 첫 번째 웨이브 이후 지금까지 여섯 번의 웨이브가 완료되었고 2016~2018년 기간 동안 일곱 번째 웨이브가 진행 중이다. 자료에 근거한 경험적 연구를 하는 사회과학자에게 이러한 자료의 존재는 흥분되는 것이 아닐 수 없다. 생각해 보라. 이제 우리는 세계 여러 나라 사람들이 무엇을 생각하는지 비교할 수 있을 뿐 아니라 반세기 전 사람들의 생각은 무엇이었으며 어떻게 변화해서 오늘날의 세계를 만들었는지 추적하는 것도 가능하다.

〈그림 1: 2015년 세계문화지도〉

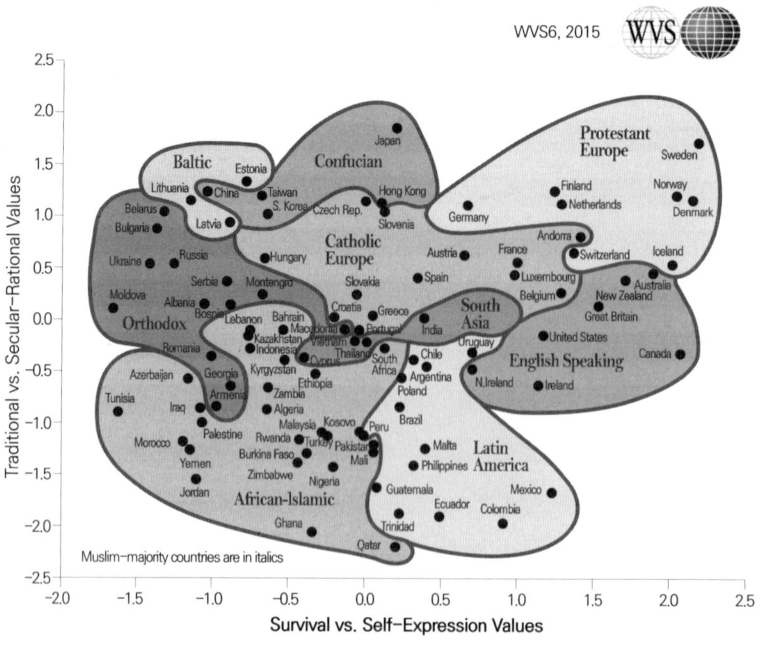

출처: 세계가치관조사 홈페이지 www.worldvaluessurvey.org

〈그림 1〉로부터 시작해보자. 이 그림은 가장 최신 자료인 〈웨이브 6〉(2010~2014년 조사)을 사용하여 2015년에 만들어진 세계문화지도이다. 잉글하트와 웰젤은 사람들의 가치관을 묻는 여러 질문들에 대한 요인분석(factor analysis)을 통해 전세계 사람들의 가치관을 크게 두 개의 축으로 해석할 수 있음을 알아냈다. 이와 관련한 수십 편의 논문과 단행본들이 있지만 두 사람의 공저로 2005년에 출판한 『근대화, 문화변동, 그리고 민주주의: 인간 발달의 순서』라는 저서가 가장 잘 정리하고 있다.[1] 이들이 말한 두 개의 축이 바로 〈그림 1〉의 가로축과 세로축이다.[2] 세로축은 전통적 가치 대 세속합리적 가치의 긴장을 보여준다. 전통적 가치는 종교, 부모와 자식 간의 유대, 권위와 전통적 가족가치에 대한 존중 등을 중시한다. 이런 가치관을 가진 사람들은 이혼, 낙태, 안락사, 자살에 반대하는 경향이 강하고 이런 가치관이 지배적인 나라들은 국가적 자부심과 국가주의 성향을 보이는 경우가 많다. 세속합리적 가치는 그와 정반대이다. 세속합리적 가치가 강한 사회에서는 종교나 전통적 가족가치, 권위 같은 것들을 그다지 중시하지 않는다. 이혼, 낙태, 안락사, 자살 등을 더 너그럽게 바라보는 경향이 있다.

가로축은 생존적 가치 대 자기표현적 가치의 긴장을 보여준다. 생존적 가치는 경제적이고 물리적인 안전을 중시하며, 자민족중심주의(ethnocentrism) 경향이 강한 편이어서 신뢰와 관용의 수준은 낮다. 그 반대인 자기표현적 가치는 환경보호, 외국인이나 성적 소수자에 대한 관용, 양성평등 등을 중시하며, 정치적·경제적 영역의 의사결정에서 참여의 요구가 높아진다. 이 축은 심리학자인 에이브러햄 매슬로우(Abraham

1 Inglehart, Ronald and Christian Welzel. 2005. *Modernization, Cultural Change, and Democracy: The Human Development Sequence*. New York: Cambridge University Press.

2 〈그림 1〉의 두 축에 대한 설명은 잉글하트와 웰젤이 쓴 논문이나 저서 여러 곳에서 반복되고 있다. 여기에서는 독자들이 가장 쉽게 접근할 수 있는 세계가치관조사 홈페이지의 설명을 중심으로 소개하기로 한다.

Maslow)의 욕구단계론(hierarchy of needs)과 맞닿아 있기도 하다. 매슬로우에 따르면 인간의 욕구는 다섯 개의 단계를 거치며 발달하는데, 생리적 욕구·안전에 대한 욕구·애정과 소속감에 대한 욕구·존중의 욕구·자기실현의 욕구가 그것이다.[3] 사회학의 근대화론이 사회의 단계적 발전을 말하고 있다면 매슬로우의 이론은 인간 발달의 단계를 말하고 있는 셈이다. 잉글하트는 일찌감치 1970년대에 매슬로우의 이론을 받아들이면서 산업화 및 후기산업화와 더불어 "조용한 혁명"이 일어나고 있다고 주장했으니, 그것이 바로 '탈물질주의(post—materialism)'의 등장이다.[4] 잉글하트는 서구의 선진국들을 중심으로 점점 늘어나는 풍요로 인해 사람들은 물질적 욕구에서 해방되어 차츰 탈물질주의적 가치관을 습득하기 시작했다고 주장하였다. 물질주의적 가치란 경제적이고 물리적인 안전, 즉 생존과 직결된 것들을 중시하는 가치관이다. 당연하겠지만, 물질주의자들은 경제적으로 어려운 시기를 살았던 사람들 중에 훨씬 더 많고, 이들은 경제성장, 권위주의적 정부, 애국심, 크고 강한 군대, 법과 질서를 선호한다. 반면 탈물질주의적 가치란 개인의 발전과 자유, 정책결정에 대한 시민의 참여, 인권과 환경을 중시하는 가치관이다. 대체로 이들은 이미 생존이 문제가 되지는 않을 정도의 경제성장을 이룩한 상태에서 태어난 사람들이 많다. 일단 성인이 되고 나면 가치관은 별로 변하지 않기 때문에 잉글하트는 물질주의에서 탈물질주의로의 변화는 연령효과(ageing effect)보다는 세대교체에 의한 코호트효과(cohort effect)에 의해 더 크게 초래된다고 보았다.

다시 〈그림 1〉로 돌아가 보면, 여기에 표시된 국가들은 모두 9개의 문

3 매슬로우는 이 아이디어를 1943년 "인간의 동기부여에 대한 이론"이라는 논문으로 처음 발표하였고, 1954년 『동기와 인성』이라는 책에서 완성하였다. Abraham Maslow. 1943. "A Theory of Human Motivation." *Psychological Review* 50(4): 370~396. Abraham Maslow. 1954. *Motivation and Personality*. NY: Harper.

4 Ronald Inglehart. 1977. *The Silent Revolution: Changing Values and Political Styles among Western Publics*. Princeton, NJ: Princeton University Press.

화권으로 묶여 있다. 중요한 것은 이것이 문화권을 염두에 두고 한 분석이 아니라, 일단 분석을 해놓고 나서 문화권을 묶어보니 비슷한 문화권에 속한 나라들이 그림으로 묶을 수 있을 정도로 가깝게 놓여 있었다는 점이다. 또 이 문화권의 구분은 새뮤얼 헌팅턴이 『문명의 충돌』에서 구분한 문명들과도 거의 일치하기도 한다.[5] 이것은 두 개의 의미를 갖는다. 하나는 이 분석이 상당한 타당성을 갖는다는 점이다. 그렇지 않다면 분석해놓고 보니 같은 문화권끼리 가까이 놓여 있다든가 다른 학자의 문명권 구분과 일치하는 '우연'이 일어날 확률은 무시해도 좋을 정도로 작기 때문이다. 다른 하나는 전세계 사람들의 가치관을 결정짓는 데에 '문화'의 중요성이 크다는 점이다. 같은 문화권에 속하는 나라들이 하나로 묶지 못할 정도로 멀리 떨어져 있는 경우는 없다.

〈그림 2: 65개 국가들의 경제력과 가치관〉

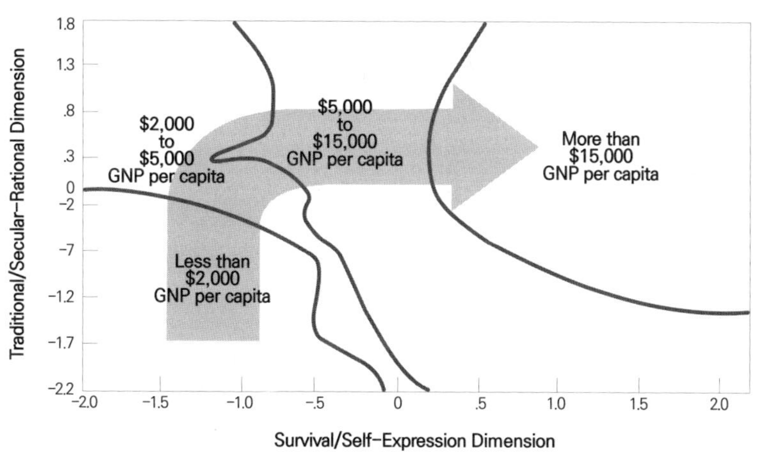

출처: Ronald Inglehart and Wayne E. Baker. 2000. "Modernization, Cultural Change, and the Persistence of Traditional Values." *American Sociological Review* 65(1): 19~51.

주: 화살표는 필자가 더한 것임.

5 Samuel P. Huntington. *The Clash of Civilizations and the Remaking of World Order*. New York: Simon & Schuster

그러면 사람들의 가치관은 문화에 의해서만 결정되는 것일까? 그럴 리가 없다. 앞서 말했듯이 잉글하트의 연구는 근대화론의 전통에 서있기 때문이다. 근대화론은 경제성장과 더불어 사람들의 가치관도 체계적으로 변화한다고 말한다. 그러니 가치관은 문화뿐만 아니라 경제성장의 영향을 강력하게 받을 것이라고 예측할 수 있다. 잉글하트가 웨인 베이커(Wayne Baker)와 공저한 논문에서 가져온 〈그림 2〉는 이 점을 실증하고 있다. 〈웨이브 6〉을 사용한 〈그림 1〉과 달리 2000년에 출판된 논문에 제시된 이 그림은 〈웨이브 1〉(1981~1982년), 〈웨이브 2〉(1990~1991년), 〈웨이브 3〉(1995~1998년)의 자료를 사용하여 65개 국가의 약 20년에 걸친 변화를 추적하고 있다. 이들 국가들의 국민총생산(GNP)을 분포시켜 보면 〈그림 2〉에서처럼 좌하단에서 우상단으로 갈수록 경제력이 높은 뚜렷한 패턴이 발견된다. 가난한 나라일수록 전통적이고 생존적인 가치관을 가지고, 아주 부유한 나라들은 세속합리적이고 자기표현적인 가치관을 가진다. 조금 더 자세히 보면 변화의 방향은 좌하단에서 우상단으로 직선으로 이동한다기보다는 화살표로 표시한 것처럼 일단 위로 이동한 다음 우측으로 이동하는 것으로 보인다. 2,000달러 미만에서 2,000~5,000달러 영역으로 갈 때에는 자기표현적 가치는 거의 늘어나지 않고 세속합리적 가치만 급격히 늘어나다가, 그 다음 구간인 5,000~15,000달러 영역으로 가야 자기표현적 가치가 늘어나기 시작한다. 특이한 것은 같은 5,000~15,000달러 영역에 있더라도 세속합리성이 강한 국가들은 자기표현적 가치가 별로 늘어나지 않는데 비해 전통합리성이 강한 국가들은 자기표현적 가치가 빠르게 늘어난다는 점이다. 미국, 캐나다, 아일랜드 같은 영미권 자유주의 국가들이 여기에 속한다. 15,000달러를 넘어가면 거의 예외 없이 자기표현적 가치가 강해지고, 북유럽—대륙유럽의 사민주의 국가나 조합주의 국가들은 동시에 세속합리성이 강해지는 반면 영미권 국가들은 상대적으로 전통적 가치를 유지하는 경향을 보인다.

이제 다시 〈그림 1〉로 돌아가서 한국의 위치를 보자. 한국은 강한 세속합리성과 강한 생존적 가치의 조합(혹은 강한 세속합리성과 낮은 자기표현적 가치의 조합)이라는 특징을 갖는다. 한국보다 현저하게 강한 세속합리성을 갖는 나라는 스웨덴 등 소수의 북유럽 국가들과 일본 정도밖에 없다. 중국이나 일부 발틱 국가들도 한국보다 강한 세속합리성을 보이지만 큰 차이가 아니어서 통계적 검증을 해보면 오차범위 안에 있을 수도 있다. 이처럼 한국은 세로축에서는 상당히 높은 위치를 차지하고 있지만 가로축에서는 〈그림 2〉의 일반적인 경향과 달리 매우 낮은 값을 보인다. 〈그림 2〉에 사용된 〈웨이브 3〉 자료는 1995~1998년 사이에 수집된 것인데, 이 기간 동안 한국의 GNP는 연도별로 23,432달러, 25,298달러, 19,176달러, 7,355달러였다. 1997년과 1998년에는 IMF 위기에 따른 원화가치의 급락으로 GNP가 낮게 나타나지만 그 직전까지 이미 2만 달러를 넘은 상태였고, 2000년이 되면 다시 19,000달러 선을 회복한다. 가치관이 하루아침에 변하지 않는다는 점을 감안하면 이 시기 한국인들은 대체로 2만 달러 수준의 가치관을 가지고 있었다고 보아야 할 것이다. 〈그림 2〉를 보면 15,000달러를 넘어서면 거의 예외 없이 높은 수준의 자기표현적 가치관을 가지고 있는데, 한국만은 예외인 것이다.

엄밀히 말하면 〈그림 2〉는 〈웨이브 3〉 자료에 근거해서 특정 시점의 국가들 분포를 비교하는 것이기 때문에 소득이 늘어남에 따라 정말로 가치관이 변하는지를 정확히 보여주는 것은 아니다. 〈그림 3〉은 〈웨이브 1〉, 〈웨이브 2〉, 〈웨이브 3〉에 모두 참여한 33개 국가들을 대상으로 이 기간 동안 각각의 국가들이 어느 방향으로 이동했는지를 보여준다. 그림에서 보듯이 상당수의 국가들은 우상단으로 가거나, 위로 가거나, 오른쪽으로 이동했다. 우상단으로 이동한 대표적인 나라들은 스웨덴, 일본, 벨기에 등이다. 오른쪽으로 가지는 않았지만 위로 이동한 나라들은 폴란드, 헝가리 등 구 동구권 국가들이다. 이탈리아, 스페인, 미국 등은 오른쪽으로 이동했다. 하지만 원점을 향해 좌하단으로 이동하거나 아래, 혹은 왼쪽으로 이동한 나라들도 있다. 좌하단으로 옮겨간 벨라루스, 러시아 등이 있고, 아래로 옮겨간 나라로는 중국이 대표적이며, 왼쪽으로 간 경우로는 에스토니아가 있다.

〈그림 3: 33개 국가의 가치관 변동, 1981~1998〉

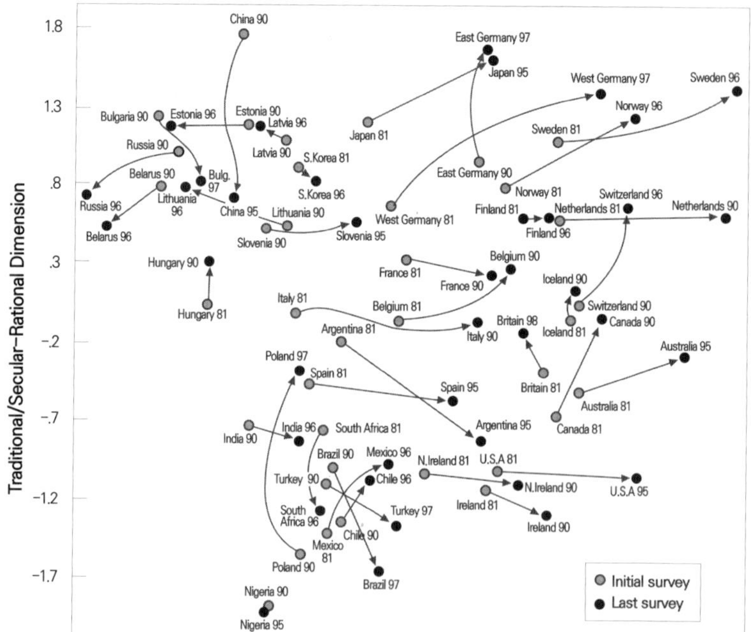

출처: Ronald Inglehart and Wayne E. Baker. 2000. "Modernization, Cultural Change, and the Persistence of Traditional Values." *American Sociological Review* 65(1): 19~51.

〈표 1: 주요 국가들의 1인당 GDP 변화와 가치관 변화〉

국가 (기간)	GDP per capita 변화	이동방향 예측	실제 이동방향
스웨덴 (1981~1996) 일본 (1981~1995) 벨기에 (1981~1990)	$15,366→$32,587 $10,212→$42,522 $10,679→$20,710	우상단 우상단 우상단	우상단 우상단 우상단
폴란드 (1990~1997) 헝가리 (1981~1990)	$1,731→$4,116 $7,075→$10,937	위 위	위 위
이탈리아 (1981~1990) 스페인 (1981~1995) 미국 (1981~1995)	$7,597→$20,757 $5,359→$15,561 $13,993→$28,782	오른쪽 오른쪽 오른쪽	오른쪽 오른쪽 오른쪽
벨라루스 (1990~1995) 러시아 (1990~1996)	$1,704→$1,370 $3,485→$2,643	좌하단 좌하단	좌하단 좌하단
중국 (1990~1995)	$317→$609	위	아래
에스토니아 (1990~1996)	$11,762→$3,352	왼쪽	왼쪽
한국 (1981~1996) 핀란드 (1981~1996) 나이지리아 (1990~1995)	$1,968→$13,254 $10,934→$25,777 $321→$263	오른쪽 오른쪽 변동없음	변동없음 변동없음 변동없음

〈표 1〉은 가치관 변화의 유형별로 대표적인 사례에 해당하는 국가들이 해당 기간 동안 1인당 GDP 변화가 얼마나 있었는지, 그에 따라 〈그림 2〉를 통해 예측할 수 있는 가치관 변화의 방향은 무엇이었는지, 그리고 〈그림 3〉에서 확인할 수 있는 실제 가치관 변화의 방향은 무엇이었는지를 정리하고 있다. 표에서 보듯이 거의 대부분의 국가에서 가치관 변화 방향의 이론적 예측과 실제 변화가 일치한다. 예외라고 한다면 기존 소득이 매우 낮은 상태에서 빠르게 증가했기 때문에 위로 움직일 것으로 예상되었으나 오히려 아래쪽으로 크게 움직인 중국, 1만 달러 이상 소득에서 더 늘어났기 때문에 오른쪽으로 움직일 것으로 예상되었으나 변동이 없었던 핀란드

와 한국 정도이다.[6] 중국의 경우에는 기존의 세속합리성이 이미 더 이상 올라갈 곳이 없을 정도로 높은 상태였기 때문에 소득이 늘었다고 해서 더 올라갈 여력이 별로 없었으리라는 추측이 가능하고, 다른 한 가지는 광활한 지역의 특성상 중국에서 신뢰성 있는 전국 단위 사회조사를 한다는 것이 매우 어려운 작업이라는 점을 감안해야 한다. 핀란드는 1981~1996년 기간 동안 두 배가 넘는 경제성장에도 불구하고 가치관 변화가 없는 것으로 나타나는데, 〈그림 2〉와 〈그림 3〉에서의 핀란드의 위치를 확인해보면 그 이유를 짐작할 수 있다. 핀란드는 1인당 GDP가 1만 달러를 조금 넘었던 1981년에 이미 매우 높은 수준의 세속합리성과 자기표현적 가치관을 가지고 있었다. 즉 핀란드는 일찌감치 가치관 변동을 이루었기 때문에 소득이 더 늘어난다고 해서 크게 변화할 여지가 별로 없었다고 생각할 수 있다.

이렇게 본다면 실질적으로 한국이 거의 유일한 예외사례가 된다. 한국은 1981~1996년 기간 동안 명목 GDP 상으로 무려 7배 정도의 경제성장을 이루었음에도 불구하고 거의 변함없이 같은 자리를 지키고 있다. 1981~1996년 기간 동안 한국인의 가치관이 변하지 않은 것은 자기표현적 가치관이 늘지 않은 것에 기인하기보다는 소득이 매우 낮았던 1981년에도 이미 높은 수준의 세속합리성을 가지고 있었던 데 기인한다고 보아야 할 것 같다. 왜냐하면 1981년의 1인당 GDP는 $1,968로 〈그림 2〉의 좌하단 2,000달러 미만 구간에 속하기 때문이다. 이 정도의 소득이라면 1981년에 한국은 좌하단에 있다가 1996년까지의 기간 동안 소득증가와 함께 위로 이동해왔어야 정상인데, 한국은 1981년에 이미 매우 높은 수준의 세속합리성을 가지고 있었기 때문에 별로 변화할 여지가 없었다고 볼 수 있는 것이다. 중국이 $317에 불과했던 1990년에 이미 최고 수

6 〈그림 3〉에서는 서독과 동독이 모두 커다란 가치관 변화를 보였기 때문에 표에 포함하고 싶었으나, 두 지역을 분리해서 연도별 GDP 자료를 찾을 수가 없어서 불가피하게 제외했다.

준의 세속합리성을 가지고 있었던 점이나, 1981년의 일본(이미 1만 달러 이상 소득수준이기는 했지만), 〈그림 1〉에서 대만이나 홍콩 역시 높은 세속합리성을 가지고 있는 것을 보면 이것은 문화권의 영향일 가능성이 있다. 그런데 이상한 것은 1인당 GDP 13,254달러였던 1996년에서 27,000달러가 넘은 최근까지 자기표현적 가치관도 전혀 늘어나지 않고 있다는 점이다. 2015년에 만들어진 〈그림 1〉을 보면 한국은 거의 20년 가까운 세월 동안 아무런 변화 없이 같은 자리를 지키고 있다. 1981년의 가치관과도 별 차이가 없으니 30년 세월 동안 가치관 변화 없이 지냈다고도 할 수 있다. 1981~1996년 기간 동안 변화가 없었던 것은 주로 일찌감치 높아진 세속합리성 때문이라고 한다면, 1986~2015년 기간 동안 변화가 없는 것은 자기표현적 가치관이 늘어나지 않았기 때문이다. 한마디로 한국인의 가치관은 오랜 세월 동안 요지부동으로 제자리를 지켜왔다.

〈그림 4: 5개국 물질주의자 대 탈물질주의자 비교〉

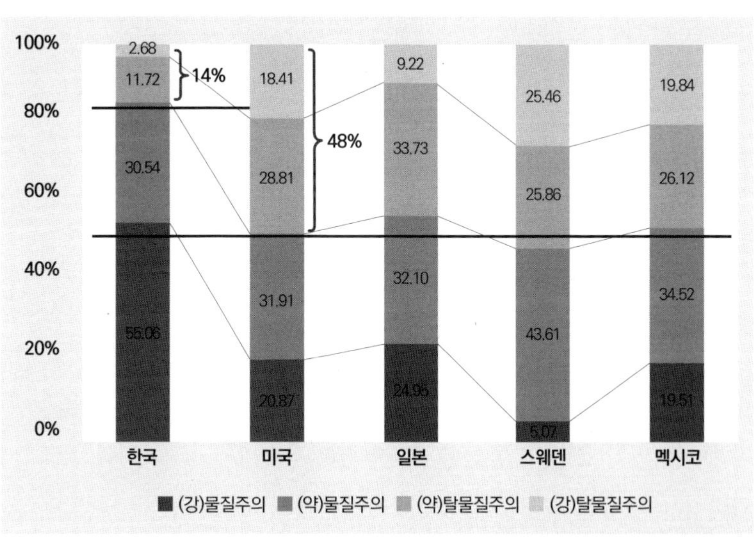

출처: 세계가치관조사 〈웨이브 5〉에서 계산

앞서 설명했듯이 자기표현적 가치가 늘어나지 않는다는 것은 경제와 안보를 중시하며 자민족중심주의에 빠진 사람들이 많다는 뜻이 된다. 다른 말로 환경보호, 외국인이나 성적 소수자에 대한 관용, 양성평등 등을 중시하는 사람도 적고, 정치적·경제적 영역의 의사결정에서 참여를 요구하는 사람들도 적다는 뜻이기도 하다. 앞서 생존적 가치 대 자기표현적 가치를 나타내는 가로축은 물질주의 대 탈물질주의의 구분과도 관련된다고 했다. 그러니 자기표현적 가치가 늘어나지 않는다는 것은 경제적으로 어려운 시기에 겪었던 경험을 중시하고 안보와 성장을 중시하는 물질주의자들이 많다는 뜻이고, 개인의 발전과 자유, 정책결정에 대한 시민 참여, 인권과 환경을 중시하는 탈물질주의자는 적다는 뜻이다. 〈그림 5〉는 세계가치관조사 〈웨이브 5〉를 사용해 필자가 직접 계산한 5개국에서 물질주의자와 탈물질주의자의 비중을 보여준다. 한국을 제외한 다른 네 나라에서 강한 탈물질주의와 약한 탈물질주의를 합친 탈물질주의자의 비중은 대체로 45% 근처이다. 국민의 절반 정도가 탈물질주의자이고 나머지 절반 정도가 물질주의자인 것이다. 그러나 미국(47.22%), 일본(42.95%), 스웨덴(51.32%), 멕시코(45.96%)와는 달리 한국에서 탈물질주의자는 14.4%밖에 되지 않는다. 우리보다 소득이 높은 나라들은 물론이고 1인당 GDP $7,000~$10,000를 횡보하고 있는 멕시코조차 우리의 세 배가 넘는 탈물질주의자들을 가지고 있다.

왜 그럴까. 왜 한국에서는 환경보호, 관용, 평등, 참여, 인권 같은 가치에 대한 지지가 늘어나지 않는 것일까. 물론 전쟁의 경험을 빼놓을 수 없다. 탈물질주의적 가치의 대척점에 있는 물질주의적 가치는 성장과 안보를 무엇보다 강조한다. 한국은 끔찍한 전쟁을 겪었을 뿐 아니라 아직도 북한이라는 위험천만한 군사력과 대치상태에 있다. 그러니 안보를 우선시하는 경향이 강한 것은 이해가 된다. 다른 한편으로는 '한강의 기적'을 얻은 대신 치러야 할 대가일 수도 있다. 필자는 다른 글에서 1945년 혹은 그 이후에 독립한 국가들 122개의 명단을 나열해 본 적이 있다.[7] 보통 사람들이라면 이 국가들의 이름도 들어본 적이 없거나 혹은 어느 대륙에 있는지도 모를 나라들이 대부분이다. 그나마 익숙하거나 한국과 비견할 만한 나라라면 오스트리아, 인도, 이스라엘, 싱가폴 등 4~5개 국가에 불과하다. 그러니 '한강의 기적'이라 불리는 경제성장을 얻은 것은 참으로 대단한 일이라고 말해야 한다. 하지만 세상 모든 일이 그렇듯 여기에도 대가는 따른다. 빠른 성장은 필연적으로 거품을 동반하는데, 한국의 경우 이 거품은 자산의 80%를 차지하는 부동산으로 주로 몰려있다. 성장이 둔화된다는 것은 거품이 꺼진다는 뜻이고, 거품이 꺼지면 자산의 80%인 부동산이 주저앉는다. 한국인들은 그것이 거품이든 무엇이든 계속해서 성장해야 할 이유를 가지고 있는 것이다. 성장은 안보와 더불어 물질주의적 가치의 핵심축이다.

왜 요지부동인가—공민(共民)의 부재에 대한 증거들

송복 선생은 쿠즈네츠(Kuznetz)를 인용하면서 "어느 나라든 중진국에서 선진국에 이르는 데는 많은 함정들이 있다. 그 중에서도 가장 넘기 어려운 함정은 선진국 바로 문턱에 도사리고 있는 '국민의식 전환'이라는 함정이다"라고 지적하고 있다. 이것이 사실이라면 경제가 수십 배 성장했는데도 변하지 않는 한국인의 가치관, 요지부동의 가치관은 우리가 선진국에 도달하지 못하도록 지금까지 발목을 잡아온 것인지도 모른다. 그렇다면 그 변치 않는 가치관의 내용은 무엇인가. 앞에서는 잉글하트의 논의에 기대어 높은 세속합리성과 낮은 자기표현적 가치관(혹은 높은 생존적 가치관)을

7 장덕진, 2016, "우리는 왜 행복하지 않은가" 《황해문화》 통권 91호, 76~90쪽.

지적했다.

왜 그렇게 되었을까. 한국인의 가치관은 왜 오랜 세월 동안 같은 자리에 멈추어 있는 것일까. 송호근 선생은 국가와 시민사회 양쪽에서 그 기원을 추적한다. 먼저 국가의 차원에서, 그는 “한국에서는 개인의 자유, 주체성의 탐색보다 집단적 민족주의와 성장위주의 국가주의가 시민계층으로 발돋움하던 개별 시민의 텅 빈 마음을 장악했다. ... (중략) ... ‘국민의 과잉’은 민족의 운명을 스스로 개척할 자율권을 포박당한 채 빈곤탈출을 향한 근대화·산업화 과제를 동시에 추진해야 했던 한국의 국가적 상황과 국제정치적 위상에서 기인한다”고 지적한다. “20세기 초반, 독일에서는 교양시민과 노동계급의 연대가 만들어졌”지만, 성장이 가장 뚜렷한 성과이자 정치적 정당성의 근거였던 한국의 “지배집단에게 계급적 세계관은 여전히 불온했고, 빈곤층, 노동계급, 저항집단의 절규는 성장저해적 독소로 규정되었다.” 이렇듯 한국의 국가는 성장, 안보, 민족주의(자민족 중심주의)를 끊임없이 주입하면서 그 정당성을 유지해왔다.

그 대척점에 있는 시민사회는 아이러니컬하게도 국가를 닮아간 측면이 있다는 것이 송호근 선생의 해석인 것으로 보인다. 그는 “적의 척결, 권위주의체제에 도전했던 운동권의 행동양식이 그대로 답습되었다는 뜻에서, 지난 30년 87년 체제하의 민주화의 양식을 ‘운동론적 민주화’라고 불러도 무방할 것”이라고 말하는데, 그것의 한 가지 결과는 “운동에너지가 정당정치와 연결되지 못하고 폭발하거나 거리에서 소멸하기를 반복”해온 것이다. “그리하여 운동론적 민주화가 상실한 것은 바로 ‘시민성’의 본질에 대한 성찰”이라는 것이 그의 관찰이다. 이것은 한국 민주화의 성취와 시민사회를 폄훼하고자 하는 것은 물론 아닐 것이다. 그보다는 ‘시민의 탄생’이 미처 이루어지기 전에 서둘러 그들을 ‘국민’으로 호명하고, 성장과 안보를—그리하여 그것의 구현자인 국가를—지지하게끔 동원해온 국가에 대한 안티테제로서의 시민사회가, 그리고 민주화가 불가피하게 국가를 닮아오게 된 저간의 사정을 잡아낸 것일 터이다.

국가와 시민사회를 관통하는 공통점은 불행하게도 더불어 사는 시민, 즉 '공민(共民)'의 부재라는 것이 송호근 선생의 진단이다. "보편적 의미의 시민은 푸코의 개념을 빌리면 '타인에의 배려'를 내면화한 존재, 공익에의 긴장감을 실행하는 존재를 지칭"하는데, 한국에서 '더불어 사는 시민' 개념은 '흔적이 없다'는 것이다. 그의 뼈아픈 지적을 다시 인용하면, "부자 동네에서 일어난 저 치졸한 장면은 모두 개별화된 '국민'으로만 살아온 탓이다. 국가 명분에 수직적으로 동원된 원자화된 개체인 국민은 수평적 관계에는 한없이 미숙한 존재다."

그의 관찰이 맞다면, 이제 우리는 왜 한국에서 유독 '경제적이고 물리적인 안전'(다른 말로 성장과 안보)이 그토록 중시되고, 물질주의는 그리도 강하며, 신뢰와 관용의 수준은 낮고, 환경보호, 외국인이나 성적 소수자에 대한 관용, 양성평등, 정치적·경제적 영역의 의사결정에의 참여와 같은 민주주의적 가치의 광범위한 확산이 이루어지지 않아왔는지 그 단초를 이해할 수 있게 된다. 그리고 이것들은 하나 같이 높은 세속주의와 낮은 자기표현적 가치를 유지하게끔 만드는 가치관의 내용들이기도 하다.

그렇다면 경험적 증거들은 송호근 선생의 이러한 관찰을 지지하고 있을까. 서울대학교 사회발전연구소가 수행한 연구결과들을 보자.[8] 대한민국 헌법 1조 1항은 "대한민국은 민주공화국이다"라고 규정하고 있다. 헌법이란 그것에 근거하여 국가가 성립하는 근본 원칙이자 그 사회에 존재하는 최소한의 합의라고 할 것이다. 그 헌법 중에서도 가장 앞줄을 차지하고 있는 원칙이 바로 대한민국은 '민주공화국'이라는 선언이다. 다른 말로 대한민국이라는 나라는 민주주의와 공화주의의 두 축 위에 성립한다는 선

8 장덕진 외 지음, 2015, 『세월호가 우리에게 묻다: 재난과 공공성의 사회학』, 도서출판 한울.

언이기도 할 것이다. 불행히도 성인의 과반수가 '한국적 민주주의' 아래에서 교육을 받아온 대한민국에서 민주주의라고 하면 '다수결'밖에는 알려진 것이 별로 없고 공화주의가 무엇인지 아는 사람은 거의 없다고 해도 과언이 아니다. 여기서 인용하는 서울대학교 사회발전연구소의 저자들은 한국사회의 공공성을 크게 문제 삼으면서 민주주의와 공화주의에 입각하여 공공성을 네 개의 하위영역으로 나누었다. 민주주의적 요소는 '공민성'과 '공개성', 그리고 공화주의적 요소는 '공익성'과 '공정성'이다.[9] 이들은 이러한 개념구분에 입각하여 OECD 34개 국가들 중 자료가 가용한 30개 국가들의 공공성을 분야별로 평가하고 전체 순위까지 도출하였다.

〈표 2: OECD 30개 국가의 공공성 및 하위영역 순위〉

	순위				
	공공성	공익성	공정성	공민성	공개성
노르웨이	1	3	1	3	1
스웨덴	2	6	2	1	3
핀란드	3	5	3	4	2
덴마크	4	4	6	2	4
룩셈부르크	5	1	14	7	6
뉴질랜드	6	2	10	9	8
아일랜드	7	7	9	18	11
스위스	8	25	7	10	5
아이슬란드	9	16	4	13	12
네덜란드	10	11	8	14	13
독일	11	15	18	6	9
벨기에	12	10	11	12	18
이탈리아	13	9	5	22	29

9 우연히 같은 단어가 사용되어 혼돈의 여지가 있으나, 이들이 사용하는 '공민성'이란 단어는 "공익과 관련된 문제를 결정하는 과정에서의 시민 참여 역량과 제도화"라고 정의되기 때문에 "더불어 사는 시민"이라는 송호근 선생의 '공민' 정의와 완전히 일치하지는 않는다. 이들이 사용하는 '공민성'은 '민주적 시민성' 혹은 '민주성'이라고 바꿔 불러도 무방하다.

호 주	14	21	17	8	14
오스트리아	15	8	22	16	21
체 코	16	13	24	20	10
캐 나 다	17	23	16	11	17
슬로베니아	18	12	12	24	20
폴 란 드	19	18	21	15	16
스 페 인	20	14	13	19	27
영 국	21	22	20	17	15
프 랑 스	22	17	15	23	25
미 국	23	29	29	5	7
포 르 투 갈	24	20	26	25	23
이 스 라 엘	25	24	28	21	19
그 리 스	26	28	19	27	22
슬로바키아	27	26	27	26	24
헝 가 리	28	19	23	30	30
일 본	29	27	25	28	26
한 국	30	30	30	29	28

출처: 장덕진 외. 2015.『세월호가 우리에게 묻다: 재난과 공공성의 사회학』 도서출판 한울. 100쪽.

〈표 2〉에서 보듯이, 경험적 증거는 송호근 선생의 관찰을 지지하는 것으로 보인다. 한국은 30개 국가 중 공공성 순위 30위라는 참담한 결과를 보이고 있다. 하위 영역별로 보아도 공화주의적 가치를 나타내는 공익성과 공정성에서 모두 30위이고, 민주주의적 가치를 나타내는 공민성과 공개성에서도 각각 29위와 28위로 거의 꼴찌에 가깝다. 흥미로운 것은 〈표 2〉의 공공성 순위와 〈그림 1〉에 나타난 세계문화지도의 가로축, 그러니까 자기표현적 가치관의 순위가 매우 높은 상관관계를 가진다는 점이다. 독자들도 국가명을 하나씩 짚어가면서 이 두 결과들을 비교해보기 바란다. 공공성 순위가 높은 나라들은 거의 예외 없이 자기표현적 가치가 높은

나라들이다. 공공성 1위에서 10위에 속하는 나라들은 〈그림 1〉의 우상단에 몰려있고, 공공성 순위가 낮아짐에 따라 점점 더 왼쪽 그리고 아래쪽으로 퍼져나가고 있다. 그 중에서도 특히 왼쪽으로의 이동이 더 두드러진다. 예외라고 할 만한 나라들은 공공성 순위가 21~23위로 낮은데도 불구하고 〈그림 1〉에서는 상당히 높은 자기표현적 가치관을 보이는 영국, 프랑스, 미국뿐이다. 이러한 결과는 한국의 공공성 수준, 혹은 송호근 선생이 지적하는 '공민성의 결여'가, 소득이 높아져도 자기표현적 가치관이 늘어나지 않는 '요지부동의 가치관'과 밀접하게 관련되어 있으리라는 추측을 가능하게 한다. 자기표현적 가치관이 늘지 않는 한, 물질주의를 버리고 탈물질주의적 가치관에 마음을 열지 않는 한, 공공성은 높아지지 않고 '공민'도 등장하기 어렵다. 생각해보면 이것은 당연한 일이다. '더불어 사는 시민'은 타인을 관용하고 모두의 평등과 인권을 생각하는 사람일 수밖에 없기 때문이다. 송복 선생이 논의의 출발점으로 삼았던 쿠즈네츠의 지적이 옳다면, 선진국으로 가기 위해 필요한 '국민의식 전환'의 방향은 바로 여기에 있다고 보아야 할 것이다.

좋은 질서는 무엇인가—사회의 질적 발전

김우창 선생은 "좋은 질서는 정치와 경제를 포함하면서, 인간성의 실현의 요구에 답하는 것이라야 한다. 이 실현의 가능성 대한 생각을 그 무정형의 전체 속에 포함하고 있는 것이 문화라고 할 수 있다. …… 인간성의 요청 또는 인간성에 대한 이해를 이미 이루어진 대로 내장하고 있는 삶의 근본적 틀이 문화이다. 경제나 정치는 그 틀 안에서 행해지는 인간행위이다"라는 말로 방대한 논의를 시작하고 있다. 이어서 선생은 "좋은 사회 질서는 참으로 많은 요인으로 이루어지는 복합적인 질서이다. …… 개체의 삶은 추상적 구조로 파악되는 사회의 틀에서 영위되면서도, 대체로 생활세계(life—world) 속에서 현실화되고 개체의 실존 속에서 구체화된다"고 설명한다. 사회과학의 용어로 번역한다면 선생의 '문화' 혹은 '사회질서'는 최근 주목을 받고 있는 '사회의 질(social quality)'이라는 개념과 상당히 가깝게 있는 것 같다. 이 개념을 처음 제안한 학자들은 사회의 질을 다음과 같이 정의했다.

> "사람들이 스스로의 안녕과 개인적 잠재력을 늘려나갈 수 있는 방향으로 공동체의 경제적, 사회적, 문화적 삶에 참여할 수 있는 정도"[10]

이들은 사회의 질을 구성하는 네 개의 조건적 요인(conditional factors)으로 사회경제적 안전(socio—economic security), 사회적 포용성(social inclusion), 사회통합(social cohesion), 그리고 사회적 역능성(social empowerment)을 제시하였다. 앞의 두 개는 시스템의 영역에 해당하고, 뒤의 두 개는 생활세계의 영역에 해당한다. 김우창 선생의 '사회의 틀'과 '생활세계'에 조응하는 구분이다. 또한 사회경제적 안전과 사회통합은 '사회 수준의 발전(societal development)'의 영역이고, 사회적 포용성과 사회적 역능성은 '개인 수준의 발전(individual development)'에 해당하는데, 이 또한 김우창 선생의 '추상적 구조'와 '개체의 실존'에 조응한다고 할 수 있다.

사회의 질에 대한 연구는 사실상 GDP가 과연 사회의 발전을 측정하는 좋은 지표가 될 수 있는가에 대한 회의(懷疑)로부터 시작된 일련의 연구 흐름들과 궤를 같이 한다. 김우창 선생의 지적처럼 "성장한 경제가 가져오는 부(富)가 참으로 인간적 행복을 증대하는 것인가 또는 인간적 가능성의 구현에 도움을 주는 것인가에 대한 의문" 말이다. 삶의 질(quality of life) 연구

10 Beck et al. 1997. *Social Quality: A Vision for Europe*. Hague: Klewer Law International.

의 전통은 말할 것도 없고, 스티글리츠 위원회의 보고서, OECD가 주도해 온 'GDP를 넘어서(Beyond GDP)' 이니셔티브와 그 결과로 만들어진 '더 나은 삶의 지표(Better Life Index)' 등이 모두 같은 문제의식에서 출발한다.[11]

이재열과 장덕진은 사회의 질 개념을 수정·보완하고 경험적 측정을 시도한 연구를 발표한 바 있다.[12] 기존의 사회의 질 개념이 주로 유럽의 문제의식과 상황에 맞추어 만들어졌고, 경험적 연구의 전통을 결여하고 있어서 실제 측정이 이루어지지 않았기 때문이었다. 이들은 OECD 국가들 중 자료가 가용한 국가를 모두 포함하고, OECD 회원국은 아니지만 국제적 관심의 대상이거나 과소대표된 지역을 보완하기 위해 4개 국가(중국, 브라질, 아르헨티나, 태국)를 추가해 34개 국가의 사회의 질을 분석하고 국가별 순위는 물론, 수정된 사회의 질 개념과 조건적 요인들을 제안하였다. 분석에 사용된 지표는 모두 19개인데, 요인분석(factor analysis)을 거쳐 다음과 같은 네 개의 요인으로 구분되었다.

〈표 3: 사회의 질 요인분석 결과〉

System 1 (인적자본투자와 회복탄력성) (eigenvalue=3.487, variance=43.588)	Factor Loadings
여성고용률 남성고용률 공교육비 지출 대학진학률	.887 .816 .644 .616
System 2 (복지와 안전망) (eigenvalue=1.568, variance=19.605)	Factor Loadings

11 보통 스티글리츠 위원회라고 알려졌지만, 정식 명칭은 '경제성과와 사회발전 측정 위원회(Commission on the Measurement of Economic Performance and Social Progress)'이다. 프랑스 사르코지 대통령의 제안으로 시작되어 2009년 Report by the Commission on the Measurement of Economic Performance and Social Press라는 제목의 보고서를 제출하였다. '더 나은 삶의 지표'에 대한 정보와 국가별 영역별 평가 결과는 www.oecdbetterlifeindex.org 에서 얻을 수 있다. 국내에서도 몇 년 전부터 사회의 질에 대한 여러 편의 연구성과가 발표되었는데, 세부지표별 평가 결과로는 정진성 외(2010), 분야별 현황과 이론적 배경을 정리한 교과서로는 이재열 외(2015)가 있다.

12 Jaeyeol Yee and Dukjin Chang. 2011. "Social Quality as a Measure for Social Progress." *Development and Society* Vol.40 No.2 Pp.153~172.

상대빈곤율 공적사회지출 노조조직률 연금의 소득대체율	.826 .794 .658 .621
Life—world 1 (사회적 역능성) (eigenvalue=6.230, variance=56.640)	Factor Loadings
언론자유 정부효과성 인터넷 사용자 비율 부패인식지수 권리의 보장 정도 젠더 역능성 일반 신뢰	.929 .922 .906 .885 .871 .853 .799
Life—world 2 (정치적 역능성) (eigenvalue=1.736, variance=15.783)	Factor Loadings
제도신뢰 투표율 총조직참여율 민주주의 평가	.891 .640 .573 .528

출처: Jaeyeol Yee and Dukjin Chang. 2011. P.160.

〈그림 5: 수정된 사회의 질 조건적 요인들〉

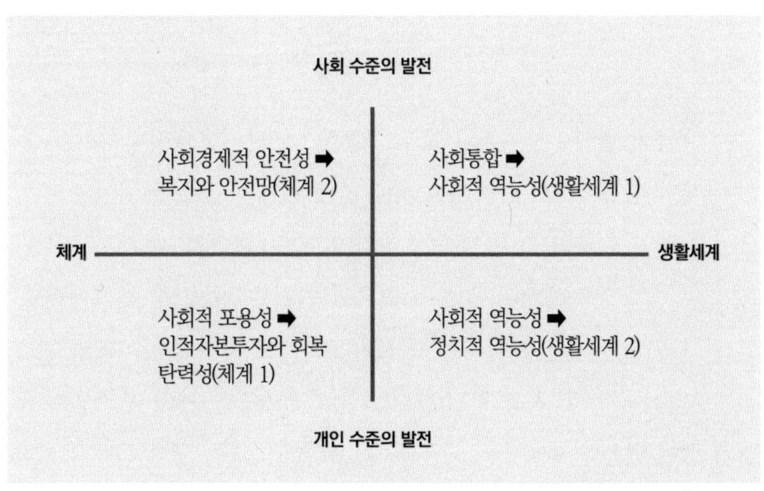

출처: Jaeyeol Yee and Dukjin Chang. 2011. P.161

요인분석에 근거하여 새로 만들어진 사회의 질 조건적 요인들(〈그림 5〉에 제시)은 앞서 소개한 김우창 선생 논의의 출발점을 더 잘 반영한다. 비록 양적인 분석으로 전환하는 과정에서 선생의 논의가 담고 있던 풍부함이 많이 사상(捨象)되었다는 한계가 있으나, 그럼에도 불구하고 "참으로 많은 요인으로 이루어지는 복합적 질서"는 비교적 체계화된 형태로 〈그림 5〉에 모습을 드러낸다. 이러한 분석결과에 근거해 이재열과 장덕진은 원래의 사회의 질 개념을 수정할 것을 제안하는데, 수정된 정의는 다음과 같다.

> "우리의 수정 제안에서, 참여는 주로 생활세계 2(정치적 역능성)에서 일어난다. 그러나 그것이 가능하려면 생활세계 1(사회적 역능성)에서 공동체가 살아나야 하고, 이것은 다시 체계 2(복지와 안전망)에서의 안녕과 체계 1(인적자본투자와 회복탄력성)에서의 개인의 잠재력이 증진될 것을 요청한다. 참여가 일어나는 구체적인 공동체의 영역은 다양할 수 있다. 그것은 사회적일 수도 있고(생활세계 1), 경제적일 수도 있고(체계 1), 문화적일 수도 있다(생활세계 2)."

34개 국가 중 19개 지표가 모두 가용한 나라는 26개인데, 이 26개 국가에 대한 평가에서도 한국은 꼴찌에서 네 번째인 23위를 차지해서 앞의 공공성 평가 결과와 큰 차이를 보이지 않는다. 지면의 제약으로 인해 전체 순위 평가 결과를 여기에 모두 인용하지는 못하였으나, 여기에서도 또한 번 확인되는 것은 사회의 질과 세계문화지도 사이에 체계적인 관계가 존재한다는 점이다. 사회의 질 순위가 높은 국가들은 거의 예외 없이 우상단에 모여 있는데, 사회의 질 1위에서 18위에 이르는 국가 중에 우상단을 벗어나는 국가는 18위를 차지한 체코 정도이다. 사회의 질 하위로 내려갈

수록 국가들은 세계문화지도의 왼쪽 혹은 아래쪽을 향해 퍼져나가기 시작하는데, 역시나 이번에도 주로 왼쪽으로 퍼져나가는 양상을 보인다. 즉 공공성의 경우에서와 마찬가지로 사회의 질도 주로 생존적—자기표현적 가치관과 높은 상관관계를 보인다는 뜻이다. 이재열과 장덕진은 19개 지표에 대한 집락분석을 통해 사회의 질 유형을 구분하였는데, 그 결과가 〈표 4〉에 제시되어 있다.

〈표 4: 사회의 질 유형 구분〉

		생활세계	
		낮음	높음
체계	높음		호주, 오스트리아, 벨기에, 덴마크, 핀란드, 네덜란드, 스웨덴, 스위스 [Type I]
	낮음	체코, 그리스, 헝가리, 이탈리아, 한국, 멕시코, 폴란드, 슬로바키아, 스페인, 터키 [Type III]	프랑스, 독일, 아일랜드, 일본, 룩셈부르크, 포르투갈, 영국, 미국 [Type II]

출처: Jaeyeol Yee and Dukjin Chang. 2011. P.165.

체계의 질과 생활세계의 질을 각각 '높음'과 '낮음'으로 구분하면 논리적으로는 네 가지 유형이 존재하지만, 실제 분석결과는 체계가 높고 생활세계가 낮은 유형은 현실세계에는 존재하지 않는 것으로 나타난다. 따라서 세 가지의 유형이 존재하는데, 한국은 두 값이 모두 낮은 Type III에 속한다. 이들 유형들의 전반적 사회의 질 순위는 당연히 Type I 〉 Type II 〉 Type III의 순서로 나타날 텐데, 〈그림 5〉에 제시된 조건적 요인별로 나누어 보면 어떤 차이가 있는지를 보여주는 것이 〈그림 6〉이다.

〈그림 6: 사회의 질 유형별 조건적 요인별 평균 점수〉

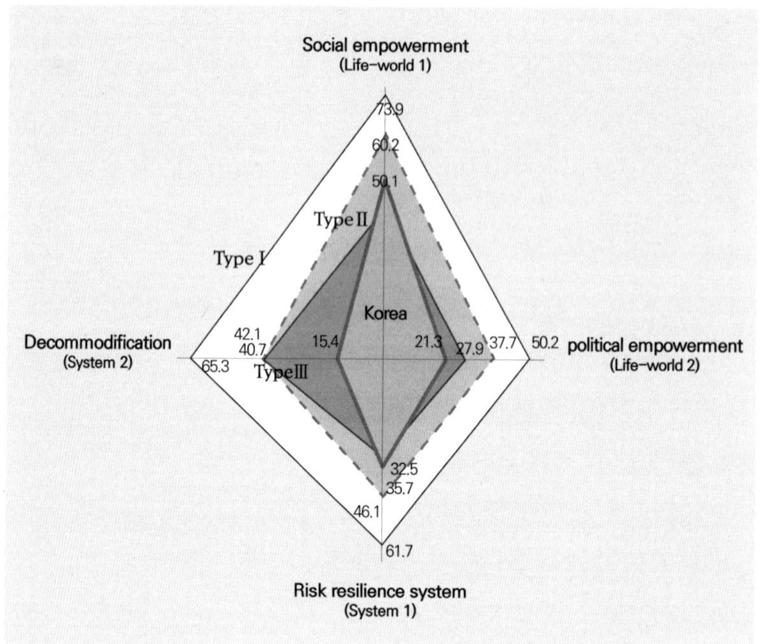

출처: Jaeyeol Yee and Dukjin Chang. 2011. P.167.

그림 6에서 보듯이 Type I에서 Type III로 갈수록 각 조건요인별 사회의 질 평균 점수가 낮아지고 있다. 유형별 평균점수는 국가별 차이를 드러내지 않기 때문에 가운데에는 한국만 분리해서 별도의 마름모 모양으로 표시했는데, 한국은 독특한 모양을 보여준다. 여러 지표를 동시에 고려하여 집락간 거리를 계산하는 집락분석의 특징으로 인해 한국은 Type III에 속하지만, 사회적 역능성은 소속집단의 평균을 크게 웃돌고 회복탄력성도 소속집단 평균을 약간 능가한다. 〈표 3〉으로 돌아가 보면 사회적 역능성을 구성하는 변수들은 언론자유, 정부효과성, 인터넷 사용자 비율, 부패인식지수, 권리의 보장 정도, 젠더 역능성, 일반 신뢰였다. 이것은 많은 한

국인들이 느끼는 상황과는 큰 차이가 있을 것이다. 이처럼 상식에 반하는 결과가 얻어진 데에는 두 가지 이유가 있다. 하나는, 우리는 우리의 상황에 만족하지 못하지만 같은 집단에 속한 나라들 중 상당수가 우리보다 훨씬 열악한 상황에 있을 수 있다는 점이다. 다른 하나는, 2011년에 출판된 이 연구가 2009년 자료를 사용했다는 점이다. 사회적 역능성을 구성하는 대부분의 지표들은 참여정부 기간 동안 사상 최고치를 기록했고 그 이후 드라마틱하게 하락했다. 2017년이 된 지금도 여전히 높은 값을 유지하는 지표는 아마도 인터넷 사용자 비율 정도일 것이다. 만약 2016년의 값을 대입하여 다시 계산한다면 사회적 역능성은 〈그림 6〉보다 크게 후퇴했을 가능성이 크다. 다시 〈표 3〉으로 돌아가면 회복탄력성을 구성하는 변수들은 여성고용률, 남성고용률, 공교육비 지출, 대학진학률이다. 한국의 여성고용률과 공교육비 지출은 OECD 평균에 비해 낮지만, 실업률이 낮은 편이고 대학진학률이 세계 최고 수준이기 때문에 이러한 결과가 얻어졌을 것이다.

그런데 문제가 되는 것은 유형별로 보았을 때 가장 낮은 Type III에서조차도 현저하게 낮은 복지와 안전망(체계 2), 그리고 역시 크게 낮은 정치적 역능성이다. 복지와 안전망을 구성하는 변수들은 상대빈곤율, 공적사회지출, 노조조직률, 연금의 소득대체율이다. 이것들은 대체로 OECD 꼴찌 수준을 벗어나지 못하는 지표들이고, 한국인의 삶을 가장 괴롭히는 문제들이고, 그렇기 때문에 한국인이 과거의 가치관을 버리지 못하게 하는 요인들이다. 이것들이 주로 문제를 제공하는 영역이라면 그 해결은 정치적 역능성의 영역에서 이루어져야 할 터이다. 하지만 그림에서 보듯이 한국은 정치적 역능성 또한 Type III 평균보다도 낮다. 정치적 역능성을 구성하는 변수들은 제도신뢰, 투표율, 총조직참여율, 민주주의 평가이다. 이 변수들은 그 동안에도 늘 지적되어오던 한국사회의 고질적 문제들이지만, 소위 '국정농단' 사태로 인해 이 글을 쓰고 있는 지금 이 순간에도 광화문에서 이어지고 있는 '촛불'과 '맞불'을 생각하면 참담하기 이를 데 없다. 헌법을 수호해야 할 가장 큰 책임을 가진 대통령이 공식 조직이 아닌 비선을 통해 국정을 농단케 하고 사익을 취하려 했다는 정황이 속속 드러나고 있고, 그럼에도 송복 선생의 지적처럼 '견위수명(見危授命)'으로 '수범(垂範)'을 보이기는커녕 법과 제도의 허점을 최대한 이용하여 "노블레스 오블리주의 기준에서 보면 철면피나 다름 없"는 행태를 이어가는 것을 지켜보며, 과연 누가 이 나라의 '제도를 신뢰'할 것인지 우려하지 않을 수 없다. 다시 말하지만, 한국의 여러 문제들이 주로 '복지와 안전망'의 영역에서 오고 있다면 그것을 해결할 열쇠는 '정치적 역능성'의 영역에 있다. 그러니 현재의 국가위기를 어떻게 건너느냐에 따라 문제 해결의 열쇠를 찾을 수 있느냐의 여부가 달라질 것이다.

어떻게 건너야 할까. 송복 선생은 "지난 세기 90년대 이래의 민주화시대 첫 30년, 지금 우리가 살고 있는 이 시대의 [역사적 동력]은 무엇인가. 국민들은 아직도 산업화시대 성공모델의 관성에 젖어, 대통령 1인의 빼어난 능력이나 형안(炯眼) 정치력 등의 리더십에 기대고 있다. … [좋은] 헌법 [좋은] 제도, [좋은] 정치인과 [좋은] 국가를 등식화하던 정치낭만주의는 이 시대의 것도, 다음 시대의 것도 아니다. 그런 기대는 일찌감치 접는 것이 좋다. 허망한 기대는 언제나 허망하다"고 말한다. 그렇다. 민주화 이후 한국은 언제나 정당이나 정책이 아니라 대통령 후보 개인에 대한 투표를 해왔다. '정당'이나 '정책'이 아니라 '팬덤(fandom)'이나 '캠프' 중심의 정치가 횡행했다. 그것이 정점에 이른 것이 아마도 2012년 18대 대선일 것이다. 박근혜 후보의 소위 '콘크리트 지지층'은 그가 무엇을 하든 상관없이 후보 개인에게 열광했고, 그 열광의 이유를 거슬러 올라가면 그 후보의 부친인 박정희라는 또 다른 개인이 나온다. 한국의 산업화를 이끌고 '한강의 기적'을 만든 대통령의 딸이니 그도 역시 훌륭한 대통령이 될 것이라는 '허망한 기대'는 역시나 허망할 뿐이었다. 그는 기어코 자신의 손으로 박정희 시대의 파국적 종언을 만들어내고야 말았다.

무엇을 할 것인가—의식, 제도, 그리고 그것의 통합

그럼 이제 무엇을 해야 할 것인가. 또 한 번의 '허망한 기대'를 맞닥뜨리지 않기 위해 두 가지 길을 생각할 수 있다. 송복 선생의 해법은 '의식의 전환'에 방점이 있고, 송호근 선생의 해법은 '사회민주화와 복지정치'라는 보다 제도적인 차원에 더 무게를 두고 있다. '보다 나은 사회란 보다 인간적인 사회'임을 설득하는 김우창 선생의 해법은 여러 지점에서 이 두 가지 해법을 통합하려는 시도라고 생각된다. 먼저 노블레스 오블리주에 대한 송복 선생의 주장을 뒷받침하는 경험적 자료로부터 시작해보자.

의식의 해법: 노블레스 오블리주와 '불안사회'

노블레스 오블리주라는 영역의 특성상 이와 관련한 경험적 자료를 찾는다는 것은 매우 어려운 일이 된다. 소위 '노블레스'라고 불릴 만한 최상위 집단에 속하는 사람들은 일단 접근 자체가 어렵기 때문에 그들의 현황을 파악하기도 쉽지 않거니와 나아가 그들을 대상으로 사회조사를 한다거나 하는 것은 불가능에 가깝기 때문이다. 필자는 다행히 그들을 직접 대상으로 한 것은 아닐지라도 노블레스 오블리주에 대한 한국인의 의식을 조사하고 관련 지표를 개발하는 연구에 참여한 적이 있다.[13]

13 이재열·장덕진·고형면·김주현, 2009, 『노블레스 오블리주 지표 개발을 위한 연구 용역』, 행정안전부.

〈그림 7: 언론보도에 나타난 노블레스 오블리주의 의미 네크워크〉

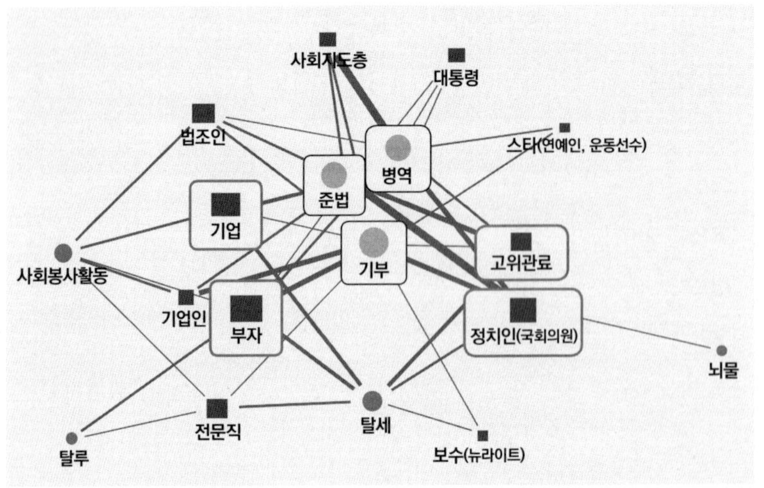

주: 동아일보와 경향신문 합산, 1990~2009년 기간
출처: 이재열·장덕진·고형면·김주현. 2009. 30쪽.

〈그림 7〉은 1990년~2009년 기간 동안 동아일보와 경향신문에 보도된 노블레스 오블리주 관련 기사들을 모두 합하여 자주 언급된 단어들의 의미 네트워크를 분석한 결과이다. 사각형은 '노블레스'라고 불릴 만한 집단, 그리고 원은 그들이 하고 있는 혹은 해야 할 '오블리주'를 나타낸다. 가장 많이 언급된 '노블레스' 집단은 정치인, 부자, 기업인, 고위관료 등이고 그들이 해야 할 '오블리주'는 '기부', '준법', '병역'이 가장 크고 그 뒤를 이어 '탈세', '사회봉사활동', '탈루', '뇌물' 등의 단어가 연결되어 있다. 안타까운 것은 '기부'와 '사회봉사활동' 정도를 제외하고 나머지는 모두 '노블레스 오블리주'라고 부르기에도 민망한, '시민으로서의 최저선'들이라는 점이다. 즉 대부분의 기사가 '노블레스'가 '오블리주' 하는 미담을 보도하기보다는 법을 안 지키고 병역을 회피하며 탈세와 탈루를 하고 뇌물을 받는 비뚤어진 노블레스에 대한 보도들이었음을 미루어 알 수 있다.

송복 선생이 요청하는 "계속 존경심을 유발"하고 "계속 도덕심을 높여주는" 집단은 적어도 20년 가까운 세월 동안 언론 보도를 통해서는 나타나지 않는다. 그동안 받아온 '공적인 은혜'에 보답하기 위해 "나라가 어려우면 내 몸을 바치고 나라가 위태로우면 내 목숨을 내놓는" 노블레스는 눈에 띄지 않는 것이다.

〈그림 8: 노블레스 점수와 오블리주 점수의 분포도〉

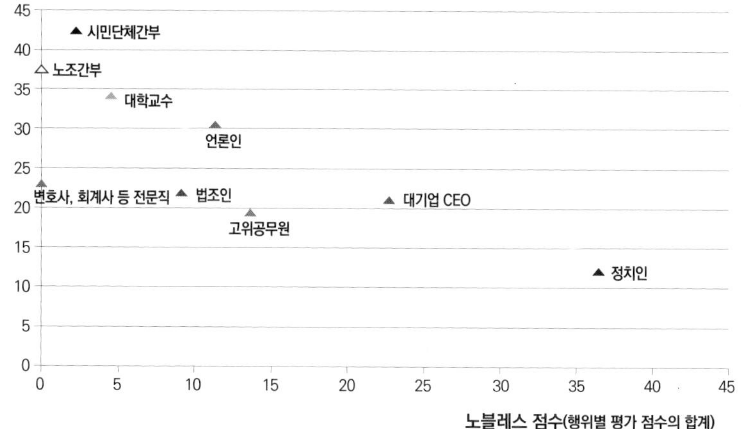

출처: 이재열·장덕진·고형면·김주현. 2009. 78쪽.

그런데 이 최소한의 '오블리주'조차도 막상 진짜 '노블레스'들은 그다지 하지 않고 있다는 평가가 〈그림 8〉에 제시되어 있다. 같은 보고서는 전문가 AHP(Analytic Hierarchy Process)를 활용하여 집단별 노블레스 점수와 오블리주 점수를 산출하였는데, 그 둘의 분포도가 바로 이 그림이다. 가로축에서 오른쪽에 있을수록 노블리스 점수가 높은 집단, 그러니까 더 '핵심적 노블리스'라고 할 수 있고, 왼쪽에 있을수록 노블리스 점수가 낮은 집단, 그러니까 일종의 '주변적' 노블레스라고 할 수 있다. 세로축은 각 집단이 어느 정도 '오블리주'를 실천하고 있는지에 대한 평가이다. 비록 최소한의 '오블리주'일망정 핵심적 노블레스가 더 많이 수행하고 있다면 분포는 좌하단에서 우상단으로 향해야 한다. 그러나 그림에서 보듯이 전문가들의 평가 결과는 거꾸로 좌상단에서 우하단으로 향하고 있다. 가장 핵심적 노블레스인 정치인이나 대기업 최고경영자들은 최소한의 노블레스조차 별로 실천하지 않고, 주변적 노블레스인 시민단체 간부나 노조 간부 같은 사람들이 그나마 어느 정도의 오블리주를 실천하고 있다고 전문가들은 평가한 것이다.

이것은 최상위의 인생을 사는 노블레스에 대한 질투 섞인 평가의 결과일까? 〈그림 7〉과 〈그림 8〉은 노블레스 본인들에게 물은 것이 아니라 한국의 노블레스 집단들이 얼마나 오블리주를 실천하고 있는지 분야별 전문가들에게 물은 결과이다. 그들 중 일부는 본인들이 노블레스일 수도 있겠으나, 대개는 아닐 것이다. 그러니 노블레스를 인정하지 못하는 시샘 때문에 핵심 노블레스일수록 더 짜게 평가한 것은 아닐까? 아마도 그렇지 않을 것이라는 근거가 〈표 5〉와 〈표 6〉에 제시되어 있다.

〈표 5: 5개국 학력별 관용성의 차이〉

*** p〈.001 ** p〈.01 * p〈.05

	초졸이하	중등중단	중등졸업	대학교육	집단간 차이(Chi²)
한 국	40.3	43.6	43.6	46.8	—
독 일	63.9	61.4	74.6	80.3	***
일 본	55.9	70.6	64.9	68.2	**
네덜란드	81.6	87.7	84.2	88.3	*
미 국	77.6	74.9	71.1	72.7	—

출처: 장덕진 외 (2014)

〈표 6: 5개국 계층별 관용성의 차이〉

*** p〈.001 ** p〈.01 * p〈.05

	상, 중상류층	중하층	하층, 근로층	집단간 차이(Chi²)
한 국	49.3	45.0	40.0	
독 일	77.5	73.2	64.9	***
일 본	67.0	64.2	64.7	
네덜란드	89.7	84.4	82.9	***
미 국	72.8	72.8	73.4	

출처: 장덕진 외 (2014)

서울대학교 사회발전연구소가 앞에서 소개한 세계가치관조사 자료를 사용하여 52개 국가의 관용성 수준을 평가했더니, "자녀에게 관용성을 가르쳐야 한다"는 응답은 한국에서 45.3퍼센트로 52위, 즉 꼴찌로 나타났다.[14] 충격적인 결과가 아닐 수 없다. 나와 다르거나 나보다 못한 사람과 더불어 살아야 한다는 의식을 자녀에게 가르치겠다는 응답이 52개 국가 중 꼴찌라니. 이것은 소득을 고려하지 않고 단순히 응답 빈도만 비교한 것인데도 불구하고, 자녀에게 관용성을 가르치겠다는 한국인의 비율은 1인당 GDP 1,807달러에 불과한 르완다(56.4%)보다도 낮다. 나는 이 주제와 관련하여 대중강연을 할 기회가 있으면 이 결과를 보여주며 청중들에게 묻는다. "여러분의 고등학생 자녀가 공부를 잘 하는 편인데, 같은 반에 성적이 낮은 초등학교 동창생이 있습니다. 여러분은 자녀에게 뭐라고 말씀

14 원래의 질문은 다음과 같다. "여기에는 가정에서 아이들에게 가르칠 만한 내용들이 나열되어 있습니다. 이 중에서 특히 중요하다고 생각되는 것이 있다면 무엇입니까? 최대 다섯 개까지 골라주시기 바랍니다. ① 독립성 ② 열심히 일하기 ③ 책임감 ④ 상상력 ⑤ 관용과 타인에 대한 존중 ⑥ 절약, 돈과 물건을 아껴 쓰기 ⑦ 의지와 끈기 ⑧ 신앙심 ⑨ 이기적이지 않은 성품 ⑩ 복종 ⑪ 자기표현." 한국이 45.3%라는 것은 최대 다섯 개까지 고르게 되어있는 선택지 중에서 '⑤ 관용성과 타인에 대한 존중'을 한 번이라도 선택한 사람이 45.3%라는 뜻이다.

하시겠습니까? 네가 좀 도와줘라, 이렇게 말씀하시겠습니까? 아니면 걔랑 놀지 마라, 이렇게 말씀하시겠습니까?" 한국인의 관용성이 르완다보다도 낮다는 사실을 쉽게 받아들이지 못하던 청중들은 그제서야 고개를 끄덕이며 "놀지 말라고 말할 것 같다"는 사실을 인정한다.

이게 끝이 아니다. 〈표 5〉와 〈표 6〉을 보자. 두 개의 표는 한국, 독일, 일본, 네덜란드, 미국을 비교하고 있는데, 한국과 미국을 제외한 다른 나라들에서는 교육수준이 높아질수록, 그리고 계층이 상승이동 할수록 관용성이 유의미하게 높아진다. 이것이 우리의 상식이다. 한마디로 '먹고 살만해지면' 너그러워지는 것이다. 하지만 한국과 미국에서는 그러한 차이가 존재하지 않는다. 그런데 똑같이 차이가 없지만 한국과 미국의 사정은 다르다. 표에서 보듯이 미국은 70퍼센트 대에서 차이가 없다. 즉 미국인들은 교육수준이 낮아도, 계층이 낮아도 어느 정도의 관용성을 가지고 있다는 뜻이 된다. 그런데 한국은 다섯 나라 중 가장 낮은 40퍼센트 대에서 차이가 없다. 다른 말로 한국인들은 교육수준이 높아져도, 계층이 높아져도 "소용없다"는 뜻이 된다. 이러한 결과는 왜 '노블레스'가 '오블리주'를 하지 않는지를 짐작하게 해준다. 사회적 지위는 높아졌지만, 지위가 낮은 사람들과 아무런 차이가 없고, 노블레스가 돼봤자 오블리주라는 측면에서는 '소용없는' 것이다. 한국에서는 지위가 높아지더라도 송호근 선생의 말처럼 "타인에의 배려를 내면화" 하지 않고, 송복 선생의 말처럼 "내가 잘나서, 내가 능력과 경쟁력이 있어서 지금 이 자리에 올라와 있고, 그리고 지금 받고 있는 것은 국가 국민으로부터 받는 [특혜]가 아니라, 내 피와 땀과 눈물의 대가일 뿐이라고 생각"하는 것이다. 김우창 선생이 프리드리히 쉴러를 인용하여 말하듯이, "약함은 신성한 것이 되고 고삐 풀린 힘은 수치스러운 것이" 되기는커녕, 고삐 풀린 힘만이 난무한다.

〈그림 9: '본인이 부자라는 인식'과 '부자이기 위한 최소 자산 인식', 2012~2016〉

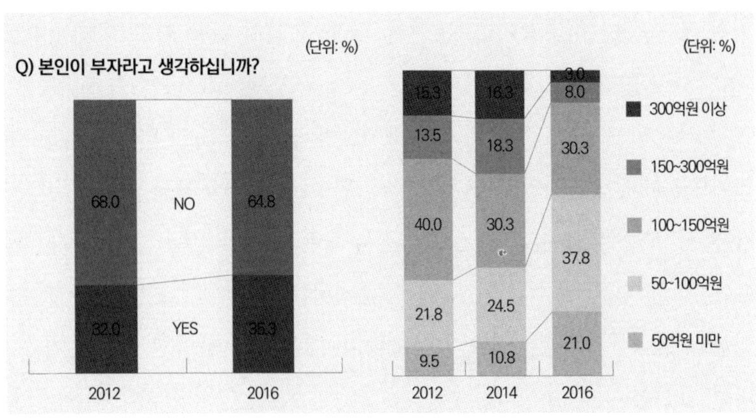

출처: KB금융지주연구소. 2017. 『한국부자보고서 2016』

왜 그럴까. 왜 한국에서는 더 많이 배워도, 지위가 높아져도 너그러워지지 않을까. 필자는 그것이 '불안사회'의 징후라고 생각한다. 언론기사를 찾아보니 9급 공무원의 첫해 연봉은 2천만 원 남짓 하고 성과급을 제외하면 한 달에 134만 원 수준이라고 한다. 결코 높다고는 할 수 없는 액수이다. 그럼에도 불구하고 매년 수십만 명의 젊은이들이 9급 공무원 공채에 몰려든다. '불안사회'에서 '안정성'을 희구하기 때문이다. 기업에 비해 연봉이 낮아도 좋으니 안정적으로 살고 싶다는 말이다. 심각한 취업난과 고용불안정성 때문에 장기적인 삶을 계획할 수 없게 된 젊은 세대가 불안해하는 것은 이해할 수 있다고 하자. 문제는 최상위층도 불안해 한다는 점이다. 〈그림 9〉를 보자. KB금융지주경영연구소가 매년 발행하는 『한국부자보고서』라는 흥미로운 책자가 있다. 여기서 '부자'는 부동산을 제외한 금융자산만 10억 원 이상 가진 사람들이다. 10억 원이면 대략 미화로 1백만 달러이니 말 그대로 '백만장자(millionaire)'를 말한다. 2016년 보고서에서 이 백만장자들을 상대로 "본인이 부자라고 생각하십니까?"라고 물었더니 64.8퍼센트가 '아니다'라고 답했다. 그나마 2012년 68.0퍼센트에 비하면 조금 줄어든 응답이다. 그러면 "부자가 되기 위한 최소 자산(부동산 제외)은 얼마인가"라고 물었더니 평균값이 70억 원이고, 100억 원 이상 있어야 부자라고 답한 사람이 41.3퍼센트에 달했다. 다시 말하지만 이것은 일반인들에게 물은 것이 아니고 10억 원 이상의 금융자산을 가진 '백만장자'들에게 물은 것이다. 경기침체와 더불어 그나마 '부자들의 부자 기준'도 많이 낮아진 것이다. 2012년 응답에서는 부자이기 위한 최소 기준의 평균이 100억 원이었고, 그 이상 있어야 부자라고 응답한 부자들이 68.8퍼센트였다.

왜 이렇게까지 많은 돈이 필요한 것일까. '불안'하기 때문이다. 이 보고서에는 부자들의 연령에 대한 정보가 나와 있지 않은데, 최대한 젊게 잡아서 한국 부자들의 평균 연령이 40세이고 앞으로 살날이 40년 남았다고 가정해보자. 이 보고서에 따르면 부자들은 자산의 절반 정도를 자녀에게 증여할 계획이라고 한다. 부동산을 빼고 보더라도 부자의 기준이 70억 원이라고 하니 35억 원 정도를 증여하겠다는 뜻이다. 그러면 남은 40년 동안 35억 원을 스스로를 위해서 쓰고 죽는다는 계산이다. 별도의 투자도 하지 않고 이자 한 푼 없이 금고에 쌓아놓은 돈을 꺼내 쓰기만 한다고 가정해도 죽을 때까지 매일 24만원씩 써야 소진할 수 있는 돈이다. 한 달이면 약 750만원이다. 보고서에 따르면 부자들은 은퇴 후 '적정한 삶을 유지하기 위해' 필요한 생활비를 월 평균 715만 원이라고 응답했다고 하니 얼추 들어맞는 액수이다. 이렇게 본다면 금융자산 "1, 20억밖에" 없는 부자들은 스스로 부자가 아니라고 답하는 것이 맞다. 스스로 생각하는 '적정한 삶을 유지하기 위한 기준'에 비추어 보면 아직도 4, 50억은 더 벌어야 하는 것이다.

얼핏 합리적으로 보이는 이 계산에 빠져있는 것이 있다. 바로 국가와 사회로부터 오는 지원이다. 내가 어려운 상황이 되었을 때 아무도 나를 도와주지 않고 나의 문제는 순전히 나 혼자 해결한다는, '각자도생(各自圖生)'을 각오했을 때에만 이 계산이 성립한다. 2016년의 상용근로자 평균임금은 월 319만 원이었으니, 연 3천8백만 원 남짓하다. 2016년 한국의 저축률은 8.66퍼센트로 OECD 5위를 기록했는데, 그 자체가 저금리에도 불구하고 워낙 노후가 '불안'하니 저축이 늘어나는 '저축의 역설'이다. 평균 연봉에 저축률을 곱해보면 연간 330만 원쯤 저축할 수 있다는 뜻이다. 이미 OECD 5위이니 저축률이 더 높아지기는 어려울 것이다. 이렇게 모아서 70억 원 자산을 가진 부자가 되려면 2,121년이 걸린다. 한 생에서 50년간 경제활동을 한다고 가정하면 42번 새로 태어나야 한다. 한국에서 부자가 된다는 것은 가히 '영겁(永劫)의 목표'라 할 만하다. 부자의 기준이 이처럼 비현실적인 것은 각자도생 하려고 하기 때문이다. 사람의 삶에는 혼자서 풀어야 할 문제가 있고 함께 풀어야 할 문제가 있다. 그런데 탈상품화(decommodification)의 영역이 지극히 협소한 한국은 거의 모든 문제를 개인에게 맡겨놓고 있다. 이러한 사회에서는 백만장자도 불안한 것이다. 불안사회이기 때문에 '노블레스'도 '오블리주' 하려 들지 않고, 자신의 자녀들도 각자도생해야 할 것을 알기 때문에 관용을 가르치려 들지 않는다. 그러니 '의식의 전환'을 위해서는 '제도의 전환'이 필요할지도 모른다.

제도의 해법: 사회민주화와 복지정치

이제 '사회민주화와 복지정치'라는 송호근 선생의 해법으로 가보자. "시민민주주의의 제도적 조건"을 말하면서 선생은 사회민주화와 복지가 그 조건이라고 주장한다. 인용해 보면, "시민성과 공민을 말하는 데에 왜 갑자기 사회민주화와 복지정치인가? 시민성(공민)은 사회민주화(복지정치)의 전제이고, 사회민주화는 시민성을 강화하는 토양이기 때문이다.……(중략)……사회민주화의 초점은 불평등해소와 격차 줄이기다." 요약하면, 불평등과 격차가 줄어들면 시민성도 고양된다는 말이 된다. 그때 비로소 우리는 제대로 된 시민민주주의를 가질 수 있을 것이다.

〈그림 10: 소득불평등과 공공성의 관계〉

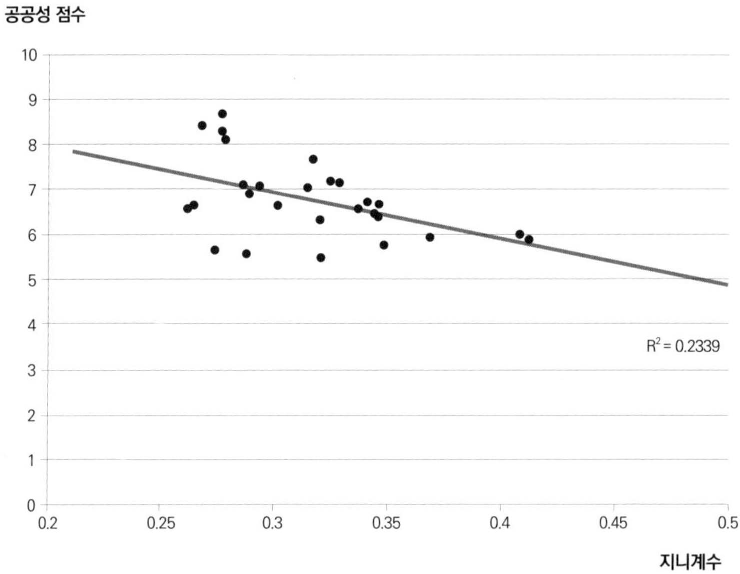

공공성 점수

$R^2 = 0.2339$

지니계수

주: 지니계수는 세계은행이 추산한 2000~2013 평균, 공공성 점수는 장덕진 외. 2015.

〈그림 10〉은 소득격차를 나타내는 지니계수와 〈표 2〉에서 제시했던 공공성 점수간의 관계를 보여준다. 지니계수가 커질수록, 즉 불평등이 심해질수록 공공성 점수가 커지는(공공성이 높아지는) 상당히 뚜렷한 관계를 보여준다. 소득 불평등이라는 하나의 변수만으로 공공성 분산의 23퍼센트 이상을 설명할 수 있다는 뜻이어서 둘 사이의 관계는 상당히 강력하다고 할 수 있다. 앞에서 송호근 선생의 '공민'과 서울대 사회발전연구소의 '공

공성'이 거의 비슷한 개념이었음을 상기한다면, "불평등과 격차가 줄어들면 시민성이 고양된다"는 주장은 상당한 경험적 지지를 받는다고 할 수 있다.

〈그림 11: 공공성과 1인당 GDP간의 관계〉[15]

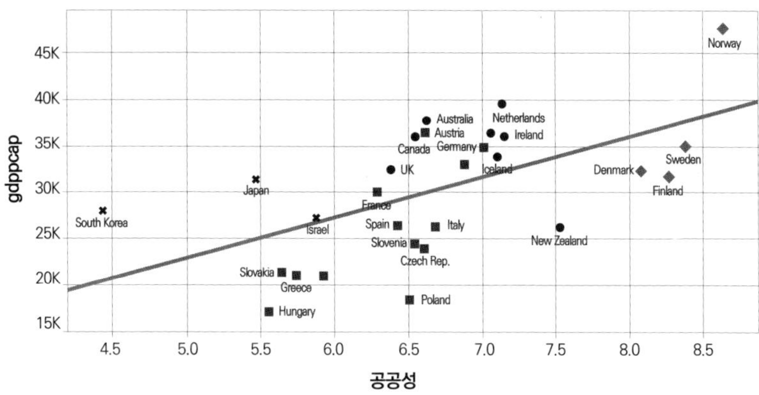

출처: 장덕진 외. 2014.

그러나 세계 최고 수준의 물질주의적 가치관을 가진 한국에서, 백만장자도 불안해하는 한국에서, 격차를 줄이면 시민민주주의가 꽃필 수 있다는 말만으로는 설득력이 부족하다는 것을 필자는 그간의 경험을 통해 알고 있다. 세월호 참사를 겪은 이후에도 '안전=비용'이라는 인식이 팽배하지 않은가. 공익에 대한 투자는 종종 그것의 경제적 효과를 함께 말해야 공감을 얻는다. 그래서 함께 제시된 것이 〈그림 11〉이다. 공공성이 높아질수록 GDP도 함께 높아진다. 그림을 보면 한국의 공공성 점수가 4.5에 조금 못 미치는데, 우리가 아직 한 번도 넘어보지 못한 3만 달러의 벽을

15 이 그림에 표시된 국가들은 〈표 2〉의 30개 국가 중 미국과 룩셈부르그를 제외한 28개이다. 두 나라를 제외한 것은 공공성과 GDP간의 관계를 더 자세히 보여주기 위해서이다. 그러나 두 나라를 포함하더라도 두 변수간 관계는 거의 변함없이 유지된다. 두 나라가 모두 공공성 수준에 비해 신뢰구간을 넘는 높은 GDP를 가지고 있어서 우상단에서의 동분산성(homoscedasticity)을 약간 높일 뿐이다.

넘은 나라치고 공공성 점수 5.5를 넘지 못하는 나라는 하나도 없다. 3만5천 달러를 넘은 나라치고 공공성 점수 6.5를 넘지 못한 나라도 하나도 없다.

왜 그런가. 공공성으로 측정된 사회민주화와 성장 사이에 왜 뚜렷한 관계가 존재할까. 송호근 선생은 "복지=기업경쟁력 강화=일자리 지키기라는 등식"에서 그 답을 찾는다. 한국에서는 복지를 늘리는 것은 재정에 부담을 주고 일자리를 지키는 것은 기업에 부담을 준다는 인식이 팽배하다. 둘 다 성장에 저해가 되는 것이기에 복지도 늘리지 말아야 하고 정리해고도 쉽게 해야 한다는 인식이다. 그런데 복지를 늘리지 않을 방법이 있을까? 어쩌면 '벚꽃 대선'이 될지도 모를 차기 대선을 앞두고 대선 주자들은 심지어 기본소득제까지 거론하고 있지만, 기본소득은커녕 아무런 복지제도도 새로 만들지 않고 OECD 꼴찌에서 세 번째인 현행 그대로 유지한다고 가정해보자. 그러면 복지가 늘지 않았으니 재정부담도 늘지 않을까? 세계 최고 속도로 진행중인 고령화를 생각해보면 그럴 리가 없다는 답이 쉽게 나온다. 연금과 의료 혜택을 받아야 할 고령층은 빠르게 늘고 세금을 납부할 경제활동인구는 빠르게 줄어드는데, 현행 복지제도를 그대로 유지한다 한들 재정부담이 늘지 않을 리가 없다. 아무런 정치적·사회적 합의도 하지 못한 채, 따라서 제도적 정비도 하지 못한 채, 고령화와 그에 따른 재정부담만 늘려나간다면 우리의 미래는 최선의 시나리오를 상정하더라도 최악의 경제위기를 겪고 있는 남유럽이다.[16] 그러니 아무 것도 하지 못하고 있다가 서서히 고사(枯死)하기 전에 무엇인가를 해야만 한다. 송호근 선생의 해법은 '복지=일자리 지키기'라는 등식의 가운데에 '기업경쟁력

16 장덕진 외, 2015b, 『유로존 경제위기의 사회적 기원』, 한울아카데미. 제1장. 여기서 '최선의 시나리오를 상정하더라도'라고 한 것은 우리에게는 남유럽에는 없는 변수, 즉 북한이 있기 때문이다. 설사 평화적인 통일이 이루어진다 하더라도 통일에 따른 비용은 2천조~5천조 원이라는 것이 국제적인 싱크탱크들의 추산이다. 평화적인 통일이 아닐 경우의 비용은 상상을 초월할 것이다.

강화'를 끼워 넣어서 '복지=기업경쟁력 강화=일자리 지키기'가 되도록 해야 한다는 것이다. '일자리 정치'를 통해 사회적 합의를 도출하고, '양보와 헌신의 교환계약'이 가능할 때 비로소 '시민성의 발화'도 더 이상의 성장도 가능해진다.

안타까운 것은, 우리는 혹여 성장하지 못할까봐 물질주의를 놓지 못하고 있는데, 물질주의를 놓아주지 않고는 더 이상 성장할 수 없다는 역설이다. 아들의 머리 위에 사과를 올려놓고 화살을 쏘아 맞혀야 하는 윌리엄 텔의 심정을 생각해보자. 제아무리 신궁(神弓)이라 해도 날아가는 새를 쏘는 것과 사랑하는 아들의 머리 위에 놓인 사과를 쏘는 것은 같을 수 없다. 평소 같으면 눈 감고도 맞출 수 있을 사과를 겨누는데, 그것이 아들의 머리 위에 놓여있기 때문에 손이 떨린다. 절대로 실수하면 안 되기 때문에, 반드시 맞춰야만 하기 때문에, 역설적으로 실수할 가능성은 그만큼 더 커진다. 이것은 마치 물질주의를, 성장과 안보를 놓지 못하는 한국인의 마음의 길과도 같다. 반드시 성장해야 하기 때문에, 절대 여기서 주저앉아서는 안 되기 때문에, 물질주의를 놓지 못하고, 그렇기 때문에 더 이상 성장 못할 가능성은 더욱 커진다. 성장해야 하기 때문에 시민민주주의를 당분간 외면하고, 그렇기 때문에 더 이상 성장하지 못하는 역설이다.

통합의 해법: 심미국가와 현실의 예비 작업

"보다 나은 사회란 보다 인간적인 사회"임을 설득하는 김우창 선생의 해법은 송복 선생의 '의식의 전환'과 송호근 선생의 '제도의 전환'을 통합하려는 시도처럼 보인다. 쉴러를 논하면서 김우창 선생은 "이것은 인간 발전—개인적 품성은 물론 국가적 체제 자체가 그러한 것이 될 때 비로소 인간성의 자연스러운 표현이 된다. 이렇게 말하는 것은 인간성 완성을 사회적 정치적 관점에서 파악하는 것"이라고 말한다. 가치관과 제도가 다른 것이 아님을 말하는 것으로 읽힌다. 다시 쉴러 논의의 연장선에서 선생은 "처음에 성립하는 국가는 '힘의 국가'이다. 그것은 힘과 힘의 충돌 속에서 성립한다. (홉스가 말하는 국가가 이러한 것이다.) 그 다음에 진화하여 나오는 것은 '윤리 국가'이다. 여기에서 윤리는 개인 의지를 일반 의지에 종속하게 한다. 그러나 심미국가에는 힘과 윤리적 제재를 위한 국가 기구는 필수적인 것이 아니다. 집단 질서는 자유 의지와의 조화와 균형 속에 이루어진다"고 말하고 있다.

김우창 선생의 글을 읽으면서 필자는 힘의 국가도, 윤리적 제재의 국가도 아닌, 자유의지와 집단 질서가 조화된 하나의 사례를 금방 떠올릴 수 있었다. 2014년 여름 베를린에서 필자가 직접 인터뷰했던 클라우스 퇴퍼(Klaus Topfer) 박사로부터 들은 이야기이다. 퇴퍼 박사는 독일 하원 의원이자 환경과 지속가능성 분야의 국제적 거물이며, 무엇보다 2021년까지 독일 내의 모든 원전을 폐쇄하고 신재생에너지로 전환한다는 메르켈 정부의 결정을 이끌어내는 데 핵심 역할을 한 원자력윤리위원회의 공동 의장을 지냈다. 독일의 에너지 전환은 메르켈 정부만의 독단적 결정이 아니라 길게 보면 40여 년 동안 사회운동과 정당정치, 시민사회의 싱크탱크, 에너지 기업들과의 협상, 신재생에너지 산업의 육성, 사회적 합의를 거치며 이끌어 낸 결실이다. 그 과정에서 얼마나 많은 우여곡절이 있었겠는가. 퇴퍼 박사가 들려준 에피소드 하나를 기억나는 대로 재구성해보면 다음과 같다.

"신재생에너지의 가격이 원자력보다 비싸다고 하는데, 그건 나라마다 다릅니다. 독일은 오랫동안 신재생에너지에 투자해왔기 때문에 이제는 원자력보다 싸게 공급할 수 있습니다. 과거에 신재생에너지가 비싸던 시절, 독일 일부 지역에서는 집집마다 전기콘센트를 두 종류씩 만들어줬습니다. 하나는 원자력, 다른 하나는 신재생에너지입니다. 돈을 더 내고라도 신재생에너지에 꽂을 사람은 꽂으라는 거였죠. 그런데 생각보다 많은 사람들이 비용을 감수하고 신재생에너지로 만든 전기를 쓰더라고요."

여기에는 힘의 국가에 의한 강요도, 윤리국가에 의한 비난도 없다. 국가는 사람들의 자유의지가 발현될 수 있는 공간을 만들어줬고, 많은 사람들은 자신의 자유의지로 공익에 동참했으며, 그것은 하나의 집단질서를 만들어 에너지 전환이라는 전대미문의 정책실험을 가능하게 했다. 적어도 이 부분에서 독일은 '심미국가'의 현현(顯現)을 경험한 것이다. 새뮤얼 콜리지(Samuel Coleridge)와 막스 리히터(Max Richter)에 대한 김우창 선생의 해석은 또 어떤가. 선생이 인용한 콜리지의 구절을 다시 적어본다.

당신이 잠이 들고 잠 속에서 꿈을 꾸고 꿈속에서 하늘나라에 갔다가, 기이하고 아름다운 꽃을 한 송이 꺾었는데, 잠에서 깨어나 보니, 당신의 손에 그 꽃이 들려 있다면, 그렇게 되면?

선생은 "꿈과 현실의 혼융(渾融)은……(중략)……현실의 예비 작업을 상징한다"고 말한다. 이것을 더 설명하기 위해 김우창 선생은 막스 리히터를 소환한다. "리히터의 곡은 이에 비슷한 꿈의 창조적 가능성을 말한다"고 할 수 있다는 것이다. "음악은…… (중략)……상상된 현실이다. 그러면서 그것은 듣는 사람으로 하여금 그의 현실 경험을 새롭게 창조하게 한다. 그 점에서 음악·리히터의 음악은 창조를 위한 공간—일정한 질서를 가진 공간을 제공한다. 잠도 이러한 의미에서 창조의 공간이다. ……(중략)…… 잠이란, 그의 생각으로는, 존재와 비존재의 중간에 있는 '가사상태(假死狀態) 또는 가생상태(假生狀態)'를 말한다. ……그가 묻는 것은…… (중략)……

음악은 참으로 잠과 의식이 공유하는 창조적 공간인가 하는 것"이라고 말이다.

사회과학자인 필자에게 이 해석은 다음과 같이 번역되어 들린다. 잠과 의식을 사회과학에 빗대면 현실과 이상, 현재와 미래라고 할 수도 있을 것이다. 그렇다면 음악은 정치이고 정책이다. 정치나 정책은 현실과 이상, 혹은 현재와 미래가 공유하는 창조적 공간이어야 한다. 에너지 분야에서 독일이 경험한 심미국가의 현현을 우리도 가능하게 하려면 성장하지 못할까봐 부릅뜨고 깨어있는 의식만으로는 불가능하다는 말처럼 들린다. 잠들어야 하고 꿈꿔야 한다. '요지부동의 한국인'들에게 '의식의 전환'과 '제도의 전환'을 가능하게 하는 것은 현실에만 매몰되어서는 요원한 일이다. 더 나은 사회는 '상상된 현실'이고, 더 나은 사회를 꿈꾸는 것은 '현실의 예비작업'이다. 더 나은 사회는 아직 존재하지 않지만 그렇다고 단정적으로 불가능한 것도 아니어서 "존재와 비존재의 중간에 있는 '가사상태(假死狀態) 또는 가생상태(假生狀態)'"이다. 이 가능태(可能態)를 현실태(現實態)로 만드는 것이—마치 음악처럼—정치와 정책이 만들어내야 할 '창조를 위한 공간'이다. 정치와 정책이 그 역할을 제대로 해준다면 "잠에서 깨어나 보니 …… 당신의 손에 그 꽃이 들려"있을 것이다.

정치와 거버넌스의 공간

그렇다면 '의식의 전환'과 '제도의 전환'을 통합하여 '더 나은 사회'로 가는 것은 정치의 영역을 거치지 않을 수 없다고 할 것이다. 김우창 선생이 소개하는 쉴러의 '힘의 국가'를 우리는 민주화 이전까지 경험했다. 87년 체제 동안 우리가 겪은 것은 '윤리국가'였는지도 모른다. 여기에서는 '개인 의지를 일반 의지에 종속하게' 만든다는 점에서 정치체제로 보면 다수제 민주주의와 친화성을 가지고, 대결적 정치를 조장하는 경향이 있으며, 포퓰리즘의 유혹에 취약하다. 한국 유권자의 과반수가 '한국적 민주주의'를 배우며 자랐는데, 그때 배운 민주주의의 내용은 다수결밖에 없었다. 한 표라도 많으면 그것이 곧 '일반 의지'가 되고, 한 표라도 적은 '소수'는 '전체'를 위해 '다수'에 동의해야 한다는 논리였다. 그러나 그 교과서는 당시의 한국 정치가 체육관 선거를 비롯한 수많은 장치들을 통해 그들이 항상 다수일 수밖에 없는 상황이라는 점은 설명해주지 않았다. 한 표라도 많으면 전체를 가지는 승자독식의 제도는 당연히 대결적 정치를 조장한다. 무슨 수를 써서라도 이겨야 하는 것이다. 이기려면 다수를 유혹하는 정책을 해야 하는데, 그것이 곧 포퓰리즘이다. 한국이나 그리스에서 보듯이, 우파나 좌파, 진보나 보수에 상관없이 포퓰리즘의 유혹에서 자유롭지 못하다.

그리스를 보라. 월 스트리트 저널은 유로존 최악의 위기를 겪고 있는 그리스에 대해 "문제의 근원은 '승자독식'의 다수제 정치체제에 있다"고 지적한 바 있다.[17] 그리스는 다수당에게 의석 300석 중 50석을 덤으로 붙여줌으로써 정치적 안정성을 도모하려고 시도해왔으나, 그것은 환상에 불과하다는 점이 증명되었다. 실제로 1974년 이래 그리스는 신민당과 사회당이 승자독식을 위해 경쟁적으로 재정지출과 공공부문 고용을 늘려나감으로써 엄청난 국가부채를 쌓았고, 그것이 오늘날 위기의 직접적 도화선이 되었다. 배가 충돌경로로 가는 것을 뻔히 알면서도 선장 자리를 차지하기 위해 "나는 항로를 바꾸지 않겠다"는 이기심의 누적이 오늘의 위기를 만든 것이다. '제왕적 대통령'을 차지하기 위해, 그리고 지금은 그 자리에서 파면되지 않기 위해, 나라야 어떻게 되든 말든 모든 수단을 동원하는 한국의 경우는 말할 나위도 없다.

17 Neophytos Loizides and Iosif Kovras. "The Problem with Greek Democracy: A Quirk in the Election Law is Making it Harder for Anyone to Govern in Athens." *Wall Street Journal* 8 Jan 2015.

적어도 에너지 정책의 영역에서 독일이 경험한 '심미국가'는 사실상 합의제 민주주의의 산물이라 해도 틀리지 않다. 에너지 정책을 놓고 40년을 논의할 수 있다는 점 자체가 우리에게는 놀라울 따름이다. 불과 5년 전 녹색성장은 다 어디로 갔으며, 박근혜정부 창조경제의 운명은 또 어떻게 될지 불을 보듯 뻔하지 않은가. 1972년~2002년까지 30년에 걸쳐 독일 연방하원의 노동사회위원회(이하 노사위)를 거쳐간 의원들의 경력을 분석한 트람푸쉬의 연구에 따르면, 시기별·정당별 차이가 있기는 하지만 이들은 최소 80개월에서 최대 160개월까지 노사위에 머물렀다.[18] 이렇게 오랫동안 하나의 정책영역에 집중하면서 경총과 노총, 각종 싱크탱크에 이르기까지 노동 관련 다양한 이해관계자들과 친분을 맺고 이익다툼을 조정하는 것이 독일 합의제 민주주의의 미시적 기초이다. 의원들의 경력관리를 위해 4년 임기 동안 최소 한 번 이상 상임위를 바꾸는 것이 기본인 우리 국회에서는 찾아보기 어려운 모습이다. 이것이 합의제 민주주의의 미시적 기초라면, 그 제도적 조건은 물론 비례성 높은 선거제도와 연정을 할 수밖에 없게 만드는 다당제에 있다.

100일이 넘도록 이어지고 있는 탄핵정국에서, 만약 탄핵이 인용될 경우 60일 이내에 대선을 치러야 하기 때문에 대선 전 개헌이 현실적으로 불가능하다는 주장은 어느 정도 이해할 수 있다. 물론 개헌이 불가능하게 된 근본적인 원인은 불과 얼마 전까지 '개헌은 블랙홀'이라던 대통령이 자신의 살 길을 찾기 위해 개헌을 정략적 먹잇감으로 국회에 던짐으로써 오염시켰기 때문이다. 아무튼 오염되어서건 현실적인 문제 때문이건 대선 전 개헌이 쉽지 않다는 데에는 동의할 수 있다. 그러면 선거법은 왜 안 바꾸는 걸까? 우리의 선거제도가 많게는 절반 가까운 유권자의 선택을 휴지

18 Trampusch, Christine. 2005. "From Interest Groups to Parties: The Change in the Career Patterns of the Legislative Elites in German Social Policy." *German Politics* Vol.14 No.1 Pp.14~32.

조각으로 만들어버리고, 거대정당에게만 유리하기 때문에 소수파 입장을 가진 국민들을 대표하지 못하며, 현역 의원에게 유리하기 때문에 정치 신인들에게 높은 진입장벽을 친다는 것은 상식이 된 지 오래다. 선거제도 개편의 방향이 무엇이어야 한다는 점도 이미 널리 공유된 상태이다. 그러나 무엇이 문제인지 알고 해법도 안다고 해도, 거대 양당이 국회를 장악한 상태에서는 그들의 이익에 역행하기 때문에 선거제도는 바뀌지 않는다. 그러나 탄핵정국으로 인해 원내진입 정당만 해도 5당 체제가 된 지금이야말로 불합리한 제도를 바꿀 좋은 기회가 아니겠는가. 당장 내각제 개헌을 하자는 이야기가 아니다. 개헌을 할 것인지, 만약 한다면 어떤 내용을 담을 것인지는 그리 간단한 문제가 아니다. 그러나 지금과 같은 정치체제 하에서는 정권교체가 된다 해도 대결적 구도는 반복될 가능성이 높다. 개헌 여부와 무관하게 정치의 합의적 성격을 지금보다 훨씬 강화할 수 있는 방안이 마련되어야 하고, 선거제도 개편은 하나의 예시일 뿐이다.

독일 사례 하나만 보고 너무 일반화 하는 것은 아닐까? 합의제 민주주의에 너무 높은 점수를 주고 있는 것은 아닐까? 제도가 아무리 좋다한들 누가 어떻게 운용하느냐에 따라 달라지는 것 아닐까? 여러 질문들을 해볼 수 있다. 모두 타당한 질문들이다. 서울대 사회발전연구소는 1980~2009년까지 30년 기간 동안 노사관계와 복지제도 변화에 대한 자료를 모두 구할 수 있는 20개 OECD 국가들을 대상으로 거버넌스 유형을 구분하기 위한 시퀀스 분석(sequence analysis)을 실시한 바 있는데, 그 결과가 〈표 7〉에 정리되어 있다.[19]

19 장덕진 외, 2013, 『착한 성장을 위한 거버넌스: 스웨덴, 독일, 프랑스, 일본, 한국 비교연구』, 서울대학교 사회발전연구소. 시퀀스 분석이란 생물학에서 먼저 발전한 것으로서, DNA 염기서열을 분석하여 동일인 여부를 판단하거나 친족 관계를 확인하는 방법이 사회과학에 도입된 것이다. 이 연구에서도 20개 국가가 30년간 노사협의와 복지제도 변천에서 겪은 사건들을 코딩하여 일종의 염기서열을 만들고 국가간의 친소관계를 구분한다. 그러나 실제로 DNA에 의해 엮인 생물학의 대상과 달리 국가간에는 혈연관계가 없기 때문에 해석에 있어서는 유의해야 한다. 자칫하면 잘못된 유추를 할 수 있기 때문이다.

〈표 7: 시퀀스 분석에 따른 18개 OECD 국가의 거버넌스 유형〉

유형		정치체제	경제체제	노사협약	국가명
집단 1		다수제 민주주의	자유시장경제		미국, 캐나다, 호주, 뉴질랜드, 스위스, 영국, 아일랜드
집단 2		다수제 또는 합의제	국가지배시장경제		포르투갈, 이탈리아, 스페인, 벨기에
집단 3	3-1	합의제 민주주의	조정시장경제	국가주도	프랑스, 덴마크, 핀란드
	3-2			노사자율	오스트리아, 네덜란드, 스웨덴, 독일

출처: 장덕진 외. 2013에서 재구성.

분석대상은 20개 국가였지만 〈표 7〉에는 18개 국가만 제시되어 있다. 왜냐하면 한국과 일본은 다른 어느 나라하고도 비슷하지 않은 독자적 유형으로 나왔기 때문이다. 이 두 나라는 아직까지 다른 어느 나라와도 비슷한 안정적인 거버넌스 유형을 만들지 못했다는 뜻이다. 마침 이 분석이 DNA 염기서열 분석에 사용되는 시퀀스 분석 방법이었음을 생각하면, 적어도 거버넌스라는 관점에서 볼 때 족보가 없는 고아가 되어버린 듯한 느낌을 받게 된다. 집단 1, 2, 3은 정치체제와 경제체제의 조합만으로 구분이 가능하다. 집단 3 내부에는 두 개의 하위집단이 있는데, 이들은 노사협약에 국가가 개입하는지 아니면 전적으로 노사 자율에 맡기는지에 따라 3-1과 3-2로 나뉜다.

〈그림 12: 거버넌스 유형에 따른 불평등, 고용률, 실업률〉

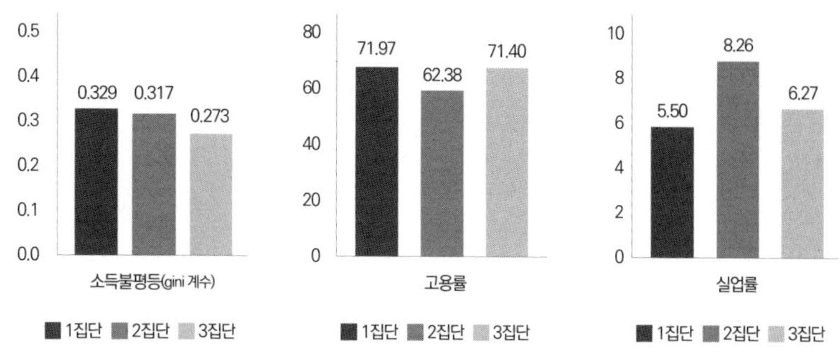

주: 자료출처는 OECD. 2006~2010 기간 평균.
출처: 장덕진 외. 2013.

그럼 이 세 집단(혹은 세분하면 네 집단)에 속하는 국가들의 성과는 과연 어떨까. 〈그림 12〉는 한국에서 가장 심각한 문제가 되고 있는 불평등과 노동시장의 영역에서 이 세 집단의 최근 성과를 비교하고 있다. 먼저 소득불평등은 미세한 차이가 있지만 1집단과 2집단이 높고 3집단이 낮다. 고용률은 1집단이 미세하게 높지만 3집단과 거의 같고, 2집단이 낮다. 실업률은 2집단이 현저하게 높고 그 다음이 3집단과 1집단 순서이다. 정리하면, 불평등이 심하고 고용률이 낮고 실업률이 높은 2집단(다수제 혹은 합의제 + 국가지배시장경제)은 세 부문에서 모두 빨간불이 들어온 상태이다. 1집단(다수제 + 자유시장경제)은 불평등에서 빨간불이 들어왔지만 고용률과 실업률은 파란불이라고 할 수 있다. 3집단(합의제 + 조정시장경제)은 불평등과 고용률에서는 파란불인데, 실업률에서 중간을 차지해 노란불 정도라고 할 수 있겠다. 전반적으로 볼 때 3집단의 성과가 평균적으로 가장 높은 셈이다. 여기에서 도표로 제시하지는 않았지만, 3-1과 3-2로 나누면 노사자율협약을 하는 3-2집단의 성과는 다른 어떤 집단과 비교해도 모든 면에서 현저하게 높다. 그렇다면 앞에서 했던 우려는 너무 크게 하지 않아도 좋을 것 같다. 어느 한 나라의 사례를 일반화한 것이 아니라 여러 나라의 30년간 역사적 경험과 최근 5년간의 성과를 종합적으로 평가해도 합의제 민주주의의 성과가 좋은 것으로 드러나기 때문이다.

송복 선생은 '노블레스'의 의식 전환과 더불어 일반 국민들의 의식 전환도 필요하다고 주장하는데, 그것은 바로 '문치의식(文治意識)을 재고(再考)'해야 한다는 것이다. 선생은 "그 문치의식을 계속 지니고 있는 한 우리 정치는 파당정치를 벗어날 수 없다"고까지 단호하게 말한다. 오랜 군치(軍治)와 관치(官治)의 경험 때문에 문치야말로 민주화의 결실이라고 믿는 많은 국민들에게는 납득하기 어려운 말일 수도 있다. 그러나 이 말을 관치와 군치로 돌아가자는 말로 해석할 사람은 없을 것이다. '문치의식'을 바꾸자는 선생의 뜻은 관념이 아니라 실제, 비판이 아니라 건설, 부정이 아니라 긍정의 정치를 해야 한다는 데에 있다. '의식'의 측면에 초점을 맞춘 송복 선생의 제안에 대해 제도 혹은 질서의 차원에서 그 짝을 찾자면 역시 다수제 민주주의와 자유시장경제보다는 합의제 민주주의와 조정시장경제라 할 것이다. 정치세력들은 상대보다 한 표라도 더 얻어 승자독식 하려는 욕심 때문에 현실을 인정하지 않고 추상적인 관념적 비판을 일삼는다. "우리가 감옥 가면서 민주화 운동 할 때 당신은 무얼 했느냐"는 진보정치세력의 공격이나, 불리하면 무조건 '종북' 타령을 일삼는 보수정치세력의 공격이나, 21세기의 현실과 무관한 관념적 정치이기는 매한가지다. 시민들이 촛불집회에 들고 나오는 손팻말의 글귀가 "이게 나라냐"일 정도로 나라가 파탄 나다시피 한 상황에서, 유력 주자들은 무엇을 '교체'할 것인지를 두고 설전을 벌이고 있다. 정권교체인가, 정치교체인가, 시대교체인가. 무엇인가를 교체한다는 것은 과거의 것이 잘못 되었으니 바꾸겠다는 말이다. 즉 시선이 과거를 향해 있는 것이다. 무엇인가를 교체한다는 것은 있는 것을 빼내고 내가 그 자리를 채우겠다는 말이다. 어떤 정책으로 어떻게 사회적 합의를 만들어서 채우겠다는 '어떻게(how)'의 약속이 아니라, '내가' 그 자리를 채우겠다는 '무엇이(what)'의 약속이기 십상이다. 권력을 독식했던 과거의 승자를 빼내고 내가 새로운 승자가 되겠다는 것은 다수제 민주주의의 발상이다. '어떻게'의 약속이 없으면 '건설'의 책략을 만들 수 없다. 우리는 그동안 정권마다 수많은 '무엇'의 약속들을 경험했고, 그것들은 거의 예외 없이 허망하게 사라졌다. '국민행복시대'도, '녹색성장'도, 그 이전의 어떤 약속들도 거의 대부분 흔적 없이 사라졌다. '부정'이 아닌 '긍정'의 책략은 '어떻게'에서 나온다. 그러니 의식의 차원에서 '문치의식의 재고'를 가능케 하는 제도 혹은 질서 차원의 짝은 역시 정치의 합의적 요소를 더욱 강화하고 시장의 효율을 살리되 시장이 갖는 야만을 사회적으로 합의된 틀 안에 가두는 데에 있을 것이다.

글을 맺으며

처음부터 불길한 예감이 들기는 했지만, 써놓고 보니 아뿔싸 분수에 넘치는 글이 되고 말았다. 그래도 쓰는 내내 위안이 되었던 것은 김우창 선생의 원고를 통해 알게 된 '변주'에 대한 리히터의 설명이었다. "변주곡은, 리히터의 말로는, "동일성, 기억, 그리고 반복(identity, memory, repetition)"을 가지고 자유로운 놀이를 가능하게 한다. …… 이 말들은 동시에 사람의 심리를 말하는 것으로 읽을 수 있다. 즉 자기 정체성, 그것의 기억을 통한 확인, 그리고 (변형된) 정체성의 되풀이—이렇게 생각할 수도 있다는 말이다." 한국사회에 대한 세 분의 통찰을, 양적 자료를 가지고 변주하는 것이라고 위안을 삼곤 했다. 아니나 다를까 세 분 중 어느 분의 주장을 논하느냐에 따라 나도 모르게 그분의 생각과 심지어 말투까지 나의 글에서 묻어나는 것이 느껴졌다.

부족하나마 정리하자면, 실증적이고 분석적인 자료를 가지고 세 분의 사상을 뒷받침하며 나름대로 하고 싶었던 말은 이런 것이다. 우리는 너무 오랫동안 그 자리에 있었다. 너무 오래 같은 자리에 있다 보니 그 동안 위안거리로 삼아왔던 양적 성장의 신화조차 이제는 그 빛이 꺼져가려 한다. 고령화 속도를 감안하면 변화를 위해 쓸 수 있는 시간은 아주 짧다. 가치관의 측면에서 볼 때 변화의 방향은 민주주의와 인권을 포함한 자기표현적 가치관을 대폭 확대하는 것이다. 다름을 인정하되 공통의 문제를 함께 풀어나가는 '연대'의 의식을 키워나가야 하고 '함께 사는 문제'를 고민해야 한다. 세속적인 도구합리성을 사회적으로 합의된 가치합리성의 틀 안에—송복 선생의 용어로는 '합목적적 행동'을 '합가치적 행동'의 틀 안에—길들여야 한다. 제도적인 측면에서는 한국인을 괴롭히는 수많은 문제들이 복지와 사회안전망의 영역에서 발생해서 정치와 참여의 영역에서 풀려야 한다는 점을 인정해야 한다. 최종적으로는 정치의 창조적 가능성을 인정하고 참여해야 한다. 한국사회에 만연한 정치혐오가 아수라 같은 오늘을 만들었다. 정치를 혐오하는 것은 대표자가 아닌 지배자에게 우리의 운명을 맡기는 것이다. 설사 선한 지배자라 하더라도 그를 믿어서는 안 된다. 악한 지배자도 선한 대표자처럼 행동할 수밖에 없게 만드는 시스템을 만들어야 한다. 슈톰카의 말처럼 민주주의는 불신의 제도화를 통해 신뢰를 만들어낸다.[20] 우리를 한 발짝도 움직이지 못하게 붙잡아온 물질적 성장에의 집착을 떨쳐버려야 더 이상의 성장이 가능하다.

20 Piotr Sztompka. 1998. "Trust, Distrust, and Two Paradoxes of Democracy." *European Journal of Social Theory* Vol.1 No.1 Pp.19~32.

참고문헌

이재열 외, 2015,『한국 사회의 질: 이론에서 적용까지』, 도서출판 한울.

이재열·장덕진·고형면·김주현, 2009,『노블레스 오블리주 지표 개발을 위한 연구 용역』, 행정안전부.

장덕진, 2016, “우리는 왜 행복하지 않은가”《황해문화》통권 91호, 76~90

장덕진 외, 2013,『착한 성장을 위한 거버넌스: 스웨덴, 독일, 프랑스, 일본, 한국 비교연구』, 서울대학교 사회발전연구소.

장덕진 외, 2014,『이중위험사회의 재난과 공공성: 한국, 일본, 미국, 네덜란드, 독일의 비교』, 서울대학교 사회발전연구소.

장덕진 외, 2015a,『세월호가 우리에게 묻다: 재난과 공공성의 사회학』, 도서출판 한울.

장덕진 외, 2015b,『유로존 경제위기의 사회적 기원』, 한울아카데미.

정진성 외, 2010,『사회의 질 동향 2009』, 서울대학교 출판문화원.

KB금융지주연구소, 2017,『한국부자보고서 2016』.

Beck, Wolfgang, Laurent J. G. van der Maesen, Fleur Thomese, and Alan Walker. 2001. Social Quality: A Vision for Europe. Hague: Klewer Law International.

Huntington, Samuel P. The Clash of Civilizations and the Remaking of World Order. New York: Simon & Schuster

Inglehart, Ronald. 1977. The Silent Revolution: Changing Values and Political Styles among Western Publics. Princeton, NJ: Princeton University Press.

Inglehart, Ronald and Wayne E. Baker. 2000. “Modernization, Cultural Change, and the Persistence of Traditional Values.” American Sociological Review 65(1): 19~51.

Inglehart, Ronald and Christian Welzel. 2005. Modernization, Cultural Change, and Democracy: The Human Development Sequence. New York: Cambridge University Press.

Loizides, Neophytos and Iosif Kovras. “The Problem with Greek Democracy: A Quirk in the Election Law is Making it Harder for Anyone to Govern in Athens.” Wall Street Journal 8 Jan 2015.

Maslow, Abraham. 1943. “A Theory of Human Motivation.” Psychological Review 50(4): 370~396.

Maslow, Abraham. 1954. Motivation and Personality. NY: Harper.

Stiglitz, Joseph, E., Armatya Sen and Jean—Paul Fitoussi. 2009. Report by the Commission on the Measurement of Economic Performance and Social Progress.

Sztompka, Piotr. 1998. “Trust, Distrust, and Two Paradoxes of Democracy.”

European Journal of Social Theory Vol.1 No.1 Pp.19~32.

Trampusch, Christine. 2005. "From Interest Groups to Parties: The Change in the Career Patterns of the Legislative Elites in German Social Policy." German Politics Vol.14 No.1 Pp.14~32.

Yee, Jaeyeol and Dukjin Chang. 2011. "Social Quality as a Measure for Social Progress." Development and Society Vol.40 No.2 Pp.153~172.

| 박태준미래전략연구총서를 펴내며 |

현재가 과거의 축적 위에 있듯 미래는 현재를 포함한 과거의 축적 위에 있게 된다. 과거와 현재가 미래의 상당한 실재를 담보하는 것이다. 다만, 소통의 수준에는 격차가 크다. '역사와의 대화'에서 확인할 수 있는 것처럼 현재가 과거와 소통하는 일은 선명한 이해를 이룰 수 있어도, 현재가 미래와 소통하는 일은 희미한 공감을 넘어서기 어렵다. 이른바 'ICT시대'라 불리는 21세기 '지금 여기'서는 더욱 그러하다. 현란하고 다양한 현재의 상상력들이 서로 융합하고 충돌하면서 예측불허의 창조적 조화를 생성하기 때문이다. 그러나 그것이 인간 또는 인간사회의 어떤 근원적인 문제를 해결할 수는 없다.

나는 어디서 와서 어디로 가는가? 어떻게 살아야 인간답게 사는 것인가? 이런 질문들은 모든 개인에게 가장 근원적인 문제다. 이 문제의 완전한 해답이 나오는 날에 인문학은 사그라질지 모른다.

더 나은 공동체로 가는 변화의 길은 무엇인가? 더 나은 공동체로 가는 시대정신과 비전은 무엇인가? 이런 질문들은 인간사회가 결코 놓아버릴 수 없는 가장 근원적인 문제다. 이 문제가 '현재 공동체에서 벗어날 수 없는 우리'에게 당위적 책무의 하나로서 미래전략 탐구를 강력히 요청한다. 거대담론적인 미래전략도 있어야 하고, 실사구시적인 미래전략도 있어야 한다.

거대담론적인 미래전략 연구가 이상적(理想的)인 체제를 기획하는 원대한 작업에 주력한다면, 실사구시적인 미래전략 연구는 가까운 장래에 공동체가 당면할 주요 이슈들을 예측하고 대응책을 제시하는 작업에 주력한다. 박태준미래전략연구소는 앞으로 일정 기간 동안 후자에 집중할 계획이며, 그 결실들을 총서로 출간하여 더 나은 공동체를 향해 나아가는 사회적 자산으로 공유할 것이다.

꼭두새벽에 깨어난 이는 먼동을 예감한다. 그 먼동의 한 자락이 이 총서에 담겨 있기를 바랄 따름이다.

박태준미래전략연구소

박태준미래전략연구총서 6
한국사회, 어디로? ©김우창, 송복, 송호근, 장덕진

발행일 2017년 2월 22일 초판 1쇄 발행
2017년 7월 17일 초판 2쇄 발행
펴낸이 김재범
펴낸곳 (주)아시아
지은이 김우창, 송복, 송호근, 장덕진
편집 김형욱, 신아름
관리 강초민, 홍희표
출판등록 2006년 1월 27일 제406-2006-000004호
인쇄 · 제본 AP프린팅
종이 한솔 PNS
디자인 나루기획

전화 02-821-5055
팩스 02-821-5057
주소 경기도 파주시 회동길 445(서울 사무소: 서울시 동작구 서달로 161-1 3층)
이메일 bookasia@hanmail.net
홈페이지 www.bookasia.org
페이스북 www.facebook.com/asiapublishers

ISBN 979-11-5662-306-9(94080)
979-11-5662-119-5(set)

* 값은 뒤표지에 있습니다.